KB128069

**피싱의
경제학**

Phishing for Phools: The Economics of Manipulation & Deception

Copyright © 2015 by Princeton University Press
All rights reserved. No part of this book may be reproduced or transmitted in any form or by any means,
electronic or mechanical, including photocopying, recording or by any information storage
and retrieval system, without permission in writing from the Publisher.

Korean translation copyright © 2016 by RH Korea Co., Ltd.
Korean translation rights arranged with Princeton University Press
through EYA(Eric Yang Agency).

이 책의 한국어판 저작권은 EYA(Eric Yang Agency)를 통한
Princeton University Press와의 독점계약으로 '㈜알에이치코리아'가 소유합니다.
저작권법에 의하여 한국 내에서 보호를 받는 저작물이므로 무단전재와 복제를 금합니다.

인간 약점을 파고드는 시장 경제의 은밀한 조작과 속임수

Phishing for Phools

피싱의
경제학

조지 애커로프 · 로버트 쉴러 지음

조성숙 옮김

RHK
알에이치코리아

차례

───────────────── 제1부 ─────────────────

쌓여가는 청구서와 금융붕괴

───────────────── 제2부 ─────────────────

피싱은 상황과 조건을 가리지 않는다

———————— 제3부 ————————

새로운 경제학을 위하여

서문

자유시장, 그 양날의 칼에 대하여

"문제는 경제다, 이 바보야!" 1992년 빌 클린턴 대선 후보 선거본부
의 제임스 카빌James Carville 참모가 한 말이다. 조지 H. W. 부시 대통
령 재임 기간에 경기 후퇴가 시작되었고, 카빌은 여기서 비롯된 여
러 경제 문제를 빌미 삼아 부시 대통령을 정면으로 맞받아칠 생각
이었다. 흠. 우리는 조금은 다르게 더 넓은 관점에서 카빌의 말을 해
석했다. 우리는 경제 문제 대부분은 경제 체제 본연의 특징에서 비
롯된다고 생각한다. 경제학 이론의 가정처럼 사업가가 순전히 이기
적이고 자기 잇속만 차린다면 우리의 자유시장체제는 조작과 기만
이 난무할 수밖에 없다. 문제는 악당이 많다는 것이 아니다. 사람들
대부분은 법을 잘 지키면서 양심껏 살려고 노력한다. 그러나 결국

에는 경쟁의 압력에 의해서, 기업가들이 자유시장에서 기만과 조작을 사용해 우리들에게 필요하지도 않은 물건을 더 비싸게 사게 하고, 목적의식도 없는 일을 하게 하고, 왜 우리 인생이 엉망진창이 되었나하고 의아해하게 한다.

우리 두 저자는 자유시장체제 숭배자의 입장에서 이 책을 썼지만 이 책을 통해 독자들이 더 나은 길을 찾도록 도와주고픈 희망을 품고 있다. 경제 체제에는 온갖 속임수가 난무하는 만큼 우리는 그 속임수가 무엇인지 알아야 한다. 우리는 존엄성과 일체감을 유지하기 위해서 이 자유시장체제를 헤쳐나가야 하며, 우리 주변의 일들이 아무리 엉망이더라도 이 체제를 유지할 수 있는 의욕을 찾아야 한다. 우리는 언제 펼쳐질지 모르는 수많은 속임수에 대비해 만반의 경계 태세를 유지해야 하는 소비자를 위해 이 책을 썼다. 우리는 같은 경영자의 비웃음에 침울해하다 남들이 하니까 따라하고 마는 덫에 빠지는 경영자를 위해 이 책을 썼다. 우리는 기업 규제를 잘해도 공치사조차 듣지 못하는 정부 공무원을 위해 이 책을 썼다. 우리는 진정성을 지키려 노력하는 자원봉사자, 독지가, 오피니언 리더들을 위해 이 책을 썼다. 그리고 우리는 앞으로 일할 날이 창창하고 어떻게 해야 일에서 개인적 의미를 찾을 수 있는지 고민하는 젊은 세대를 위해 이 책을 썼다. 용감하게 발을 디뎌 맞서 싸우지 않으면 조작과 기만을 시장체제 안에 굳혀 버리는 경제적 힘을 뜻하는 피싱 균형phishing equilibrium에 대한 연구의 수혜자는 이들 모두다. 또한 우리에게는 경제적 이득과는 상관없이 개인적 진정성에서 우러나와 경제의 기만을 견딜만한 수준으로 낮춘 영웅들의 이야기가 필요하다. 이 책은 그런 영웅의 이야기를 풍성하게 들려줄 것이다.

자유시장의 산물

19세기 말에 발명가들은 자동차, 전화, 자전거, 전등 등을 발명하며 아주 바쁜 시기를 보냈다. 그러나 그 시대에 만들어진 또 하나의 발명품인 슬롯머신은 별로 주목을 받지 못했다. 탄생 초기의 슬롯머신은 현대의 슬롯머신과는 내포하는 의미가 달랐다. 그 시절의 슬롯머신은 동전을 넣으면 상자가 열린다는 점에서 일종의 '자판기'와 비슷한 개념이었다. 1890년대까지 슬롯머신은 껌, 시가, 담배, 오페라안경, 낱개로 종이 포장된 초코롤, 심지어는 전화번호부 열람에 이르기까지 말 그대로 온갖 종류의 것을 다 팔았다. 슬롯머신의 기본 혁신은 동전을 넣으면 작동이 시작되는 잠금장치에 있었다.

그러다 새로운 용도가 발견되었다. 오래지 않아 슬롯머신에는 도박용 기계도 포함되기 시작했다. 당시의 신문에 따르면 현대적 의미의 슬롯머신이 등장한 시기는 1893년이다.[1] 초창기 슬롯머신 중의 하나는 이긴 사람에게 돈이 아니라 과일맛 캔디를 상품으로 주었다. 얼마 지나지 않아 모두는 아주 드물게 '체리 3개'가 한꺼번에 등장하는 것에 특별한 의미를 부여하기 시작했다.

1890년대가 끝나기 전에 도박용 슬롯머신 중독이라는 새로운 종류의 중독이 등장했다. 1899년 〈로스앤젤리스타임스〉지는 이렇게 보도했다. "웬만한 살롱마다 이 기계가 하나에서 많으면 여섯 대까지 놓여있고, 기계 주위는 아침부터 밤까지 사람들로 북적인다…
한 번 버릇이 든 사람은 거의 광적으로 매달린다. 한 번하면 몇 시
간씩 달라붙어서 기계를 움직여대는 젊은이들의 모습도 보인다. 그
들은 마지막에 가서는 어김없이 돈을 잃는다."[2]

결국 감독당국이 개입했다. 슬롯머신으로 생활이 파탄 나는 사람
이 너무 많아지면서 기계를 불법으로 정하든가 최소한 뭔가 적절한
규제라도 가할 필요가 있었다. 물론 도박 전체에 대한 규제도 마찬
가지로 필요했다. 슬롯머신은 거의 변두리나 다름없는 곳으로 쫓겨
나고 일반인이 많이 오가는 곳에서는 자취를 감췄다. 카지노라고
이름 붙은 특별한 장소나 네바다처럼 규제가 느슨한 지역에 슬롯머
신들이 등장했다. 네바다에서는 슈퍼마켓이나 주유소, 공항에서도
슬롯머신을 쉽게 볼 수 있으며 성인 한 명이 소득의 4퍼센트를 도
박에 쓰는데, 이것은 미국 전국 평균의 4배나 되는 수치이다.[3] 그러
나 이런 네바다에서도 한계가 있다. 2010년에 네바다도박산업관리
위원회Nevada Gambling Control Board는 편의점 손님이 예전처럼 거스
름돈으로 받은 동전뿐만 아니라 신용카드로도 슬롯머신 이용을 가
능하게 하는 관련법 개정안을 거부했다.[4]

전산화가 이뤄지면서 슬롯머신도 새로운 길에 접어들었다. MIT
의 나타샤 슐Natasha Schüll이 2012년에 발표한 《고의적인 중독Addiction
by Design》이라는 책 제목 그대로 새로운 길에 들어선 이 기계는 고의
적 중독성을 갖고 있었다.[5] 슐이 익명의중독자모임Gamblers Anonymous
이 열린 라스베이거스에서 만난 몰리라는 여성은 슬롯머신 중독을
인간의 입장에서 잘 보여준다. 몰리는 자신이 스스로를 어떻게 생

각하는지 그림으로 그린 지도를 슐에게 그려주었다.[6] 지도에서 몰리는 슬롯머신 옆에 오도카니 서 있는 막대기 형상이고 그 주위를 순환 도로가 감싸고(가두고) 있다. 이 순환 도로는 몰리의 삶에서 가장 중요한 여섯 장소로 통한다. 그중 하나는 몰리가 예약담당자로 일하는 MGM 그랜드 호텔이고, 세 곳은 도박을 하러 들르는 곳이고,[7] 한 곳은 도박 치료를 위해 다니는 익명의중독자모임 장소이고, 마지막 한 곳은 불안장애와 싸우기 위한 약물을 사러 들르는 장소이다. 몰리는 자신의 문제를 아주 잘 알고 있으며, 슬롯머신을 하러 갈 때에도 돈을 딸 것이라는 기대는 하지 않는다.[8] 돈을 잃을 것이라는 사실을 그녀도 잘 안다. 그녀를 슬롯머신으로 이끄는 것은 강박성이다. 기계에 도착해 돈을 흥청망청 써대는 그 순간 그녀는 고독해지고, 돈을 쓰는 행동은 끊임없이 빠르게 행해진다. 몰리는 자칭 '구역the zone'이라고 부르는 지대로 들어간다. 빨간 버튼을 누르면 불이 켜지며 쇼가 시작된다. 그녀는 따거나 잃는다. 빨간 버튼을 한 번 더 누른다. 그리고 한 번 더 누른다. 다시 또 누른다. 또 누른다. 계속 누르다가 이윽고 돈이 다 떨어진다.

몰리는 라스베이거스에서는 이상한 사람이 아니다. 10년 전에 심장마비로 인한 사망은 카지노들마다 굉장히 심각한 문제였다. 응급구조대가 와도 환자를 살리지 못했다. 결국 카지노들은 특별 훈련을 받은 자체 제세동팀을 꾸렸다. 감시용 녹화 영상을 보면 제세동을 위한 특별 훈련이 왜 필요한지 알 수 있다. 이 녹화 영상에서 카지노의 제세동팀이 심장마비가 온 사람을 응급 처치하는 동안에도 옆자리의 도박꾼들은 바로 자기들 발아래에 환자가 쓰러져 있건 말

건 흔들림 없이 도박에 빠져 있다.[9]

시장은 우리에게 무슨 이득이 있는가

1890년대부터 현대에 이르기까지 나쁜 슬롯머신과 좋은 슬롯머신의 역사는 시장 경제에 대한 우리의 이중적 시각을 고스란히 담아낸다. 우리는 마음 깊숙이에서는 자유시장에 박수갈채를 보낸다. 자유시장은 평화와 자유의 산물이며 두려움에 떨며 살지 않아도 되는 안정의 시대에 꽃을 피운다. 하지만 동전을 넣어 잠금장치가 열리면 원하는 물건이 나오는 상자를 만들어낸 이윤 추구 동기는 가지고 노는 재미의 대가로 돈을 뺏어가면서 중독적으로 바퀴를 돌리게 하는 슬롯머신이라는 기계도 만들어낸다. 이 책의 대부분은 좋은 슬롯머신보다는 나쁜 슬롯머신에 대한 이야기를 할 것이다. 우리 두 저자는 경제 사상 및 경제의 개혁자를 표방하기에 세상의 옳은 점보다는 그릇된 부분을 뜯어고치려 노력하기 때문이다. 시작하기에 앞서 시장이 우리 모두에게 무슨 이득을 주는지 먼저 생각해보자.

이를 위해서는 19세기 말과 20세기 초로 돌아가 볼 필요가 있다. 〈레이디스 홈 저널The Ladies Home Journal〉 1900년 12월 호에는 존 엘프레스 왓킨스 2세John Elfreth Watkins Jr.라는 민간 토목기사가 재미 삼아 100년 후의 미래를 예측하는 기사가 실렸다. 존은 '수도꼭지에서 뜨겁고 차가운 공기가' 나올 것이며, 고속선으로 '영국에 단 이틀

이면 도착할 수' 있을 것이라고 예상했다. '비행선도 등장하는데' 주로 군대가 사용하겠지만 가끔은 일반 승객과 화물 수송용으로도 사용될 것이라고 했다. "웅장한 오페라가 전화선을 통해 민간 가정에 송신되고, 마치 극장에 앉아서 듣는 것처럼 전해지는 음감도 좋을 것이다."[10] 이런 예측이 수십 개나 이어졌다.

왓킨스는 자신의 예측이 '터무니없고 거의 불가능해' 보인다고 적었다. 하지만 놀랍게도, 이윤 창출이 보장되는 한 인간이 원하는 것은 무엇이든 생산한다는 동기incentive(유인이나 동인이라고도 하지만, 이 책에서는 심리적 장치로서의 의미로 동기라고 번역했음을 밝힌다-옮긴이)를 부여한 자유시장은 그의 예측을 실현했을 뿐만 아니라 더 많은 것을 이루어냈다.

하지만 자유시장은 인간이 원하는 이런 풍요를 만들어내는 데 그치지 않는다. 자유시장은 우리의 판단을 조종하고 왜곡하는 기업에 아주 딱 맞는 경제적 균형economic equilibrium도 만든다. 이런 회사들이 이용하는 사업관행은, 비유하자면 정상 균형 상태를 이루는 인체에 둥지를 트는 암세포와 비슷하다고 보면 된다. 슬롯머신이 단적인 예다. 규제 대상이 되고 불법이 되기 전의 슬롯머신이 사람들이 많이 오가는 어디에나 놓여 모른 척 지나치기가 힘들었던 것은 우연한 결과가 아니다. 우리에게 자신이 진심으로 원하는 것을 잘 파악하지 못하는 약점이 있는 한, 그리고 이런 약점을 들쑤시고 이용해 이윤을 창출할 수 있는 한, 시장은 우리의 약점을 이용할 기회를 꽉 움켜쥔다. 시장은 우리를 세밀히 관찰하고 이용한다. 자유시장은 '바보를 노린 피싱phishing for phools'을 행한다.

피싱과 바보

《옥스퍼드 영어 사전》에 따르면 'phish'라는 단어는 웹이 자리를 잡아가던 1996년에 만들어졌다. 사전은 'phish'(이하 피싱)를 "개인 정보 등을 빼내가기 위해 유명 기업을 사칭해 인터넷에서 벌이는 사기 행각 또는 기만적인 수법으로 개인 정보를 '낚는angling' 온라인 사기 행각"[11]이라고 정의한다. 우리 두 저자는 이 책에서 피싱이라는 단어에 더 넓고 새로운 의미를 부여하려 한다. 우리는 온라인상의 정의를 하나의 은유로 받아들인다. 우리는 피싱을 불법적인 것으로 바라보는 대신에 훨씬 일반적이고 역사도 훨씬 오래된 것이라고 정의한다. 그것은 사람들이 낚시꾼, 즉 피싱맨phisherman에게는 이익이 되지만 정작 본인에게는 득이 되지 않는 행동을 하게 되는 것을 말한다. 이것은 낚시질을 의미한다. 가짜 미끼를 물에 떨구고 가만히 앉아 평소에 조심스럽던 물고기가 미끼 옆을 헤엄쳐가다 실수로 물기를 기다리는 행동을 의미한다. 피싱맨은 많고도 많으며, 그들이 만든 미끼 역시 굉장히 독창적이고 다양하기 때문에 아무리 조심하려고 애를 써도 확률 법칙에 따라 언젠가는 우리 또한 미끼를 물 수밖에 없다. 누구도 예외일 수 없다.

우리가 말하는 바보phool는 어떤 이유에서건 결국에는 피싱에 걸려든 사람을 뜻한다. 바보에는 '심리 바보psychological phool'와 '정보 바보informational phool' 두 종류가 있고, 심리 바보는 다시 두 가지 형태로 나뉜다. 첫 번째 형태의 심리 바보는 감정이 상식의 지시를 무시한다. 두 번째 심리 바보는 착시와[12] 비슷한 인지 편향에 휩싸여 현실을 잘못 해석하고는 그렇게 잘못된 해석을 고스란히 믿으며 행동한다. 몰리는 인지적 바보가 아니라 첫 번째 심리 바보인 감정적 바보였다. 그녀는 슬롯머신에 중독된 자신의 상황을 놀랍도록 정확히 인식하고 있었지만 그럼에도 스스로를 제어하지 못했다.

정보 바보는 자신을 호도할 목적으로 고의적으로 조작된 정보에 따라 행동한다. 좋은 예가 엔론Enron 주주들이다. 엔론주 상승의 밑바탕에는 사람들을 호도하는 (그리고 속이는) 회계 조작이 깔려 있었다. 엔론은 '시가평가회계marktomarket accounting(자산이나 부채의 현재 시가를 장부에 계상하는 회계 처리 기준으로, 대차대조표상의 자산 가치는 시장 상황 변화에 따라 달라질 수 있다-옮긴이)'를 사용했기에 장부상 높은 이익이 기록되었다. 이 회계기준을 사용하면 투자를 했을 때 미래의 기대 이익을 장부에 계상할 수 있게 된다.[13] 하지만 실제로 널리 사용되는 것은 시가평가회계가 아니라 이익이 실현된 후에 장부에 계상하는 회계 처리 방법이다. 1995년부터 2000년까지 엔론은 〈포천〉이 선정한 미국의 가장 혁신적 기업에 이름을 올렸다.[14] 〈포천〉이 틀린 것은 아니었다. 다만 그 혁신이 어떤 혁신인지 제대로 파악하지 못했다는 데 문제가 있었다.

이 책은 경영자가 제대로 된 도덕성을 가지고 있는지 아닌지의 문제를 가끔씩 다루기는 하지만 본격적인 주제로 삼지는 않는다. 우리가 생각하는 근본적 문제는 비양심적 행동을 하도록 부추기는 경쟁시장의 압력이다. 경쟁시장은 진짜 필요가 있는 혁신적 신제품을 만든 기업 영웅에게 의욕과 보상을 주는 일을 아주 잘 한다. 하지만 규제가 없는 자유시장은 고객의 심리나 정보 취약성을 착취하지 않으려는 양심적인 기업가에게는 좀체 보상을 해주지 않는다. 양심적으로 행동하려는 경영자는 결국 경쟁 압박으로 인해 도덕성이 떨어지는 다른 경영자에게 밀려난다. 시민사회와 사회규범이 이런 피싱에 어느 정도 제동을 걸기는 하지만, 시장 균형이라는 결과 속에서 피싱의 기회가 계속 존재하는 한 제아무리 도덕심이 투철한 경영자가 있는 기업이라도 결국에는 경쟁하고 살아남기 위해 피싱을 하지 않을 수 없게 된다.

피싱을 어떻게 알아챌 수 있는가

아마도 이 책은 개개인이 거의 매번 최상의 결정을 내린다고 생각하는 사람들에게는 솔직히 별 인기를 얻지 못할 것이다. 그들은 이렇게 물을 것이다. 도대체 이 책의 저자가 누구이기에 개개인이 언제나 최상의 결정을 내리는 것은 아니라고 말하는가? 대부분의 경제학 이론과 마찬가지로 개인이 최선의 결정을 내린다는 주장은 추상적으로는 일리가 있다. 그러나 현실세계에서 실제 결정을 내리는 사람들을 대상으로 이 문제를 검토하다 보면 결정을 내리는 당사자들이 놀라울 정도로 자주 피싱에 당하는 바보가 된다는 것을 알 수 있다. 결국 인간은 조금만 상식을 동원하면 자신에게 아무 득이 되지 않는다는 것을 분명히 알 수 있는데도 그릇된 결정을 내리고 만다.

우리는 개개인이 어리석은 결정을 내리는지 확인하기 위해 굳이 팔을 걷어붙이고 나설 필요도 없다. '아무도 원하지 않았을 결정NO ONE COULD POSSIBLY WANT'을 내리는 사람은 지천에 많기 때문이다. 헨리 데이비드 소로Henry David Thoreau는 "수많은 사람이 조용한 절망의 삶을 살아간다"[15]라고 했다. 놀랍게도 한 세기 반이 흐른 지금, 세계 역사상 가장 부유한 나라라고 말해도 좋을 미국에서는 굉장히 많은 사람들이 여전히 조용한 절망의 삶을 살고 있다. 라스베이거스의 불쌍한 몰리를 생각해보자.

아무도 원하지 않았을 결정

'아무도 원하지 않았을 결정'이 얼마나 만연돼 있는지는 다음의 네 분야를 살펴보면 알 수 있다. 첫째는 개인의 경제적 안정, 둘째는 전체 경제로서의 거시경제 안정, 셋째는 건강, 넷째는 정부의 질이다. 우리는 네 분야 각각에서 바보를 노리고 벌어지는 피싱을 살펴볼 것이다.

개인의 경제적 불안

경제생활의 가장 근본적 사실은 경제학 교과서에 언급조차 되지 않는다. 대다수 성인은 다음 날 내야 할 요금 고지서를 걱정하며 잠자리에 든다. 부자 나라에 사는 사람들도 예외가 아니다. 경제학자들은 인간은 예산에 맞게 지출을 하는 편이라고 가정한다. 하지만 경제학자들이 잊고 있는 사실은 99퍼센트의 경우 주의 깊게 행동하지만 나머지 1퍼센트의 일에서는 마치 '돈은 중요하지 않은 듯' 그 전까지의 모든 신조를 송두리째 뒤엎는다는 사실이다. 그리고 기업은 그 1퍼센트의 순간을 예리하게 간파한다. 기업은 소비자의 인생에서 사랑이(혹은 다른 이유가) 평소의 예산에 따른 소비를 뒤엎는 순간을 노린다. 어떤 사람은 매년 크리스마스 선물을 고를 때 그렇게 행동한다. 또 다른 어떤 사람은 경조사를 치를 때 그런다. 결혼식을 앞둔 신부에게 웨딩전문지는 '평균 결혼 비용'이 1인당 GDP의 거의 절반이라고 장담하며,[16] 장례를 치러야 하는 상주에게 장례지도사들은 관을 보여주면서 '시미스트를 광이 나게 마감하고, 내부에는 600아쿠아수프림 벨벳을 둘러 화려하게 퀼팅을 하고 주름을 잡은' 모나코 관을 선택하도록 은근슬쩍 유도한다.[17] 아이를 낳을 예정인 부모 고객을 위해 베이비저러스Babies "R" Us는 궁금한 점을 상담해주는 이른바 '고객맞춤형 등록상담사personal registry advisor'를 소개해준다.[18]

하지만 예산에 맞게 움직이는 것이 인색한 행동으로 비춰지는 순간은 경조사만이 아니다. 그렇기 때문에 역사 속 그 어느 나라보다도 부유한 미국에 살고 있는 성인들 대다수가 돈 걱정을 하며 잠자리에 드는 것이다. 기업은 우리의 진짜 필요성을 충족시켜주는 일을 독창적으로 훌륭히 해냈지만, 더불어 자사 제품을 우리가 필요하다고 느끼게끔 만드는 일에서도 놀라운 창의력을 발휘했다. 밤에 잠자리에 누워서까지 카드요금 걱정에 시달리기를 원하는 사람은 아무도 없다. 그러나 대부분은 그런다.[19]

우리가 청구서 요금을 걱정하게 되는 주요 원인은 바가지 요금이다. 소비자로서 우리는 일상적인 영역을 벗어나서 드물고 비싼 물건을 구매할 때 터무니없이 높은 요금을 치르기 십상이다.[20] 신규 매수자에게 행해지는 주택 판매를 보면, 총거래수수료가(매도측과 매수측을 합쳐) 매수자가 거래를 체결하고 내는 계약금의 절반 이상을 차지하는 경우가 거의 30퍼센트에 달한다.[21] 나중에 다시 살펴보겠지만 자동차 영업사원은 고객이 필요 이상으로 비싼 차를 사게 하기 위해 온갖 정교한 수법을 만들어냈고, 그 결과로 우리가 내야 할 돈은 훨씬 늘어난다. 바가지 씌우기에 당하는 것을 반길 사람은 아무도 없다. 하지만 우리는 당하고 만다. 아무리 계획을 하고 신중하게 구매 결정을 내려도 마찬가지다.

금융과 거시경제 불안

금융시장에서 바보를 노리는 피싱은 아주 뿌리 깊은 경기 침체를 불러오는 금융위기의 주범이다. 금융위기와 관련해서는, "이번에는 다르다"는 문구는 반은 맞고 반은 틀리다.[22] 붕괴가 오기 전의 경기 붐 동안 피싱맨은 자산 매수자에게 자기네가 파는 상품이 "이번에는 다르다"고 열심히 주장한다. 1920년대 성냥 독점 생산을 이용해 무분별하게 채권을 발행한 스웨덴의 성냥회사 크뤼게르 앤 톨Kreuger and Toll의 이바르 크뤼게르Ivar Kreuger, 1990년대의 닷컴기업들, 2000년대 초의 서브프라임 모기지 사태를 촉발한 금융회사 중 하나인 컨트리와이드Countrywide의 안젤로 모질로Angelo Mozilo가 대표적인 예이다. 그렇다. 언제나 이번에는 다르기는 하다. 전개되는 스토리가 다르고 엮인 기업가들이 다르고 그들이 판매하는 상품이 다르다. 그러나 매번 보면 '이번에도 다르지 않다'이다. 낚으려는 피싱맨이 있고, 낚이는 바보가 있다. 몰래 행한 낚시질로 주가가 치솟았다가(존 케네스 갤브레이스John Kenneth Galbraith는 속임수로 부풀려진 자산 가치의 규모를 '베즐bezzle'이라고 칭했다[23]) 속임수가 드러나면 자산 가치는 폭락한다. 2008년 금융위기를 불러온 부실 모기지 채권으로 구성된 금융상품을 매수한 투자운용사는 그런 상품을 원했을 리가 없다. 그러다 속임수가 만천하에 드러나는 뼈아픈 순간이 왔고 고통스런 부작용이 발생했다. 경제 전체에 대한 신뢰가 사라졌고 주가는 반 토막이 났다. 사람들은 직장을 잃었고, 실직자들은 일자리를 찾지 못했다. 장기 실업률은 대공황 이래 최고치로 치솟았다.

건강 악화

이미 좋은 음식을 먹고 좋은 옷을 입으며 괜찮은 집에 사는 사람들이 가장 강하게 필요성을 느끼는 것이 아마도 건강일 것인데, 이러한 건강을 빌미 삼아 제약회사는 바보를 노리는 피싱을 행한다. 1880년대에 대니얼 핑크햄Daniel Pinkham은 뉴욕으로 여행을 갔다가 그곳 여성들이 신장 질환을 크게 걱정한다는 사실을 발견하고는 집으로 편지를 보내 가족회사가 만드는 핑크햄 필Pinkham Pill의 치료 가능 질환 목록에 신장병도 포함시켜야 한다고 알렸다.[24] 그의 조언은 받아들여졌다. 그러나 오늘날은 제약회사들이 옛날처럼 치료 효과 목록에 단순히 질병 한 가지를 추가한다고 되는 일이 아니다. 미국의 제약회사는 두 가지 시련을 이겨내야 한다. 제약회사는 무작위 통제 시험을 요구하는 식품의약청FDA의 승인을 받아내야 하며, 또한 자사 약품이 처방되도록 의사들을 설득해야 한다. 하지만 제약회사들은 한 세기가 넘는 학습기간을 통해 두 장애물을 넘는 방법을 배웠다. 일부 약품은 두 관문을 성공적으로 넘기는 했지만 치료 효과는 그저 그런 수준이다. 더 심하게는 알레브Aleve와 비슷한 소염진통제인 바이옥스Vioxx와 호르몬대체요법처럼 심각한 부작용을 유발하는 약품과 치료법도 있다. 바이옥스는 1999년부터 2004년까지 시중에 유통되는 동안 심혈관계 질환에 의한 사망을 미국에서만 2만 6천~5만 6천 건이나 유발한 것으로 추정된다.[25] 또한 의사와 제약회사가 호르몬대체요법을 처방 받은 여성들에게 문제점을 제대로 알리지 않은 결과 약 9만 4천 명이 유방암에 걸린 것으로 추정된다.[26] 문제가 많은 약을 원하는 사람은 아무도 없다.

건강에 악영향을 미치는 것은 나쁜 의약품만이 아니다. 유해식품과 유해식품 섭취에 따른 결과를 생각해보자. 미국 성인의 약 69퍼센트는 과체중이고, 그중 절반 이상(미국인의 36퍼센트)은 비만이다.[27] 12만 명 이상에 대한 코호트연구cohort study(특정 요인에 노출된 집단과 노출되지 않은 집단으로 나눠 발병 여부를 추적한 뒤 발병률을 비교하여 질병의 요인과 발생 사이의 관계를 대조하는 전향성 추적 조사-옮긴이)는 상황을 놀랍도록 정확하게 보여준다.[28] 연구는 주로 전문 간호사들로 이뤄진 응답자들에게 1970년대부터 2006년까지 4년 간격으로 설문 조사를 행했다. 4년마다 1인당 체중 증가는 3.35파운드(1.52킬로그램)였고, 20년 동안 총 16.75파운드(7.60킬로그램)가 늘어났다. 통계 분석은 3.35파운드의 체중 증가를 포테이토칩에 1.69파운드, 감자요리(주로 프렌치 프라이)에 1.28파운드, 그리고 1파운드는 설탕이 잔뜩 든 음료와 연관시킨다. 설문에 응한 간호사들이 포테이토칩(소금과 지방)과 프렌치프라이(지방과 소금)에 코를 박고 먹는 것이나 콜라(설탕)를 벌컥벌컥 들이키는 것을 중단하지 못하는 그림이 그려진다. 그들은 자발적으로 이런 선택을 했다. 우리는 대형 식품회사들이 소비자가 설탕과 소금, 지방 섭취시 최대로 만족하는 지점인 '지복점bliss point'을 계산하기 위해 과학 연구소에 연구를 위탁한다는 사실도 잘 안다.[29] 하지만 뚱뚱해지기를 원하는 사람은 아무도 없다.

건강과 관련해 또 다른 피싱으로는 담배와 술이 있다. 그러나 둘 사이에는 현격히 차이가 있다. 오늘날 흡연을 현명한 행동이라고 생각하는 사람은 한 명도 없다. 이 글을 쓰는 조지의 근무지는 워싱턴의 국제통화기금IMF 본관 1 건물이다. 건물 내부는 금연이다. 그가 아침에 출근을 할 때면 건물 밖에 듬성듬성 서 있는 흡연자들이 눈에 띈다. 흡연자들은 그의 시선을 피한다. 말 한 마디 하지 않아도 흡연자들은 그가 어떻게 생각하는지 잘 안다. '아무런 가치 없는 쾌락을 위해 생명을 위험에 빠트리고 있다.' 이런 타인의 비난과 자기비난이 합쳐진 덕에, 뭘 모르는 사람들이 흡연이 건강에 좋고[30] 살빼는 데 도움이 된다고 주장하던 황당한 옛 시절과 비교해 미국 내 흡연자의 수는 절반 이상 줄었다.[31]

담배 말고도 합법 약물은 또 있다. 이 약물은 어쩌면 훨씬 더 악영향을 미치지만 비난은 훨씬 적게 받고 있다. 영국의 데이비드 너트David Nutt와 그의 동료들, 네덜란드의 얀 판암스테르담Jan van Amsterdam과 빌럼 판덴브링크Willem van den Brink는 전문가 집단을 소집해 자신들의 나라에서 여러 약물의 상대적 폐해를 평가했다.[32] 스스로에게 미치는 피해가 아니라 타인에게 미치는 피해를 기준으로 측정한 결과, 너트와 동료들은 술이 자국에서 가장 큰 피해를 주는 약물이라고 판단했고, 판암스테르담과 그의 동료들은 마약에 이어 아주 근소한 차이로 술이 2위를 차지한다고 평가했다.[33] 뒤에서도 보겠지만 알코올 남용은 미국인들의 삶을 단연코 가장 크게 끌어내리는 요인이다. 그런데도 술집과 레스토랑, 비행기내, 심지어 파티에 모인 친구마저도 우리에게 술 한 잔을 내민다. 그리고는 또 한 잔을, 이어서 또 한 잔을 내민다. 우리는 술을 한 잔 더 마신다는 결정을 너무나 쉽게 한다는 생각은 거의 하지 못한다. 알코올 중독자가 되고 싶은 사람은 아무도 없다. 그런데도 말리기는커녕 오히려 더 적극 권한다.

나쁜 정부

이상적 조건에서라면 자유시장이 적어도 그럭저럭 참을 만하게 작동하듯이 민주주의도 마찬가지다. 그러나 유권자들은 자기들의 삶이 바쁘기 때문에 정치가가 입법 활동과 관련해 유권자의 진짜 바람을 저버린다고 해도 그것을 알아채기란 사실상 불가능하다. 게다가 우리는 인간이기 때문에 우리를 가장 편하게 해주는 후보에게 표를 던지는 성향이 있다. 그 결과 정치는 아주 단순한 피싱에도 쉽게 낚이고, 정치가들은 조용히 이익집단으로부터 돈을 챙기고는 "저도 여러분과 같은 사람입니다"라는 이미지를 보여주는 데 그 돈을 사용한다. 5장에서는 찰스 그래슬리Charles Grassley의 2004년 아이오와 주 선거 유세 장면이 등장한다. 당시 상원 재무상임위원장이던 그래슬리는 수백만 달러의 선거자금을 모으면서도 한편으로는 자신을 집에서는 '우리와 똑같이' 잔디 깎기를 모는 사람으로 묘사한 TV 광고를 아이오와 주 전체에 내보냈다. 그래슬리의 선거 유세에 돈이 중요한 역할을 했다는 점에는 전혀 이상할 것이 없었다. 오히려 지극히 평범하기 때문에 우리는 이 사례를 선택했다. 하지만 이런 식으로 선거가 매수되는 민주주의를 원하는 사람은 (거의) 없다.

이 책의 목적

이 책은 바보를 노리는 피싱이 우리의 삶과 활동, 생각, 목표, 그리고 목표 좌절에 얼마나 많은 영향을 미치는지 보여주기 위해 다양한 피싱 사례를 소개한다. 어떤 예는 자동차나 식품, 의약품, 집 등 우리의 일상생활과 관련된 것들이다. 어떤 예는 금융시장처럼 더 체계적이고 기술적인 것들이다. 그러나 무엇보다도 우리가 탐구할 예는 자유시장의 훼방꾼이 아닌 보완자로서 정부의 역할을 포함해 사회정책 면에서 심각한 의미를 지닐 것이다. 컴퓨터를 유해한 프로그램malware으로부터 보호해야 하듯이 우리는 더 넓게 정의한 '바보를 노리는 피싱'으로부터 스스로를 보호해야 하기 때문이다.

자유시장과 조작된 선택

지그문트 프로이트에서 대니얼 카너먼Danniel Kahneman에 이르기까지 여러 심리학자가 한 세기가 넘도록 우리에게 가르친 내용이 있다. 인간은 자신에게 별로 득이 되지 않는 결정을 자주 내린다는 것이다. 한마디로 말해, 인간은 자신에게 정말로 득이 되는 행동을 하는 것은 아니며 자신이 정말로 원하는 것을 선택하지도 않는다. 이런 잘못된 결정으로 인해 인간은 바보를 노리는 피싱에 걸려든다. 이 사실은 가장 기본적인 교훈으로, 성경에서도 굉장히 중요하게 다룰 정도이다. 성경을 보면 순진한 하와가 뱀의 꼬드김에 빠져 어리석은 결정을 내리고 하와는 곧바로 그리고 영원히 그 결정을 후회한다.[1]

그런데 경제학이 전제하는 기본 개념은 이와는 전혀 다르다. 경제학의 기본 개념은 시장 균형market equilibrium이다.[2] 쉬운 설명을 위해 슈퍼마켓 계산대 앞에 늘어선 줄을 생각해보자.[3] 계산대에 도착하면 우리는 대개 어느 줄에 설지 고민을 한 후 결정한다. 줄의 길이가 균형을 맞추기라도 한듯 다 고만고만하기 때문이다. 이런 균형은 계산대로 다가가는 사람은 저마다 가장 짧은 줄을 선택하기 마련이라는 단순하고 자명한 이치 때문에 생겨난다.

계산대 줄의 길이에서 본 균형의 원칙은 전체 경제에도 적용된다. 경영자는 어떤 사업을 시작하거나 혹은 기존의 어떤 사업을 키우거나 줄일지 결정할 때 계산대로 다가가는 사람처럼 최고의 기회를 노린다. 이런 상황 역시 균형을 만든다. 그리고 높은 이윤 창출의 기회는 순식간에 사라지고 기회를 찾아내기 어려운 상황이 이어진다. 기회는 금세 사라진다는 원칙은 시장 균형 원칙과 더불어 경제학의 핵심을 차지한다.

같은 원칙은 바보를 노리는 피싱에도 적용된다. 우리에게 약점이 있고 그 약점이 어떤 식으로건 바보를 노리는 피싱에 넘어가기 쉽다면, 피싱 균형 원칙에 따라 누군가는 그 약점을 이용할 것이다. 계산대 앞에 도착한 사람이 그렇듯, 주위를 둘러보며 어느 사업에 자본을 투자할지 결정하려는 경영자 중에는 높은 이윤을 창출하기 위해 바보 소비자를 피싱할 기회가 있는지 살펴보는 사람도 있기 마련이다. 그리고 그런 경영자의 눈에 띈 기회야말로 그 경영자가 선택한 '계산대'가 된다.

그리고 경제에 존재하는 피싱 균형으로 인해 높은 이윤 창출의 기회는 다 소진될 수밖에 없다. 다음의 세 가지 사례가 피싱의 개념을 이해하는 데 도움을 줄 것이다.

빵집 프랜차이즈 '시나본'

우리의 의도에 딱 들어맞는 예가 있다. 1985년 시애틀의 리치 코멘 Rich Komen과 그레그 코멘Greg Komen 부자는 시나본Cinnabon을 설립하면서 몇 가지 마케팅 전략을 세웠다. 일단 그들은 '세계에서 가장 맛있는 시나몬롤'을[4] 굽는 매장을 오픈하기로 했다. 나방이 페로몬에 이끌리듯 사람들은 시나몬 향에 이끌린다. 시나본의 스토리는 "최상급 마카라시나몬을 얻기 위해 얼마나 많이 인도네시아를 오갔는지 모르겠다"고[5] 말한다. 시나본의 시나몬롤은 마가린을 사용하며 칼로리는 880칼로리이고 맨 위에는 설탕으로 만든 프로스팅 frosting(케익 등을 마무리할 때 사용하는 부드러운 크림 타입의 달콤한 설탕 혼합물-편집자)이 듬뿍 발라져 있다. "인생에는 프로스팅이 필요하다." 이것이 시나본의 모토이다.

시나본 사는 플래카드와 모토도 그렇지만 매장 위치 선정에도 신중을 기했다. 회사는 쇼핑몰과 공항처럼 오가는 사람들이 시간적 여유가 별로 없고 시나몬롤의 향과 스토리에도 약해지기 쉬운 곳을 골랐다. 물론 칼로리 정보를 기입하기는 했지만 눈에 잘 띄지는 않았다. 시나본은 폭발적 성공을 거두었고 코멘 부자의 전략도 거듭해서 되풀이되었다. 현재 시나본 매장은 30여 나라에 750개가 넘는다.[6] 대부분의 사람들은 지연된 비행기를 기다리고 있는 장소에 그런 매장이 한두 개쯤 있는 것을 아무렇지 않게 받아들인다. 또한 소비자가 약해지는 순간을 포착하고 그것을 움켜잡을 전략을 만들기 위해 얼마나 많은 노력과 전문지식이 동원되는지도 알지 못한다. 뿐만 아니라 건강식 계획을 뿌리부터 흔드는 시나본이라는 회사가 자유시장 균형의 자연스런 결과물이라는 것도 생각하지 못한다. 하지만 진실은 이렇다. 만약 코멘 부자가 시나본을 세우지 않았다면 언젠가는 다른 누군가가 비슷한(완전히 똑같지는 않을지라도) 아이디어를 생각해냈을 것이 분명하다. 자유시장체제는 자동적으로 우리의 약점을 이용한다.

헬스클럽

2000년 봄, 스테파노 델라비냐Stefano DellaVigna와 울리케 말멘디에 Ulrike Malmendier는 하버드대 대학원생이었다.[7] 두 사람은 MIT대학에서 심리학과 경제학 독서 특강 과목을 수강하던 중 당시 이 분야의 새로운 주제인 나쁜 의사결정의 예를 찾기로 했다. 그들이 눈을 돌린 곳은 주위에서 흔히 볼 수 있는 헬스클럽이었다. (우리가 헬스클럽에 주목한 이유는 그것이 바보를 노리는 피싱을 보여주는 좋은 예이기 때문이다.) 델라비냐와 말멘디에도 나름의 이유에서 헬스클럽에 관심이 있었다. 2012년에 미국의 헬스클럽 산업 규모는 220억 달러이고 고객은 5천만 명이 넘는다는 것이 그 이유였다.[8]

델라비냐와 말멘디에는 보스턴의 헬스클럽 이용자 7500명 이상에 대한 데이터베이스를 구축했다.[9] 헬스클럽에 처음 온 사람들은 아주 희망적인 운동 계획을 마음에 품고 가입 신청서에 사인을 한 뒤 비싼 이용료를 지불했다. 헬스클럽 고객이 돈을 내는 방법은 보통 세 가지 중 하나였는데, 1일 이용권을 구입하거나 취소하지 않을 시 신용카드에서 매달 자동으로 돈이 빠져 나가도록 계약하거나 아니면 연간 회원권을 구입했다. 따로 할인이나 보조 혜택이 없는 경우 대부분의 고객은 월간 계약을 선택했다. 하지만 그들 중 80퍼센트는 1일 이용권을 이용했다면 돈이 적게 들었을지도 모른다. 연평균 1400달러로 나가는 돈 중에서 이 잘못된 선택으로 인해 더 나가는 금액은 무려 600달러나 되었다.[10] 더 분통이 터지는 일은 헬스클럽은 자동 계약취소를 막을 여러 장치를 마련해두고 있다는 점이었다. 델라비냐와 말멘디에의 표집에서 매달 자동 계약갱신 상품을 판매하는 83개 헬스클럽을 보면, 회원 본인이 직접 방문해서 계약을 최소할 경우 어느 헬스클럽이나 다 수락했지만 전화를 통한 계약 취소를 받아들이는 곳은 7곳에 불과했다. 서면을 통한 계약 취소를 수락하는 곳은 54곳뿐이었고, 그중 25개 헬스클럽은 인증 절차를 요구했다.[11]

헬스클럽이 내미는 계약서가 '가지도 않을 헬스클럽 비용을 지불하게 만드는' 것은 우연의 일치일까?[12] 그렇지 않다. 이용자들은 1일 이용권을 매일 구입하는 것보다는 싸다는 생각에 스스럼없이 월간 자동갱신 계약서에 사인을 했다. 그런 계약이 등장하는 것은 피싱 균형을 따질 때 당연히 예상되는 일이다. 그렇지 않다면 이윤 창출의 기회가 건드려지지도 않은 채 고스란히 남아 있을 테니 말이다.

'어깨에 올라탄 원숭이'의 기호

피싱 균형에 한 가지 비유를 적용하면 자유시장의 완전균형이 가진
문제를 더 잘 이해할 수 있다. 경제학자 키스 첸Keith Chen, 심리학자
인 벤카트 락슈미나라야난Venkat Lakshminarayanan과 로리 산토
스Laurie Santos는 꼬리감는원숭이에게 돈으로 거래를 하는 방법을
가르쳤다.[13] 놀랍게도 자유시장 경제 체제가 시작되었다. 원숭이들
은 가격과 기대보상expected payoffs을 이해하게 되었으며 심지어는 돈
으로 섹스를 거래하기까지 했다.[14]

　그렇다면 원숭이들이 인간들과 여러 거래를 트게 되었다고 한번
가정해보자. 많은 수의 원숭이가 실제로 소득을 벌고 있고 이들이
인간이 운영하는 영리 기업의 고객이 되었으며 이런 기업들은 규제
를 받지 않는다고 가정하자. 이윤 추구 욕구가 왕성한 자유시장체
제는 원숭이들이 구입을 결정한 것은 무엇이든 공급하려 할 것이
다. 꼬리감는원숭이의 희한한 기호에 어필하는 온갖 상품이 공급되
면서 경제적 균형이 등장할 것임을 예상할 수 있다. 원숭이들은 이
렇게 다양해진 상품 중에서 선택을 할 수 있지만, 정작 그들이 선택
한 것은 그들을 행복하게 해주는 것과는 거리가 멀지도 모른다. 첸
과 락슈미나라야난, 산토스의 실험이 말하듯, 꼬리감는원숭이는 마
시멜로를 속에 채운 프루츠 롤업 캔디를 굉장히 좋아한다.[15] 게다가

꼬리감는원숭이는 유혹에 강하지 않았다. 이 두 가지 사실을 통해 원숭이들이 초조해하고 영양실조에 걸리고 기운을 못 내고 중독되고 걸핏하면 싸우려들고 병에 걸리리란 예상을 할 수 있다.

이 사고 실험은 인간에 대해 많은 것을 말해준다. 우리는 원숭이의 행동을 분석하면서 이른바 경제학이 말하는 '기호tastes'가 두 가지만 존재한다고 가정했다. 첫 번째는 꼬리감는원숭이가 자신에게 이득이라고 판단해서 실행할 것 같은 기호다. 두 번째 기호(프루츠 롤업 캔디)는 원숭이들이 실제 행동에 옮기는 기호다. 인간이 원숭이보다 똑똑하다는 것은 말할 필요도 없다. 하지만 우리는 우리의 행동을 같은 관점에서 관찰할 수 있다. 인간 역시 꼬리감는원숭이와 마찬가지로 서로 따로 노는 두 가지 기호를 가지고 있다고 생각할 수 있다. 첫 번째 '기호'는 우리에게 유익한 기호다. 하지만 원숭이를 대상으로 한 실험에서처럼, 우리에게 유익한 기호가 언제나 모든 구매 결정의 기준이 되는 것은 아니다. 사실상 우리의 선택 방식을 좌우하는 기호는 두 번째 '기호'다. 그리고 우리가 실제 내리는 선택은 '우리에게 유익하지' 않을 수도 있다.

두 기호의 차이점과 꼬리감는원숭이의 예는 교훈적인 이미지 하나를 떠올리게 한다. 바로 쇼핑을 하거나 경제적 의사결정을 내릴 때 우리의 어깨에 원숭이가 올라앉아 있는 그림을 연상시킨다. 어깨에 올라탄 원숭이는, 이른바 마케터들이 오랫동안 이용해 온 우리의 약점이다. 이런 약점 때문에 우리는 '실제로 원하는 것'이나 혹은 이득이 되는 것이 아니라 대부분은 다른 것을 선택하고 만다. 우리는 어깨에 올라탄 원숭이의 존재를 어지간해서는 잘 인식하지도 못한다. 그렇기에 시장에 적절한 규제 장치가 없는 상황에서 우리는 어깨에 앉은 원숭이가 지배권을 크게 휘두르는 경제적 균형에 도달하고 만다.

자유시장 균형의 최적에 대한 주장

당연한 말이지만 경제학의 핵심 교리야말로 아마도 가장 놀라운 결과일 것이다. 1776년 경제학의 아버지 애덤 스미스는 《국부론》에 자유시장에서는 '보이지 않는 손에 이끌려 (개개인이) 각자의 이익을 추구하는 것'이 전체의 이익을 촉진한다고 썼다.[16]

스미스의 주장을 정확히 이해하기까지는 한 세기가 조금 넘게 걸렸다. 오늘날 경제학 개론서에 흔히 등장하는 완전경쟁시장의 균형은 '파레토 최적Pareto Optimality'(누군가에게 손해가 가지 않는 이상 다른 누군가에게 이득이 내는 자원 배분의 변화를 만들어내기가 불가능한 상태. 이탈리아 경제학자 빌프레도 파레토에서 이름을 따왔으며, 파레토 효율이라고도 불린다-옮긴이)을 이룬 상태이다.[17] 이 말은 균형 상태에 도달한 경제에서는 모두를 위한 경제적 복지의 개선이 불가능하다는 뜻이다. 개입을 하면 '누군가는' 손해를 볼 수밖에 없다. 대학원에서는 자유시장의 최적 상태를 입증하기 위한 우아한 수학 공식을 가르친다. 하나의 개념이 드높은 과학적 성취로 한 단계 올라가는 것이다.[18]

물론 이 이론도 자유시장의 균형을 깰 수 있는 몇 가지 요소를 인정하기는 한다. 이를테면 한 개인의 경제 활동이 타인의 경제 활동에 직접 영향을 주는 것이나(경제학에서는 이를 '외부효과externality'라고 한다), 아니면 잘못된 소득분배가 그에 속한다. 따라서 경제학자들 사이에서는 두 요소를 제외하고는 오직 바보만이 자유시장의 움직임에 개입한다는 믿음이 널리 퍼져 있다.[19] 그렇긴 해도 경제학자들은 규모가 충분히 큰 기업이라면 시장의 완전경쟁을 방해할 수 있다는 사실을 오래전부터 인정하고 있었다.

완전한 자유시장이 실재한다면, 선택의 자유만이 아니라 피싱의 자유도 실재한다. 애덤 스미스의 말마따나 균형 상태가 최적의 상태라는 것은 여전히 맞을지도 모른다. 그러나 그 균형은 우리의 진짜 기호로 최적을 이룬 균형이 아니라, 어깨에 올라탄 원숭이의 기호로 최적을 이룬 균형이다. 그리고 원숭이의 기호로 최적 상태에 이른 균형은 원숭이는 물론이고 우리에게도 여러 문제를 야기한다.

대다수 경제학자들은 사람들이 보통은 자기가 원하는 것을 잘 알고 있다고 생각하면서 이런 차이점을 무시했다. 다시 말해, 우리가 진짜로 원하는 것과 어깨에 올라탄 원숭이가 지시하는 것 사이의 차이점을 검토해봤자 얻을 수 있는 것이 별로 없다고 생각한다. 하지만 그것은 어깨에 올라탄 원숭이들이 미치는 영향을 연구하는 심리학을 무시하는 태도이다.

예외가 있다면 행동경제학자들이다. 특히 지난 40년 동안 행동경제학자들은 심리학과 경제학의 관계를 많이 연구했다. 그들은 어깨에 올라탄 원숭이가 미치는 영향을 무대 중앙에 올렸다. 그런데 우리가 아는 한, 희한하게도 그들은 자신들의 연구 결과를 애덤 스미스의 근본 개념인 보이지 않는 손과 결부해서 해석하지는 않았다.

그러나 우리 둘은 단순하게라도 보이지 않는 손의 맥락에서 이 원숭이의 영향력을 관찰하는 것이 중요하다고 생각한다. 애덤 스미스의 말처럼 마치 보이지 않는 손에 이끌리듯 자기이익에 충실한 타인이 어깨에 올라탄 원숭이의 기호를 충족시켜줄 것이기 때문이다.

그렇기에 우리는 경제학을 아주 조금 비틀 것이다(이를 위해 우리가 실제로 원하는 것의 최적과 어깨에 올라탄 원숭이가 원하는 것의 최적의 차이에 주목한다). 하지만 약간이나마 경제학을 비트는 것이 우리의 삶에 커다란 차이를 만들어낸다. 이 작은 비틀기는 사람들에게 '선택의 자유'(밀턴 프리드먼Milton Friedman과 아내 로즈 프리드먼Rose Friedman이 좋은 공공정책의 필수조건이라고 생각한)를 주기만 하고 손을 놓아 버리는 것이 왜 심각한 경제 문제를 야기하는지 알려주기 때문이다.[20]

심리학과 어깨에 올라탄 원숭이

모든 심리학자가 인간이 '몰기능적' 결정을 내리는 이유에 관심을 가지는 것은 아니다. 일부 심리학자는 건강한 인간 정신의 작용을 연구하는 데 몰두하기도 한다. 하지만 상당수 심리학자는 인간으로 하여금 진짜 원하는 것이 아니라 원한다고 생각하는 것을 선택하게끔 만드는 결정에 주목한다. 이런 사실은 20세기 중반에 강의되었던 심리학의 응용 분야를 되짚기만 해도 알 수 있다. 그 당시 심리학은 잠재의식이 인간의 결정에 미치는 영향에 대해서 실험적으로 입증된 결론을 강조하는 프로이트식 견해가 밑바탕을 이루었다. 밴스 패커드Vance Packard는 1957년에 발표한 《숨은 설득자Hidden Pursuader》에서 마케터와 광고인이 어떤 방식으로 움직이는지를 설명했다. 책에 따르면, 마케터와 광고인은 잠재의식을 통해 우리를 조종한다. 한 예로, 이 책의 저자인 우리 둘은 50년도 더 된 케이크 믹스 회사가 딱히 필요하지도 않는데 달걀 하나를 더 넣게 함으로써 가정주부의 창의적 욕구에 불을 지폈던 일을 기억한다. 보험회사들이 광고를 통해 영원히 살고 싶은 욕구를 부추기는 것 또한 우리의 잠재의식을 이용하는 기법이다. 심지어 어떤 광고는 사후 세계의 가족 사진에 있는 죽은 아버지의 모습을 보여주기도 한다.[21]

사회심리학자이자 마케터인 로버트 치알디니는 심리 편향의 여러 증거를 모아 책을 펴냈다.[22] 그의 '심리 편향 목록'에 따르면, 우리는 선물과 호의에 보답하기를 원하기 때문에, 좋아하는 사람에게 근사하게 보이고 싶은 마음 때문에, 권위에 저항하고 싶지 않기 때문에, 다른 사람을 보고서 행동 방식을 결정하는 습성이 있기 때문에, 내적으로 일관된 결정을 내리고 싶기 때문에, 손실을 피하고 싶기 때문에 피싱에 쉽게 걸려든다.[23] 치알디니는 이런 각각의 편향마다 짝을 이루는 세일즈맨의 공통된 트릭이 존재한다고 말한다. 그의 형인 리처드가 스스로 돈을 벌어 학비를 댄 방식도 이런 트릭에 해당한다. 리처드는 매주 지방지에 실린 광고를 보고 차 두세 대를 구입했다. 그는 구입한 차를 깨끗이 세차한 다음 다시 판매 광고란에 올렸다. 이때 리처드는 인간의 '손실 회피loss aversion' 편향을 이용했다. 우리와 달리 리처드는 차를 보러 오는 사람을 예약이 없는 다른 시간에 오도록 약속을 잡지 않았다. 대신에 그는 일부러 조금씩 시간이 겹치도록 약속을 잡았다. 그러면 잠재 구매자는 차의 장점에 주목하기보다는 다른 사람이 '자신의' 차를 가져가서 자신에게 손해가 발생할지도 모른다는 것을 더 염려하게 된다.[24]

정보 바보

피싱의 또 다른 원인은 오도된 허위 정보이다. 허위 정보라는 가면을 쓴 피싱맨에게 속은 고객은 자신이 구입하는 물건이 자신이 생각한 물건과 일치한다고 착각한다. 돈을 버는 방법은 두 가지다. 첫 번째는 1달러 가치의 제품을 그것보다 낮은 원가에 생산해 고객에게 1달러에 파는 정직한 방법이다. 두 번째 방법은 고객에게 허위 정보를 주거나 허위 결론을 내리도록 유도하는 것이다. 이렇게 되면 고객은 자신이 1달러 가치의 물건을 구입한다고 믿지만 실제로는 그 가치에 미치지 못한다.

　이 책에는 그런 예가 수도 없이 등장한다. 가장 많은 예가 나오는 곳은 금융 분야로, 금융 낙관론자들은 복잡한 금융거래를 다양한 고객 기호에 맞는 최선의 방법으로 깔끔하게 리스크와 기대수익률로 분해할 수 있다고 믿는다. 인간은 똑똑하다. 특히 금융 분야의 사람들은 특히나 똑똑하다. 그런고로 금융시장을 감독하는 최고의 방법은 시장 자체가 알아서 스스로를 감독하게 하는 것이라는 주문이 널리 퍼져 있다. 이 주문이 공공정책에 적용된 유명한 사례가 바로 2000년 상품선물현대화법Commodity Futures Modernization of 2000이다.

이 법이 발효되면서 굉장히 복잡한 금융상품들이 최소한의 관리감독만 받으며 거래가 가능해졌다. 어차피 시장이 알아서 자정 작용을 할 것이라는 믿음에서였다.

그러나 이런 이유만으로 알아서 하게 돼야 한다는 교리가 틀리다고 말하기는 어렵다. 금융계가 돈을 버는 또 다른 방법은 고객이 원하는 것을 고객에게 팔지 않는 것이다. 마술사의 트릭을 기억하자. 마술사는 컵 세 개 중 하나의 컵 아래에 동전을 두고 이리저리 돌리다가 세 개를 모두 들어올린다.[25] 동전은 아무 데도 없다. 어디로 간 것일까? 그렇다! 바로 마법사의 손에 있다. 이런 현상이 복잡한 금융 세상에서 펼쳐질 수 있다. 비유하자면, 우리가 사는 증권은 컵을 들어올리면 동전이 나온다고 보장한다. 하지만 복잡한 금융의 소용돌이 속에서 동전은 감쪽같이 마술사의 손으로 옮겨가고, 컵을 들어올렸을 때 우리는 아무 것도 얻지 못한다. 이 책의 후반부에서 우리는 세 장에 걸쳐 금융계의 조작을 살펴볼 것이다. 세 장 모두 이리저리 움직이는 컵에서 교묘히 동전을 꺼낼 수 있는 트릭이 무엇인지 알려준다. 더 구체적으로 말하면, 이런 트릭에는 교묘한 금융회계와 지나치게 낙관적인 신용등급과 같은 술수가 포함된다. 이런 경우 최소한 우리는 자신이 무엇을 원하는지는 알고 있다. 그러나 교묘하게 조작된 정보는 우리에게 원하는 것을 제공한다고 말하지만 막상 얻고 보면 원하는 것과는 완전히 동떨어진 것을 소개한다. 마지막으로, 마술사는 트릭을 부려 이익을 벌 수 있는 한 언제까지고 그 자리에 머문다. 그것이 경제 균형의 속성이다. 그리고 그것이 금융시장을 아주 특별히 신중하게 감독해야 하는 이유이다.

이론과 실제

지금까지 피싱 균형 이론과 이것을 설명하기 위한 사례 몇 가지를 제시했다. 실생활의 경제 균형에서도 바보를 노리는 피싱이 많이 존재한다. 피싱 균형이 발생하는 이치는, 뒤이어 계산대에 도착한 고객은 가장 짧아 보이는 줄을 선택하기 때문에 슈퍼마켓의 계산 줄이 다 거기서 거기인 이치와 똑같다. 경쟁시장에서도 바보를 노린 피싱을 통한 이윤 창출 기회는 먼저 차지하는 사람이 임자다. 우리는 이 일반적 원칙이 우리의 삶에 얼마나 중요한 역할을 하는지 차근차근 예를 들어가며 설명할 것이다.

바보를 노린 피싱을 이해하기 위한 출발선

이 책은 크게 '들어가는 글'과 3개의 부로 구성돼 있다.

들어가는 글

여기서는 피싱의 개념과 피싱이라는 불가피한 결과를 설명하는 데 중점을 두었다. 피싱의 불가피함이란 시나본을 빗대 말하면 코멘 부자가 아니었어도 세상 사람 중 누군가가 그 기회를 움켜잡았을 것이라는 의미이다. 물론 코멘 부자에게 들어맞는 진실은 다른 모든 피싱 균형에도 들어맞는다. 결국 A가 이윤 창출의 기회를 움켜쥐지 않으면 B가 그 기회를 움켜쥔다.

우리 두 저자는 어깨에 올라탄 원숭이의 이미지를 만들고, 단어의 앞 글자를 f가 아니라 ph로 바꾸고(두 저자는 이미 용어로 굳어진 phishing에서 차용해 바보fool, 식품food 등 f로 시작하는 단어의 앞 글자를 ph로 바꿔서 적었지만 번역상의 문제로 그것을 그대로 옮기지 못하는 점, 독자들에게 양해를 구한다—옮긴이), 경제 균형을 이론적으로 설명한다. 하지만 그것과 별개로 이런 피싱과 피싱 균형이 우리의 삶에 얼마나 중요한 역할을 하는지도 보여준다. 1장은 대다수 소비자가 월말이나 주말이 되면 청구서 비용을 낼 걱정에 시달리는 이유가 무엇인지, 또 걸핏하면 요금을 제때 내지 못하는 이유가 무엇인지 살펴본다. 우리 인간은 실수를 저지르기 쉽고, 실수 대부분은 '우리에게 무언가를 팔려는' 사람들의 부추김과 꼬드김에 넘어간 결과다. 2장은 전 세계에 파괴적 영향을 미친 2008년 금융위기에서 바보를 노린 피싱이 어떤 역할을 했는지 설명한다. 여러 기업과 자문 회사에서 행하는 이른바 '평판 파내기reputation mining'도 많은 지면을 할애해 설명한다. 평판 파내기란 이익을 얻기 위해 진실성을 내주고 그동안 힘겹게 쌓아 올린 평판을 다분히 고의적으로 조금씩 파먹는 행위를 말한다. 지금 이 글을 쓰는 시점에서 봤을 때 세상은 아직 금융위기의 충격에서 완전히 회복하지 못했다. 그리고 2008년 금융위기를 이끈 그 힘은 경제 균형의 한 요소이기도 하다. 이 힘은 길들이기가 힘들다. 그럼에도 우리는 금융위기의 재발 가능성을 줄이기 위해, 그리고 혹여 재발하더라도 수월히 다루기 위해서라도 위기를 이끌었던 힘이 무엇인지 명확히 이해해야 한다.

2부에서는 방향을 바꾼다. 광고와 마케팅, 부동산, 자동차 판매, 신용카드, 로비 활동과 정치, 식의약품, 혁신과 경제 성장, 술과 담배, 두 종류의 금융시장 등 일상생활을 구성하는 특정 분야에서 벌어지는 바보를 노린 피싱을 주로 설명한다. 각 분야에 대한 개략적 설명은 각 장마다 따로 전개한다. 이 책에 나오는 여러 사례는 바보를 노린 피싱에 대한 인식과 이해를 돕기 위한 일종의 연습문제다.

또한 2부에서는 피싱의 불가피성을 설명한다. 결국 피싱은 나쁜 사람들 때문이 아니라 우리 경제 체제의 자연스런 작용 때문에 빚어지는 결과다. 또한 우리는 바보를 노리는 다양한 피싱을 살펴봄으로써 실제로 피싱이 어디에서 어떤 방식으로 행해지는지 알도록 독자에게 새로운 관점을 선보일 것이다. 먼저, 광고와 마케팅의 피싱이 등장한다. 광고인과 마케터의 임무는 자신들이 광고하는 상품을 소비자가 사도록 유도하는 것이다. 이 장을 통해 우리는 (치알디니의 편향 목록과 현재의 행동경제학을 넘어) 무슨 이유로 사람들이 쉽게 조종당하는지에 대한 새롭고 전체적인 관점을 제시하려고 한다. 인간은 주로 스토리에 자신을 대입해서 생각하는 경향이 있다. 사람을 조종하는 가장 중요한 전략은 바보가 과거부터 가지고 있는 스토리에 피싱맨에게 유리한 새로운 스토리를 접붙이는 것이다. (여기에 덧붙이자면, 프로이트부터 카너먼에 이르기까지 심리학자들은 인간이 스스로에게 말하는 스토리를 찾아내는 것을 자신들의 주된 역할로 삼았다. 심리학 전문용어로 이런 스토리를 '정신적 프레임'이나 '스크립트(각본)'라고 한다.)[26]

제3부 새로운 경제학을 위하여

1부와 2부에서 우리는 소비자지출과 금융시장과 같은 일반적인 무대를 비롯해 의원선거, 대형 제약회사 등의 특별 무대도 방문했다. 그리고 이 여러 사례와 피싱 이론을 결합해 우리는 우리가 찾아낸 새로운 사실을 설명했다. 또 이렇게 찾아낸 사실을 통해 우리 두 저자는 바보를 노리는 피싱과 그것이 언제 어디에서 벌어지는지 이해하면서 경제학을 새로운 관점에서 바라보게 되었다. '결론'에서 우리는 이 새로운 시각을 오늘날 미국의 경제·사회 정책에 적용하는 방법을 논하면서 세 분야의 경제 정책 사례를 살펴보려고 한다.

'덧붙이는 글'은 이 책의 잠재적 비평가를 위해 특별히 따로 썼다. 짐작하건대 그들은 이 책에 무슨 새로운 내용이 있는지 의아해 할지도 모른다. 그래서 이 책이 경제에 무슨 공헌을 할 수 있고 한다면 어디서 어떻게 할 수 있는지 우리 나름의 생각을 전한다.

이 책은 처음부터 아주 진지한 의도를 갖고 저술한 책이다. 하지만 우리는 재미도 잃고 싶지 않았다. 우리는 독자 여러분이 '바보를 노린 피싱'을 올바로 이해하고 여기에 담긴 모든 '중요한 메시지'를 다 받아들이면서도 한편으로는 마지막 페이지까지 즐겁게 읽어주기를 바란다.

Part 1

쌓여가는 청구서와 금융붕괴

01 사방에 널린 유혹

Temptation Strews Our Path

웬만한 미국인이라면 재무상담사 수지 오먼Suze Orman의 이름 정도
는 안다. 이 책의 저자 중 한 명인 조지가 다른 경제학자 친구에게
그녀에 대해 물었을 때 들은 대답은 예상대로였다. 그 친구는 오먼
의 TV 방송을 딱 10초 정도만 보다가 채널을 돌렸다고 했다. 경제
학자들은 '엄마가 제일 잘 알아', '내가 그러라고 했잖아' 식의 오먼
말투를 잘 참지 못한다. 경제학자가 보기에 수지 오먼의 투자 조언
은 단순하기 짝이 없다. 그리고 돈에 관심이 많은 경제학자답지 않
게 그들은 그녀의 조언이 돈 문제에 지나치게 치우쳐 있다고 생각
한다.

하지만 IMF 본부 구내 카페에서 계산원으로 일하는 테도오라 빌

라그라Teodora Villagra는 경제학자들과는 완전히 다른 대답을 했다. 그녀는 경제학자는 아니지만 돈을 어느 정도 다룰 줄 아는 사람이다. 그녀는 다니엘 오르테가Daniel Ortega 대통령 재임 시절 니카라과를 빠져나온 난민으로 시작했지만 현재 캐피톨힐 지역에 자기 집이 있고 아들을 대학에 공부시키기까지 했다. 더군다나 아들이 졸업할 때 갚아야 할 학자금 대출은 한 푼도 없었다. 또한 그녀는 매일 수백 명을 상대로 금액을 계산하고 거스름돈을 챙기는 중에도 그들과 쉼 없이 대화를 나눌 만큼 유쾌하고 열정적인 사람이기도 하다. "수지 오먼은 돈에 대해 말하는 것이 아니에요. 그녀가 말하는 것은 사람들이에요." 테오도라는 우리에게 그렇게 말했다. 그녀는 수지 오먼의 재무설계 책을 구매했고 동료 계산원에게 선물로 사주기도 했다.

테오도라와 방송에서 수지 오먼이 하는 말을 들어보니 전부터 우리 두 저자가 수수께끼처럼 여겼던 부분이 무엇인지 알 수 있었다. 오먼을 보러 온 방청객은 왜 그녀의 말 한 마디 한 마디에 무릎을 탁 치는 걸까? 이런 수수께끼 조각을 모두 짜 맞추고 보니 전 세계 수십억 명의 사람을 괴롭히는 중요한 경제적 문제 한 가지가 환하게 드러났다.

수지 오먼 vs. 경제학 기본

수지 오먼의 책 중에서도 최고의 베스트셀러는 300만 부가 넘게 팔린 《재무적 자유를 향한 9단계 실천법 The 9 Steps to Financial Freedom》이다.[1] 오먼은 경제학자들이 생각하는 것과는(그리고 경제학 교과서가 묘사하는 것과는) 극명하게 대조되는 방식으로 소비지출과 저축을 묘사한다. 일반적인 경제학 개론서는 우리를 슈퍼마켓으로 안내한다. 책 속에서 우리는 사과와 오렌지를 사는 데 얼마를 쓸지 이미 예산을 정해 두었다. 이 예산 안에서 사과와 오렌지 가격에 따라 다양한 구매 조합이 가능하고, 그중에서 우리는 우리를 가장 행복하게 만드는 조합을 선택한다. 책에서는 우리가 그런 식으로 각 가격대마다 사과를 몇 개 사고 오렌지를 몇 개 살지 결정한다고 설명한다. 그리고 소비자가 구입을 원하는 가격과 구매량이 일치하는 지점이 소비자의 '사과 수요'와 '오렌지 수요'라고 말한다.[2]

의도적으로 무미건조하게 만든 이 스토리는 보기에는 순수해보일지 몰라도 실제로는 전혀 그렇지 않다. 이것은 과학은 아니지만 아주 강력한 수사법이다. 이런 개론서의 주요 독자층인 대학 신입생은 확고한 메시지를 주입 받는다. 그러고 나중에는 사과와 오렌지만이 아니라 모든 경제적 의사결정 역시 이런 식으로 이뤄진다고 생각하게 된다. 사과와 오렌지의 예에서처럼 의사결정자는 예산을 세운다. 그리고 가격에 따른 여러 선택지 중에서 소비자는 자신을 가장 흡족하게 해줄 구매 선택을 내린다. 정말로 강력한 수사법이다. 슈퍼마켓의 과일 코너에 간 소비자가 다른 식으로 행동하리라고 상상하기가 힘들 정도다.

경제학 개론서를 읽는 신입생은 오렌지와 사과의 비유에 별로 저항하지 않는다. 개론서의 나머지 내용에서 다른 상황을 예로 들 때나 경제학 과정을 좀 더 깊이 들어갈 때, 전문 경제학자가 되기 위해 대학원 수업을 들을 때에도 이 비유에 무슨 문제가 있었다면 사용됐을 리 없다고 생각하기 때문이다. 어쨌거나 교과서의 이런 단순한 수사법을 통해 경제학도는 개개인이 예산과 가격에 따라 합리적인 구매 결정을 내린다는 내용을 통째로 집어삼킨다. 그런데 소비자가 정말로 그렇게 행동하는가? 물론 세이프웨이의 청과 코너에서야 그렇게 행동한다. 하지만 〈웨딩 매거진〉을 읽는 예비 신부를 떠올리면 설득력이 상당히 떨어진다. 인생의 가장 중요한 날을 준비하는 예비 신부에게 예산과 가격은 두 번째 문제이기 때문이다. 이 상황은 우리에게 수지 오먼을 다시 생각하게 할 뿐만 아니라 방청객들이 왜 그녀를 숭배하다시피 하는지, 왜 이 방청객들의 감탄을 이상한 사례로만 봐서는 안 되는지 다시금 생각하게 만든다.

수지의 조언을 듣는 사람들

소비자는 경제학 교과서가 묘사하는 것 외에 또 어떤 특성이 있을까? 오먼의 말에 따르면, 소비자는 돈 문제와 돈을 쓰는 일에 있어서 감정적으로 매우 약하다. 소비자는 자신에게 정직하지 못하기 때문에 합리적으로 예산을 세우지 못한다는 것이다. 오먼이 그렇게 말하는 이유는 무엇인가? 재무상담사인 오먼은 고객에게 한 가지 테스트를 제안한다. 우선 그녀는 고객에게 특정 기간 동안의 지출을 다 더해 보라고 한다. 그리고 이렇게 더한 총지출을 고객이 실제로 쓴 지출 내역과 대조해 보라고 한다. 그러면 거의 매번 실제 지출이 더 많다.[3] 경제학 교과서에 흔히 나오는 슈퍼마켓에 과일을 사러 간 소비자와 비교했을 때 수지의 고객은 과일 코너에서 돈을 너무 많이 쓴 탓에 유제품 코너에 가서는 정작 달걀과 우유를 쓸 돈이 남아 있지 않다. 실생활에서 이런 예산 초과는 살 것을 다 산 후에는 월말에 저축할 돈이 없다는 말로 표현된다. 더 심각하게 말하면 만약을 대비한 저금통이 텅 비어 있다는 소리다. 현대에 맞게 적용하자면, 지출 금액이란 신용카드 고지서 금액을 다 합산하는 것을 의미한다고 볼 수 있다. (지금처럼 경기 침체가 한창이고 저금리 기조가 지속되는 중에도 신용카드 이자율은 거의 12퍼센트에 달한다.[4] 몇 년 전보다 훨씬 높아졌다.)

오먼은 돈을 인지적으로나 감정적으로도 잘 다루지 못하기 때문에 청구 요금 미납이라는 사태가 빚어진다고 말한다. 오먼은 고객과 독자들이 더는 돈 걱정에 밤잠을 설치지 않도록 신용카드 사용액을 낮추는 방법을 알려주는 것이 본인의 사명이라고 생각한다. 이것이 엄마의 역할이기도 하기에 그녀의 독자와 방청객은 '엄마가 제일 잘 알아' 식의 말투도 그러려니 하고 넘긴다.

오먼의 책 부제('Practical and Spiritual Steps So You Can Stop Worrying')에도 나온 '돈 걱정'은 그냥 관례적으로 집어넣는 말이 아니라 모든 재무 조언서가 가장 중요하게 다루는 문제라는 사실을 유념해야 한다. 하지만 경제학 교과서를 아무리 뒤적여도 개개인의 재무 상태와 감정을 설명하면서 '돈 걱정'이라는 단어가 나오는 경우는 거의 없다.

제1부 쌓여가는 청구서와 금융붕괴

통계 이야기

굳이 오면의 말까지 들먹일 것도 없다. 상당수 소비자들이 생활비 걱정에 시달린다는 사실을 보여주는 통계 수치도 있다. 그 사실을 직접적으로 보여주는 통계 하나가 경제학자 애너마리아 루사르디Annamaria Lusardi와 피터 터파노Peter Tufano, 사회학자 대니얼 슈나이더Daniel Schneider의 연구 결과다. 그들은 응답자에게 "다음 달에 갑자기 2천 달러가 필요하다면 그 돈을 마련할 수 있다고 얼마나 자신합니까?"라는 질문을 던졌다.[5] 미국인 응답자의 거의 50퍼센트는 '마련할 수 없다', '아마도 마련하지 못할 것 같다'라고 대답했다. 최근 나눈 대화에서 루사르디는 응답자에게 2천 달러를 마련할 시간으로 1개월의 여유까지 주었다는 사실을 강조했다. 그 정도 시간이면 모기지로 돈을 끌어오건 새 신용카드를 발급받건 부모나 형제자매 또는 친구, 친척으로부터 돈을 융통하기에 충분한 시간이다.

응답자들이 2천 달러를 마련하기 어려운 이유가 무엇인지는 소비자재무에 대한 통계 수치가 잘 보여준다. '근근이 이어가는 소비'라는 제목의 최근 경제 기사에 따르면, 2010년 중앙값에 해당하는 미국 근로세대 가족이 현금이나 당좌예금, 저축 혹은 MMF 계좌 등으로 보유하고 있는 돈은 한 달 치 소득보다 낮았다. 게다가 이 중앙값이 직접 보유한 채권이나 주식은 거의 제로에 가까웠다.[6] 영국의 개인소비지출에 대한 연구 역시 대다수 소비자가 고지된 청구요금을 간신히 내고 있다는 사실을 암시한다. 월급 생활자는 월급을 받고 첫 주에 쓰는 지출에 비해 마지막 주에 쓰는 지출이 18퍼센트나 줄어든 모습을 보였기 때문이다.[7] 또한 우리는 상당수 가구가 생활비 마련조차 힘겨워한다는 사실도 알고 있다. 약 30퍼센트의 가구는 지난 5년 동안 적어도 한 번은 초고금리의 '대체 금융'에 의존한 적이 있다고 답했다. 이런 대체 금융의 형태에는 전당포, 자동차 담보 대출, 초단기 고금리 대출 등이 포함된다.[8] 2009년에 실시한 조사에서 미국 가구의 2.5퍼센트는 지난 2년 동안 파산을 경험했다고 대답했다(대부분은 금융위기 전이었다).[9] 2.5퍼센트라고 하면 별로 대단한 수치처럼 보이지 않을 수 있지만 뒤집어 생각하면 많은 사람이 평생에 한 번 정도는 파산을 경험할 수 있다는 뜻이다. 평생에 두 번 이상 파산하는 사람이 얼마나 되는지는 아무도 모른다. 하지만 한 번 파산을 했던 사람이 앞으로 남은 50여 년의 생애 동안 두 번 정도 더 파산을 한다고 가정하면, 미국 인구의 20퍼센트 남짓은 성인기에 한 번 정도는 파산을 경험한다는 의미가 된다.[10]

퇴거 명령 역시 생활비 조달이 힘들다는 사실을 보여주는 또 다른 예다. 사회학자 매슈 데즈먼드Matthew Desmond가 밀워키 시의 법원 기록을 살펴봤더니 퇴거 조치를 당한 사람 역시 통계적으로 상당히 높았다. 금융위기 전인 2003년부터 2007년까지 연평균 퇴거율은 2.7퍼센트나 되었다.[11] 파산과 퇴거의 통계 수치는 빙산의 일각에 불과하며 그 아래 자유시장 환경에는 통계적으로도 훨씬 크고 많은 것이 감춰져 있다. 역사상 유례가 없을 정도로 높은 소비 수준을 구가하는 현재의 미국에서도 대다수의 사람은 생활비 마련을 걱정한다. 그중 일부는 벼랑 끝으로 내몰려 파산을 하거나 집에서 쫓겨나기도 한다.

케인스의 예측

우리는 흔히 수입이 5배로 늘면 인생이 순탄해지리라, 돈 걱정이 사라지리라고 여긴다. 역사상 가장 위대한 경제학자 중 한 명으로 칭송받는 존 메이너드 케인스John Maynard Keynes도 1930년에 미래를 예측하면서 그렇게 생각했다. 그는 발표 당시에는 크게 주목 받지 못했던 한 논문에서 100년 뒤인 2030년에 '손자 세대'의 생활이 어떨지 그려보았다.[12] 한 가지 점에서는 그의 예상이 거의 적중했다. 그는 생활 수준이 8배는 높아질 것이라고 '가정'했는데 2010년 미국의 1인당 실질소득은 그때보다 5.6배 높아졌다.[13] 케인스의 스톱워치를 20년 뒤로 맞추고 연간 1인당 실질소득 증가율을 역사적 평균인 1.5~2퍼센트 사이로 맞춰보면, 그의 가정은 거의 근접하게 맞아떨어진다.

하지만 다른 점에서는 케인스의 예상은 완전히 엇나갔다. 케인스는 손자 세대가 다음 번 생활비 마련을 걱정하며 잠자리에 들 것이라고는 말하지 않았다. 대신에 그는 손자 세대는 남아도는 여가 시간을 어떻게 활용할지를 걱정할 것이며 주당 근무 시간은 15시간으로 줄 것이라고 말했다.[14] 케인스는 이렇게 설명한다. "남자건 여자건 이미 미국과 영국의 부유층 주부가 흔하게 겪고 있는 것과 같은 종류의 신경쇠약을 겪을 것이다. 이 불행한 여성들 중 상당수는 전통적으로 하던 일과 직업을 박탈당했다. 요리와 청소, 옷 수선의 경제적 필요성이 사라지면서 이들이 누리던 커다란 즐거움도 사라졌지만 빈 자리를 채워줄 더 재미있는 무언가를 찾지 못하고 있다."[15]

(여기에 한마디 덧붙이면, 케인스의 설명은 현재 정치적으로는 맞지 않을 수도 있다. 하지만 이것은 30여 년 뒤인 1963년 출간되어 여성 운동에 불을 지핀 베티 프리댄Betty Friedan의 《여성의 신비The Feminie Mystique》가 집중적으로 다룬 '이름 없는 문제'가 등장하게 된 전조이기도 했다.) 그러나 미국에서 소득이 5배로 늘어났을지라도 남아도는 여가 시간이라는 것은 생기지 않았다. 오히려 우리가 볼 때 두 번의 세태 변화에 힘이 다 빠진 가정주부들은 케인스의 예상과는 정반대로 움직였다.[16]

케인스의 예측은 의아할 정도로 정확성이 떨어지지만 이러한 견해는 (수지 오먼을 뺀) 거의 모든 경제학자가 소비와 여가를 어떻게 생각하는지 여실히 보여준다. 현실성 없는 사고방식에서 비롯된 예상은 또 있다. 경제학에서는 사람들이 여가 시간을 더 많이 가질 뿐만 아니라 더 나아가 월말에 각종 요금을 문제없이 내기 위해 소득의 일정 부분을 따로 저축할 것이라고 말한다. 그러나 지금까지 본 바로는 그런 일 역시 생기지 않았다.

돈은 왜 늘 부족한가

지친 가정주부는 왜 등장하고 저축을 하지 않는 현상은 왜 나타날까? 자유시장은 우리가 진짜로 원하는 것만이 아니라 우리의 어깨에 올라탄 원숭이의 기호에 따라 우리가 원한다고 생각하는 것도 생산한다. 자유시장이 우리와 원숭이가 원하는 것을 생산함에 따라 소비자는 시장이 파는 것을 사게 된다. 이것이 자유시장의 요지다.

미국에서 거의 모든 경영자는(뒤에서 설명할 주식, 채권, 은행계좌 등을 판매하는 경영자는 제외) 소비자의 지출을 유도한다. 자유시장은 계속해서 유혹을 만들어낸다. 인생은, 차를 몰고 주차장에 들어갔는데 (일반인 구역은 꽉 찼고) 장애인 전용 구역이 계속 비어 있는 것과 같다.

도시의 거리로 나가보자. 쇼윈도는 어서 들어와 물건을 사라고 우리를 유혹한다. 아주 옛날 우리 두 저자가 젊던 시절에 쇼핑가의 애완동물 가게들은 꼼지락대는 강아지를 보란 듯이 창가에 두곤 했다. 애완동물 가게를 지나치는 젊은 여성을 화자로 한 유명 노래도 있었다.

창가의 저 강아지 얼마인가요?(멍, 멍)
살랑살랑 꼬리를 흔드는 저 강아지요.
창가의 저 강아지 얼마인가요?(멍, 멍)
저 강아지 파는 건지 알고 싶어요.[17]

물론 이 강아지는 어쩌다가 창가에 둔 것이 아니었다. 지나가는 우리를 상대로 들어와서 얼른 사라고 유혹하기 위해 그곳에 의도적으로 둔 것이다. 더 일반적으로 말하면 '창가의 저 강아지'는 모든 자유시장 활동을 은유한다. '살랑살랑 꼬리를 흔드는' 물건은 우리가 가는 곳 어디에나 존재한다. 쇼핑몰이나 슈퍼마켓, 자동차 대리점을 비롯해 집을 알아볼 때도 우리 앞에는 유혹이 펼쳐진다. 단적인 예로 슈퍼마켓은 손님이 가장 많이 찾는 달걀과 우유를 전략적으로 매장 뒤쪽에 배치한다. 소비자가 유제품을 사러 슈퍼마켓을

빙 둘러 가다 보면 깜빡 잊고 있던 다른 물건이 생각날 수도 있기 때문이다.[18] 그리고 계산대로 왔을 때 캔디류와 잡지가 당신과 아이들을 기다리고 있는 것도 우연히 빚어진 결과가 아니다. 아주 예전에 계산대의 상품 코너에는 흡연자가 구입을 깜빡 잊지 않도록 담배가 놓여 있었다.

이것은 사탕과 담배의 피싱이다. 슈퍼마켓 선반마다 다양한 상품이 진열되고 수천 가지 피싱이 행해진다. 제품 하나하나에는 마케팅 전문가와 광고 전문가의 손길이 묻어 있으며, 우리 앞에 등장한 제품은 현실에서 할 수 있는 온갖 가능한 마케팅 실험을 이미 다 거친 것들이다. 그리고 피싱은 슈퍼마켓 너머, 소비자가 구매하는 거의 모든 물건에 존재한다. 민주당 상원의원인 엘리자베스 워런Elizabeth Warren이 신용카드에 대해 힘주어 한 말이 있다.[19] 신용카드는 워낙 유혹적인 물건이기에 이 부분은 뒤에 한 챕터를 전부 할애해 설명할 것이다. 그러나 누구나 알다시피 소비자를 유혹해 물건을 사고 돈을 쓰도록 하는 것 자체가 자유시장의 본질이다. 그런 본성은 신용카드를 훨씬 넘어선다. 세일즈맨은 상점주가 형이기 때문에 혹은 손님이 사과와 오렌지를 예산 안에서 구매해 월말에 청구서 요금을 문제없이 지불하는 것을 잠자코 두고 봤기 때문에 월급을 받는 것이 아니다. 결국 수지 오먼이 잘 알고 있듯이 현명한 구매를 위해서는 자기 통제가 아주 많이 필요하다. 계속해서 이건 하면 안 되고 저것도 하면 안 되며 예산을 초과해서는 안 된다고 지시하는 내부의 목소리가 줄기차게 울려 퍼져야 한다.

그것은 케인스의 예측이 그렇게 크게 엇나간 이유가 무엇인지 명확히 설명해준다. 우리는 1930년보다 5.5배나 부유하다. 하지만 자유시장은 무수히 많은 '니즈'를 만들어냈고 그 니즈를 팔 수 있는 새로운 방법도 많이 만들어냈다. 그리고 이렇게 많은 유혹은 소비자가 생활비를 여유 있게 조달하기가 왜 그토록 힘든지 짐작케한다. 우리 대다수는 충동적으로 상점에 들어가 강아지를 사지 않을 정도의 분별력은 있다. 그러나 온갖 유혹이 넘쳐흐르는 거리와 슈퍼마켓, 쇼핑몰 통로, 인터넷에서는 모두가 합리적으로 행동할 수 있는 것은 아니다.

어떤 이들의 말을 빌리면, 우리의 돈 걱정은 소비주의가 만연한 현대사회의 산물이다. 그들은 우리가 물질에 지배되어 정신적으로 황폐해졌다고 말한다. 그러나 우리 두 저자가 볼 때 문제 발생의 가장 큰 이유는 시장 균형 때문이다. 자유시장의 균형은 인간의 약점을 공략하는 피싱거리를 풍성하게 만들어낸다. 우리의 1인당 실질소득이 지금보다 5.5배 높아지고 여기서 또 5.5배가 늘어난다고 해도 그때에도 우리는 여전히 똑같은 돈 걱정에 시달릴 것이다.

02 평판 파내기와 금융위기

Reputation Mining and Financial Crisis

2008~2009년의 세계 금융위기를 다룬 글은 수천 번까지는 아니더라도 수백 번은 발표되고 또 발표되었다. 대부분은 책으로 출간되었고, 이들 저서는 주로 J.P.모건체이스, 골드만삭스, 베어스턴스, 리먼브라더스, 뱅크오브아메리카, 메릴린치, 연방준비은행, 재무부, 모기지보증기관인 페니매Fannie Mae와 프레디맥Freddie Mac 등 한두 군데 기업이나 정부 기관에 초점을 맞춘다. 각 책마다 '내가 말하는 기관'이 위기의 중심이었다는 메시지를 은밀히 담고 있다.[1] 금융위기가 닥치면 아이러니하게도 금융 저널리즘은 황금기를 맞는다.

그러나 우리가 이번 장에서 말하고자 하는 것은 위기 동안 어떤 일이 일어났는지 수백 쪽에 걸쳐 깨알같이 설명하는 것이 아니다.

우리는 그 부분은 아주 간단히 넘어가고, 대신 우리가 '평판 파내기Reputation Mining'라고 이름 붙인 피싱의 한 종류가 맡는 주된 역할을 설명하고자 한다.

저품질의 (어쩌면 썩었을지도 모르는) 아보카도

만일 내가 흠 하나 없고 잘 익은 아보카도를 파는 것으로 평판이 높다면 나에게는 또 다른 기회가 생긴다. 품질이 떨어지는 아보카도를 잘 익은 최상급 아보카도와 똑같은 가격에 팔 수 있는 기회. 다시 말해 내 평판을 야금야금 파내면서 바보를 노린 피싱을 할 기회를 얻는다.

비단 아보카도만의 이야기가 아니다. 이런 스토리는 우리 시대 경제학을 지배하는 지속적 금융위기의 핵심이다. 앞으로 설명할 평판 파내기는 여러 금융기관의 평판과 관련이 있으며, 그중에서도 채권을 뜻하는 확정이자부fixed-income 증권의 평가등급 시스템을 관장하는 기관과 관련이 깊다.

미국 대형 신용평가사들은 한 세기 넘게 채권 신용등급을 평가하며 평판을 쌓아올렸다. 대중은 부도 가능성을 점치는 지표로 신용평가사가 매긴 신용등급을 사용했다. 1990년대 말과 2000년대 초 신용평가사는 채권 신용도를 평가하는 일과 더불어 새롭고 훨씬 복잡한 증권인 금융파생상품의 신용도를 매기는 일도 맡게 되었다. 말하자면 금융파생상품은 지금까지 없던 형태의 아보카도였다. 새로운 상품인데다 복잡성도 컸기 때문에 상품 구매자로서는 등급이 제대로 매겨졌는지 정확히 알기가 힘들었다. 그러나 신용평가사는 기존 아보카도(전통적이고 단순한 증권)를 평가하는 일에서 단단한 신뢰를 쌓아왔던지라 증권 매수자로서는 신용평가사가 새롭고 복잡한 증권에 매긴 평가등급을 믿지 않을 이유가 없었다.

그러나 아보카도를 사는(증권을 사는) 대중은 피싱 균형을 이해하지 못했다. 구매자가 좋은 아보카도(증권)와 저품질의 심지어 썩기도 한 아보카도를 구분하지 못한다면 신종 아보카도 재배자(즉, 새로운 증권을 만드는 금융기관)로서도 완벽한 품질의 신종 아보카도를 만들려는 동기가 생길 리가 없다. 이들은 더 싼 원가에 새로운 신종 아보카도(부도 가능성이 높은 증권을 기초자산으로 삼은 복잡한 파생상품)를 만들어 이것을 신용평가사에 떠안기고, 신용평가사는 최하급 아보카도에 트리플A를 매겨 스스로 평판을 깎아먹게 될 것이다. 우리가 빗댄 아보카도 이야기뿐만 아니라 현실 세계― 모기지를 기초자산으로 한 자산유동화증권asset-backed securities에서 그런 일이 실제로 발생했다.

썩은 아보카도가 최고 신용등급을 받은 것 이상으로 피싱 균형에서는 예상한 상황이 벌어진다. 완벽한 아보카도 생산자의 경쟁력이 떨어지게 된 것이다. 이 농부는 자신이 재배한 완벽한 아보카도를 등급만 높게 받은 하급의 아보카도와 똑같은 가격에 팔아야 한다. 완벽한 아보카도를 재배하는 비용이 하급 아보카도를 재배하는 비용보다 높으면 과수원을 수익성이 더 높은 쪽으로 전환해 사용할 수밖에 없다. 하급 아보카도를 생산하는 농부에게 과수원을 매각하든가, 아니면 파산하든가 둘 중 하나다. 1982년에 경제학자 칼 샤피로Carl Shapiro는 이런 균형으로 인해 자유시장에 품질이 떨어지는 제품이 넘쳐흐르게 된다는 주장을 펼쳤다.[2] 그리고 공교롭게도 금융위기가 오기 전까지 시장에서는 정말로 상한 제품이 팔리고 있었다. 품질이 떨어지는데도 지나치게 높은 등급을 받는 신종 아보카도(고평가된 새로운 종류의 증권)가 금융시장 전체로까지 위기를 불러온 이유가 무엇인지 의아할 수도 있다. 이번에도 그 답은 기본적인 것에서 찾을 수 있다.

시중은행, 헤지펀드, 투자은행을 비롯한 대형 금융기관들은 대개가 총자산의 95퍼센트 이상을 차입금으로 조달했고 이런 자산 중에는 신종 아보카드, 다시 말해 모기지를 기초자산으로 한 복잡한 파생상품도 포함돼 있었다.[3] 하지만 당연한 수순으로 새로운 아보카도가 안에서부터 썩었다는 사실이 드러난 순간 자산 가치는 크게 폭락했다. 그러면서 금융기관의 차입금이 자산 가치를 훨씬 넘어서게 되었다.

이런 일이 2008년 프랑크푸르트, 런던, 뉴욕, 심지어는 아이슬란드의 수도 레이캬비크에서도 일어났다. 단지 여기서는 가치가 폭락한 것이 아보카도가 아니라 모기지를 담보로 한 파생상품이었다는 것이 다르다면 다른 점이었다. 미국과 유럽에서는 연방준비은행과 유럽중앙은행의 긴급 구제금융 제공에 이어 '부실자산'에 대한 대규모 재정지원이 행해지면서 세계적인 금융시장 붕괴와 재공황의 재현을 아슬아슬하게 피해나갔다.[4]

이 금융시장의 거품과 폭발에 결정적인 역할을 한 것은 바보를 노린 피싱이었다. 2008년의 비극은 굳이 따질 필요도 없이 불가피한 것이었다. 컴퓨터가 피싱에 걸릴지도 모른다는 사실을 부인하면 언젠가는 피해를 입을 수밖에 없듯이 말이다.

7개의 질문

지금부터는 무슨 일이 있었는지 자세히 살펴볼 것이다. 하지만 그러기 위한 전제로 우리는 먼저 7가지 질문에 대한 답부터 찾아봐야 한다.

1. 투자은행이 처음에 신뢰를 받은 이유는 무엇인가?
2. 왜 그 시절의 신용평가사는 '아보카도'의 신용등급을 정확히 평가했는가?
3. 왜 더는 신뢰가 투자은행의 근간이 아니게 되었는가?
4. 변화된 동기는 어떻게 신용평가사로도 전염이 되었는가?
5. 평판 파내기가 그토록 수익성이 높았던 이유는 무엇인가?
6. 왜 부실 증권(썩은 아보카도) 매수자들은 그토록 쉽게 속았는가?
7. 왜 금융시스템은 증권(아보카도)이 썩었다는 사실이 알려지면 그토록 취약해질 수밖에 없는가?

투자은행이 처음에 신뢰를 받은 이유는 무엇인가

미국과 세계 경제에서 증권을 만드는 기관들은 1970년대와 2005년 사이에 대대적으로 변했다. 투자은행 직원이 1970년에 뇌사 상태에 빠졌다가 기적처럼 2005년에 깨어난다면 그동안의 변화에 놀라움을 감추지 못했을 것이다. 금융시스템 자체가 바뀌어 있었을 테고 일했던 투자은행의 덩치는 수십 배로 불어나 있었을 테니 말이다. 만약 그가 (이 책의 뒤에서도 자주 언급되는) 골드만삭스의 직원이라면 그 은행의 자본은 500배 이상 늘어나 있었을 것이다. 1970년 당시 투자조합 형태였던 골드만삭스가 보유한 자본은 5천만 달러였지만,[5] 2005년 자본은 280억 달러가 넘었고 총자산은 7천억 달러 이상이었다.[6] 이와 반대로 같은 기간 미국의 GDP는 물가상승을 반영하지 않는다 해도 12배 늘어나는 데 그쳤다.[7]

지금보다 단순했던 1970년대로 돌아간다면 우리 앞에는 다른 세상이 펼쳐지고 투자은행도 지금과는 다를 것이다. 그 시대의 투자은행은 증권을 정확히 평가해야 한다는 동기가 강했다. 1970년대에 일반적인 투자은행(골드만삭스, 리먼브라더스 등)은 대기업을 위한 '전담 은행가'였다. 고객인 대기업에게 조언을 제공해주는 것이 투자은행의 역할이었다. 투자은행의 직원은 월스트리트의 생리에 해박했고 고객에게 금융계의 현실을 있는 그대로 알려주는 일을 업으로 삼았다. 이 직원은 경영자의 '믿음직한 친구Trusted Friend'였다. 단순히 말만이 아니라 월스트리트의 투자은행가가 실제로 기업 재무 담당자의 고교 동창이나 대학 동기인 경우도 심심치 않게 있었다.

투자은행가는 친구에게 국세청의 세무 조사를 피하기 위한 재무 처리 방법이나 규제 당국을 피하는 방법 등 주요 문제에 대해 현명한 조언을 해주곤 했다.

민음직한 친구 역할은 인내심을 요하는 일이었지만 그렇다고 심하게 어려운 일도 아니었다. 그 보상으로 투자은행가는 기업이 발행하는 주식이나 채권의 증권인수자로 지명될 기회를 얻곤 했다. 헨리 포드가 죽은 후 1956년에 골드만삭스가 포드모터컴퍼니의 기업공개IPO를 전담하게 된 것이 그 예다.[8] 포드모터컴퍼니의 기업공개는 세무적인 문제도 문제지만 포드 일가와 포드 재단의 이해관계를 중간에서 적절히 잘 조율해야 했기 때문에 굉장히 복잡한 사안이었다. 포드 일가는 의결권은 전부 가지고 있지만 실제 보유한 주식은 얼마 안 되는 반면, 포드 재단은 의결권은 없는 대신에 주식 대부분을 보유하고 있었다.[9] 당시 골드만삭스의 시니어파트너였던 시드니 와인버그Sidney Weinberg는 25만 달러라는 아주 저렴한 개인 수수료만 받고서 꼬박 2년을 할애해 온갖 잡다한 문제까지 다 처리해주었다.[10] 그리고 골드만 투자조합은 포드모터컴퍼니의 IPO 주간사에 선정됨으로써 노력에 대한 보상을 톡톡히 얻어냈다.

1970년대 말 존 화이트헤드John Whitehead 공동시니어파트너는 골드만삭스의 덩치가 커질수록 민음직한 친구로서의 윤리를 점차 잃게 될 것임을 직감했다. 그는 14가지 원칙을 만들어 골드만삭스 투자조합의 미래를 위한 안내 지침으로 삼고자 했다. 이 원칙은 "언제나 고객의 이익을 첫째로 삼아야 한다"는 말로 시작한다. 이어서 이해관계의 충돌이 없어야 하는 이유를 설명하면서 "우리의 경험은 우리가 고객에게 도움을 주면 우리의 성공도 뒤따름을 알려준다"라고 설파한다.[11] 포드의 IPO는 어떻게 골드만의 성공이 뒤따르는지를 보여주는 적절한 예다. 안타깝게도 화이트헤드의 염려는 현실이되었다. 이 14가지 원칙은 그의 염원대로 미래를 위한 청사진이 되는 대신에 흘러간 옛 시절의 상징이 되어 버렸다.

그 시절 투자은행의 평판은 고객을 끌어들이기 위한 중요한 수단이었다. 또한 평판은 다른 투자은행과의 관계에도 중요한 역할을했다. 채권이나 주식 공모가 시작되면 대개는 다른 투자은행과 나누거나 신디케이트를 이뤄 증권을 판매하곤 했다. 주식이나 채권공모의 주간사은행은 신디케이트를 구성한 다른 은행과 잘 협력해그들의 소매 네트워크를 활용해야 했다.[12] 믿음직한 친구와 고객의관계가 그렇듯, 투자은행끼리도 '내가 네 등을 긁어주면 너도 내 등을 긁어줘' 관계가 성립되었다. 이런 '관계금융relational banking' 시대에 신뢰는 필수적이었다.

왜 그 시절의 신용평가사는 '아보카도'의 신용등급을 정확히 평가했는가

지금보다 단순했던 그 시대에 좋은 증권을 만들겠다는 동기를 가진곳은 투자은행만이 아니었다. 신용평가사 역시 증권을 제대로 평가하겠다는 동기를 가지고 있었다. 신용평가사의 역사를 보면 그들은이해관계의 충돌은 무엇이든 피했으며 무디스Moody's는 특히나 더

단호했다. 무디스의 주 수입원은 책자 판매와 소액의 수수료였다. 그들은 가난했지만 양심에 충실했다.[13]

그 당시 대규모 증권인수회사에게는 평판이 가장 중요했다. 이번에도 골드만삭스에서 벌어진 일은 그 이유를 잘 말해준다. 1969년에 골드만은 철도회사 펜센트럴Penn Central이 발행한 8700만 달러어치 증권을 인수했다.[14] 1년도 지나지 않아 펜센트럴이 파산하면서 골드만삭스의 자산 전부가 잠재적 위협에 놓이게 되었다. 골드만삭스는 이 철도회사의 취약한 재무 사정을 알면서도 고객에게 고지하지 않았다는 혐의로 여러 건의 소송을 맞았다. 그러나 골드만삭스는 펜센트럴의 영업손실에 대해 알고 있었지만 이 회사의 보유 부동산이 많으므로 손실 보전이 충분할 것으로 생각했다고 밝혔다. 골드만삭스는 3천만 달러가 조금 안 되는 합의금을 지급하며 비교적 수월하게 소송을 마무리 지었지만 사실 까딱 잘못했다가는 이 투자조합의 자산을 다 날릴 정도로 큰 사건이었다.[15] 이 사건으로 모든 투자은행은 빈틈없이 깨끗하게 사업을 운영해야 한다는 사실을 다시금 상기하게 되었다. 그리고 이것은 신용평가사와의 관계에 있어서도 예외가 아니었다.

왜 더는 신뢰가 투자은행의 근간이 아니게 되었는가

투자은행과 (뒤에서 보겠지만) 신용평가사의 시스템이 변해버렸다. 그리고 이 변한 시스템이 2005년에 코마 상태에서 깨어난 우리의 은행가 친구가 보게 될 상황이다. 이번에도 좋은 예는 골드만이다. 1970년에 이 투자조합의 자본은 모두 파트너partner(조합원) 소유였다. 1999년에 골드만은 상장을 했다. 파트너들은 이제 자신의 재산을 몽땅 털어 넣도록 법적 책임을 지우는 소송 걱정에 벌벌 떨 필요가 없었다.[16] 과거의 골드만은 증권인수 업무에 치중했지만 현재는 축구장 크기의 트레이딩룸에서 자사 계정으로 증권을 매매하는 일이나 헤지펀드를 운용하고 복잡하고 새로운 파생상품을 만들고 조합하는 일에 이르기까지 무수히 다양한 사업을 펼치고 있다. 이 회사는 더는 트레이더에게 1920개의 전용 전화선이 연결된, 이른바 트레이딩터렛trading turret 데스크로 대변되는 브로드스트리트 20번지의 복닥대는 사무건물에 모여 있지 않다.[17] 골드만삭스는 전 세계로 확장되어 뉴욕, 런던, 도쿄에 지사를 두고 있으며, 방갈로르, 도하, 상하이와 같은 금융 핫스팟만이 아니라 뉴저지 주의 소도시 프린스턴에도 지사를 두고 있다.[18] 이 모든 것을 대변하는 상징은 2009년에 문을 연 골드만삭스의 본사다.[19] 건축가 폴 골드버거Paul Goldberger는 43층 높이에 두 블록 길이나 되는 이 건물을 일컬어 '절제미를 가진 궁전'으로 묘사하기까지 했다. 골드만삭스는 그야말로 제국이 되었다.[20]

현재 골드만삭스가 하는 금융업은 다른 투자은행과 마찬가지로 '그림자 은행shadow bank' 역할이다. 골드만삭스는 부채의 상당 부분을 매일 밤 조달한다. 대규모 유동자산을 보유하고 안식처를 원하는 대형 투자자가 밤에 골드만삭스에 돈을 '예치'한다. 이 투자자는 시중은행일 수도 있고 머니마켓펀드나 헤지펀드, 연기금, 보험회사

혹은 다른 대기업일 수도 있다. 매일 밤 투자자들은 말 그대로 수십억 달러를 건네주고(즉, '예치'하고) 골드만삭스는 다음 날 상환하겠다고 약속한다. 이런 계약관계를 맺는 것을 환매조건부매매repurchase agreement라고 하며 줄여서 '리포repos'라고 한다.

예치자는 이 거래로 이중의 보호를 받는다. 다음 날 돈을 돌려달라고 주장할 수 있으며 혹시 골드만삭스가 계약을 이행하지 못해도 두려움에 떨 필요가 별로 없다. 왜일까? 리포에는 예치액 가치에 거의 상응하는 자산이 담보로 걸려 있기 때문이다. 혹시라도 골드만삭스가 계약대로 예치금을 돌려주지 못하면 투자자는 담보 자산을 취하기만 하면 된다.

투자은행들이 이런 새로운 형태의 계약을 흔히 하는 이유는 거액의 예치금 보유자로서는 일반 시중 은행에 돈을 맡기기에는 조심스러운 부분이 많기 때문이다. 일단, 은행이 파산할 경우 거액의 투자자는 손실을 입을 수도 있다.[21] 캘리포니아 주 파사데나의 인디맥은행IndyMac Bank 사태는 이를 단적으로 보여준다. 2008년 7월 인디맥은행이 문을 닫았을 때 연방예금보험공사Federal Deposit Insurance Corporation, FDIC가 보장한 대로 10만 달러 이하의 예금은 전액 원금 보장을 받았다. 하지만 10만 달러를 초과하는 예금에 대해서는 절반만 보장을 해주는 탓에[22] 그 이상 돈을 예치한 예금주들은 돈을 잃을지도 모르는 위험에 처했다. 거액의 유동자산을 보유한 투자자에게는 대형 투자은행에 초단기로 돈을 맡기는 편이 훨씬 안전하다. 혹시 은행이 부도나더라도 담보물을 대신 수취하면 되기 때문이었다.

투자은행이 이렇게 하루짜리 예금을 받는 데에는 또 다른 이유가 있다. 이번에도 골드만의 역사가 그 이유를 알려준다.

1970년대 말 골드만삭스는 돈을 차입해 자기계정으로 매매를 행하면 높은 이익을 낼 수 있다는 사실에 막 눈을 떴다. 골드만삭스 같은 투자은행은 미국, (그리고 나중에는) 세계 금융거래의 허브였다. 소용돌이처럼 도는 월스트리트도 골드만삭스에게 유리하게 작용했다. 대중이 쉽게 접할 수 없는 월스트리트의 모든 정보까지도 골드만삭스로 자동적으로 흘러들어왔고 정보의 의미도 수월하게 파악되었다. 내부자거래법Insider Trading Laws에 저촉되지 않기 위해서라도 소리 높여 투자자의 이해를 구하는 행동은 하지 말아야 했다. (똑똑한 10대라면 첫 키스를 언제 제안하고 언제 수락해야 하는지 육감으로 알기 마련이다.)

골드만의 예는 계속 이어진다. 시드니 와인버그의 뒤를 이어 골드만의 시니어파트너에 오른 거스 레비Gus Levy는 1960년대 후반과 70년대 초반에 기관투자자들의 주식 대량 매매에서 중간상 역할을 하면 큰 이익을 낼 수 있다는 사실을 감지했다.[23] 대다수 기관투자자의 '은행가'인 골드만은 증권을 대량 매도할 의향이 있는 트레이더를 찾아냈고, 자사 네트워크를 동원해 그 증권을 매수할 의향이 있는 다른 기관을 찾아 나섰다. 골드만은 조만간 되팔 것을 기대하며 대규모 증권을 임시로 보유하게 된다. 이렇게 해서 이 은행의 자기계정 거래가 시작되었다. 하지만 이런 식의 중간상 역할을 하면서 이해관계의 잠재적 충돌을 부르는 문이 열리고 말았다. 골드만은 증권 매매 중간상으로서 얼마나 많은 증권을 보유하고 있어야 하는가? 골드만의 자기계정 거래에 매수자와 매도자 사이의 가격 차이가 발생할 때 매수 가격과 매도 가격은 각각 얼마가 되어야 하는가?

존 화이트헤드가 '14가지 원칙'을 만든 것도 바로 이러한 잠재적 이해관계의 충돌을 염려해서였다. 마커스 골드만Marcus Goldman이 1869년 간판을 내건 후부터 골드만삭스는 고객이 필요로 하는 정보를 다 제공한다는 윤리를 지켜왔지만 화이트헤드는 이제 고객의 이익을 우선한다는 윤리가 사라질지도 모른다고 우려했다. 마커스는 유대인 보석상과 가죽상에게 돈을 빌려주고 그 대가로 어느 정도 이자가 붙은 약속어음을 받았다. 그는 이 어음들을 모자챙에 넣고 다니다가 약간의 이익을 남기고 명망 있는 은행가에게 팔았다. 은행가들은 마커스가 자신들의 이익에도 최선을 다해줄 것이라고 믿고 약속어음을 매입했다.[24]

그러나 2000년대에 들어서자 '고객의 이익을 첫 번째로 삼는다'는 윤리는 더 이상 당연시되지 않았다. 《돈과 힘Money and Power》에서 윌리엄 코핸William Cohan은 골드만의 사업관행을 설명하면서 헤지펀드 매니저의 말을 인용한다. "(골드만이 질문을 던진다면 이럴 것이다.) 1번 문과 2번 문 중 나에게 현재가치가 가장 높은 문은 어느 쪽인가? 낮은 가치가 적힌 문으로는 들어가지 않으려 할 것이다."[25] 고객의 믿음직한 친구로서 고객의 이익을 첫 번째로 삼아 금융과 재무에 대한 조언을 해주다가 가끔씩 증권인수를 보상으로 받았던 옛 골드만삭스와는 거리가 먼 표현이다.

변화된 동기는 어떻게 신용평가사로도 전염이 되었는가

은행가가 믿음직한 친구였던 시절 이후 변한 것은 투자은행만이 아니었다. 투자은행과 신용평가사 사이의 관계에도 변화가 찾아왔다. 금융위기를 이끈 시장 호황에서 신용평가사는 신규 증권 발행사에게 원하는 등급을 줘야 한다는 동기를 가지게 되었고, 그 등급이라는 것이 반드시 타당한 등급은 아니었다. 처음에 변화가 발생한 시기는 무디스가 투자은행에게 신용등급 평가 비용을 처음으로 청구하기 시작한 1970년대였다.[26] 당시에는 물에 발가락을 살짝 담그는 정도에 불과했기 때문에 변화를 알아챈 사람이 거의 없었고, 관계금융의 시대에 믿음직한 은행가 친구라는 평판이 무엇보다도 중요한 투자은행으로서는 증권에 대해서도 정확한 신용등급이 매겨지기를 원했다.

그러나 시대가 바뀌고 동기도 바뀌었다. 오늘날 투자은행이 고객을 '1번 문이나 2번 문'으로 바라보고 있다면 그 고객인 증권 발행을 위임한 기관이 관심을 쏟는 것은 허울 좋은 칭찬이다. 그것이 경쟁시장이 작동하는 방식이다. 그렇다면 고객이 이 거래에서 원하는 것은 무엇인가? 자사의 증권에 높은 등급이 매겨지는 것이다. 어느 등급이 매겨지느냐에 따라 나중에 지불할 이자율도 달라지기 때문이다. 따라서 투자은행은 고객의 증권에 높은 등급을 줄 수밖에 없다. 그렇지 않으면 '고객'이 다른 곳과 증권인수 업무를 진행할 것이기 때문이다. 따라서 투자은행은 신용평가사에 신용등급을 높게 매겨달라고 압력을 가한다. 신용평가사는 자신의 돈줄이 되어주는 투자은행이 무엇을 필요로 하고 원하는지 듣지 않아도 잘 이해한다. 신용등급을 낮게 매기면 더 이상 그곳과는 거래를 하지 못한다는 사실을 신용평가사는 누구보다 잘 안다.(게다가 투자은행이 증권 제작과 발행을 동시에 맡는 일이 많은 오늘날에는 그 사실을 두 배로 명심해야 한다.)[27]

이렇게 해서 상황이 역전되었다. 투자은행은 신용평가사를 어깨 너머로 지켜보며 증권에 정확한 등급이 매겨지는지 꼼꼼히 지켜보는 감독관의 자리를 벗어던졌다. 이제 투자은행은 자사가 조만간 인수할 모든 증권마다 가능한 한 최고 등급이 매겨지기를 원했다. 그리고 신용평가사는 이 압력에 따르지 않을 경우 어떤 결과가 벌어지는지 아주 잘 안다.

평판 파내기가 그토록 수익성이 높았던 이유는 무엇인가

여기서 우리는 복잡한 금융구조라는 진짜 마법의 한 단면을 엿볼 수 있다. 이 마법은 일부는 진짜지만 일부는 속임수이며 피싱을 조장한다. 현대적인 파생금융상품이 탄생하기 전에 대부분의 기업은 채권 보유자에게 지불하는 이자와 주주에게 지불하는 배당을 달리하는 식으로 회사가 지불해야 할 수익률을 나누었다. 기업은 채권자에게는 고정이자 지급을 약속했고 주주에게는 남은 이익으로 배당을 해주었으며, 배당을 하지 않을 때는 '사내유보'의 형태로 남은 이익을 회사에 묶어두기도 했다. 그러나 현대 금융은 증권 수익률을 리스크에 따라 굉장히 다양한 방식으로 쪼갤 수 있다는 사실을 발견했다. 낮은 리스크를 원하는 투자자(채권 보유자)와 좀 더 높은 리스크를 감수할 의향이 있는 투자자(주주) 사이에서 그들이 원하는 대로 수익률을 딱 맞게 조정할 수 있다면 이 새로운 수익 나누기는 유용할지도 모른다. 하지만 반대로, 새로운 방식의 수익 나누기는 투자자를 혼동시키기 위한 용도로 악용될 수도 있다. 이렇게 생각하면 된다. 일반 시중 은행이나 투자은행이 부실자산을 한 묶음 인수해 이리 꼬고 저리 꼬아서 패키지를 구성했고 신용평가사는 사태를 정확히 파악하지 못해 이 패키지 전체에 아주 높은 등급을 매겼다고 치자. 한마디로 썩은 자산이 황금으로 둔갑해 버리는 것이다. 이 마법사, 즉 투자은행이 가진 무기는 포장 능력이다. 신용평가사가 엉뚱한 시기에 엉뚱한 곳에 초점을 맞춘 것이 마법사에게는 큰 성공을 가져다주었다.

바로 이런 일이 지금의 우리 눈앞에도 펼쳐졌다. 우리는 서브프라임 대출 시장에서 그런 현상을 무수히 목격했다. 지난날 믿음직한 은행가가 실재하던 시절에 모기지를 시작한 곳은 주로 은행이었다. 부동산을 가장 잘 평가하는 그 지역 전문 은행들이 대출을 제공했다. 이들 은행은 자기네가 행한 대출은 자신들이 직접 소화했으며, 모기지 대출은 은행의 자산 포트폴리오에 계상되었다. 그러다가 은행 한 곳만 대출을 보유했을 때 따르는 리스크를 분산시킬 수 있는 방법을 강구하기 시작했다. 모기지 풀을 한데 모으면 거대한 패키지를 꾸리는 것이 가능했다. 그리고 이 패키지를 조각 내 따로따로 파는 것도 가능했다. 그러면 리스크를 훨씬 넓게 분산할 수 있지 않겠는가. 델라웨어 주의 은행은 더 이상 델라웨어 주에서만 이뤄진 모기지 대출만을 보유할 필요가 없었다. 아이다호 주의 은행도 주 안에서만 제공된 모기지 대출 채권만을 보유할 필요가 없었다. 이제 델라웨어 주의 은행과 아이다호 주의 은행이 거대한 모기지 대출 패키지를 사이좋게 나눠 가질 수 있다. 더 일반적으로 말하면, 전국의 모든 은행이 전국에서 발행된 모기지 채권으로 이뤄진 패키지를 사이좋게 나눠가질 수 있다. 오늘날 맨 처음 모기지 대출을 제공한 은행은 그 대출 채권을 계속 보유하는 대신에 취급수수료를 챙기고 거대한 모기지 패키지에 대출 채권을 팔아넘긴다. 마커스 골드만이 자신이 발행한 약속어음을 모자챙에 넣고 다니다가 제3자에게 팔았다는 사실에 대입해 보면 모기지 패키지는 그 모자챙의 현대판 버전인 셈이다.

그러나 리스크 공유로 얻는 이익은 대규모 모기지 패키지를 구성할 때 벌 수 있는 이익의 일부에 불과했다. 패키지를 신용평가사가 알아차리지 못할 정도로 말끔하고 예쁘게 포장할 수 있다면 심지어 '무소득, 무직, 무자산No Income, No Job, No Assets'인 사람에게 제공한 닌자론NINJA loan에서도 높은 수익을 거둘지도 모르는 일이었다. 은행은 어떤 술수를 부려 그 패키지를 근사하게 장식했을까? 부실 채무를 어떻게 감췄을까? 투자은행은 부실 대출이 존재할지도 모르는 곳에 신용평가사의 눈길이 쏠리지 않도록 금융의 마법 술수를 발휘했다. 증권 패키지를 직접 판매하는 대신에 여러 조각으로 나누었던 것이다. 패키지 조각(이른바 '트렌치 tranche'라고 불렸다)은 조각마다 이익률이 달랐다. 조각을 구성하는 방식도 굉장히 복잡했지만 단순화해서 설명하자면, 모기지 패키지의 이자 상환을 기초자산 삼아 트렌치 하나를 구성하고 원금 상환을 기초자산 삼아 두 번째 트렌치를 구성하는 식이었다. 그러나 이 예는 아주 복잡한 거래를 맛보기로 설명한 것에 불과하다. 아이가 가위를 가지고 색종이를 무수히 많은 형태와 크기로 잘라내듯이 모기지 패키지 원리금 상환이라는 기초자산 역시 무수히 많은 방법으로 가위질이 가능하다. 이렇게 잘라진 형태와 조각을 별도의 패키지로 구성해 판매할 수 있도록 한 것이다.

이쯤 되니 최초의 모기지에서 아주 멀리 벗어난 모기지담보부증권mortgage-backed securities, MBS이라는 이름의 트렌치를 자세히 조사하기가 (불가능하지는 않더라도) 굉장히 어려워졌다. 모기지 패키지가 워낙에 거대한데다 기초자산에서 나오는 수익은 복잡하게 나눠져 있었고, 이 파생 증권의 원리금 상환 역시 주택 대출을 받은 사람이 최초의 모기지 제공 은행에 매달 상환하는 원리금과는 멀찍이 떨어져 있었다. 이런 복잡성이 신용평가사에게는 기초자산인 모기지를 충분히 조사할 수 없다는 나름의 변명거리가 되어 주었다.[28]

비즈니스스쿨이라면 필수 과목으로 가르치는 현대 통계 기법도 훌륭한 변명거리를 제공해 주었다. 모기지 채권의 부도율을 통계적으로 추정할 때는 과거 부도율에 대한 역사적 기록을 근거로 삼는다. 모기지담보부증권에 매겨진 높은 평가 등급은 모기지 대출을 크게 늘리는 결과를 낳았고 그로 인해 주택 가격도 유례없는 수준까지 올라갔다. 주택 가격의 상승과 높은 취업률이 맞물리면서 모기지 대출의 부도율 역시 사상 최저를 기록하고 있었다.[29]

모기지 대출 부도율을 추산하는 데 사용한 통계 자료가 주택 가격이 계속 상승해 부도가 거의 없었던 기간만을 아우르고 있다는 것은 중요하지 않았다. 이 '금융상품'이 부도율이 낮다는 착각 속에 만들어졌다는 것도 중요하지 않았다. 또한 잘못된 신용등급 책정이 주택 수요를 부추기는 데 크게 공헌하면서 주택 가격을 견인한 주요 요인이었다는 사실도 중요하지 않았다. 신용평가사로서는 적절한 등급 책정이 더는 중요한 동기가 아니었기 때문이다. 증권 인수자가 구입을 원할 만한 신용등급을 매기는 것이 신용평가사에게는 중요한 유인이었다. 평판을 파내는 것, 이것이 그들이 하는 일이었다. 신용평가사는 바보를 노리는 피싱을 본업으로 삼았다.

신용 평가가 뻥튀기 되었다는 것을 우리는 어떻게 알 수 있는가? 무디스 한 곳만 봐도 자명하게 드러난다. 이 회사는 2005~2007년까지 4만 5천 개의 모기지 관련 증권에 트리플A 등급을 매겼다. 모기지담보부증권의 후한 등급은 2010년 후반 미국에서 트리플A 등급을 받은 대기업이 단 6개에 불과하다는 사실과 극명한 대조를 이룬다.[30] 무디스 경영이사의 놀랄 정도로 솔직한 말 역시 신용등급의 뻥튀기를 재차 확인해주었다. 그는 금융위기가 한창일 때 가진 직원 총회를 끝내고 이렇게 말했다. "왜 우리는 신용이라는 것은 느슨해졌다 조여들기 마련이고 주택 가격도 오른 후에는 떨어지기 마련이라는 것을 생각하지 못했을까요?… 이런 실수들이 다 모이면 우리는 신용 분석을 잘 못하는 것으로 보이거나 아니면 돈을 위해 악마에게 영혼을 판 것으로 보이게 됩니다. 혹은 둘 다라고 여겨질 수도 있죠."[31]

왜 부실 증권(썩은 아보카도) 매수자들은
그토록 쉽게 속았는가

행인지 불행인지 모르겠지만 미국인도 전 세계 사람도 의심쩍어 할 이유가 전혀 없었다. 사람들은 자유시장의 경이로움을 귀가 따갑도록 들었다. 그들은 바보를 노리는 피싱과 그 결과를 의식하지 못했다. 나중에 가서야 파생금융상품 패키지에 썩은 아보카도가 섞여 있었다는 사실을 깨달았다. 그러나 앞에서도 강조했듯이 패키지를 만든 마술사나 여기에 등급을 매긴 평가사나 굳이 마법 트릭을 꿰뚫어 봐야 할 이유가 없었다. 그들에게 작용한 것은 이익이 되는 부분은 잘 살펴보고 손해가 되는 부분은 잘 보지 않으려는 편향이 작용했을 뿐이다. 파생금융상품 패키지의 보유자인 투자은행은 상품에 높은 등급을 받음으로써 보상을 얻었다. 그리고 신용평가사는 투자은행이 원하는 등급을 매겨주지 않으면 회사 문을 닫을 수도 있었다. 뒤로 물러나 패키지를 열어 안을 샅샅이 살펴보는 (사실상 불가능에 가까운) 노력은 투자은행에게나 신용평가사에게나 득이 되지 않았다.

실상을 하나하나 파헤칠 능력이 있는 사람에게는, 그러니까 마이클 루이스Michael Lewis의 《빅 숏Big Shot》에 나오는 주인공처럼 극도로 명석하고 괴짜 기질이 다분한 몇몇 개인들 눈에는 기회가 보였다. 그들은 모기지담보부증권 패키지의 가치 하락에 베팅을 하는 숏셀링short-selling을 하면 거액의 잠재 이익을 벌 수 있다는 것을 알아챘다.[32] 그러나 패키지는 안이 보이지 않도록 의도적으로 꽁꽁 싸

매겨 있었다. 그랬기에 각 트렌치의 증권이 높은 등급을 받을 수 있던 것이기도 했다. 루이스의 책에 나오는 숏셀러들은 틀에서 벗어난 예외였으며 규칙에 얽매이지 않는 사람들이었다.

골드만삭스를 다시 떠올려보자. 게임이 후반부에 접어든 2006년 여름, 모기지담보부증권 트레이딩 부서에는 금융학 전공에 머리까지 비상한 조시 번바움Josh Birnbaum이 근무하고 있었다. 그는 이 증권의 마법 트릭을 알아봤으며 골드만삭스가 얼마나 취약한 상태인지 간파했다.[33] 번바움은 부도율이 높아지고 있음을 일찍이 감지하고는 모기지 부도율을 이해하는 데 필요한 모형을 자세히 탐구했다. 제일 윗선을 포함한 모든 상사는 번바움의 주장이 옳다는 것을 납득했고, 골드만삭스는 곧바로 모기지담보부증권에 대한 포트폴리오를 롱포지션(매수포지션)에서 쇼트포지션(매도포지션)으로 바꿈으로써 수십억 달러를 보전할 수 있었다. 2009년 10월 말까지 번바움의 팀이 이 증권을 숏셀링해서 벌어들인 이익은 37억 달러였다.[34] 회사 전체가 모기지 증권에 투자해 입은 손실 24억 달러를 상쇄하고도 남는 금액이었다.

들리는 말에 의하면, 다음 해 번바움은 약 1000만 달러의 보너스를 받았지만 골드만삭스를 그만두었다. 그는 다음과 같이 말했다고 한다.

"적당함에 대한 기준은 사람마다 생각이 다르지 않겠는가? 철강 근로자가 보기에는 내가 받은 보너스가 굉장히 많은 금액일지도 모른다. 그러나 헤지펀드 매니저가 보기에는 그렇지 않을 것이다."[35]

왜 금융시스템은 증권(아보카도)이 썩었다는
사실이 알려지면 그토록 취약해질 수밖에 없는가

금융시스템은 예전에도 그랬고 지금도 바보를 노리는 피싱에 굉장히 취약하다. 붕괴 전에 금융시스템이 불안할 수밖에 없었던 주된 이유 중 하나는, 수조 달러의 자산을 운용하는 투자은행이 매일같이 상당 금액의 자산을 재조달하고 있기 때문이었다. 자산 가치가 하룻밤 사이에 부채보다 낮아지면 자금 조달에 큰 구멍이 생긴다는 것이 투자은행의 본질적인 문제점이었다. 자본 조달이 안 되면 파산은 기정사실이 된다.

일반적인 대기업이 장기 채무를 조달한다고 가정해보자. 한 예로, 유나이티드항공은 2002년 가을에 부채가 자산 가치를 잠식하면서 법원에 파산 신청을 냈다. 뒤를 이어 기업 회생을 위한 법정관리인 '챕터 11Chapter 11' 처리가 행해졌다. 파산을 선언한 유나이티드항공은 노조와의 협상을 통해 연간 인건비를 30억 달러 이상 줄이기로 합의했으며 불안에 떠는 채권단을 설득해 이자율을 4~8센트로 낮췄고, 미국연금보장공사United States Pension Guarantee Corporation에 납입하는 정액수급형연금제도를 과감히 중단하는 결정을 내려 연금 수령자에게도 큰 피해를 입혔다. 또한 운영비 항목 중 줄일 수 있는 것은 다 줄였다. 많은 사람이 상처를 입었지만 그럼에도 임직원 대부분은 일자리를 지켰다. 예정된 항공기 운항은 한 건도 취소되지 않았고 10년 이상 지난 지금도 유나이티드항공의 '프렌들리 스카이즈Friendly Skies'와 〈랩소디 인 블루〉는 여전히 울려 퍼지고 있다.[36](프렌들리 스카이즈는 1965년에 만들어진 유나이티드항공의 슬로건이며 현재 슬로건은 여기서 약간 변형된 Flyer-Friendly다. 〈랩소디 인 블루〉는 조지 거슈윈의 곡으로 유나이티드항공 광고의 배경음악으로 사용되고 있다 – 옮긴이)

그러나 투자은행은 자본 조달 방식이 완전히 다르기 때문에 일반 기업처럼 챕터 11 절차를 밟으며 정상 영업을 할 수가 없다. 투자은행이 끌어오는 수조 달러의 부채 중 상당 부분은 익일 상환을 조건으로 한다. 또한 이 익일 상환 계약에는 은행이 다음 날 돈을 갚지 못할 상황에 대비해 담보가 지정되어 있다. 가령 어떤 투자은행의 하루 차입금이 3천억 달러고 은행의 자본과 자산을 총동원해도 그 돈을 충당할 수가 없다면 유나이티드항공과 달리 부도시에는 생명 연장이 불가능하다. 왜 안 될까? 단기 채권단에게는 파산법정이 부도난 은행의 헤어컷 haircut(유가증권의 현재 가치를 실제에 맞게 조정하는 행위–옮긴이)에서 채권자의 몫을 떼어주기를 기다리는 것보다 훨씬 좋은 방법이 있기 때문이다. 채권단은 지정된 담보를 챙겨 떠나기만 하면 된다. 하지만 그러고 나면 은행은 계속해서 자금 부족에 시달려 다음 날 문을 열지 못하게 된다. 아무리 바보더라도 이 투자은행이 영업을 계속하도록 돈을 빌려줄 만큼 멍청하지는 않을 것이다.

바로 이런 이유 때문에 단기 차입에 대한 의존도가 그토록 높은 새로운 금융시스템은 대다수 유동자산이 지나치게 고평가돼 있고 심지어 썩은 것도 있다는 사실이 알려진 순간 완전 붕괴 직전까지 내몰릴 수밖에 없었다. 모기지담보부증권이 지나치게 고평가되어 있다는 것도 문제였지만 더 문제는, 이 증권 대부분이 부도 가능성이 높은 서브프라임 대출을 기초자산으로 삼고 있다는 데 있었다.

기초자산인 대출의 가치가 생각보다 훨씬 낮다는 사실이 드러나면서 투자은행은 줄줄이 파산했다.

금융위기가 오기 전에 경제학자들은 대규모 증권 매입자들이 알아서 스스로를 잘 보호하리라고 생각했다. 경제학자들은 젊은 시절 시드니 와인버그가 나이아가라 폭포 여행지에서 가져와 사무실에 고이 놔두고 있는 기념품이 던지는 질문을 대량 증권 매입자들이 기억하리라고 생각했다. 그 기념품은 자갈돌이었다. 한 사기꾼이 작은 자루를 내밀며 자신만이 폭포 밑에서 다이아몬드를 찾는 방법을 안다고 장담했고, 와인버그는 50센트를 주고 자루에 담긴 자갈 하나를 샀다.[37] 만약 그 사기꾼이 당신에게 폭포 밑에서 찾은 다이아몬드라며 하나 사라고 한다면 당신은 사겠는가? 바보를 노리는 피싱의 중요한 특징은 그런 당혹스런 질문은 적절히 뭉갠다는 점이다. 신경제에 대한 이상한 통념이 존재하고 있었다. 복잡한 모기지 담보부증권은 적절히 잘 가공되어 있기 때문에 리스크가 사라졌다는 통념이었다. 신용평가사가 매긴 높은 등급은 이런 통념을 잘 보호해 주었다. 그리고 통념이 잘 유지되는 동안 바보를 노리는 피싱은 계속해서 높은 이익을 올렸다.

요약

앞에서도 설명했듯이 그것이 피싱 균형이다. 채권을 매수하는 상당수가 잘못된 통념을 여과 없이 받아들이는 한 썩은 아보카도를 재배하고 신용평가사를 압박해 높은 신용등급이라는 그럴듯한 포장지로 휘감으려는 투자은행의 유인은 사라지지 않았다. 안타깝지만 그것이 현실이었다.

2008년 앤드루 쿠오모Andrew Cuomo 뉴욕 주 검찰총장은(2011년에 주지사로 취임했다) 신용평가사를 조사한 후 주거부동산모기지담보부증권residential mortgage-backed securities, RMBS의 실사 과정과 평가 기준을 공시하는 합의서를 부과하고 이 제안이 42개월 동안 유지되게 했다. 좋은 등급을 얻기 위한 '신용등급 쇼핑' 사태가 벌어지는 것을 막기 위해 쿠오모 합의에서는 신용평가사가 매긴 등급이 실제로 사용되지 않더라도 서비스의 대가를 지급받아야 한다고 적혀 있었다.[38] 광범위한 금융개혁법인 2010년 도드-프랭크법Dodd-Frank Act of 2010이 제정되면서 허위로 신용등급을 매긴 신용평가사의 책임을 더욱 엄중히 묻기 시작했다.[39] 쿠오모 합의의 시효 기간이 끝난 지금 주거부동산모기지담보부증권 시장이 회복된 순간 신용등급 문제가 다시 불거질지 아닐지는 미지수다. 그럴지라도 신용등급을 매기는 비용을 증권 발행사가 대주는 한 이해관계의 충돌 여지는 계속 남아 있다.

2부에서 우리는 금융시장에서 벌어지는 바보를 노리는 피싱을 다시 살펴볼 것이다. 거기서는 미국의 금융 역사에서 벌어진 비슷한 왜곡 사례 두 개가 더 나온다. 금융기관의 '루팅looting'이 무슨 뜻인지 소개하고 이윤 창출을 위해 루팅이 어떻게 발생하는지, 상대적으로 작은 기회를 노려 루팅을 행하는 것이 어떻게 금융시스템 전체에 커다란 리스크를 불러오는지 설명할 것이다.

신용부도스왑

앞에서 우리는 투자은행의 쇼를 지켜보았다. 투자은행은 모기지 대출을 제공한 다음 신용평가사의 도움을 받으면 마치 연금술을 부리 듯 모기지 대출을 황금으로 바꿀 수 있다는 것을 알았다. 이를 위해서는 신용평가사들이 증권의 속 내용을 정말로 몰라서(혹은 모른 체하고) 후한 등급을 매기도록 굉장히 까다롭고 복잡한 자산을 만들어내야 했다. 파생금융상품의 총 가치가 은행이 모기지 대출을 회수해서 받는 돈보다 높을 수 있다면 탁자에는 돈이 수북이 쌓일 것이 뻔했다.

신용부도스왑credit default swap, CDS(이하 CDS)이라는 새로운 형태의 파생상품 계약이 등장하면서 증권을 금으로 만드는 마법은 더욱 탄력을 받았다. 채권이나 모기지담보부증권처럼 고정이자가 지급되는 자산에는 이런 식의 파생상품을 별도로 만들 수 있다. 증권이 부도가 나면 스왑 보유자는 자산의 액면가를 지급받은 후 자산을 스왑 판매자에게 넘긴다. 다시 말해 바꾸기인 '스왑'을 행하는 것이다. CDS는 보험으로 보면 된다. 원리금 지불 불이행을 화재에 비유하면 이해가 빠르다. 화재가 나면 보험 가입자는 집에 대한 보험금을 지급받지만 혹시라도 불탄 집에 남아 있는 것은 보험회사에 넘기는 것과 같다.

누군가는 CDS 판매를 리스크가 굉장히 높은 사업이라고 생각했을지도 모른다. 보험회사가 떠안은 자산이 거의 휴지 조각에 가까울 수도 있지 않겠는가. 그러니 그만한 리스크를 떠안을 사람이 과

연 있을지 의아했을 것이다. 그러나 2008년 금융위기 전까지 사람들은 보상이 아주 낮은데도 행복한 마음으로 리스크를 감수했다. 그 조증의 시대에 취해 사람들은 증권의 부도 가능성이 매우 낮고 돈을 벌기도 쉽다고 철석같이 믿었다.

AIG 파이낸셜 프로덕츠AIG Financial Products의 런던 지사는 이런 조증에 흠뻑 젖어 CDS를 판매했다. AIG는 세계적으로 명망이 높은 초대형 보험회사였다.[40] 이 보험회사의 자회사인 AIG 파이낸셜 프로덕츠는 뉴욕에 본사를 뒀지만 주요 업무는 런던 지사에서 처리했다. 2000년대 초 AIG 파이낸셜 프로덕츠의 CEO 조지프 카사노Jeseph Cassano는 리스크 풀은 아주 적게 보유하면서 CDS 보험을 판매하는 것이 가능하다고 생각했다. 카사노는 계량경제 모형을 돌려보게 했고 그 결과 모기지담보부증권 중에서도 최고 등급의(즉, 최선순위) 트렌치는 종전과 같은 최악의 경기 침체가 오더라도 큰 손실이 날 가능성은 0.15퍼센트에 불과하다는 계산이 나왔다.[41] AIG 감사단의 의견도 이 계산 결과와 CDS를 판매해도 AIG에 추가 손실이 발생할 것이 없고 안전하다는 카사노의 결론에 힘을 실어주었다.[42] 다시 말해 CDS 판매로 들어오는 돈은 순수한 공돈이 될 수 있다는 뜻이었다. 그래서 카사노는 0.12퍼센트라는 낮은 CDS 프리미엄만 받고 상품을 판매했다.[43] (여기서 프리미엄은 부도 위험을 떠안는 대가로 받는 일종의 수수료 내지는 보험료라고 생각하면 된다. 부도율이 높으면 CDS 프리미엄은 올라가고 부도율이 낮으면 CDS 프리미엄은 내려간다—옮긴이) 2007년까지 AIG 장부에 계상된 신용부도스왑 부채는 무려 5330억 달러였다.[44]

카사노가 CDS의 수익성을 정말로 맹신했는지 아닌지는 중요하지 않다. 어차피 그는 2002년부터 2007년까지 매년 자신의 연봉으로 3800만 달러를 책정하고 있었으니만치 진짜 바보가 아니었다.[45] 진짜 바보는 황금알을 낳는 거위에 대해 의문을 품을 생각조차 하지 않은 AIG 본사 사람들이었다. 더욱이 채무불이행이 실제로 일어나 원리금을 대신 지불하는 사태는 없을 것이라는 카사노의 계산이 맞는다고 해도 이 채무로 AIG가 몰락할 수도 있었다. 이유는 골드만삭스가 발행한 증권을 위시해 이런 CDS 거래에는 AIG에 불리한 조항이 잔뜩 붙어 있기 때문이었다.[46] 계약 조항에 따르면, AIG는 CDS의 가치가 특정 금액 이하로 하락할 경우 스왑 의무를 준수할 능력이 있다는 것을 보여주기 위해 담보를 공시해야 했다. 호경기가 이어지기만 한다면 이런 불리한 계약 조항은 아무런 해도 입히지 못할 것이었다. CDS의 가치가 희석되지 않고 유지되고 여기에 AIG의 트리플A 신용등급을 더하면 담보는 충분하고도 남았다. 그래서 AIG 본사는 즐거운 마음으로 이익을 계상하면서 최고리스크책임자에게 불리한 계약 조항을 알려주지도 않았다.[47] 그러다가 2008년 9월 리먼브라더스가 파산하고 금융계에 대혼란이 불어 닥치면서 AIG는 계약서에 요구된 담보를 공시하는 데 필요한 신용을 끌어모을 수가 없었다. AIG가 파산 신청을 하면 이 회사가 판 모든 CDS가 법적 사각지대에 빠질 것은 자명했다. 재무부와 연방준비은행의 개입이 불가피했고,[48] AIG는 1820억 달러를 수혈 받았다. 반전이 있다면 2050억 달러가 상환되었으므로 납세자들도 남는 장사를 했다는 것이다.[49] 슬픈 이야기지만 다행히도 해피엔딩으로 끝났다. 정부의 개입은 21세기의 대공황에서 세계를 구하기 위해서라도 꼭 필요한 수순이었다.

CDS는 금융위기를 불러오는 데 여러 역할을 했다. CDS를 가장 많이 보유한 곳이 AIG이기는 했지만 대략 57조 달러에 이르는 전체 CDS 시장에서 AIG가 차지하는 비중은 고작 1퍼센트였다.[50] 이 어마어마한 크기의 잠재적 채무는 금융위기 동안 시장에 대한 신뢰가 와르르 무너지는 데 결정적 역할을 했다. 결국 은행이 채무불이행 사태에 대비해 1조 달러를 빌리고 1조 달러를 빌려주는 식으로 아무리 완벽하게 리스크를 헤지한다고 해도 1조 달러의 두통이 사라지지 않는 것은 매한가지였다.[51]

그러나 이런 '거래상대방 리스크counterparty risk'를 만드는 것 외에도 CDS가 한 역할은 또 있었다. 모기지담보부증권을 가지고 있고 (이를테면) AIG의 CDS로 지불 보증이 된다면 썩은 것이 거의 확실한 증권을 완벽하게 안전한 자산으로 둔갑하는 것도 가능해진다. 여차하면 AIG가 대신 돈을 내줄 것이기 때문이다. 헐값에라도 얼마든 CDS를 팔겠다는 AIG와 다른 보험사의 태도에 모기지담보부증권 발행사와 매수자는 더욱 뻔뻔하게 굴었다. 제대로 된 밧줄을 매고 있기만 한다면 다리에서 번지점프를 해도 안전하다. 카사노와 다른 여타 보험회사 경영자들은 염가에 번지점프 밧줄을 제공하고 있었다. 그리고 뛰어내리는 사람은 많았다.

Part 2

피싱은
상황과 조건을
가리지 않는다

2부는 총 9개 장으로 구성돼 있으며 각 장마다 구체적인 상황을 들어 바보를 노리는 피싱을 설명한다. 2부는 바보를 노리는 피싱의 '미시경제학'이라고 보면 된다. 각각의 장은 오늘날 선진국의 대다수 사람이 누리는 풍요로운 삶 이면에 존재하는 중요한 피싱을 설명한다. 앞서 설명한 저축 부족과 금융붕괴라는 '거시경제적' 문제가 우리의 행복을 무참히 파괴하는 것만큼이나 앞으로 살펴볼 피싱도 우리의 행복에 큰 피해를 입힐 수 있다.

그러나 이런 파괴력의 총체적 영향은 이번 2부에서 볼 내용의 일부에 불과하다. 우리 두 저자는 지난 5년 동안 이 책을 집필하면서 바보를 노리는 피싱에 대해 많은 것을 배웠다. 그리고 우리 둘은 책을 쓰기 시작했을 때와 비교해 피싱에 대해 뭐라 정의하기 힘든 미묘한 감각을 가지게 되었다. 개의 후각이나 코끼리의 청각처럼 우리 둘은 바보를 노리는 피싱에 대해서 제6감을 발달시켰다고 생각한다. 그 여섯 번째 감각은 왜 우리가 그토록 쉽게 어리석음에 빠지는지에 대해 인간의 관점에서 생각해봄으로써 더욱 날카로워졌다. 우리는 광고와 마케팅을 다룬 3장에서 그런 어리석음을 제일 먼저 살펴보고 광고회사와 마케터가 어떤 식으로 우리의 정신 프레임을 조작해 어리석음에 빠지게 하는지를 논할 것이다.

3장 광고회사는 우리의 약점을 공략한다 가장 순수한 형태로 바보를 노리는 피싱이 벌어지는 것을 관찰하기에 좋은 곳을 꼽는다면 광고와 마케팅이다. 사람들은 스토리를 대입해 생각하는 경향이 짙으며 생각의 바탕이 되는 스토리는 우리를 조작당하기 쉬운 존재로 만드는 데 중요한 역할을 한다. 누군가 들려주는 스토리를 그 사람이 아니라 자기 입장에서 생각하는 순간 우리는 피싱에 걸려들 준비가 끝나는 것이다. 당연히 이런 스토리 대입은 광고와 마케팅이 주로 사용하는 기법이다. 3장에서는 현대의 광고와 마케팅이 사용하는 과학적 통계 방법을 탐구하고 피싱 균형의 또 다른 예를 제시한다. 이런 통계 방법은 수익성이 입증되었기에 지금도 계속 사용되고 있다. 구글을 서치하는 중에 내 머릿속을 빤히 들여다보는 것 같은 광고가 갑자기 툭 튀어나오는 것은 우연히 벌어지는 일이 아니다.

4장 자동차, 주택, 신용카드에 횡행한 바가지 씌우기 이 장에서는 피싱이 벌어지는 현장 세 곳을 방문한다. 이 세 곳만큼 피싱맨이 사용하는 저마다의 기법을 관찰하기에 딱 맞는 곳도 없다. 두 곳은 자동차와 주택으로, 소비자의 한평생 구매에서 가장 큰 비중을 차지하며 미치는 영향도 상당하다. 세 번째 장소는 신용카드다. 신용카드는 아주 비싼 가격을 치르고 얻는 작은 편리함이다.

5장 정치의 피싱 민주주의 정치 이론은 자유경쟁시장 이론과 비슷하다. 여기서도 우연의 일치는 없다. 자유시장에서 판매자가 소비자의 돈을 얻기 위해 경쟁을 벌이듯 민주주의에서 정치인은 유권자의 표를 얻기 위해 경쟁한다. 우리는 이 장에서 바보를 노리는 피싱 균형이 민주주의에 어떤 심각한 폐해를 불러오는지 살펴볼 것이다.

6장 식품 및 제약산업의 피싱　식품회사는 자사의 제품을 소비자가 구입해 먹을 때 돈을 번다. 제약회사는 자사가 생산한 약품을 소비자가 사용할 때 돈을 번다. 식품 및 제약산업에서는 소비자 알게 모르게 많은 트릭을 부린 회사가 살아남는다. 이들의 피싱을 막기 위한 한 가지 대응은 규제다. 이 장에서는 소비자 운동이 어떻게 20세기 초에 식의약품 산업의 규제 입법화를 실현할 수 있었는지 살펴본다. 그러나 식품의약품 산업은 대중에서 규제당국으로 피싱 대상을 바꾸는 등 피싱의 방법을 진화시켰다. 그렇기에 우리는 오늘날 두 산업의 피싱맨들이 규제를 어떻게 요리하는지 들여다볼 필요가 있다.

7장 좋은 혁신, 나쁜 혁신, 추한 혁신　오늘날 거의 모든 경제학자는 기술 변화와 혁신이 경제 성장을 이끈 가장 큰 원동력이라고 믿는다. 원동력이라는 점에서는 그들 생각이 대부분은 옳다. 그러나 대다수 경제학자의 생각과 달리 새로운 아이디어와 기술 혁신이 언제나 경제 발전을 이끄는 것은 아니다. 일부 혁신은 오히려 바보를 노리는 새로운 피싱 방법을 만들어낸다.

8장 담배와 술의 피싱　이 장은 몰리의 도박 중독 이야기로 시작한다. 도박과 약물, 그중에서도 담배와 알코올 중독은 행복한 삶을 심각하게 위협한다. 그리고 많은 사람에게 이 위협은 현실이 되었다.

9장 고의 파산, 10장 정크본드를 떡밥으로 쓴 마이클 밀컨의 피싱　금융시장을 다시 들여다본다. 1980년대 후반에 터진 미국 저축대부은행 위기를 예로 들어 (정보 낚시의 형태로) 표준 재무회계에서 조금만 벗어나도 얼마나 큰 사태가 빚어질 수 있는지 살펴본다.

11장 저항의 영웅들   마지막 장에서는 일부 독자의 마음을 어지럽힐 수 있는 문제 하나를 제기한다. 오늘날의 경제에서 우리 인생이 그럭저럭 괜찮은 이유는 무엇인가? 잠복해 있는 피싱이 그렇게 많은데도 자유시장의 균형이 잘 유지되는 이유는 무엇인가? 그것은 대다수 경제 분석의 기본 가정이나 우리가 피싱 이론의 대전제로 삼는 자기중심적 기회주의자를 막을 수 없다는 가정이 정확하게 맞아떨어진 적은 한 번도 없었기 때문이다. 피싱에 관심을 기울이고 사회 운동을 시작하고 변화를 위해 움직이는 이상주의자들이 있기 때문이다.

03 광고회사는 우리의
약점을 공략한다

Advertisers Discover How to Zoom In on Our Weak Spots

광고 세계로 눈을 돌려보자. 변호사는 의뢰인이 유죄인 것을 안다 하더라도 성실히 그 사람을 변호해야 할 의무가 있다. 광고회사 역시 광고를 의뢰한 회사의 제품이 잘 팔리도록 최고의 광고물을 만들어야 할 의무가 있다. 설령 그 제품이 고객의 삶에 해가 될지라도 그 사실은 변하지 않는다. 바로 이런 특성 때문에 광고는 피싱이 만연하는 훌륭한 사냥터가 될 수밖에 없다.

이번 장에서 우리는 광고의 역사에서 드러난 피싱의 두 가지 성격을 조명할 것이다. 첫째, 우리가 인간으로서 품기 마련인 생각들은 알게 모르게 우리를 속기 쉬운 인간으로 만들고 광고회사와 마케터는 그런 인간적 측면을 가만히 놔두지 않는다. 둘째, 광고회사는 지난 한 세기 동안 피싱의 공격에 쉽게 넘어가는 우리의 나약함을 공략할 체계적 방법을 발견하고는 그 방법의 효과를 측정하기 위해 여러 과학적·통계적 방법을 발전시켰다. 즉, 광고회사로서는 소비자 반응의 뿌리까지 통찰하지는 못하더라도 우리의 어디가 피싱에 당하기 쉬운 곳인지 줌인해서 관찰할 수 있다. 토머스 에디슨이 전구 필라멘트를 만들기 위해 1600여 가지 재료를 시험했듯이[1] 광고회사는 그들이 광고하는 물건의 구매욕을 자극하는 방법을 알아내기 위해 체계적인 시행착오를 거친다.

자기서사로 진행되는 인간의 사고는 광고가 끼어들 빌미를 준다

인간은 자연스럽게 자기서사narrative 형태로 생각을 한다. 우리는 사고 활동을 할 때 흔히 대화와 비슷한 패턴을 따른다.[2] 대화 장면을 떠올려보자. 첫 번째 사람이 먼저 말을 꺼낸다. 그런 다음에는 두 번째 사람이 자기 생각을 말하고 거기에 대해 다시 첫 번째 사람 혹은 또 다른 사람이 자기 의견을 건넨다. 대화는 자연스럽게 진화하고 그러다가 어느 순간 불시에 대화의 주제가 바뀌기도 한다. 생각을 할 때도 대화를 나눌 때와 비슷하게 마음의 변화를 겪는다. 우리는 새 '정보'를 습득하는 데 그치지 않고 관점을 바꾸기도 하고 새로운 방식으로 정보를 해석하기도 한다.[3] 결국 요점은 이렇게 생각이 진화하다보면 우리의 의견과 그 의견을 바탕으로 한 결정이 일관성을 잃을 수도 있다는 것이다.

생각의 흐름이 자기서사나 그 비슷하게 진행되다보면 자연히 혹은 필연적으로 일관성을 잃는다는 사실은 광고가 한 자리 끼어들 빌미를 제공한다. 사고와 대화의 유사성으로 돌아가 생각하면 광고는 마음속에서 벌어지는 정신적 자기서사에 광고의 스토리를 접붙이는 것이라고 할 수 있다.[4] 우리로 하여금 광고 제품을 사고 싶은 마음을 불러일으키는 것이 이런 접붙이기의 목표다.

앞서 나온 〈창가의 저 강아지 얼마인가요?〉라는 노래는 광고의 스토리 접붙이기 과정을 잘 보여준다. 패티 페이지Patti Page가 실제 가수이기는 하지만 어쨌거나 이 노래를 흥얼대는 사람은 애완동물 가게 근처를 무심코 지나가다가 창가에 있는 강아지를 보고 눈길이 사로잡힌다. 앞소절만큼 유명하지는 않지만 뒷소절 가사의 내용처럼 그녀는 강아지를 사서 남자친구에게 준 다음 캘리포니아로 떠나기로 마음먹는다.[5] 스토리가 일관성을 잃기 쉽듯이 우리의 정신적 삶도 곧잘 배회한다. 그리고 강아지를 일부러 창가에 놔둔 애완동물 가게 주인처럼 이처럼 오락가락하는 정신적 삶에 누군가 고의로 끼어든다. 그리고 광고회사와 마케터는 그런 일을 일상적으로 수행한다. 그들이 우리의 생각을 비트는 것이 우리의 니즈가 아니라 그들의 니즈에 부합하는 순간 우리는 바보를 노리는 피싱에 걸려든다.

이 책은 곳곳에서 스토리텔링을 꺼내 쓴다. 스토리텔링이 우리의 사고방식이거나 그 비슷한 무엇이라면 우리의 마음과 정신이 타인의 목적에 맞춰 그토록 쉽게 휘둘리는 이유가 무엇인지도 쉽게 이해할 수 있다. 우리는 선거와 로비 활동, 제약회사의 약품 판매, 담배 판매와 금연운동, 정크본드 판매에서 '스토리'가 맡은 역할을 살펴볼 것이다. 그러나 스토리텔링 주고받기는 이런 몇 가지 예보다 훨씬 우리 일상에 깊이 침투해있다는 것을 모르는 사람은 없다. 스토리텔링 주고받기는 우리 인간에게는 없어서는 안 되는 것이다. 《오만과 편견》에 나오는 말이 있다. "우리 이웃에게 재밋거리가 되어주고 우리 차례에서는 그들을 비웃기 위해서가 아니면 우리는 무엇을 위해 살겠는가?"[6]

광고의 스토리텔링

광고계에서 얻는 교훈을 분석하기에 앞서 20세기의 위대한 광고인 3명의 삶을 조명할 필요가 있다.[7] 이들의 삶을 고찰하다보면 광고의 발전이 곧 스토리텔링 기법의 발전이라는 사실이 드러난다. 그리고 광고의 또 한 가지 특징도 드러난다. 광고는 현대적 통계 기법을 사용해 '스토리'를 보완하며 이 기법은 의학적 테스트와 경제학에 사용되는 최상의 통계학 못지않게 매우 '과학적'이라는 사실이다.

앨버트 래스커 Albert Lasker, 1880~1952

아버지 모리스는 19세기에 미국에 건너온 독일계 유대인 이민자였다. 처음에는 행상으로 시작했다가 나중에는 상품 기획으로 진출했고 이어 식료품 도소매, 제분, 부동산 사업으로 큰돈을 벌었다.[8] 앨버트 래스커는 1880년 1월에 태어났다. 고등학교 시절에 래스커는 텍사스 주 글레이브스톤 시의 작은 신문사에서 기자로 일했다.

래스커가 《아메리칸 헤리티지American Heritage》에 짧게 밝힌 회고담을 보면 10대 소년 기자인 그가 신문사에 어떤 특종을 물어다 주었는지를 알 수 있다.[9] 19세기 말 미국의 사회주의 선봉자인 유진 데브스Eugene Debs가 지역소방관단체 연차 총회에 참석하기 위해 글레이브스톤에 왔다. 총회에서 데브스는 부정부패를 비난하는 연설을 하고 그 내용은 전국적으로 보도될 예정이었다. 래스커는 웨스턴 유니언Western Union의 유니폼을 구해 입은 후 데브스가 묵고 있는 집으로 갔다. 전보를 전하러 왔다고 말해 집안으로 들어간 래스커는 전보가 아니라 쪽지를 데브스에게 건넸다. "저는 우편배달부가 아닙니다. 저는 신문사에서 일하는 10대 기자입니다. 선생님은 첫 인터뷰를 누군가와는 하시겠죠? 그 첫 인터뷰를 저와 해주실 수는 없는지요. 그러면 그 인터뷰가 기자로서 저의 첫 인터뷰가 될 겁니다." 데브스는 수락해주었다. 이것은 꽤 멋진 스토리지만 래스커의 전기작가들이 그의 과거 기록을 샅샅이 뒤져 알아낸 것과는 사뭇 다르다. 래스커가 쓴 것으로 짐작되는 〈글레이브스톤 타임스〉에 실린 원래 기사는 별 사건 없이 진행된 데브스와의 짧은 만남을 기술하고 있을 뿐이었다.[10] 하지만 래스커는 근사한 스토리를 좋아했다. 광고인으로서 당연한 태도일지도 모른다.

진짜건 꾸며낸 말이건 누군가는 래스커가 이런 기발하고 공격적인 성격을 가졌기 때문에 10대 때 스타 학생이었을지도 모른다고 생각할 수도 있지만 사실 래스커는 고등학교도 간신히 졸업했다. 다행히도 모리스는 래스커 같은 아이의 적성에 맞을 만한 일을 찾아냈다. 그는 인맥을 동원해 자리를 알아본 뒤 18세의 어린 앨버트를 시카고행 배에 태웠다. 목적지는 광고회사인 로드앤토머스Lord and Thomas였다.[11]

래스커가 초기에 만든 광고물 중 하나는 광고계가 아직 걸음마 수준이었을 때의 모습을 보여준다. 당시 윌슨 인공고막 회사Wilson Ear Drum Company는 판매 부진을 겪고 있었다. 이 회사의 광고를 잠깐만 봐도 그 이유를 알 수 있다. 광고지 한쪽에는 귀와 함께 귓속에 딱 맞게 끼워진 인공고막 그림이 등장한다.[12] 옆에는 "귀먹음과 귀울림이 완화됩니다. 윌슨 커먼센스 인공고막을 사용하시면 됩니다"라는 카피가 큼지막하게 적혀 있고 아래로는 약간 밝은 글씨로 이렇게 적혀 있다. "새롭고 과학적인 발명품입니다. 다른 인공고막과는 구조 자체가 다릅니다."

래스커에게 광고가 넘어오면서 카피는 훨씬 대담해졌다. "귀먹음이 치료되었습니다. 루이빌의 한 남성이 발명한 작고 간단한 인공고막은 사용 즉시 청력을 돌려줍니다. 귓속에 완벽하게 들어맞으며 불편하지 않고 겉에서도 전혀 보이지 않습니다. 190쪽의 무료 설명서가 궁금증을 전부 풀어드립니다." 이어진 광고 문구는 신문 기사의 형태를 그대로 차용한다. 10대 시절 기자로 일한 래스커의 전적을 떠올리게 하는 부분이다. "루이빌의 한 남성이 만든 발명품만 있다면 이제 귀가 안 들리시는 분도 나팔 모양의 보청기나 대롱, 구식 장비를 들고 다닐 필요가 없습니다. 귓속에 쏙 들어가고 겉에서는 전혀 보이지 않는 이 간단한 장비만 있으면 완벽하게 들을 수 있습니다. 루이빌의 조지 H. 윌슨George H. Wilson 씨가 위대한 업적을 일

귀냈습니다. 그분 역시 귀머거리였지만 지금은 누구보다도 귀가 잘 들립니다." 한층 개선된 이 카피 다음으로 "이 분만큼 귀가 안 들렸던 사람도 없습니다"라는[13] 표현과 함께 손으로 귀를 감싼 남자 사진이 등장한다. 그 광고로 망해가던 윌슨 인공고막 회사가 부활했고 래스커의 경력도 같이 승승장구했다. 그는 뉴스 보도 형태를 그대로 본뜬 새로운 형태의 광고 문구를 만들어낸 것이다. 이런 형태의 광고는 제품에 흥미를 가져야 하는 이유를 조목조목 설명함으로써 광고를 보는 소비자 마음에 생길 수 있는 회의주의를 해소시켰다. 소위 '리즌 와이 광고reason why advertising'(사야할 이유를 말하는 광고 - 옮긴이) 기법이 탄생한 것이다.

리즌 와이 광고는 제품이 왜 유용한지를 설명하기 때문에 보다보면 굉장히 좋은 제품이라는 인상을 받게 된다. 하지만 리즌 와이 광고가 호소를 하는 대상은 어쩌면 우리의 진짜 지성이 아니라 우리의 어깨에 올라탄 원숭이의 욕구일 수도 있다. 윌슨 인공고막 회사의 광고가 호소한 대상도 바로 원숭이였다. 1913년에 〈미국의학협회지〉는 "귀먹음 치료 기구로서 (윌슨 인공고막 회사의 인공고막은) 5센트의 값어치도 하지 못한다"라고 발표했다.[14]

클로드 홉킨스 Claude Hopkins, 1866~1932

또 다른 '위대한' 광고인 클로드 홉킨스는 광고의 지평을 오늘날의 마케팅으로 크게 넓힌 주인공이다. 신문사 편집자인 홉킨스의 부친은 그가 아홉 살 때인 1876년 세상을 떠났다.[15] 고학생으로 학교를 마친 후 그는 비셀 카펫 청소기 회사Bissell Carpet Sweeping Company의 부기 사원으로 사회생활을 시작했다. 필라델피아의 유명 카피라이터가 "좋은 카펫 청소기를 가지기만 한다면 성냥 없이 살아도 될 정도입니다"[16]라는 카피를 만들었으나 홉킨스는 이 카피로는 판매에 전혀 도움을 줄 수 없다고 판단했다. 결국 홉킨스가 만든 문구가 채택되었다. 그의 제안에 따라 상관인 멜빌 비셀Melvile Bissell은 카펫 청소기를 '크리스마스 선물'로 내세워 판촉 활동을 진행하기로 했다. 대리점은 '크리스마스 선물의 여왕' 디스플레이를 무료로 진행해주었다. 또한 홉킨스는 크리스마스 선물로 카펫 청소기를 홍보하는 편지 5천 통을 발송해 1000통의 답장을 받았다. 그 다음으로는 비셀을 설득해 카펫 청소기의 색을 밝은 메이플에서 짙은 월넛까지 12가지 다양한 리치 우드 색상으로 제조했다. 3주 만에 25만 대가 불티 난 듯 팔려 나갔다.[17]

청소기 회사와 미시건의 그랜드래피즈 시에만 있기에는 그의 능력이 넘쳤던지 얼마 후 홉킨스는 육가공 회사인 스위프트앤컴퍼니Swift and Company에서 일하기 위해 대도시 시카고로 향했다. 광고에 돈 쓰는 것을 싫어했던 루이스 스위프트Louis Swift의 성향에도 불구하고 홉킨스는 뛰어난 성공작을 만들었다. 스위프트 사의 코토수에트Cotosuet는 돼지기름을 원료로 만든 버터 대용품으로, 경쟁사 제품인 코톨린Cottolene에 비해 딱히 더 좋지도 나쁘지도 않았다. 하지만 홉킨스는 차별화를 시도했다. 홉킨스는 로스차일드백화점의 식품 매장에서[18] 코토수에트로 세계에서 가장 큰 케이크를 만들었다.[19] 코토수에트 대용량 통을 구입한 사람은 경품에 응모할 기회와 이 세계 최대 케이크의 샘플 모형도 받을 수 있었다. 10만 5천 명이 넘는 사람이 케이크를 구경하기 위해 4층 계단을 올라갔다. 판촉 행사는 전국에서 진행되었고 코토수에트 판매는 치솟았다.

옮기는 직장마다 큰 성공을 거둔 홉킨스는 1907년 래스커의 눈에 띄어 그와 손을 잡게 되었다. 당시 래스커는 최단기에 로드앤토머스의 신예 스타가 되어 있었다. 한번은 래스커가 기차를 탔는데 맞은편 승객이 〈레이디스 홈 저널〉과 〈새터데이 이브닝 포스트〉의 발행인인 사이러스 커티스Cyrus Curtis였다. 래스커는 금주자로 유명한 커티스가 식당 칸에 갔다가 맥주 한 병을 들고 돌아오는 것을 보고 의아해했다. 커티스는 광고 때문에 사고 싶은 마음이 들었다고 했다. 그 맥주는 홉킨스가 카피를 쓴 슐리츠Schlitz 맥주였다.[20]

슐리츠 맥주는 래스커가 고안한 리즌 와이 스토리텔링 기법이 살짝 변형돼 적용되었다. 슐리츠 맥주의 광고 문구는 틀린 게 하나도 없었지만 색다른 소구점이 없었다. 맥주의 숙성이나 위생적인 생산 시설, 까다로운 재료 선택은 주요 경쟁사도 써 먹고 있는 것이었다. 홉킨스와 슐리츠는 다른 맥주회사들이 당연히 여기며 하는 일을 아주 대단한 것인 양 부풀려 말하는 대담성을 보였다.[21] (덧붙여 말하고 싶은 것이 있다. 아마도 역사상 가장 역겨운 광고라고 부를 수 있는 아나킨Anacin 광고도 비슷한 피싱을 행했다. 아스피린 계열의 의약품인 아나킨은 광고에서 '의사들이 가장 많이 추천하는 진통제'라고 주장하면서 모 브랜드의 진통제는 효과가 낮다는 식으로 표현했다. 하지만 실제로 의사들이 가장 많이 추천하는 진통제는 그 모 브랜드의 순수 아스피린 제제였다.)[22]

슐리츠 맥주 광고를 눈여겨 본 래스커는 몇 가지를 조사한 후 홉킨스를 영입하기로 마음먹었다. 홉킨스는 이미 돈을 벌 만큼 번 상

제2부 피싱은 상황과 조건을 가리지 않는다

태웠기 때문에 래스커는 그의 약점을 공략했다. 홉킨스의 아내는 자동차를 원했지만 그는 그것을 사치라고 여기고 있었다. 래스커는 홉킨스에게 자기 쪽으로 오면 자동차를 사주겠노라고 제안했다. 홉킨스는 이것이 자신을 끌어들이기 위한 래스커의 술책이라는 것을 모르지 않았을 것이다. 어쨌거나 그 직후 홉킨스는 래스커의 제안을 받아들였다.[23]

래스커와 홉킨스는 슐리츠 광고를 포함해 여러 광고 캠페인을 함께 진행했다. 한번은 B. J. 존슨 비누회사B. J. Johnson Soap Company가 로드앤토머스에 도움을 요청했다. 이 회사는 팜유와 올리브유를 조합해 비누를 만들었지만 판매 부진에 시달리고 있었다. 제품 이름은 팜올리브PalmOlive였다. 래스커와 홉킨스가 해결책으로 제시한 방법은 바로 '미용 비누'의 개념을 만든 것이었다. 두 사람은 팜올리브가 여성을 훨씬 아름답게 만들 것이라는, 신빙성은 떨어지지만 굉장히 매력적인 광고 캠페인을 진행했다.

두 사람은 처음에는 시험 삼아 작은 규모로 판촉 활동을 진행했다. 미시건 주의 벤튼 하버에서 팜올리브 한 개와 교환할 수 있는 무료 쿠폰을 나눠주었다. 지역 소매상에게는 조만간 고객이 쿠폰을 들고 와 팜올리브로 바꿔 갈 것이라고 미리 설명을 해두었다. 그리고 소매상에게는 쿠폰 하나 당 비누 가격보다 비싼 10센트를 치러주기로 했다. 하룻밤도 지나지 않아 벤튼 하버 지역의 거의 모든 소매상이 팜올리브 재고를 빼곡하게 쟁여놓았다.[24]

한편 팜올리브는 쿠폰을 이용해 미묘하지만 또 다른 부수적 효과도 보았다. 래스커와 홉킨스는 쿠폰을 광고 전단에 붙임으로써 어떤 광고가 효과가 좋고 어떤 광고가 효과가 없는지 측정할 수 있었다. 회수된 쿠폰을 확인하기만 하면 되는 일이었다. 래스커와 홉킨스가 실행한 작지만 실험적인 이 방법은 표면적으로는 벤튼 하버에서 집행한 팜올리브 광고와 관련이 있다고 볼 수 있지만 광고계 전체로 따지면 훨씬 큰 파장을 예고하고 있었다. 이 테스트는 광고 효과를 측정하려면 소규모 실험을 어떻게 수행해야 하고 그 결과를 전국적으로 적용하려면 어떻게 해야 하는지를 단적으로 보여주었다.[25]

래스커와 홉킨스가 진행한 또 다른 광고이자 브랜딩과 마케팅에 대대적 혁신을 불러온 오렌지 광고 또한 살펴볼 필요가 있다. 로드앤토머스는 남부 캘리포니아의 오렌지 재배 농가 연합이 생산한 오렌지에 붙은 'Sun Kissed(태양의 입맞춤)'라는 명칭을 부르기 좋게 축약해 '선키스트Sunkist' 오렌지라는 상표명을 만들어냈다. 네이밍은 마케팅 캠페인의 시작에 불과했다. 이후 철도 차량의 현수막 광고, (캘리포니아에는 있지도 않은 오렌지 위크에 필적하는) 아이오와의 오렌지 위크, 오렌지가 건강에 미치는 유익한 효과에 대한 광고 등 여러 캠페인이 벌어지기 시작했다. 1910년대 이전에 오렌지 주스는 흔히 마시는 음료가 아니었다. 보통은 오렌지를 반으로 잘라 과일 스푼으로 떠먹는 것이 고작이었다. 로드앤토머스와 캘리포니아 과일재배자 교역소(오늘날 선키스트 재배농가 조합의 전신)가 전기나 핸드 주스기를 개발하고 보급한 이후로 오렌지 주스는 미국인의 식단에 꼭 올라오는 음료가 되었다.[26] 한편 선키스트 12개들이 포장용기와 우편 요금 12센트를 보내면 과일 스푼 하나를 보내주는 마케팅도 진행했다. 이 행사가 선풍적인 인기를 끌자 이번에는 포장용기를 보내면 14개 물품으로 구성된 로저스 은도금 식기 세트 중 하나를 보내주는 판촉 행사도 진행했다.

우리가 선키스트 광고를 예로 삼은 이유는 이 광고가 부수적 효과를 누린 대표적인 성공사례이기 때문이다. 소비자는 단지 두세 개의 오렌지를 구입하려고 할 때조차도 '태양의 입맞춤'을 받는다는 스토리에 영향을 받는 동시에 마케팅 캠페인이 만들어낸 더 일반적인 자기서사에도 얽이게 된다. 이 일반적 자기서사에 빠진 소비자는 포장지를 모으고 스푼을 받고 우편을 보내고 주스기를 받는 과정에 참여하게 된다.

일반 경제학은 모든 경제적 의사결정 속성을 설명하기 위한 예로 오렌지와 사과 구입이라는 지극히 교과서적인 장면을 이용한다(1장 참조). 그러나 이 예는 아무리 값싼 물건을 구입할 때에도 마음속 자기서사에 좌우된다는 사실을 완전히 간과한다. 더 나아가 타인이 그들에게 유리하도록 우리의 자기서사에 영향을 준다는 사실도 무시한다. 그러나 자기서사는 우리 인생에서 가장 중요한 문제인 누구와 결혼할지, 어떤 학교로 진학할지, 누구를 국무장관으로 임명할지, 전쟁과 평화 중 어느 쪽을 택해야 할지를 결정할 때에도 영향을 미친다.

데이비드 오길비 David Ogilvy, 1911~1999

현대로 넘어 오기 전에 역사상 가장 '위대한' 광고인으로 꼽히는 사람을 한 명 더 만나보자. 바로 데이비드 오길비다. 오길비는 교칙이 엄한 페트스 칼리지Fettes College를 나왔지만 이후 진학한 옥스퍼드

대학에서는 첫 학년부터 성적이 부진해 퇴학을 당했다.[27] 그는 파리의 호텔 마제스틱에서 패스트리 부주방장으로 일하다가 1년 후인 1931년에 영국으로 돌아와 고가의 스토브인 아가Aga 쿠커를 판매했다. 그는 자신의 판매 기법을 소개하는 팸플릿을 제작해(이것은 오늘날에도 마케팅의 고전이라고 불린다) 런던의 광고회사인 매더앤크로더Mather and Crowther에 일자리를 얻었다.[28] 그리고 몇 년 후 미국으로 떠나 조지 갤럽George Gallup에서 여론조사를 하는 일을 했다. 종전 후 1948년에는 소액의 자본으로 자신의 이름을 딴 광고대행사 오길비앤매더Ogilvy and Mather를 세웠다.[29] 그가 꿈꾼 5대 고객은 제너럴 푸즈General Foods, 브리스톨-마이어스Bristol-Myers, 캠벨스 수프Campbell's Soup, 레버 브라더스Lever Brothers, 쉘Shell이었고 이미 다 알고 있듯이 그는 이 다섯 회사를 모두 고객으로 삼을 수 있었다.[30]

그가 만든 광고 두 개는 그의 제작 방식과 상품 제시 스타일이 무엇인지 여실히 보여준다. 가령 롤스로이스 광고에는 실버클라우드Silver Cloud의 운전석에 앉은 우아한 젊은 엄마가 등장한다. 엄마가 살짝 고개를 돌린 방향에는 화려한 상점을 나와 차로 향해 오고 있는, 엄마를 닮아 부티나는 아이 둘이 있다. 광고 전면에는 "시속 60마일의 속도로 달리는 신형 롤스로이스 안에서 가장 크게 들리는 소리는 전기시계 소리입니다"라는 카피가 떠 있다.[31]

오길비를 대표하는 가장 유명한 카피 중 하나는 1950년대부터 1970년대까지 진행한 '해서웨이Hathaway 셔츠를 입은 남자'다. 큼직한 컬러 사진은 당당한 포즈의 멋쟁이 남자를 보여준다. 사진 속 배경은 다양하지만 이 남성은 항상 안대를 하고 있다.[32] 5년 동안 매주 〈뉴욕타임스〉에는 안대를 두른 남자 사진이 등장했다. 남자는 어떤 사진에서는 교향악단을 지휘하고 어떤 사진에서는 그림을 그리고 어떤 사진에서는 오보에를 연주한다. 해서웨이 광고 사진을 일부러 찾아보는 구독자가 생길 정도로 광고 주목도는 높았다. 그들은 안대를 한 남자가 지난주에는 무엇을 했는지 궁금해 하며 그의 활약 하나하나에 매혹되었다.[33]

안대를 한 남자 광고가 그토록 효과가 좋을지는 알지 못했다고[34] 오길비 본인이 직접 한 말에 주목할 필요가 있다. 그는 단지 시험 삼아 광고를 내보냈고 그 결과 해서웨이 셔츠 판매가 치솟았다. 그 역시 광고 캠페인이 효과가 있는지 알아보기 위해 홉킨스처럼 실험적 도박을 했던 것이다.

광고판에서 벌어지는 피싱

우리는 세 명의 '위대한' 광고인인 래스커, 홉킨스, 오길비의 이력을 통해 좁게는 광고판에서, 넓게는 자유시장에서 어떤 식으로 판매가 이뤄지는지 살펴보았다. 광고에 대한 반응은 구매자의 동기와 유혹당하는 정도를 동시에 보여준다. 소비자가 광고인을 바라보는 시선은 다분히 회의적이며 광고에 대해서도 자신들에게 물건을 팔기 위한 이기적 시도라고 여긴다. 이런 회의주의를 해결하는 것이 리즌 와이 광고가 탄생하게 된 배경이다. 그렇다고 트릭을 쓰지 않는다는 얘기가 아니다. 래스커와 홉킨스의 트릭이 가미된 오렌지는 '태양의 입맞춤'이 되었고, 슐리츠 맥주는 '원가를 두 배나 들여야 하는' 맥주가 되었다. 오길비 세대의 광고인들은 소비자가 자신을 롤스로이스에 탄 젊은 엄마나 말보로 광고의 남자, 폭스바겐의 '작게 생각하는Think Small' 사람과 동일시하는 분위기를 만들어냈다. 이 광고들을 포함해 여타 성공을 거둔 다른 광고들이 효과가 좋았던 이유는 소비자의 스토리에 광고의 스토리를 접붙이는 데 성공했기 때문이다.

홉킨스의 자서전에 거듭 나오는 말이 있다. "나는 일을 게임이라 생각하고 게임을 하듯 일을 한다. 그것이 내가 일에 헌신했고 지금도 계속 헌신하는 이유다."[35] 만일 광고가 게임이라면 그 게임의 규칙은 무엇인가? 광고인의 목표는 무엇인가? 오길비는 광고인의 첫 번째 목표를 간단명료하게 밝힌다. "우리는 판다. 그러지 않으면 안 된다."[36] 자유시장에서의 경쟁은 치열하다. 고객을 잃을지도 모른다는 두려움에 항시 시달리는 광고인은 실제로 자서전이나 전기에서 그렇다고 직접 증언한다. 고객의 바람을 완수해주는 것이 광고인의 역할이다. 판매를 높이는 데 도움이 될 기법을 사용하는 것이 광고인의 목표다.

그런데 광고에는 다른 무언가, 바보를 노리는 피싱과 관련이 깊은 무언가가 눈에 띈다. 광고업계가 우리의 잠재의식에 교묘히 파고드는 방법을 발견했다는 내용이 담긴 밴 패커드Van Packard의 《숨은 설득자》(1957년)는 1960년대에 광고에 대한 두려움까지 불러왔지만 사실 과장된 공포이기는 했다. 하지만 광고회사는 자신들의 목적을 달성하기 위해 더 직접적이지만 두려움은 훨씬 적게 불러일으키는 수단을 알고 있다. 그 수단이란 바로 '시행착오'다. 오길비는 《어느 광고인의 고백Confessions of an Advertising Man》에서 어떤 방법이 효과가 있고 어떤 방법이 효과가 있을지 예상하기가 힘들었다고 직접 밝힌다. 한 예로, 그는 안대를 한 남자가 셔츠 판매를 끌어올릴 것이라고 감은 잡았을지 모르지만 확신은 하지 못했다.(아무리 현명한 소비자라도 무엇이 구매 동기를 불러일으키는지 정확히 알지 못하듯 아무리 노련한 광고인이라도 어떤 방법이 소비자를 구매로 이끄는지 정확히 예측하지는 못한다.) 그러나 광고회사는 통계적 검정testing이라는 수단을 이용해 효과적인 방법과 그렇지 않은 방법을 가려낼 수 있다. 오길비는 자신이 만든 수려한 광고 카피만큼이나 갤럽에서 통계적 검정에 대한 지식을 배웠던 것에도 자부심을 느꼈다.[37]

광고계의 시행착오는 진짜 낚시의 과정과 비슷한 점이 있다. 장소를 선택하고 낚시 바늘을 떨군다. 물고기가 바늘을 무는지 본다. 무는 물고기가 없으면 강 상류로 올라가거나 노를 저어 호수의 반대편으로 간다. 이런 시행착오를 거치다보면 걸리는 물고기가 있기 마련이다. 오직 어부만이 물고기가 있을 만한 곳을 감으로 알아내듯 광고인도 감에 의존할 수밖에 없다. 이 과정에서 시행착오는 어떤 방법이 효과가 있는지 알려준다. 자유시장에서는 미끼가 있는 곳까지 헤엄쳐갈 필요가 없다. 시행착오를 겪다보면 미끼가 다가온다. 그 사실을 잘 보여주는 예가 안대를 한 남자다. 오길비가 나중에 말했듯이 그는 순간의 감으로 그 광고를 시험해본 것이다. 그러나 해서웨이 셔츠 판매고가 실제로 오르자 그 방법을 계속 사용했다. 이 광고가 피싱 균형의 밑바탕에 깔린 기본 아이디어를 반영하고 있다는 것은 두말할 필요도 없다. 소비자의 어깨에 올라탄 원숭이의 기호에 이윤을 창출할 방법이 있다면 피싱맨은 적절한 방법을 찾을 때까지 시도하고 또 시도한다.

과거와 오늘날의 대통령 팔기

래스커와 홉킨스, 오길비는 그 당시 광고와 마케팅의 초상을 훌륭히 보여준다. 그때 이후로 광고인들은 광고 타깃을 훨씬 정확하게 겨냥하는 방법을 배웠다. 실제로도 컴퓨터로 검색하다 보면 광고인들이 우리 마음속을 읽고 있는 게 아닌가 싶을 때가 있다. 그만큼 그들은 '빅 데이터'를 효과적으로 활용한다. 대통령 선거전이야말로 빅 데이터 활용의 특징을 가장 두드러지게 보여준다. 상업 마케팅 캠페인과 달리 대선전은 공개적으로 치러지기 때문에 마케팅 자료 또한 쉽게 찾을 수 있다. 1920년 하딩 후보의 대선 캠페인과 2012년 오바마의 대선 캠페인의 차이점을 비교하면 마케팅과 광고 분야에 어떤 변화가 생겼는지 한눈에 알 수 있다. 래스커·홉킨스·오길비 시절의 피싱에서 더욱 강력하고 침투적인 무언가로 이어지는 트렌드가 발견된다. 현대의 통계 기법은 (민간이든 정계이든) 광고인과 마케터에게 어디에서 어떻게 피싱을 행해야 하는지 알려준다. 마치 현대 지질학 기법이 석유·가스회사에게 어디에서 어떻게 시추해야 하는지 알려주는 것과 비슷하다고 보면 된다.[38]

가장 먼저 살펴볼 사례는 1920년에 치러진 하딩 대통령 후보의 선거 유세다. 래스커가 하딩의 선거 캠페인 기획자로 직접 참여했기 때문에 이 선거 유세에서는 래스커-홉킨스 고유의 마케팅 기법이 많이 적용돼 있다. 하딩은 선거 운동에는 영 소질이 없기로 정평이 난 사람이었다. 그래서 래스커는 하딩에게 맞는 다른 전략을 짰다. 하딩을 오하이오 주의 소도시인 매리언 — 정확히 말하면 널찍한 현관이 있는 하딩의 크고 하얀 집을 배경으로 한 선거 캠페인을 구상한 것이다. 이 현관은 우드로 윌슨 대통령의 복잡한 외교 노선에 지친 대중의 심리를 이용하려는 공화당의 목표에 딱 맞는 무대 장치였다. 하딩에게 투표하는 것은, 제1차 세계대전과 1920~1921년의 경기 침체를 끝내고 '정상적 정치로 돌아가기 위함' 이라는 의미를 담고 있었다. 적어도 1920년 경 미국식 통념에는 오하이오 소도시의 편안한 고향집 현관에 앉아 있는 건장한 체구에 온화한 인상을 가진 남자보다 더 정상적인 것은 없었다.[39] 이 메시지를 강조할 방법은 무엇이었을까? 대표단이 매리언에 도착하면 하딩은 현관으로 나와 민주당에 반대하고 공화당 입장에 찬성하기 위해 주의 깊게 작성한 리즌 와이 연설을 한다. 그리고는 연설을 마치며 홀리듯이 말한다. "흔들대고 비틀거리는 것을 끝냅시다." 이 말은 대선 유세의 모토가 되어 미국 전역의 옥외 광고판에 도배되었다.[40] (여기서 흔들대고 비틀거리는 것은 일관성이 없다고 평가를 받는 윌슨 정부의 외교 정책을 비난하는 표현이었다. 래스커는 하딩이 마지막에 지나가는 말을 하듯이 이 표현을 덧붙여야 한다고 연설문 작성자들에게 신신당부를 했다. 덧붙이자면 워런 하딩 대통령은 미국 역사상 가장 무능한 대통령으로 평가받으며, 후보 경선 당시에도 공화당 내 계파 싸움에서 어부지리로 대선 후보가 됐다는 평을 듣는다-옮긴이)

래스커는 당시 모든 매체를 이용해 이 슬로건을 퍼뜨렸다. 언론은 매리언 시에 진을 치고서 가끔씩 현관에서 펼쳐지는 쇼에 쓰인 카피 문구에 의존해 기사를 작성했다. 선거 진영이 직접 사진 수천 장을 제공하기도 했지만 기자에게 사진 촬영의 기회도 주었다. 래스커는 그 당시의 새로운 매체를 활용하기 위해 영상을 촬영해 영화관에도 보냈다. 이 방법의 효과를 측정하는 데 사용한 과학적 기법은 아주 사소한 것이었다. 영화 관람을 끝내고 나오는 관객에게 투표 성향을 묻기만 하면 되기 때문이었다. 하딩이 골프를 치는 모습이 담긴 영상이 부정적인 반응을 얻자 래스커는 재빨리 영상을 회수했다. 그는 시카고 컵스 팀을 매리언으로 데려와 시범경기를 하게 했고, 하딩은 경기에서 첫 3구를 던졌다. 영웅은 야구팬이기도 했다. 이후로 골프는 흔들대고 비틀거리는 것을 끝내기를 원하는 남자가 몰래 해야 하는 스포츠가 되었다.[41]

최근의 선거 캠페인을 생각해보자. 2012년 오바마의 선거 캠페인은 광고가 얼마나 큰 진가를 발휘하는지 잘 보여준다.(사실대로 말하면 '대통령 팔기'였다.) 통계적 검정의 시작은 벤튼 하버에서 팜올리브 쿠폰을 나눠주는 것이었고, 1920년에는 영화 관객을 대상으로 여론 조사를 하는 식의 원시적 방법이 도입되었다. 그러다 2012년 오바마 선거 캠페인은 예술적 형태에 가까운 새로운 수준의 통계적 검정을 보여주기에 이르렀다. 선거 캠페인은 지지자를 모으고 부동표를 끌어오고 지지자들의 투표율을 높이기 위한 중간 목표를 세운다. 2012년 오바마의 선거 캠페인 전까지 전통적 캠페인은 부대적 피해가 발생하는 문제가 있었다. 즉, '우리 쪽' 유권자 등록이 늘어나면 '저쪽' 유권자 등록도 늘어나고, 잘못된 타깃에 전달한 '우리 쪽' 메시지는 '우리 쪽'으로 넘어올 표를 흔들 뿐 아니라 '저쪽'으로 넘어갈 표도 흔든다. 또한 엉뚱한 가구를 타깃으로 한 투표 독려 메시지는 '우리 쪽'이 아니라 '저쪽'의 투표율을 독려하는 꼴이 되기도 한다. 이런 부대적 문제에 대한 전통적 해결 방식은 '우리 쪽' 투표자가 많이 몰려 있는 장소를 선택하는 불완전한 방식이 고작이었다. 그러나 지지자가 많은 장소를 선택해도 부대적 피해 발생의 문제는 사라지지 않는다. 한 예로, 60 대 40으로 민주당이 우세한 지역에서 중립적인 투표 독려 운동을 한다고 해도 민주당 투표자의 순증가는 20퍼센트에 불과할 것이다.

그러나 현대의 선거 캠페인은 이런 부대적 피해를 줄일 방법을 찾아냈다. 투표자 한 명 한 명을 목표로 잡으면 해결될 문제였다. 한 예로 60 대 40으로 우세한 지역이라면 60퍼센트의 민주당 투표자만을 타깃으로 잡고 40퍼센트의 공화당 투표자는 전적으로 배제하는 것이 완벽한 타깃 설정이 된다. 현대적 통계 기법, 방대한 데이터, 대대적인 여론 조사 결과를 통해 오바마 진영은 2012년에 완벽한 타깃 설정에 거의 근접할 수 있었다. 일단 시작은 100만 명 이상의 잠재적 투표자에게 고유의 식별 번호를 부여하는 것이었다. 그런 다음 투표자 파일에 개인 정보를 추가했다.[42] 정보를 얻을 수 있는 출처는 많았다. 일단은 공개적으로 열람이 가능한 투표자 등록 정보 (일부 주에서는 투표 등록자를 당 별로 인식한다)로 시작했고 다음으로는 과거 선거에서 했던 실제 투표 여부 기록을 추가했다. 또한 이런 정보에는 투표자의 이름과 주소, 투표 지역도 포함돼 있다. 또한 개인 파일에는 신용정보나 잡지 구독, 클럽 회원권 등 상업적 출처를 통해 얻을 수 있는 1000여 가지 다양한 추가 정보도 첨부했다. 타깃 설정의 두 번째 단계는 개개인의 투표자 등록 가능성, 오바마 지지 가능성, 선거 때 실제 투표 가능성을 측정하기 위해 중간 규모의 표집을 대상으로 여론 조사를 수행하는 것이었다. 민주당전국위원회 Democratic National Committee가 보유한 상세 데이터 파일과 잠재적 투표자에 대한 자세한 정보를 결합하자 이 거대한 파일에 담긴 모든 개개인의 투표자 등록 가능성, 후보 지지 가능성, 실제 투표 가능성을 꽤 정확히 예측하는 것이 가능해졌다.[43] 2012 오바마 후보 진영은 더 이상 60 대 40인 선거구에서 '모든 집의 문을 두드릴' 필요가 없어졌다. 지지할 가능성이 높은 집의 문만 두드리면 되었다. 지지해줄 가능성이 없는 투표자에게 접근하는 비용이 줄었으며, '저쪽' 투표자를 움직이게 해 오바마가 아니라 롬니의 지지율이 높아질지도 모르는 위험까지 피할 수 있었다.[44]

우세한 구역에서 호의적인 투표자만을 타깃으로 삼는 것 말고도 이 방법의 장점은 또 있었다. 과거의 선거 유세는 지지율이 높지 않은 지역의 유세전은 피하고 봤다. 한 예로, 민주당은 일리노이 주의 남쪽이나 뉴욕 주의 북부 지역은 그 근처에도 가지 않았다. 그러나 개개인을 타깃으로 설정하면서 이 지역의 소수이지만 중요한 의미를 가진 투표자에게 접근하는 것이 가능해졌다. 2012 오바마 대선 캠프에게 민주당 지지율이 낮은 지역의 투표자는 없는 듯 치부해야 하는 유령이 아니었다.

광고와 마케팅의 세계는 여전히 제대로 된 메시지를 전달하고 제대로 된 스토리를 만들어내는 것이 중요하다. 해서웨이 셔츠를 입은 남자의 스토리를 만드는 것이 중요하고 팜올리브 비누를 쓰면 아름다워진다는 스토리를 전달하는 것이 중요하다. 그러나 오바마 선거 캠페인은 어느 타깃에게 언제 메시지를 전달해야 하는지 그리고 어떤 메시지가 호의적 반응을 이끌어내는지 아는 것이 매우 중요하다는 사실을 말해준다. 제대로 타깃을 잡아 적절한 스토리를 전달하는 것이 중요하다는 사실을 모르는 사람은 없다. 엉뚱한 사람에게 엉뚱한 스토리를 말하는 순간 곤란에 처할 수 있다는 사실을 모르는 사람도 없다. 광고도 마찬가지다. 선거 캠페인을 기획하는 사람처럼 광고인도 그런 초보적 지혜를 갈고 다듬기 위한 현대적 방법을 발견했다.

말레이시아항공 370편

뉴스 보도와 광고 사이에는 희한한 유사점이 있다. 둘 다 스토리텔링에 주력한다. 광고회사는 우리의 마음에 자신들이 만든 스토리를 전달해 광고 제품에 대해 구매욕이 생겨나도록 만드는 데 주력하고, TV 뉴스는 자신들이 만든 보도 스토리에 우리의 관심을 집중시키려 노력한다. 그래야만 뉴스를 만드는 돈줄인 광고를 우리가 계속 듣거나 볼 것이기 때문이다. 만약 우리 안의 보다 신중한 자아가 그렇게 뉴스를 봐봤자 시간 낭비라고 속삭이는데도 우리가 어떤 뉴스를 보고 있다면 이미 우리는 바보를 노리는 피싱에 엮이고 있는 것이다. 한 사건이 그 사실을 입증해준다.

지금도 대다수가 선명히 기억하는 사건이 있다. 2013년 봄, 말레이시아항공 370편이 쿠알라룸푸르 국제공항을 이륙해 베이징으로 향했다. 그러나 비행기는 베이징에 도착하지 못했다. (이 사건은 대서특필된 말레이시아항공의 세 번의 비행 중 첫 번째 비행이었다.) 말 그대로 370편이 감쪽같이 사라졌다. TV 뉴스는 몇날 며칠, 몇 주, 몇 달 동안 이 사건을 보도했다. 우리 두 저자는 그 당시에 조금 의아하기는 했다. 훨씬 중요한 사건이 여기저기서 벌어지고 있는데 상대적으로 여파가 크지 않은 이 사건이 이토록 끈질기게 보도되는 이유는 무엇일까? 우리는 한 가지 이론을 세웠다. 로널드 토비어스Ronald Tobias는《인간의 마음을 사로잡는 20가지 플롯Twenty Master Plots》에서 모든 문학은 20가지 기본적인 스토리를 변형한 것이라고 말한다. 이 20가지 스토리는 하나하나가 다 깊은 영향을 미치며 모든 문화에 존재한다. 말레이시아항공 370편 보도는 일곱 번째인 '수수께끼 플롯'을 따르고 있었다. 여기서 수수께끼는 다른 말로 하면 미스터리다. 토비어스는 이렇게 설명한다. "독자에게 주인공이 미스터리를 풀기 전에 먼저 미스터리를 풀어보라는 도전장을 내민다. 이렇게 해서 수수께끼 풀기를 일종의 시합으로 만든다. 주인공이 독자보다 먼저 수수께끼를 풀면 독자가 지고 주인공보다 독자가 먼저 풀면 독자가 이기는 것이다."[45]

대다수 미국 대중이 그랬듯 우리 둘도 그 뉴스에 끌려들어갔다. 우리 역시 수수께끼 풀기 모드에 돌입했다. 심지어 밥은 자기만의 풀이 공식을 만들기도 했다. 파일럿이 잠시 한눈을 팔다가 기기를 오독했으며 통신장치를 껐다가 사고를 냈다는 풀이였다. 1986년에 체르노빌 원전의 담당자가 비상 노심냉각장치를 끄는 바람에 원자로가 폭발했던 것과 비슷한 전개였다.

사건에 대한 관심과는 별개로 우리는 말레이시아항공 370편 관련 보도 스토리에 뭔가 속고 있다는 느낌이 들었다. 수수께끼를 풀려는 우리의 노력은 슬롯머신 앞에 선 몰리와 흡사했다. 우리 정신의 어딘가에서 이것이 시간 낭비라고 말해주었지만 우리는 그 말을 듣지 않았다. 그러나 인생 자체가 엉망진창이 된 몰리와 달리 이 사소한 수수께끼 풀이에 몰두한들 우리가 치러야 할 직접적 비용은 무시해도 좋을 정도였다. 하지만 국민 전체가 잘못된 뉴스에 중독되었을 때 치러야 하는 대가는 다 합치면 결코 작지 않다. 심층적으로 다루고 보도되어야 할 다른 기사를 제치고 수백만 명에게 전달되는 뉴스는 여론에 굉장히 큰 영향을 미치기 때문이다.

말레이시아항공에 대한 뉴스 스토리는 깊은 교훈을 담고 있다. 우리는 뉴스를 보거나 신문을 읽을 때면 내용이 무엇이든 그 '뉴스'를 접하는 것을 당연하게 받아들이는 경향이 있다. 우리 마음속 어딘가에는 보도국이 시청자나 구독자의 '진짜' 관심에 맞춰 '뉴스'를 가장 잘 드러내 줄 내용을 고르고 골랐을 것이라는 믿음이 존재한다. 우리는 보도국이 우리의 '뉴스 신탁회사'로 행동한다고 생각한다. 실제로 미국의 뉴스 산업 대부분이 그렇게 움직인다. 강력한 윤리 기준을 준수하고 "사실만을 전달합니다"를 행동 규범으로 삼는다. 하지만 피싱 균형으로 생각해보면 이야기가 달라진다. 경쟁이 치열한 뉴스 매체의 풍토 속에서 엄선된 뉴스 스토리는 우리가 들고자 하는 뉴스를 담고 있기는 할 것이다. 단, 그 전에 먼저 뉴스 매체는 뉴스를 전달하는 데 드는 비용을 감당할 수 있어야 한다는 전제부터 충족시켜야 한다.

말레이시아항공에 대한 뉴스는 잠시 화제를 전환하기 위해 꺼낸 예에 불과하지만 다른 종류의 뉴스, 이를테면 엽기 뉴스 같은 경우는 훨씬 중요한 의미를 내포한다. 어쩌면 엽기 뉴스를 듣는 사람은 정말로 그런 뉴스를 좋아하기 때문이 아니라 어깨에 올라탄 원숭이의 욕구에 따라 뉴스를 듣는 것일 수도 있다. 하지만 그런 뉴스 애독자의 진짜 자아가 원하는 것이 무엇이든 심술궂은 원숭이의 욕구가 존재하는 한 엽기 뉴스는 피싱 균형을 이루며 보도될 것이다. 그리고 그런 뉴스를 전달하는 데 탁월한 매체는 한몫을 톡톡히 챙길 것이다.

자동차, 주택, 신용카드에 04
횡행한 바가지 씌우기

Rip-Offs Regarding Cars, Houses, and Credit Cards

인류학자에게는 아프리카의 열곡이 해골을 발굴하기에 딱 좋은 장소이듯 우리 같은 경제학자에게는 바가지 요금이 횡행하는 곳이야말로 바보를 노리는 피싱을 찾아내기에 딱 좋은 장소다.[1] 이번 장에서 우리는 자동차와 주택을 구입하고 신용카드를 이용할 때 발생하는 바가지 요금을 탐구할 것이다. 이 세 분야 모두 소비자로서는 굉장히 큰 비용을 치르지만 그에 비해 얻는 이득은 놀라울 정도로 적은 산업이다.

보통 소비자의 일생에서 가장 큰 구매액을 차지하는 것이 자동차와 주택이고, 이 사실을 이용한 갖가지 피싱으로 인해 우리는 실제 치러야 할 대가보다 훨씬 높은 금액을 치르고 구입한다. 그리고 신

피싱의 경제학   118

용카드에 낚인 우리는 알게 모르게 매일 많은 돈을 쓰게 된다.

자동차 대리점에서 벌어지는 피싱

오래전 어느 여름 이 책의 저자인 조지는 존슨앤존슨을 물려받은 상속자 밑에서 잠시 일을 한 적이 있다. 이 상속자는 아버지 존슨에 대한 이야기를 들려주었다. 어느 날 아버지 존슨은 작업복 차림으로 근처 롤스로이스 대리점에 갔다. 영업사원은 처음에 아버지 존슨을 무시했지만 그가 그 자리에서 롤스로이스 두 대를 구입하자 태도가 돌변했다고 한다.

존슨처럼 무례한 자동차 영업사원의 콧대를 납작하게 누를 정도로 돈이 많은 사람은 별로 없다. 우리 모두는 차를 사기 위해 대리점으로 들어갈 때 적어도 조금은 긴장하기 마련이다. 사실 보통 사람은 새 차를 알아보러 다닐 때 토요타 캠리나 혼다 어코드의 가격이 얼마나 될지 많이 걱정한다. 자동차 구매자는 평균 8년마다 신차를 구매하거나 3년마다 중고차를 산다.[2] 그렇기에 자동차 대리점에서 가격을 흥정하는 능력이 예산을 결정하는 중요한 요소로 작용한다.

그렇다면 우리가 자동차 대리점에서 바가지를 쓰는 금액은 얼마나 될까? 뜻밖의 출처가 여기에 대해서 잘 말해준다. 1990년대 후반에 변호사 겸 경제학자인 이언 아이레스Ian Ayres와 피터 시겔먼Peter Siegelman은 신차 구입시 구매자의 인종과 성별에 따른 체계적 차이가 존재하는지 조사했다.[3] 두 사람은 흑인과 백인, 남자와 여자 대학생을 골고루 시험자로 선별했다. 인종과 성별을 제외하고는 가능한 비슷한 조건의 시험자를 골랐는데, 연령은 28~32세로 맞췄고 교육수준은 정규 교육 과정을 마친 후 3~4년 더 교육 받은 사람으로 추렸다. 시험자들은 비슷한 렌트카를 몰고 비슷한 '여피족' 차림을 하고 대리점으로 갔으며 자동차 융자는 필요 없다고 말했고 똑같은 주소를 내밀었다. (이 젊은 남녀 시험자들은 나중에 '주관적으로 보기에 평균적인 매력을 가진 사람을 골랐다'는 설명을 듣고 기뻐했다.) 시험자들은 특정 모델의 차에 대해 처음에 영업사원로부터 얼마의 제시 가격을 이끌어내야 하는지, 그리고 최종 가격을 협상할 때 어떻게 해야 하는지 세밀히 지도를 받았다.

연구 결과는 어땠을까? 아이레스와 시겔먼이 마지막 흥정 가격을 살펴봤더니 백인 여자는 백인 남자에 비해 (물가변동을 적용해) 246달러가 더 높았으며 흑인 여자는 773달러, 흑인 남자는 2026달러가 더 높았다.[4] 흑인 여자가 최종적으로 제시받은 가격은 실제 자동차 가격보다 3.7퍼센트가 비쌌고 흑인 남자는 9퍼센트가 더 높았다.[5] 법관 모자를 쓴 아이레스와 시겔먼의 주요 관심사는 성차별과 인종별 차별을 금지하는 법이 제대로 지켜지고 있는지 여부를 알아보는 것이었지만 실제 그런지 아닌지를 떠나 이 명백한 사취 행위는 아주 중요한 의미를 담고 있다. 이 조사는 자동차 대리점만이 아니라 흑인 남녀가 전체적으로 부당한 대우를 받고 있다는 사실을 암시한다. 물론 슈퍼마켓에서야 흑인이나 백인이나 똑같은 값을 주고 물건을 구입한다. 그러나 재무적 행복에 중요한 영향을 미치는 거래를 할 때— 이를테면 주택 구입이나 일자리를 얻고 유지하는 것과 같은 평생을 좌우하는 거래를 행할 때 흑인은 슈퍼마켓에서처럼 공정한 거래를 하지 못한다.

흑인 여자와 남자가 제시 받은 흥정 가격이 더 높은 이유는 무엇인가? 아이레스와 시겔먼은 짐작되는 이유 몇 가지를 제시한다. 첫 번째 이유는 인종적 증오심과 성 편견 같은 단순한 반감이다. 하지만 흑인 영업사원이나 백인 영업사원이나 흑인에게 높은 가격을 제시한 것은 마찬가지였다. 그래서 아이레스와 시겔먼은 영업사원 개인이 가진 인종과 성에 대한 고정관념에 따라 누가 바가지 거래에서 등을 돌리고 나갈 가능성이 적은지 알아보는 감을 갖고 있다고 결론 내렸다. 예를 들어 "차를 알아보러 다니는 흑인이 당시 차를 소유하고 있을 가능성은 백인보다 낮을 수 있다."(그래서 여러 대리점을 돌아다니는 것이 더 힘들 수 있다.)[6] 다시 말해 영업사원이 피싱의 기회를 더 잘 찾기 위해 인종과 성에 집중하기 때문에 가격 차별이 생긴다는 것이다.

그러나 아이레스와 시겔먼의 연구 결과는 두 사람이 인정하는 것보다 피싱의 증거를 더욱 강력하게 보여준다. 두 사람은 인종과 성에 따른 가격 차별에 초점을 맞춘 탓에 여기에서 드러나는 다른 중요한 사실을 알아채지 못했다. 심지어 인종과 성에 따른 제시 가격 차이를 고려하더라도 여전히 나머지 차액은 존재한다는 문제가 있었다. 이 나머지 차액이 중요한 이유는 그것이 어느 정도나 자동차 가격을 '더 비싸게 혹은 더 싸게' 치르는지 의미하기 때문이다. 우리는 꽤 현실적인 가정을 세우고[7] 영업사원들의 판매 가능 최저액보다 구매자가 얼마나 더 높은 가격을 지불하게 되는지를 추산했다. 이 추산대로라면, 시험자의 거의 3분의 1은 2천 달러나 높게(물가수준 적용) 가격을 제시받고 있었다. 우리가 자동차 대리점에 들어갈 때 초조해지는 것도 그런 이유 때문이다. 우리 중 일부는 바보를 노리는 피싱에 빼도 박도 못하고 걸려들고 만다. 자동차 영업사원들이 몰래 털어놓은 말도 이 해석에 신빙성을 더한다. 영업사원 몇 명은 아이레스와 시켈먼에게 거의 절반에 가까운 이익이 10퍼센트의 고객에게서 나온다고 말했다.[8]

우리의 연구조교인 다이애너 라이Diana Li는 이 연구 결과를 한 차원 더 깊이 검토했다. 그녀는 자동차 영업사원이 고객을 속이기 위해 사용하는 주요 '트릭'을 조사했다. 그것을 주제로 영업사원을 인터뷰하려 했을 때 그들은 당연히 응답을 거부했다. 그들은 입을 꾹 다물었다. 하지만 한 명이 놀랍도록 솔직한 답변을 해주었다. 그의 설명에 따르면 영업사원이 주로 사용하는 트릭은 세 가지였다.

우선, 대다수 고객은 이상적인 차를 염두에 두고 쇼룸으로 들어오고 영업사원은 그 사실을 잘 안다. 고객의 머릿속은 '사륜구동, 후방감시 카메라, 이런 특징, 저런 특징 등등'을 자랑하는 광고 내용으로 꽉 차 있다. 고객이 '광고에서 말하는 풀옵션 기능을 다 갖추면 회사가 말한 소매가보다 1만 달러나 높아진다'는 것을 아는 순간 영업사원의 작업이 시작된다. 그는 고객의 거부감을 떨쳐내는 작업을 전개한다. "각각의 옵션 기능에 대해 고객에게 열심히 강조해야 합니다. 그런 기능은 나중에 별 필요가 없을 가능성이 높다는 사실에는 눈을 감아야 합니다."

보상판매 가격은 피싱을 위한 두 번째 트릭이다. 다이애너에게 귀띔을 해준 영업사원은 이렇게 말했다. "고객입장에서는 가격 흥정이 끝나기 전까지는 절대로, 절대로 보상판매를 원한다는 것을 언급해서는 안 됩니다. 고객이 보상판매할 중고차가 있다고 말하는 순간 영업사원들은 보상판매 가격을 후하게 쳐주는 듯한 인상을 주면서도 신차 가격을 제대로 받아내려면 어떻게 해야 할지 엄청나게 머리를 굴릴 게 뻔하거든요."

피싱의 세 번째 트릭은 바로 할부 구입이다. 세일즈맨은 마법사가(그리고 소매치기가) 흔히 쓰는, 표적의 시선을 다른 데로 돌리는 수법을 사용한다. 한 예로, 영업사원의 말솜씨에 홀려 구매자가 매달 할부금으로 관심을 집중하면 이 구매자는 할부 기간은 잘 알아차리지 못하게 된다. 그러나 할부 기간이 늘면 늘수록 영업사원은 그만큼 공짜 이익을 더 많이 가져간다.

다이애너는 영업사원이 10퍼센트의 고객에게서 50퍼센트의 이익을 얻는다는 아이레스와 시겔먼의 설명도 자세히 분석했다. 이전에 매매의 트릭에 대해 물었을 때 영업사원들은 자연히 입을 다물었기 때문에 이번 조사에서는 그런 거부감을 피할 만한 질문을 만들었다. 다이애너는 마치 위약 효과를 노리듯 영업사원에게 아무런 해가 없어 보이는 질문을 던졌다. 하지만 그녀는 자신이 찾으려는 답을 질문 속에 교묘히 숨겼다. "50퍼센트의 이익을 10퍼센트의 고객으로부터 거둔다는 얘기가 현실성이 있습니까?" 이 질문에 대다수 응답자는 현실성이 꽤 높다고 답했다. 그런데 그녀가 응답자의 답변 속에서 판매 트릭을 조사하는 동안 미처 알아내지 못했던 또 다른 차원의 피싱이 드러났다. 자동차 서비스 센터와 관련된 피싱이었다. 자동차 영업사원들은 으레 서비스 센터를 따로 운영한다. 그리고 판매가 아닌 서비스 제공을 통해(대리점 외 다른 정비소에서 치르는 것보다 가격이 훨씬 높다) 얻는 이익은 고객 10퍼센트로부터 50퍼센트의 이익을 거두는 일이 어떻게 가능한지를 짐작케 한다.

다이애너의 조사 결과는 우리 두 저자가 그동안 영업사원의 피싱에 얼마나 낚이고 살았는지를 깨닫게 해주었다. 우리는 둘 다 낡은 볼보를 몬다. 우리는 차를 구입할 때 낚이기 쉬운 피싱은 다 피했다. 우리는 회사가 말한 소매가가 얼마인지도 신중하게 알아보았다. 필요없는 옵션은 구입하지 않았고 보상판매도 하지 않았다. 둘 다 현금으로 샀기 때문에 할부 비용도 발생하지 않았다. 그러나 결국 우리도 다른 사람과 별반 다르지 않았다. 우리 또한 정비는 각자 볼보를 산 대리점에 맡겼다. 보증 기간에 해당됐을 때는 계약서에 적힌 대로 전액 보장을 받았다. 그리고 보증 기간이 끝났을 때 우리는 낡은 볼보를 성실히 관리하고 있다는 사실에 나름 자부심을 느꼈다. 하지만 그러면서도 5천 마일 주행 정기 검사를 받은 후 청구서를 받을 때마다 비싼 가격에 충격을 받았던 것도 사실이었다.(우리는 지금에서야 정기 검사를 상기시키는 표시가 계기판에 뜨도록 프로그래밍된 것도 그저 순수한 목적만은 아니었을 것이라는 의심이 강하게 든다.) 우리 둘은 자동차를 구입할 때는 언제나 신중을 기했다고 자부했다. 그러나 다이애너의 조사 결과를 보고난 후 우리 역시 그 10퍼센트에 속했다는 사실을 알게 되었다. 흠, 우리가 너무 신중한 탓이었다.

주택 거래의 바가지 요금

이제는 주택 구매에서 벌어지는 피싱을 살펴볼 차례다. 주택 구입은 가족의 평생에 가장 중요한 구매이며 그만큼 돈과 감정을 많이 소모하는 일이기도 하다.[9] 일반적 통념과 달리 미국인들은 툭하면 이사를 다니거나 하지는 않는다. 그들은 한 곳에 정착해 산다. 미국인은 60세 정도가 되면 80퍼센트 이상이 자기 집을 소유하고 있으며 평균적으로는 그 집에서 아주 오랫동안 산다.[10] 오늘날 주택을 소유한 사람이 이사 간 첫날부터 떠나는 날까지 그 집에 머무는 기간은 평균 24년 정도다.[11] 이 두 숫자는 미국인 상당수는 평생에 적어도 한 번은 집을 구입하며 또한 집을 구입하는 횟수가 그렇게 빈번하지 않다는 것을 의미한다.

그러나 주택 구입자가 피싱에 취약한 이유는 단지 경험 미숙 때문만은 아니다. 〈하우스 헌터House Hunters〉라는 리얼리티 쇼는 사거나 세를 들 집을 찾으려는 실제 커플들의 이야기를 들려준다. 이 커플들은 꿈에 그리는 집과 빠듯한 예산 사이에서 번번이 타협을 하는 수밖에 없다. 이 프로그램은 주택을 구입하려는 커플이 현실과 동떨어진 소망을 접고 실제 타협에 이르기까지 어떤 과정을 거치는지 보여준다.

주택 구입자들은 내키지 않는 집을 사게 될 위험도 있지만 (방송에서는 다뤄지지 않는) 바가지 요금을 뒤집어쓸 위험도 있다. 바로 거래를 체결하면서 드는 비용이 그렇다. 매도호가를 수락하면 매수자는 빠듯한 날짜 안에 융자를 마련해야 하고 매도자는 매수자가 약속대로 돈을 마련할 수 있다는 사실을 증빙해주기를 애타게 기다린다. 이런 현실에서 주택 구입 경험이 없고 그전까지 다른 것에만 관심을 쏟은 매수자는 자신도 모르게 바가지 요금을 뒤집어쓰기 십상이다. 보통 우리는 주택 양도양수시 거래비용이라고 하면 흔히 중개수수료를 떠올린다. 한 조사 샘플에 나온 미국 주택 구입의(연방 주택관리국Federal Housing Administration의 융자를 받는 구입도 포함) 통상 중개수수료는 6퍼센트였다. 매도자의 29퍼센트는 6퍼센트, 47퍼센트는 그것보다 낮은 수수료, 24퍼센트는 그것보다 조금 높은 수수료를 냈다.[12]

　6퍼센트라는 숫자만 놓고 따지면 별로 높지 않은 수수료라고 생각할 것이다. 약국이나 편의점에서 타이레놀을 살 때 붙는 판매세와 비슷한 수준이기 때문이다. 하지만 생각의 틀을 조금만 달리 해도 아주 높은 수수료라는 것이 드러난다. 미국에서 매수자는 자신이 직접 수수료를 지불하지는 않기 때문에 부동산 중개인이 집을 알아보는 것을 공짜로 도와준다고 생각하곤 한다. 그러나 경제학자 입장에서 본다면 수수료를 누가 지불하는지는 중요하지 않다. 수요-공급의 논리로 분석했을 때 판매자가 아니라 구매자가 중개인에게 수수료를 지불한다면 주택 가격은 당연히 그 수수료만큼 내려갈 것이기 때문이다.[13] 관점의 변화는 부동산 중개인에게 지불하는 수수료의 상대적 크기를 다른 각도에서 보게끔 한다. 생애 첫 주택을 구입하는 부부가 계약금으로 10퍼센트를 지불한다면 6퍼센트의 수수료는 계약금의 60퍼센트나 되는 금액이다.[14] 이 금액이 정당한 금액인가? 뭐라고 단정할 수는 없지만 다른 나라에서는 부동산 중개수수료가 훨씬 낮으며 그렇다고 그런 나라에서 서비스에 대한 불만이 큰 것도 아니라는 사실은 짚고 넘어갈 필요가 있다.[15]

안타깝게도 부동산 중개인에게 지불하는 수수료가 거래비용의 전부는 아니다. 연방주택관리국 대출의 대규모 표집 조사에 따르면, 수수료를 제외하고도 추가적인 거래 체결 비용은 모기지 금액의 약 4.4퍼센트를 차지한다.[16] 이 숫자를 중개수수료와 합치면 계약금으로 10퍼센트를 지불하는 생애 첫 주택 구입자는 계약금에 상당하는 별도의 돈을 협상 테이블에 가져와야 한다는 듯이 된다.

매매를 체결하는 데 드는 추가 수수료는 형태도 다양하다. 그중에서도 가장 큰 비중을 차지하는 것이 등기이전비와 모기지 설정비이다. 모기지 설정비에 대한 자세한 연구는 2010년 도드-프랭크 금융개혁법이 생기기 전까지 오랫동안 갈취 수준으로 높았었음을 보여준다.[17] 모기지 설정과 관련해 구매자가 어떤 식으로 비용을 치뤄왔는지 살펴보자.

처음 집을 사서 이사하는 부부는 대개 현금이 부족하다. 계약금을 지불해야 하고 새 가구를 장만할 돈도 필요하고 부엌도 화사한 색으로 다시 칠해야 한다. 부부가 이렇게 필요한 돈을 마련할 편리한 제도가 있다. 일반적인 관행상 모기지 기간 동안 '액면금리par'보다 높은 이자를 지불해야 한다는 조건이 붙기는 하지만, 보통 모기지를 제공하는 대출은행은 이렇게 부수적으로 필요한 돈도 주택 구입자에게 같이 대출해준다. 하지만 이 돈은 주택 구입자에게 직접 전달되는 것이 아니라 모기지 거래를 중개하는 모기지 브로커를 통해 전달된다. 은행이 부대비용인 3천 달러를 액면금리인 4.25퍼센

제2부 피싱은 상황과 조건을 가리지 않는다

트가 아니라 5.25퍼센트에 모기지 브로커에게 주고 이 금액이 고스란히 주택 구입자에게 전달되는 것은 논의의 여지없이 당연한 일이다.

그렇다면 실제로는 어떨까? 경제학자인 수전 우드워드Susan Woodward와 로버트 홀Robert Hall은 대출은행이 모기지 브로커를 통해 전달하는 추가 부대비용 대출에 대한 데이터를 수집했다.[18] 두 사람은 합해서 거의 9천 개가 되는 모기지 계약을 포함하는 두 개의 표집을 분석했다. 첫 번째 표집에서는 1달러 당 평균 37센트만 주택 구입자에게 전해졌다. 두 번째 표집은 훨씬 심했는데 모기지 브로커가 전해준 돈은 1달러 당 15센트에 불과했다. 우드워드-홀의 표집에서 이런 갈취 행위는 드문 일이 아니었다. 주택 구입자의 약 93퍼센트가[19] 평균 모기지 금리보다 훨씬 높은 금리로 추가 비용을 대출받았다.[20] 모기지 제공에서 벌어지는 갈취 행위에 대한 조사는 아이레스-시겔먼이 자동차 가격을 조사했을 때 드러난 가격 차이와 흡사한 점이 많다. 두 연구 모두 똑같은 대상에 다른 가격을 지불한다는 사실이 관찰되었던 것이다.

반대로 주택 구입자는 '액면금리보다 낮은' 이자로 브로커에게 대출금의 일부를 상환해야 할 수도 있다. 이렇게 지불하는 돈을 '포인트points'(모기지 계약이 체결되는 시점에서 채무자가 대출의 일부를 일시불로 지불하는 금액. 대출원금 30만 달러이고 1포인트라면 계약이 체결됨과 동시에 3천 달러를 일시불로 지불해야 한다-옮긴이)라고 한다. 이 포인트에도 사기를 부릴 기회가 존재한다. 캐럴린 워런Carolyn Warren이 주택 구입 계약을 체결하는 노부부를 묘사했을 때 모기지 브로커도 소비자도 모두

고개를 끄덕였다. 아내는 홍수보험 인증 수수료 19달러는 내지 않으려 했다. 두 사람은 그 비용이 주州법 상 의무라는 설명을 들었다. 다음에 부부는 제반 비용 395달러는 선뜻 지불했지만 반드시 치뤄야 하는 처리비용은 아니었다. 그러면서 부부는 2천 달러의 포인트 비용도 대수롭지 않다는 듯 냈지만 워런이 알기로 이것 역시 일종의 사기였다. 두 사람은 액면금리를 그대로 적용받기 때문에 포인트를 내지 않는 것이 맞았다.[21]

이 얘기를 듣고 저자인 조지는 자신이 1994년 메릴랜드 주 체비체이스 시에 집을 살 때의 일이 떠올랐다. 부동산 중개인은 조지에게 빨리 결정을 내리라고 재촉했다. 중개인의 말인즉 얼마 전에 알래스카에서 온 부부가 그 집을 살 의향을 보인다는 것이었다. 심지어 이 중개인은 모기지 쇼핑도 팔을 걷어붙이고 도와주었다. 그녀는 모기지 브로커를 주선해주었고 조지는 모기지에 대한 포인트를 냈다. 알래스카에서 온 부부가 정말로 관심을 보였는지는 모르는 일이다.[22] 조지도 본인이 포인트를 내는 것이 맞다고 생각하기는 했다. 하지만 지금 와서 떠올리니 이번에도 순진하게 당한 것은 아닌지 의심이 든다.

계산대 코너에서 벌어지는 갈취

신용카드의 역할은 모든 상점 주인이 잘 아는 경제학 상식이자 한편으론 너무 단순해서 경제학 교과서에는 실리지 않는 어떤 상식에서 시작한다. 그 상식이란 '상점은 상품의 구입 원가에 일정 이윤을 붙여 판매한다'는 사실이다. 택시 운전사가 택시를 빌리는 비용으로 하루 100달러를 내는 것과 비슷하다. 빌리는 비용 100달러와 기름값을 제외하고 남은 돈이 그가 가족을 먹여 살리기 위해 버는 돈이다. 상점에서 파는 물건에 붙은 이윤도 같은 식으로 계산된다. 상점 주인은 이윤 중에서 임대료, 관리비, 직원 월급을 먼저 지불해야 한다. 그러고도 남으면 손익분기점을 넘어서고 그때부터는 물건 하나를 더 팔 때마다 이익도 같이 늘어난다. 가게에 오는 모든 손님에게 물건을 하나씩 더 사게 만드는 마법의 약이 발명된다면 상점 주인에게 떨어지는 이익에 큰 도움을 줄 것이다.

흥미롭게도 그런 약은 이미 발명이 돼 있다. 그리고 우리 모두가 짐작하듯이 상점은 이미 그 약을 사용한다. 게다가 이 마법약의 독점 사용권을 보유한 사람들은 상점만이 아니라 다른 모두에게 세금을 물리는 교묘한 방법까지도 알아냈다. 그 마법약의 이름은 '신용카드'다. 우리는 그 약을 꿀꺽 삼켜 지갑에 넣고 다닌다.

신용카드가 부리는 기본적인 마법 한 가지는, 우리 대부분은 스스로가 필요한 만큼만(아니면 원하는 만큼만) 구매를 하고 있으며 현금을 쓸지 신용카드를 쓸지 등의 사소한 신호에는 영향을 받지 않는다고 생각한다는 점이다. 그러나 어느 모로 보나 이것은 우리의 착각이다. 신용카드가 우리의 지출을 늘리는 데 영향을 끼치는지 아닌지는 어떻게 알 수 있는가? 첫째, 신용카드 사용자의 지출이 현금 사용자보다 더 높다는 정황 증거가 존재한다. 심리학자 리처드 파인버그Richard Feinberg의 조사에 따르면, 신용카드로 지불하는 사람은 현금으로 계산하는 사람보다 13퍼센트나 더 많은 팁을 남겼다.[23] 또 다른 연구에서도 미국 동북부의 한 백화점에서 신용카드 구매자는 현금 구매자에 비해 소비액이 더 높았다.[24] 그렇긴 해도 이런 지출 차이만으로는 신용카드가 사람들의 소비 증가를 부추기는지에 대한 결정적 답이 되지 못한다. 신용카드 보유자와 미보유자는 같은 사람이 아니기 때문에 우리는 신용카드 보유 여부의 문제가 아니라 신용카드 자체가 소비패턴의 변화를 가져오는 것은 아닌지 알아볼 필요가 있다.[25]

이 문제의 답을 얻기 위해 파인버그는 두 가지 심층 실험을 진행했다. 심리학 학위를 수료한 후 파인버그는 사회심리학에서 흔히 볼 수 있는 실험 두 가지를 수행했다. 첫 번째 실험에서는 피험자 집단에게 신용카드 그림을 보여주고는 이들의 소비 욕구를 신호를 받지 않은 대조집단과 비교했다. 파인버그는 피험자 집단이 테스트를 받는 테이블 모퉁이에 마스터카드 그림과 로고를 올려두었다. 그들에게는 다른 실험에서 사용할 그림이라고 설명했다. 그런 다음 드레스 두 벌, 텐트, 남자 스웨터, 램프, 전동 타자기(이 실험은 1980년대 초에 행해졌다), 체스 세트 한 벌로 이뤄진 총 7가지 물품의 그림을 보여주고 각 물건에 돈을 얼마나 쓸 것인지 물어봤다.[26] 신용카드 신호를 받지 않은 대조집단에 비해 피험자 집단이 모든 항목에서 훨씬 높은 금액의 지출 의향을 보였다. 텐트의 경우는 11퍼센트 이상, 드레스에서는 한 벌 당 50퍼센트까지 금액 차이가 났다.

두 번째 실험에서도 피험자들은 각 물건에 돈을 얼마나 쓸 것인지 질문을 받았다. 상품은 화면으로 보여줬고 대답 시간에 제한을 됐다. 신용카드 신호는 화면 모퉁이에 표시했다. 실험 결과 이번에도 신용카드 신호를 본 사람이 더 많은 금액을 지출할 의사가 있다고 대답했다.(이번에는 훨씬 심하게 3배까지 차이가 났다. 물가수준 적용시 토스터기에 치를 의향이 있다고 말한 금액은 신용카드 신호를 받은 실험군은 165.66달러, 통제군은 52.90달러였다.)[27] 실험군과 대조군이 보인 지출 금액의 의향 차이는 상점들이 판매액의 상당 부분을 신용카드 회사에 지불하고 '정산수수료'까지 내면서도 기쁜 마음으로 우리가 내민 신용카드를 건네받는 이유가 무엇인지 설명해준다.

파인버그가 보여준 증거가 놀랍기는 해도 경제학자 눈에는 중요하지만 결정적 증거로는 부족할 수 있다. 이 증거는 실제 지출과는 관련이 없기 때문이다. 드라젠 프릴렉Drazen Prelec과 던컨 시미스터Duncan Simester라는 두 경제학자는 신용카드가 실제 소비에 미치는 영향을 알아보는 실험을 수행했다. 두 사람은 하버드대학 MBA 과정을 밟는 학생들을 대상으로 세 가지 경품을 놓고 경매를 했다. 경품은 보스턴 셀틱스 농구경기 입장권, 레드삭스 야구경기 입장권, 그리고 낙찰되지 못한 사람을 위한 셀틱스와 레드삭스의 응원 배너였다. 지불을 신용카드로 할지 현금으로 할지는 실험진이 무작위로 선정했다. 또한 현금 지불의 경우에는 ATM에 들러 현금을 뽑아야 하는 약간의 불편함도 감수하게 했다. 그 결과 신용카드 지불을 허락받은 학생들의 셀틱스 입장권 구매는 두 배가 더 많았고 레드삭스 입장권은 75퍼센트, 배너는 60퍼센트 남짓 더 많았다. 이 실험은 파인버그가 찾은 증거가 옳다는 것을 입증한다.[28] (우리의 연구조교 빅토리아 불러Victoria Buhler는 MBA 학생이라면 '더 잘 알고 있어야 했는

데 몰랐다'고 딱 잘라 말했다.)

두 연구는 신용카드가 우리의 소비지출을 부추긴다는 사실을 보여주는 데 그치지 않는다. 두 연구는 신용카드가 충격적일 정도로 우리의 소비지출을 끌어올린다는 사실을 보여준다. 신용카드는 아주 훌륭한 마법약이다. 하지만 이 약을 쓰려면 그에 상응하는 가격을 치러야 한다.

마법약의 가격

우리가 신용카드를 보유하고 지불 수단으로 사용하게 하기 위해 상점은 어떤 방법을 쓸까? 여기에도 놀라운 트릭이 존재한다. 바로 공짜로 신용카드를 사용하게 하는 것이다. 한때 미국에서는 연방법상 신용카드 사용료는 공짜였다.[29] 1968년 제정된 성실대부법Truth in Lending에 따라 상인은 고객에게 신용카드로 지불할 때와 현금으로 지불할 때의 가격에 차별을 둘 수 없었다. 그러나 이 법은 1984년에 폐지되었고 신용카드 사용에 대한 성실대부법이 다시 제정되기는 했지만 기껏해야 10개 주이고 전체 인구로는 40퍼센트만 이 법을 적용받는다.

그러나 오늘날 상점들은 비자나 마스터카드 같은 카드 회사에 정산수수료를 지불하기는 하지만 그렇다고 고객에게 신용카드 사용료를 별도로 부과하지는 않는다. 또한 현금 지불 고객에게 현금 할인을 제공하지도 않는다. 파인버그와 프릴렉-시미스터의 연구는 그 이유를 말해준다. 고객이 신용카드를 사용할 때 자신도 모르게 지출을 더 많이 한다면 메이시 같은 대형 백화점은 물론이고 지역 슈퍼마켓으로서도 고객에게 현금 할인을 누릴 수 있다고 말해주는 것은 그들에게 득 될 것이 없기 때문이다.

신용카드 사용료가 없다는 것은 어떤 면에서는 상점이 강아지를 공짜로 주는 것과 비슷하다고 볼 수 있다. 신용카드 사용자는 자신이 정말로 원해서 물건을 사는 것일 수도 있지만 정작 집에 돌아가서는 달갑지 않은 것이 될 수 있다. 그리고 다음 달 그 상점에서 쓴 대금이 포함된 신용카드 청구서가 날아든다. 카드 사용자 중에는 대금을 치를 여력이 충분한 사람이 많기는 하다. 미국인의 약 50퍼센트는 신용카드 대금을 밀리지 않고 다 낸다.[30] 그러나 카드 대금을 꼬박꼬박 다 내지 못하는 사람도 상당히 많다. 이렇게 미지불된 대금은 빚이 되고 여기에는 높은 비용이 따른다.

신용카드의 수수료 비용은 눈이 휘둥그레질 정도로 높다. 그 비용이 얼마나 높은지는 세 가지 측면에서 관찰할 수 있다. 첫째, 전체적인 통계 수치가 이를 입증한다. 2012년 신용카드 산업의 총매출액은 1500억 달러로 추산된다.[31] 이것은 우리가 먹고사는 데 필요한 것을 얻기 위해 (다들 편리하다고 생각하지만 실제로는 아주 사소한 편리함만 제공하는) 신용카드를 쓰는 대가로 상당한 금액을 지불하고 있다는 뜻이 된다. 1500억 달러라는 금액은 미국인이 주택담보대출 이자를 내는 데 쓰는 돈의 3분의 1이 넘으며,[32] 가구 식품소비액의 6분의 1이 넘고 자동차와 부품에 쓰는 돈의 3분의 1이 넘는다.[33]

신용카드 수수료가 얼마나 높은지는 두 번째 측면에서도 분석이 가능하다. 우리는 총수수료를 세 가지 요소로 구분해서 추산했다. 신용카드가 버는 수수료를 대략적으로 쪼개면 2분의 1은 할부 이자가 차지하고 3분의 1은 정산수수료가, 나머지 6분의 1은 연체수수료를 포함한 기타 가산수수료가 차지한다.[34]

《괴짜경제학》의 저자 스티븐 레빗Steven Levitt의 제자였으며 모험 정신이 강한 블로거이기도 한 숀 하퍼Sean Harper는 세 번째 측면을 알려주었다. 하퍼는 고객이 시티은행 비자 리워드 카드Rewards Card로 계산할 때 상점 주인이 내야 하는 정산수수료를 계산했다.[35] 우리가 편의점에서 1.50달러짜리 껌 한 통을 살 때 상점주가 내는 정산수수료는 40센트, 주유소에서 30달러어치 기름을 넣을 때는 1.15달러, 슈퍼마켓에서 100달러어치 물건을 구입할 때는 2.05달러였다. 하퍼의 목록은 계속 이어진다. 이 정산수수료가 얼마나 큰 금액인지는 상점주에게 떨어지는 순이익과 비교하면 된다. 편의점의 경우는 정산수수료의 2.25배가 상점주의 순이익이었다. 또한 신용카드 회사가 슈퍼마켓에 물리는 정산수수료는 2퍼센트로, 이는 슈퍼마켓의 일반적 이윤폭의 5분의 1이다.[36]

캘리포니아대학 샌디에이고 캠퍼스의 미셸 화이트Michelle White 경제학 교수는 한 차원 더 나아가 신용카드 수수료를 개인 파산의 주요 원인으로 설명하기도 했다. 개인 파산자들은 너나없이 신용카드 채무가 높다는 조사 결과는 함의하는 바가 크기는 하지만, 그것만으로 신용카드 남용을 개인 파산의 주 원인으로 단정짓기에는 역부족이다. 신용카드 남용 외에도 재무 문제가 있는 사람은 으레 카드 요금을 연체하기 때문이다. 하지만 직접적인 증거들은 파산의 주범으로 잘못된 신용카드 이용을 강하게 지목한다. 이 증거에 따르면 신용카드 남용은 파산의 주요 원인이기도 하지만 또한 1980~2006년 사이에 카드 채무가 극적으로 증가하면서 개인 파산이 7배로 늘어난 원인이기도 했다. 소득역학패널조사Panel Study of Income Dynamics는 1996년에 행한 특별 설문조사에서 응답자들에게 파산을 경험한 적이 있는지, 있다면 이유는 무엇인지 물었다. 파산을 경험했다고 말한 응답자 중 37퍼센트는 '높은 채무/잘못된 카드 사용'을 가장 큰 원인으로 꼽았다.[37] 반면 실직을 주요 원인으로 꼽은 응답자는 21퍼센트였고 의료 치료를 주요 원인으로 꼽은 응답자는 16퍼센트였다.[38] 재무 상담을 받으러 온 채무자를 대상으로 진행한 2006년 설문조사에서도 비슷한 결과가 나왔다. 상담을 받는 채무자의 무려 3분의 2는 '잘못된 돈 관리/과도한 지출'이야말로 재무상태가 나빠지게 된 원인이라고 말했다.[39] 파인버그의 실험과 프릴렉-시미스터의 연구는 이런 잘못된 돈 관리에서 신용카드가 얼마나 결정적 역할을 하는지를 보여준다. 누군가에게 신용카드는 덫이 되기 쉽다.

다시 바보를 노리는 피싱의 문제로 돌아가자. 신용카드가 바보를 노리는 피싱을 하는 것이 아니라면 신용카드회사는 진짜로 그렇다고 자신 있게 가슴에 손을 얹고 말할 수 있어야 한다. 카드회사의 모든 노력은 바보를 노리는 피싱과 관련이 있다. 일단 시작은 상점주에게 높은 금액의 정산수수료를 부과하는 것이다. 상점은 마법약을 구입하기는 하되 전체 가격의 3분의 1만 치른다. 다음 차례는 우리 소비자들이다. 소비자는 흔쾌히 신용카드로 그 무엇이든 다 산다. 그리고 카드회사는 다음 달 카드 대금에 대해서는 걱정조차 하지 않는 사람들로부터 비싼 수수료를 받아 챙긴다. 이것도 모자라 연체수수료와 가산수수료로도 한몫을 챙긴다. 모든 단계마다 이윤 추구를 위한 승부욕이 우리의 약점을 공략한다.

정치의 피싱

누구든 살다 보면 그 당시에는 이해할 듯 말 듯한 일이 나중에 돌이켜보면 (어쩌면 남자친구나 여자친구와 있었던 일이) 확연히 이해되기도 한다. 이 책의 저자인 조지도 2004년 10월에 그런 일을 경험했다. 조지는 아이오와 주의 민주당 상원후보로 나선 아트 스몰 2세 Art Small Jr.의 조력자로(그리고 가끔은 대리인으로) 일하는 생경한 경험을 하게 되었다. 아트 스몰 2세의 아들이며 버클리대학에서 조지의 제자이기도 했던 아트 스몰 3세가 아버지의 '경제 고문'을 맡아 달라고 부탁했던 것이다. 조지는 아이오와로 가서 한 주 동안 도와주겠다고 했다.[1]

후보자로 나선 아트는 영문학 교수, 약사, 하원 보좌관, 아이오와

주 주의회의 하원과 상원, 주의회 세출위원회 의장, 변호사, 인쇄업자 등 여러 분야에서 경력을 쌓은 사람이었다.[2] 아이오와 주에서 그의 정직성과 성실성은 유명했다. 이런 성품은 "생각은 크게, 투표는 스몰로THINK BIG, vote Small"라는 슬로건도 그렇고 흑백의 수수한 선거 배지와 포스터 등 선거 유세에도 고스란히 반영되었다. 아트는 후원금을 모아 특정 정치인에게 전달해주는 PAC(정치행동위원회) 기금이나 특수이익집단의 후원은 전혀 받지 않았다. 그런 탓인지 조지가 아트 스몰 2세를 돕기 시작한 한 주 동안 모인 후원금은 103달러에 불과했다. 아트는 현 상원의원인 찰스 그래슬리에 맞서 선거에 나설 민주당 후보가 없다는 사실을 알고는 마지막에 가서야 상원 선거에 입후보했다.[3]

조지는 아이오와 주에 가서 한 주 동안 머물면서 아트가 입후보를 꺼려한 데는 그만한 이유가 있다는 사실을 알게 되었다. 당선의 희망이 보이지 않는다는 사실은 둘째 치더라도 상원 후보로 나선다는 것 자체가 굉장히 어려운 일인데다 아트는 휠체어를 탄 아내도 돌봐야 했던 것이다. 아트가 조지를 집으로 초대에 저녁식사로 스크램블 에그를 대접했을 때 이 사실은 분명히 드러났다. 둘은 같이 설거지를 했다.

선거 캠페인에서 가장 화제가 됐던 것은 그래슬리가 2001년과 2003년 조지 W. 부시 행정부의 감세를 지키는 파수꾼으로서 상원 재무위원회 의장을 맡고 있다는 사실이었다. 의회예산처는 감세를 할 경우 1조 7천억 달러의 연방 예산 적자가 예상된다고 계산했다.[4] 감세를 하지 않고 만일의 사태에 대비해 그 돈을 단 몇 년 만이라도

제2부 피싱은 상황과 조건을 가리지 않는다

모아뒀다가 2008년에 지출했다면 미국을 대침체기로부터 구하는 데 큰 역할을 했을 것이 분명하다. 우리가 계산해봤더니 그 돈은 미국이 2009~2012년까지 4년 동안 평균 9퍼센트에 달한 실업률을 7퍼센트 남짓으로 줄이기에 충분한 금액이었다.[5]

아트나 그래슬리 각자가 가진 장단점이 무엇이건 아트가 맞서기에는 많이 버거운 선거전이었다. 아이오와 주는 베이컨이 주력 수출품인데 그래슬리는 워싱턴에 있을 때부터 이것을 적극 도와줬다. 에탄올에 대한 보조금은 그의 대표적 성과 중 하나일 뿐이었다. 아이오와 주에 직접적인 도움을 준 것 외에도 이번 선거에서 그래슬리에게 유리한 점은 또 있었다. 그래슬리가 모은 선거자금은 760만 달러나 되었다.[6] 채널 8 KCCI 뉴스의 데스 모인스Des Moines가 이 선거자금의 용도를 알아내는 데는 단 몇 분밖에 걸리지 않았다. 그래슬리는 선거 광고에 자주 모습을 드러냈으니까 말이다.

광고에서 그는 트랙터형 잔디깎기에 앉아 있고 트랙터 옆에는 소형 잔디깎기 두 대가 양쪽으로 매달려 있었다. 이 기발한 모습으로 그는 짧게 잘 깎여 있는 아이오와의 넓은 잔디밭 위를 밖에서 안으로 소용돌이 모양을 그리면서 트랙터를 몰고 있었다. 나지막한 소리가 나온다. "그래슬리 맞아?" 그리고는 그래슬리 본인이 푸근한 목소리로 말한다. "저는 미국 상원의원으로서 일하는 것도 좋지만 가끔은 그 일을 벗어던집니다. 주말에는 잔디를 깎는 것이 제 낙입니다."[7]

아트는 마지막까지 열심히 싸웠다. 선거 결과는 그래슬리 70.2퍼센트, 스몰 27.9퍼센트였다.[8] 성경에서는 다윗이 골리앗을 이긴다.

그러나 현실에서는 대부분 거인의 승리로 끝난다.

민주주의, 돈과 정치의 관계, 그리고 피싱

그래슬리와 아트의 선거전, 그리고 다른 선거들에서 돈의 역할은 미국 의원 선거의 전체 모습을 한눈에 보여주는 축약판이다. 통계 수치는 둘의 선거전 역시 예외가 아니었다는 사실을 말해준다. 2008년 미국 하원의원 선거에 출마한 모든 후보가 쓴 비용은 각 선거 당 200만 달러가 넘었으며 현직 의원은 도전자에 비해 두 배 이상을 썼다. 의원 한 명이 매일 공식적으로 모아야 하는 돈은 주말과 연휴도 포함해 1800달러이다. 의원직이 공석인 상태에서 치러지는 보궐선거는 그 두 배가 넘는 470만 달러가 들었다. 상원 선거에는 돈이 더 많이 든다. 2008년에 치러진 상원 선거전에서는 선거구 당 1300만 달러가 넘는 선거자금이 사용되었다. 도전자보다 훨씬 많은 선거자금을 쓴 그래슬리처럼 재선에 나선 현직 의원은 800만 달러가 넘는 돈을 썼다.[9]

그래슬리의 예로 다시 돌아가 보자. 아이오와의 대중에게 잔디깎기를 모는 남자를 보여주면 유권자의 표는 그 사람에게 향할 가능성이 높다. 앞의 3장에서도 설명했듯이 유권자들은 선거 광고가 만들어낸 스토리를 자신과 친구, 이웃에 대한 자기서사에 이식한다. 잔디깎기를 모는 모습은 그래슬리가 친구이자 이웃이라는 스토리를 이식한다. 아이오와의 평범한 주민처럼 그래슬리도 직접 잔디를 깎고 심지어 그 일을 하기 위해 일부러 워싱턴에서 오기도 한다.

여기서 주목해야 할 점은 그래슬리가 상원의원으로서 아이오와에 좋은 일을 많이 했을지라도(부적절한 개인소득세 탈루를 막고 성매매와 맞서 싸우는 등) 광고는 그런 정책에 대해서는 언급조차 하지 않는다는 사실이다. 심지어 그래슬리라는 사람의 인품이 어떤지도 보여주지 않는다. 혹시라도 그런 모습을 조금이라도 비쳤더라면 유권자는 광고를 찍을 돈이 어디서 나왔는지 의아해했을 것이 분명하다. 하지만 성공적인 광고 덕분에 유권자들은 그런 의문은 조금도 품지 않았다.

정치에서 벌어지는 피싱의 효과는 경제학의 피싱 효과와 비슷하다. 기초경제학 이론은 피싱이 없는 상태에서 벌어지는 시장의 경쟁은 좋은 균형을 만든다고 말하고('들어가는 글'에서 피싱 균형을 설명하면서 언급한 '파레토 최적') 마찬가지로 기초 정치과학 이론은 민주적 선거 경쟁은 좋은 결과를 낳는다고 말한다. 보통은 정치과학자 앤서니 다운스Anthony Downs의 이론을 차용해 그 결과를 설명한다.[10] 유권자가 알아야 할 것은 다 아는 상태이고 자신의 성향대로 투표를 하며 또 이 투표자의 성향을 좌나 우로 구분하는 것이 가능하다면, 경쟁을 벌이는 두 후보의 공약은 균형에 이르게 된다. 두 후보의 공약은 '중위투표자median voter'(성향을 좌우로 나눴을 때 딱 정 가운데에 성향이 위치하는 유권자-옮긴이)의 성향을 따른다. 이 중위투표자를 기점으로 투표자가 가장 지지하는 성향의 절반은 '좌성향'이고 나머지 절반은 '우성향'이다.[11] 이 균형이 발생하는 이유는 슈퍼마켓 계산대에 늘어선 줄이 비슷하게 균형을 이루는 것과 비슷하다. 결국 어느 한 후보가 중위투표자에게 맞는 공약을 제시하지 못하면 다른 후보가 그런 공약을 제시해 당선될 것이기 때문이다.

이런 균형은 양쪽 주장을 비교하고 절충안을 마련해서 나온 결과다. 우리는 민주주의라면 그렇게 이상적으로 움직여주기를 바란다. 따라서 유권자와 후보의 행동에 대한 다운스의 설명이 현실을 그대로 반영한다면 더 바랄 것이 없다. 하지만 다운스의 설명은 현실과는 많이 다르다. 불행히도 유권자들은 크게 두 가지 방식으로 쉽게 낚시질에 걸려들기 때문이다. 첫째, 투표자는 정보를 온전히 다 얻지 못하기 때문에 정보 바보가 된다. 둘째, 투표자는 심리 바보이기도 하다. 후보자가 잔디를 깎고 있는 선거 광고에 유권자들의 호감도가 급상승하는 것이 그 단적인 예다. 이처럼 쉽게 피싱에 넘어가는 속성이 정치의 균형을 바꾼다. 후보자의 공약은 중위투표자의 성향에서 멀어지게 된다.

유권자가 피싱에 쉽게 걸려들 경우 당선을 위한 선거 전략은 3단계로 나뉜다. 제1단계, 후보자는 일반적인 유권자를 대상으로 그들이 중요하게 생각하고 있으며 내용도 잘 알고 있는 문제에 대해 공약을 발표한다. 제2단계, 일반 유권자는 잘 모르지만 잠재적 선거자금 후원자는 잘 알고 있는 문제일 경우 후원자에게 이득이 되는 공약을 만든다. 이런 공약은 잠재적 기부자에게는 알려주지만 일반 대중이 알도록 방송에까지 내보내지는 않는다. 제3단계, '특수이익집단'이 제공한 정치기부금을 이용해 일반 유권자들의 지지도를 높이기 위한 캠페인을 벌인다. 그리고 일반 유권자들은 '잔디를 깎는 모습이 TV에 나온' 후보에게 한 표를 던질 가능성이 높다.[12] 당선을 위한 이런 합리적 전략이 존재하는 상황에서 우리 두 저자는 다운스의 중위투표자 정리正理를 이용해 정치적 결과를 설명할 생각이 없다. 그보다는 정치의 피싱 균형을 대입하려고 한다.

잘 아는 유권자와 잘 모르는 유권자

몇 가지 문제에 대해서는 알아야 할 내용을 잘 아는 유권자가 되는 것이 전혀 어렵지 않다. 하지만 의회가 하는 일 대부분에 대해 대중은 '의회에 맡기는' 태도를 고수하는 것도 사실이다. 그런 문제는 '전문가'만이 관련 내용을 이해하고 있으며 유권자 대부분은 전혀 모르는 상태로 남는다. 아무리 적극적이고 대범한 유권자일지라도 가장 중요한 문제에 있어서도 필요한 정보를 다 파악하는 것은 불가능하다. 이 사실을 보여주는 좋은 예가 하나 있다. 현재 미국 하원의 입법 중에서도 가장 큰 영향을 미치는 것은 110대 하원이 제정한 특별법 H.R.1424인 2008년 긴급경제안정화법Emergency Economic Stabilization Act of 2008이라고 할 수 있다. 이 법은 부실자산 구제를 위한 재무부의 7천억 달러 특별 지출을 인준해 주었다. 특별 지출은 미국의 금융시스템이 붕괴되는 것을 막았고 2차 대공황 사태가 벌어지는 것도 거의 확실하게 막았다(적어도 지금까지는 막았다고 말할 수 있다). 하지만 오직 내부 정보에 정통한 사람이나 점쟁이만이 이 법안이 가결되고 6개월 뒤에 이 돈이 대부분의 미국 은행과 제너럴모터스, 크라이슬러를 구하기 위한 긴급 금융으로도 쓰일 수 있다는 것

을 예견할 수 있었다.[13]

특별법 H.R.1424의 전문前文은 이 법의 목적이 무엇인지를 말해
준다. 전문에는 "특정 부실자산을 구입하고 보증하기 위한… 권한
을 부여한다"[14]라고 적혀 있다. 이 문구만 가지고는 구제 금융을 정
당화하기가 어려워 보인다. 우리는 이 특별법의 내용이 모두 담긴
책자 한 권을 가지고 있던 차에 친구인 필립 스웨글Phillip Swagel에게
전화를 걸어 은행과 자동차회사에 대한 구제 금융을 비준해주는 내
용이 어디쯤에 나오는지 물었다. 스웨글은 2008년 가을에 재무부
차관보를 지냈으며 원안의 핵심 작성자 중 한 명이기도 했다.[15] 부
실자산구제프로그램Troubled Asset Relief Program, TARP(이하 타프) 기금
에서 가장 극적인 사건은 2008년 10월 13일에 일어났다. 그날 헨
리 폴슨Henry Paulson 재무부 장관은 미국 9대 은행의 CEO를 소집
해서는 재무부가 제공하는 1250억 달러를 받는 대가로 내키든 내
키지 않든 우선주를 발행하라고 했다.[16] 이 특별법 3편 9(A)에 나오
는 부실자산의 '정의'를 다룬 처음 부분은 이와 같은 거래의 권한을
인정해주고 있다.

2008년 3월 14일 이전에 발행되거나 판매된 주거용 또는 상업용 부
동산의 모기지 및 이러한 모기지를 기초로 하거나 관련이 있는 여타
증권, 채권, 기타 금융상품 등 재무부가 구입 결정을 내림으로써 금융
시장의 안정성을 도모하는 상품.[17]

스웨글이 우리에게 설명한 내용대로라면 은행은 이런 부실자산

을 보유하고 있었으므로 은행에 대한 구제 금융은 법이 그 권한을 허가한 행동이었다. 그런데 제너럴모터스와 크라이슬러의 경영권을 넘겨받는 권한 역시 이해하기 어렵기는 마찬가지다. 여기에 대한 법적 근거는 3편 9(B)에 나온 부실자산에 대한 정의 두 번째 부분에 등장한다.

재무부가 금융시장 안정성을 촉진하기 위해 구입이 필요하다고 판단한 여타 금융상품.[18]

전문 내용이 빼곡하게 적힌 H.R.1424의 법령을 실제로 이해하기란 《월도는 어디에Where's Waldo?》라는 놀이책에서 월도를 찾는 것만큼 거의 불가능에 가깝다. 책 속에서 월도는 빨강과 흰색의 줄무늬 셔츠에 파란 바지, 비니 모자를 쓰고 있고 눈에 잘 띄지도 않는다. 의회의 법령에서 이익집단의 이익을 대변해주는 조항들도 다 위장술을 쓰고 있다. 대중도 심지어는 언론도 법령의 그 복잡하고 전문적인 내용을 제대로 이해하기는 힘들다.

우리를 지켜주는 방어막이라고는 우리를 위해 최선을 다해야 하는 의원들의 성실한 마음 밖에 없다. 하지만 그들 역시 문제를 제대로 이해하지 못하고 있을 공산이 크다. 더욱이 의원이 되려면 일단 당선부터 되어야 한다. 당선이 되려면 현금이 필요하고 그래야 잔디를 깎고 있는 TV 광고도 내보낼 수 있다. 불쌍한 아트처럼 선거자금이 없는 사람은 국민의 이익을 대표하거나 자신의 생각을 표명하기 위해 의회에 단 하루라도 등원하는 것 자체가 불가능하다.

로비와 돈

위와 같은 사실은 의원들이 선거자금을 어떻게 모으는지, 로비스트의 역할은 무엇인지에 대한 궁금증을 불러일으킨다. 로비스트, 의원, 선거자금에 대한 몇 가지 놀라운 통계 조사 결과는 이 의문에 대한 답을 대략적이나마 알려준다. 미국 의회에는 의원의 20배가 넘는 1만 2천 명 가량의 로비스트가 존재한다.[19] MIT의 스티븐 앤솔라비히어 Steven Ansolabehere, 존 디 피게이레도 John de Figueiredo,[20] 제임스 스나이더 James Snyder가 계산해보니, 의원이 직접 모으는 선거 후원금과 소속 정당 및 PAC가 대신 모아주는 상당액의 선거자금을 다 합쳐봐도 선거 주기에 걷히는 후원금보다 의회에 로비로 사용되는 돈이 더 컸다.[21] 로비자금이 이토록 많이 사용된다는 것은 선거 기부금이 주로 로비스트를 고용한 이익집단에서 나오거나 어쩌면 로비스트가 직접 건네는 돈일 가능성이 높다는 사실을 의미한다. 또한 기업이나 조합, 기타 연합이 주는 선거 후원금은 8분의 1에 불과했지만 개인 기부자가 주는 후원금은 상당 부분을 차지했다.[22] 그렇기에 로비스트는 추가로 적은 돈만 사용해도 후보자와 선거 캠페인의 '친구'로 활약할 수 있게 되는 것이다.[23]

이런 통계 자료는 이익집단과 의회의 쌍방적 관계를 어떻게 설명해야 할지를 알려준다. 이 관계를 단순한 '판매보호모형 protection for sale'(정부의 무역 정책에 영향을 미치기 위해 특수이익집단이 정치후원금을 제공한다는 정치 이론 모형. 이익집단은 자신들을 고용한 기업의 판매를 보호해 줄 정책을 마련한다는 조건으로 정치후원금을 제공한다-옮긴이)으로만 생각해서는 안

된다. 즉, 상원과 하원이 기업의 이익을 보호해주는 조항을 삽입해주는 대가로 직접 정치후원금을 받고 로비스트가 브로커로서 그 중간에 껴 있다는 식으로 봐서는 안 된다는 것이다. 이 통계 수치에 따르면 의원은 로비스트 브로커의 말에 강하게 현혹될 수밖에 없다. 어쨌거나 그들이 주는 돈이 기업과 조합이 주는 선거 기부금의 8배나 많기 때문이다. 그렇다면 이들 로비스트는 어떤 사람인가? 그리고 그들은 그 많은 돈을 주면서 의원들에게 무슨 서비스를 제공하고 있는가?

조지의 워싱턴 경험을 통해 우리는 정치인의 중요한 역할은 대중의 마음에 자신에 대한 스토리를 이식하는 것이라는 사실을 깨달았다. 잔디를 깎고 있는 모습을 보여주는 TV 선거 광고는 정치인이 어떻게 스토리를 만들고 그것을 전파하는지를 생생하게 말해준다. 하지만 그런 모습은 그 정치인의 스토리 중 겉으로 드러난 단면에 불과하다. 보다 은밀한 면도 존재한다. 하원군사위원회 위원장을 역임했고 나중에 클린턴 행정부의 초대 국방장관을 지낸 레슬리 애스핀Leslie Aspin이 한 유명한 말이 있다. "어떤 현안에 대해 의회가 양쪽 모두에 표를 던질 수 있다고 한다면 의회는 언제나 양쪽에 다 표를 던질 것이다."[24]

애스핀의 다소 냉소적인 이 말이 의원 친구들의 허를 얼마나 제대로 찌르는지는 앞서 나온 당선 전략을 떠올리면 이해가 갈 것이다. 당선 전략이 알려주듯, 의원은 왼쪽으로는 유권자에게 호소하고 오른쪽으로는 선거자금 후원자에게 호소한다는 이중의 목표를 가지고 있다. 이와 관련한 미트 롬니와 버락 오바마의 유명한 사건이 있다. 민간이 주최한 한 후원회에서 둘이 일반 유권자가 그다지 좋아하지 않을 만한 의견을 넌지시 내뱉는 모습이 몰래 카메라에 포착되었는데, 사실 둘이 이런 말을 한 것도 어쩌다가 생긴 결과는 아니었다. 미트 롬니는 "어차피 47퍼센트는 무슨 일이 있건 대통령에게 표를 던질 것이다. (그들은) 정부에 의지해야 하기 때문이다"[25]라고 말했다.(덧붙이자면 미트 롬니는 "나는 그 표에 대해서는 고민하지 않을 것이다. 그들에게 개인이 책임을 져야 한다고 말하지 않을 거고 자기 생활은 자기가 챙겨야 한다고 설득하지도 않을 것이다"라고 했다 – 옮긴이) 자기 통제가 철저하기로 소문난 오바마도 2008년 한 후원회에서 이런 말을 한 적이 있다. "(펜실베이니아 소도시의 유권자들은) 증오심이 더 커졌다. 그들은 총이나 종교에 집착하고 자신과 생각이 같지 않은 사람에 대한 반감에 집착한다."[26]

이러한 정치인의 이중 목적은 로비스트라는 사람을 어느 틀에 놓고 봐야 하는지에 대한 힌트를 준다. 로비스트는 정치가를 돕는 특별한 위치에 있다. 로비스트는 직업적 특성상 이익집단으로부터 보수를 받는다는 특수한 조건에 있기 때문에 어디로 가면 흘러다니는 돈을 찾을 수 있는지에 대한 지식이 남다를 수밖에 없다. 이익집단 역시 자기네를 대신해 목표를 추진해줄 로비스트에게 기꺼이 보수를 지불하기 때문에 어떤 로비스트가 마음이 맞는 정치인을 대상으로 열심히 움직일지 귀신같이 알아본다.(그래서 특정 산업이 고용한 로비스트가 존재한다는 사실 하나가 잠재적 정치 자금을 나타내는 지표가 되기도 한다. 아니 땐 굴뚝에 연기날 리가 없는 것이다.) 선거를 치르기 위해서는 대중으로부터 상당액을 거둬들여야 하는 열악한 정치 상황에서 로비스

트는 정치인이 절실히 원하는 금단지로 향하는 한 줄기 빛이 될 수 있다.[27]

능력 있는 로비스트가 하는 역할은 여기서 그치지 않는다. 정치인은 일반 대중에게는 표를 얻는 동시에 이익집단에게는 돈을 얻어내기 위해 충돌을 최대한 상쇄해주는 스토리를 만들어야 하는데, 로비스트는 정치인이 이렇게 고도의 전략이 필요한 일을 완수하도록 돕는다. 정치학의 한 견해에 따르면, 로비 활동은 '정보'의 이체를 수반한다.[28] (뒤에서 보겠지만 기업의 정치후원금에 상한을 두는 것은 위헌이라는 대법원의 시티즌스 유나이티드Citizens United 판결에도 비슷한 의견이 있다.) 맞는 의견일 수 있지만 로비 활동은 정보를 전달하기는 하되 신중하게 각본이 짜여지고 의도적으로 선입견을 끼워 넣은 스토리를 전달한다. 스토리 구성에 대해 조언을 하려면 로비스트는 정치인이 공개적으로 드러내고 싶은 얼굴과 몰래 보여주고 싶은 얼굴이 따로 있다는 사실을 직관적으로 이해해야 한다. 이런 공감과 이해를 보여주는 사람은 보통은 최고의 친구나 동료이기 마련이다. 그러다보니 자연스럽게 로비스트는 대개 과거에 그 일을 했던 전직 직원이거나 전직 의원인 경우가 많다. 2010년 의원 자리에서 물러난 사람을 살펴보면 상원 출신의 50퍼센트, 하원 출신의 42퍼센트가 로비스트가 되었다(후보자가 정치후원금이 절실히 필요하지 않고 비교적 수월하게 선거를 치렀던 1974년에 양원 출신 로비스트는 3퍼센트에 불과했다).[29] 친구로서의 로비스트가 정치인의 목표에 도움을 주는 것과 마찬가지로 정치인의 친구인 로비스트는 잠재고객인 기업에게도 역시 매력적인 존재이다.

한 가지 사례는 애스핀의 일침이 의회의 작동 방식과 얼마나 잘 들어맞는지 보여준다. 미국 상원이 만들어 놓은 장치를 이용해 의원들은 일련의 표준 절차를 거쳐 거의 모든 기금 사용에 이중적으로 표를 던지는 것이 가능하다. 2009년 조지프 바이든Joseph Biden이 부통령이 된 후 공석을 이어받은 초선 상원의원 테드 코프먼Ted Kaufman은 뼈저린 경험을 통해 이 사실을 배웠다. 2008년 금융위기를 초래한 금융 사기에 환멸을 느낀 코프먼은 금융 사기를 엄벌하는 법안을 공동으로 추진했다. 이 법안이 바로 금융사기규제경기회복법Fraud Enforcement and Recovery Act, FERA이었다.[30] 이 법의 주요 조항 중 하나는 사법부가 화이트칼라 범죄를 척결하는 데 쓰일 1억 6500만 달러의 기금 마련을 인준해주는 것이었다. 이 금액은 2009년 꼭 필요한 예산이었는데, 9·11 사태 이후 사법부에서 화이트칼라 범죄 대응 부서는 자원이 전부 테러 방지 부서로 이전되어 부서 공백 상태나 마찬가지이기 때문이었다.[31] FERA는 상·하원 모두에서 열띤 환영을 받으며 수월하게 가결되었고 코프먼은 뿌듯함을 느꼈다. 그러나 얼마 지나지 않아 코프먼은 동료 의원들이 1억6500만 달러 기금 마련을 인준한 다음 곧바로 이 기금의 1년 예산을 3천만 달러 이하로 묶는 법안도 인준했다는 사실을 알게 되었다.[32] 동료 의원들은 이 이상 예산 지출을 늘리면 월스트리트의 기부금이 줄 수도 있기 때문에 예산 집행을 더 강하게 밀어붙이지 않으려 했다. 애스핀이 날카롭게 비꼬았던 상황이, 그리고 유권자에게 먹히는 스토리와 기부자에게 먹히는 스토리를 별개로 짜는 최적의 선거 전략이 아닌 말로 생생히 살아 움직이고 있었다.

얼마나 영향을 미치는가

선거 비용과 로비 활동이 어떤 식으로 정부에 영향을 미치는지 그리고 어떤 식으로 어깨에 올라탄 원숭이의 기호에 굴복하게 만드는지 지금까지는 정성적 방식으로 설명했다. 그런데 과연 그 영향이 큰가? 선거자금보다 거의 1000배 이상은 큰 4조 달러의 연방정부 예산지출에 비하면 별로 큰 금액은 아니지 않은가?[33] 로비 활동의 영향력이 어느 정돈지 알아보려면 우리는 왜곡적 승수distortionary multiplier, 다시 말해 로비스트와 그들이 받는 보수로 인한 예산지출 및 규제의 변화 비율이 어느 정도인지 검토할 필요가 있다.

충성심과 우정 못지않게 비밀 유지 엄수도 이상적인 로비스트가 가져야 할 자격요건이다. 그렇기에 정부 활동의 뚜렷한 변화와 비교해 선거자금과 로비자금의 크기가 얼마나 큰지를 말해주는 자료를 입수하기란 상당히 어려운 일일 수밖에 없다. 약간의 힌트라도 얻으려면 우리로서는 드물게 벌어지는 사건을 유심히 관찰하는 게 최선일 것이다. 이것은 화산 폭발의 최초 징후가 보이자마자 화산학자가 곧바로 달려가 흘러내리는 마그마를 보면서 지표면 아래 존재할 만한 것들을 알아보는 것과 비슷하다. 다음의 4가지 사례―'폭로성' 전기에 실릴 만한 워싱턴 로비스트 제리 캐시디Gerry Cassidy가 개입한 두 개의 사례와[34] 미국 기업의 역외 이익에 부과되는 과세표준을 바꾸기 위한 로비 사례, 1980년대 저축대부은행 위기에 관한 사례는 선거 비용과 로비 활동, 정부 역할 간 상관관계에 대해 많은 시사점을 던져준다.

시울프 로비

조지 부시 대통령은 1992년 1월 국정연설에서 예산 책정까지 마친 두 대의 신형 시울프Seawolf 핵잠수함 구축 사업의 철수를 제안했다. 잠수함 제조사인 제너럴 다이내믹스General Dynamics는 제리 캐시디에게 매달 12만 달러의 보수를 주면서 홍보와 로비 활동을 진두지휘하게 했다.[35] 그 결과 시울프 사업은 살아남았고 28억 달러의 예산 철수도 무산되었다.[36] 그러나 로비스트에게 들어간 비용과 선거 기부금의 증가는 예산액에 비하면 약간 늘었을 뿐이었다. 제너럴 다이내믹스가 1991~1992년 동안 사용한 의원 선거 기부금은 1989~1990년 선거 기간보다 겨우 19만 8천 달러 늘어나는 데 그쳤다.

세금 절감

레켈 알렉산더Raquel Alexander, 스티븐 메자Steven Mazza, 수전 슐츠Susan Scholz의 연구는[37] 로비로 거두는 수익이 얼마나 높은지를 상세히 보여준다. 2000년대 초 미국 다국적기업의 해외 자회사는 본사로 송환하지 않은 사내유보(이익잉여금)에 대해서는 세금을 내지 않았다. 본국인 미국에 세금을 내지 않는 거액의 이익이 해외에 차곡차곡 쌓여갔다. 미국은 그 돈이 자국으로 송환되기를 원했다. 의회는 본국으로 송환되는 세전 이익에 대해 1년간만 한시적으로 85퍼센트의 세액 공제를 해주는 미국고용창출법American Jobs Creation Act, AJCA을 제정했다. 그 당시 국내 송환되는 이익의 배당에 붙는 표준세율은 원래라면 35퍼센트였지만, 85퍼센트의 세액 공제 덕분에 세율은 5.25퍼센트에 불과했다. 법안 가결을 위해 로비 연합체를 구성한 39개 대기업은 법이 발효된 덕분에 본국으로 송환한 사내유보금에 붙을 세금을 460억 달러나 절감할 수 있었다. 반면에 연합체를 결성한 기업이 로비로 쓴 돈은 총 1억 8천만 달러였다. 면책을 통해 로비 비용보다 최소 255배에 해당하는 세금을 절감할 수 있었다.[38]

크렌베리 주스

이처럼 엄청난 수익률은 오션 스프레이Ocean Spray의 크렌베리 주스 라벨 부착에서도 목격되었다. 레이건 행정부 시절 미국식품의약청은 크렌베리 주스에 물 함량이 75퍼센트라는 것을 알리는 라벨 부착을 의무화해야 한다고 주장했다.[39] 오션 스프레이는 로비스트인 캐시디에게 자문을 구했다. 일부 의원들은 규정을 반대하는 연설을 해주기로 약속하며 2천~4천 달러의 사례금을 받았고 PAC를 통해 37만 5천 달러의 정치기부금도 배부되었다. 과일 주스 함량의 공개를 요구하는 어떤 규정도 금지하는 조항이 소리 소문 없이 세출법안에 덧입혀졌다.[40] 임무 완수였다. 2005년에 미국의 크렌베리 주스 판매액은 7억 5천만 달러로 치솟았고 오션 스프레이는 막대한 이익을 거두었다.[41] 여기에 비하면 회사가 로비자금으로 쓴 돈은 미미한 수준이었다.[42]

찰스 키팅과 링컨저축대부은행

1980년대에 저축대부은행 위기가 찾아왔을 때(여기에 대해서는 9장과

10장에서 자세히 설명한다) 링컨저축대부은행 Lincoln Savings and Loan의 소유주 찰스 키팅 Charles Keating 재판의 법원 판례는 선거 후원금과 납세자가 입는 손해 사이의 관계를 어느 정도나마 추산하게 해준다. 키팅이 뿌렸던 140만 달러의 선거 기부금이 일부 효과를 발휘하기 시작했다. 상원의원 5명이 키팅 조사에 착수한 감독관들을 협박하기 시작한 것이다.[43] 이 5명은 감독관들을 만나 연방주택대출은행위원회 Federal Home Loan Bank Board가 '선거구민을 상처 입히는 일은' 없기를 바란다고 딱 잘라 말했다.[44] 이 일을 비롯해 키팅은 조사를 막기 위해 여러 가지 방해 조치를 취했다. 키팅의 저축대부은행 부도 사태를 해결하기 위해 들어간 20~30억 달러의 총비용 중에서 그의 방해 공작으로 빚어진 비용만도 10억 달러는 되는 것으로 추산된다.[45]

선거 기부금으로 들어간 비용과 이익집단이 얻은 수혜의 정도를 정확한 숫자로 설명하기에는 구체적인 사례가 턱없이 부족하다. 하지만 선거 기부금이 정치에 어떤 영향을 미치는지를 보여주는 정황 증거는 차고도 넘친다. 한 예로, 하원 금융서비스위원회 House Financial Services Committee를 제대로 통제하기가 힘든 것은 괜히 벌어진 결과가 아니다. 하원의원 중 거의 15퍼센트가 소속된 이 위원회의 별명은 '돈 위원회 money committee'다. 양당 모두 다음 선거에서 불리하다고 판단되는 의원을 이 위원회에 전략적으로 배치한다.[46] 또 다른 예로, 화이트칼라 범죄와 싸우기 위해 FERA 법안이 인준한 1억 3500만 달러의 추가 예산이 오간데 없이 사라진 것도 우연이라고는 볼 수 없다.

또한 우리 두 저자는 미국 국세청이 예산 부족으로 수천억 달러의 체납 세금을 제대로 추징하지 못하는 것도 단순한 우연이라고는 보지 않는다(국세청 추산에 따르면 2006년의 체납 세액은 3850억 달러였다).[47] 사법부, 국세청, 증권거래위원회, 기타 여러 감독기관의 예산은 큰 폭으로 삭감되었다. 이런 증거들은 구체성이 떨어지기 때문에 법정에서 받아들여지기는 힘들다. 하지만 이 증거들은 부유한 선거자금 기부자의 영향력이 국민 대다수에게 이익이 될 경제 정책을 압도한다는 사실을 알려준다. 더불어 SEC의 예산 부족에 대해서는 결론 부분에서 자세히 설명할 것이다.

요약

결론적으로 말하면 로비와 선거자금, 의회, 이익집단 사이의 관계는 바보를 노리는 피싱이 자라기에 딱 맞은 온상이다. 바보를 노리는 피싱 때문에 시장이 소비자의 진짜 니즈에 무관심해지듯이 피싱은 민주주의를 침해하는 결정적 요인이 되기도 한다. 민주주의는 인류가 알고 있는 최고의 정치 형태일 수 있지만 어깨에 올라탄 원숭이의 기호가 우선시되는 사태로부터 우리를 자동적으로 보호해주지는 않는다. 오히려 그 반대다. 지금껏 설명했듯이, 정치인은 선거를 치르기 위해서라도 돈이 있어야 하고 그렇기에 민주주의는 피싱을 체계적으로 만들어내고 양산한다.

덧붙이는 말

사실 우리는 이번 장 끝에 본문에 나오지 않는 몇 가지 주제를 따로 덧붙이고 싶었다. 그중에서도 반드시 언급하고 싶은 주제가 있다. 여기서 우리는 의회 로비를 주로 다루었지만 의회 로비보다 훨씬 더 유심히 살펴봐야 할 로비는 바로 감독기관을 대상으로 벌어지는 로비다. 또한 주 정부와 지방 정부를 대상으로 벌어지는 로비도 결코 가볍게 봐서는 안 된다.

식품 및 제약산업의 피싱

06

Phood, Pharma, and Phishing

1906년 소설가 업튼 싱클레어Upton Sinclair는 대중의 마음속 평화를 크게 휘저었다. 그는 시카고 도축공장을 배경으로 한 소설《정글The Jungle》을 발표했다. 반세기 전 해리엇 비처 스토Harriet Beecher Stowe 의《톰 아저씨의 오두막집》이 아프리카계 미국인 노예의 진실을 폭로했듯이(그리고 남북전쟁의 가장 큰 촉발제가 되었듯이), 싱클레어의 소설 도 노예와 다를 바 없는 삶을 사는 20세기 초 이주노동자의 참상을 알리는 것이 그 목적이었다.[1]

그런데 엉뚱한 곳에서 분노가 터져 나왔다. 중산층 주부들이 자신이 저녁식사로 요리하는 스테이크가 어쩌면 병 걸린 소로 만들어 졌을지도 모른다는 사실을 알게 된 것이다.[2] 아니면 쥐약을 먹고 죽은 쥐의 살 일부가 소시지에 들어갔을 수도 있고, 심지어 '더럼 퓨어 리프 라드'(더럼 사에서 돼지 지방으로 만든 고체 기름의 상표-옮긴이)에 인간의 사체가 섞여 있을 수도 있다는 사실을 알게 된 것이다.[3] 육가공 회사의 고기 수요가 절반으로 떨어졌고 하원에서는 몇몇 의원의 주도로 1906년 연방육류검사법Federal Meat Inspection Act이 가결되었다.[4] 법규가 제정되면서 싱클레어가 고발한 문제 대부분은 이제 오랜 과거지사가 되었다.

20세기의 처음 10년 동안 또 다른 중요한 움직임도 식품·제약 산업의 피싱을 막는 데 크게 기여했다. 이번에도 역시 1906년에 통과된 순정식의약품법Pure Food and Drug Act이었다.

19세기 미국은 의학 지식이 낮고 대중은 귀가 얇아 아닌 말로 비양심적인 '사기꾼'이 가짜 약을 팔고 다니기에 좋은 옥토였다. 19세기 초 가짜 약장수의 대표적인 인물은 윌리엄 스웨임William Swaim 이다. 그는 1820년쯤 여러 가지를 섞은 혼합물을 병에 담은 후 '스웨임의 만병통치약Swaim's Panacea'이라는 상표를 붙였다. 그리고 라벨에는 이 약의 마법을 상징하듯 머리카락이 뱀인 히드라와 싸우는 헤라클레스 그림을 그려 넣었다. 스웨임은 이 만병통치약이 "연주창, 수은성 질병, 중증 매독, 류머티즘, 그 외 혈액이 오염되었거나 불순해져서 생기는 모든 질병을 치료하는 최신 의약품"[5]이라고 설명했다. 하지만 뉴욕 의사협회는 이 약으로 인해 수많은 사망자가 발생했다는 보고서를 발표했다. 당시 의료계가 똑똑했다고는 말할 수 없지만 이 사안만큼은 의사들의 견해가 옳았다. 스웨임의 만병통치약 성분에는 수은도 포함돼 있었다. 스웨임은 의사들의 37쪽짜리 보고서에 대응하기 위해 52쪽짜리 반박문을 발표했다. "살면서 나는 내 생각을 열심히 강론하지 않았던 적이 한 번도 없었다. 노골적이고 사실무근인 말에 아무 반박도 하지 않고 듣는 사람의 마음에 그대로 전달되도록 방치한다면 어느 샌가 익숙해지고 결국에는 진실로 자리 잡을 것이다."[6] 스웨임은 사람 잡는 약을 파는 약장수였지만 말솜씨도 출중했다.

19세기 가짜 약장수의 또 다른 예는 텍사스 주 오스틴의 원예가인 윌리엄 라담William Radam이다. 라담은 자신의 식물학 지식과 당시의 새로운 과학을 결합하고는 유럽 연구소들이 최근에 발견한 치명적 미생물이 전부 인체 내에서 부패를 유발한다는 가설을 세웠다. 어느 날 그는 뇌우가 친 다음에는 곰팡이가 자라지 못하는 현상을 목격했다. 그가 보기에 번개가 공기에 어떤 영향을 끼치는 것 같았고, 어쩌면 똑같은 천연 효과를 발휘하는 혼합물을 만들 수도 있겠다는 생각이 들었다. 그리고 이렇게 만든 치료제에 마이크로브 킬러Microbe Killer라는 이름을 붙였다. 마이크로브 킬러를 장복하고 기적적으로 완치되었다고 주장하는 환자 두 명이 나왔고 이후 이 약은 날개 돋친 듯 팔리기 시작했다. 농업부의 분석에 따르면, 두 환자가 복용한 마이크로브 킬러는 똑같은 것이 아니었다. 이것의 주요 성분은 물이 압도적 비율을 차지하고 이밖에도 와인과 많이 희석한 강산도 들어있었다. 라담은 센트럴파크가 내려다보이는 저택으로 이사했다.[7]

농업부의 수석 화학자 하비 워싱턴 와일리Harvey Washington Wiley는 이런 가짜 약을 근절하고 싶었다. 인디언 혈통으로 통나무집에서 태어나 하버드를 졸업한 와일리는 대중이 부도덕한 식품과 약품에 대해 알 필요가 있다고 생각했다. 당시의 과학 기술로도 식품 성분을 분석하는 것이 가능했기에 그는 식품표시법을 집행하기로 결심했다. 식품표시법 운동의 전환점은 그의 실험에서 비롯되었다. 실험에 자원한 젊은 남성 12명이 농업부 식당에서 마련한 식단으로 식사를 했다. 그들이 먹은 음식에는 붕사와 포름알데히드 같은 온갖 식품첨가물이 들어 있었다.[8] 얼마 지나지 않아 자원자들은 식욕 감퇴와 소화 불량에 시달렸다. 지금 생각해보면 이 용감한 젊은이들은 식품첨가물 때문이 아니라 언론에서 자신들을 '독 탐험대'로 묘사하며 작은 영웅이라고 추켜 세운다는[9] 말을 전해 듣고 위장장애에 시달린 것이라고 생각하는 편이 맞을지도 모른다. 실험이 끝나고 곧바로 순정식품의약품법이 가결되었다.

21세기로 빨리감기

우리 둘이 2010년에 식품과 약품에 대한 이번 장을 쓰기 시작했을 때는 그냥 '사건만 설명하는' 내용을 쓸 생각이었다. 19세기의 썩은 고기와 가짜 약 사건을 소개하고 연방육류검사법과 순정식품의약품법이 의회에서 통과되기까지의 경위를 설명한 다음 21세기로 빨리감기를 한다는 것이 우리의 처음 생각이었다. 그러니까 우리는 "지금은 다르다"는 뜻의 메시지를 전달하려고 했다. 제대로 된 규제가 없던 19세기와는 달리 지금은 규제가 있어 식품과 약품이 안전하다고 말할 생각이었다. 그런데 현대로 넘어와 조사에 착수했더니 뜻밖의 사실이 드러났다. 뭐, "지금은 다르다"인 것은 마찬가지지만 문자 그대로의 의미가 아니라 반어적 의미를 지닌 "지금은 다르다"였다. 문자 그대로 받아들여서는 안 되는 일이었다. 식품도 약품도 우리가 생각한 것처럼 그렇게 안전하지는 않았다. 규제기관의 감독망을 교묘히 빠져나가며 피싱이 더욱 정교하게 진행되고 있었다.

일단 식품부터 살펴보자. 싱클레어가 고발한 병에 걸린 소가 스테이크가 되는 일은 벌어지지 않지만 지금 세상에는 거대 식품산업이 존재한다. 식품산업은 설탕과 소금, 지방이 잔뜩 들어간 제품으로 우리를 옴짝달싹 못하게 낚시질한다. 식중독으로 병원에 실려가는 사람은 별로 없지만 식품으로 인한 관상동맥 질환과 당뇨병을 앓는 환자는 많다. 식품산업이 어깨에 올라탄 원숭이의 기호에 어떻게 어필하는지는 이미 많은 책과 논문이 말하고 있으므로 우리가 더 이상 설명할 필요는 없다. 그러나 바로 그런 현실이 바보를 노리는 피싱에 대한 우리의 이론을 입증하는 강력한 증거인 것도 사실이다.[10]

그렇다면 제약산업이라고 다를까? 우리는 스웨임의 만병통치약과 라담의 마이크로브 킬러가 지나간 옛일이라고 생각했다. 약품의 효능과 안전에 대한 식품의약청의 요구 조건이 무방비한 우리들을 보호해줄 뿐만 아니라 의사가 환자와 약품 사이에서 중간자 역할을 하게 한 것도 추가적인 보호장비 역할을 한다고 생각했다. 그러나 우리는 제약회사의 창의력을 간과했고 바보를 노리는 피싱의 강력한 힘도 과소평가했다.

바이옥스

우리는 한 가지 예를 자세히 설명할 것이다. 극단적 사례이기는 하지만 전체적으로 상황이 얼마나 심각한지 잘 보여주기 때문이다. 〈포천〉의 가장 존경받는 기업 목록에 1985~1990년까지 6년 연속으로 선정된 머크Merck 사는 1999년에 신제품을 출시했다. 조지가 몸소 경험하고 있듯이 노년의 슬픔 중 하나는 바로 관절통이다. 아스피린, 이부프로펜, 나프록센과 같은 비스테로이드성항염증약물(약어로 NSAID라고 한다)은 관절통을 완화해주지만 부작용도 만만치 않다. 이런 진통제는 보통 COX-1과 COX-2라는 두 가지 효소를 억제해서 진통 효과를 발휘한다. COX-2를 억제하면 염증과 통증이 줄어든다. 반면에 COX-1은 위벽을 보호하기 때문에 이것을 억제하면 궤양이 유발된다.[11] 따라서 NSAID의 과다복용은 노년기 사망의 주요 원인 중 하나다.[12] 머크 사는 시얼Searle 제약회사가 그랬듯 COX-1이 아니라 COX-2를 억제하는 약품을 개발한다는 기발한 아이디어를 생각해냈다.[13] 머크 사는 이렇게 개발한 약품에 바이옥스Vioxx라는 이름을 붙이고 FDA에 승인을 신청했다. 하지만 승인에는 지금까지 행해진 것보다 더욱 엄격하게 무작위로 통제한 임상시험을 행해야 한다는 추가 조건이 따라붙었다.[14] 머크 사는 VIGOR(바이옥스 위장장애 결과 연구)라는 명칭으로 시험을 진행했다. VIGOR 연구가 행해지면서 벌어진 일들은 현재의 안전장치에도 불구하고 우리가 여전히 제약회사의 피싱에 걸려들기 쉬운 이유가 무엇인지 실감하게 해준다.

출판사가 베스트셀러를 출간할 때 출간 기념회를 여는 것처럼 제약회사도 블록버스터 의약품을 내놓을 때 신중하게 계획된 신약 발표회를 연다. 신약 발표회의 주요 청중은 환자와 약품 사이에 다리 역할을 하는 의사들이다. 그렇기에 자주 거론되는 의학전문지에 실린 과학 논문은 의사와 실제 처방을 연결하는 중요한 장치다. 이런 이유로 신약을 출시한 제약회사는 전문지에 실릴 논문의 산파 역할을 하는 데 각별히 관심을 쏟는다. 또한 실험 데이터를 바탕으로 논문을 쓸 필자를 선정할 때에도 무작정 고르지 않는다. 그들은 회사의 연구지원을 받는 의사를 포함해 그동안 수많은 의사들과 인맥을 쌓았기 때문에 누구를 섭외해야 하는지 분명히 안다. 영향력이 큰 의사와 호의적인 태도를 보이는 의사를 골라야 하는 것이다. 이렇게 선정된 의사들은 FDA가 요구하는 무작위 통제 임상시험에 쉽게 접근할 수 있으며, 논문 작성시에는 '편집 지원'(더 신랄하게 말하면 '대필 지원')도 받는다.[15]

단순히 공교롭게만 볼 수 없는 일이 또 있는데, 제약회사로부터 후원금을 받아 전문지에 실린 논문의 상당수는 다른 곳에서 연구비를 지원받은 논문에 비해 같은 약품에 훨씬 호의적인 태도를 보인다는 것이다.[16] 약품 마케팅은 발표된 논문의 내용만이 아니라 논문의 갯수에도 각별한 주의를 기울인다. 몇 년 전에 제약회사의 지원을 받아 발표된 논문의 수가 얼마나 많은지 알려지면서 약간의 소란이 일었을 정도였다. 그때 의학 및 과학 전문지를 출간하는 엘제비어Elsevier 출판사는 자사의 여섯 개 간행물에 실린 논문들이 동료 간 검토를 받는 데 그치고 있으며, 구체적으로 언급하지는 않았지만

제약회사의 후원을 받고 있다는 사실을 인정했다.[17]

VIGOR 연구를 토대로 작성된 바이옥스 보고서도 당연히 2000년 11월 〈뉴잉글랜드 의학저널〉에 실렸고 대표 필자는 클레어 봄바디어Claire Bombardier 토론토대학 교수였다.[18] 임상시험 기간은 1999년 1~7월이었고 총 4047명의 피험자가 바이옥스를 복약했으며 통제군에서는 4029명이 나프록센 제제인 알레브를 복용했다.[19] 기적의 약은 약속했던 효과를 발휘하는 것 같았다. 골관절통이 줄어들었고 알레브에 비해 위장장애도 덜 일으켰다. 전체 표집에서 위장장애가 온 사람은 177명이었는데, 나프록센 복용자의 위장장애가 바이옥스 복용자의 2.2배였다. 중증 위장장애 '합병증' 발생 사례도 37 대 16으로 바이옥스가 훨씬 적었다.[20]

한편으로 봄바디어와 공동 필자들은 혼란스러운 점이 있다는 사실을 보고서에 적었다. 바이옥스 복용자 중 17명이 심장마비가 왔고 나프록센 복용자 중 4명이 심장마비가 왔던 것이다. 비율만 따진다면 큰 차이였지만, 그냥 숫자로 17명과 4명은 무작위 시험 결과로 발생한 것이라고 생각할 수 있을 만큼 충분히 작은 숫자이기도 했다.[21] 봄바디어와 공동 필자들은 바이옥스와 나프록센 제제의 심장마비 유발 차이가 있을 수 있지만 그것은 바이옥스의 결함 때문이 아니라고 친절하게 덧붙였다.[22] 나프록센 제제가 심혈관 보호 효과를 지닌 것일 수도 있었다.

이런 통계 수치와 필자들의 주장은 마치 TV 약품 광고가 부작용을 설명하는 것과 아주 흡사한 어투로 논문에 실렸다. 게다가 논문에는 바이옥스 복용자 중 심각한 혈전색전증 징후가 온 피험자는

제2부 피싱은 상황과 조건을 가리지 않는다

47명이고 나프록센 복용자는 20명에 불과하다는 중요한 결과가 누락되었다.[23] 혈전색전증이란 혈전에서 떨어져 나온 입자가 혈관을 막는 증상을 말한다. 4047명 중 47명이면 결코 아무렇지 않은 숫자가 아니다. 왜냐하면 바이옥스는 장기적으로 복용하도록 개발된 약품이기 때문이다. 특히 골관절염 환자는 이 약을 오랫동안 복용해야 한다. 가령 복용 기간을 5년으로 잡는데 혈전색전증 발병 확률이 6개월마다 1.16퍼센트라고 한다면 바이옥스 복용자는 '중증 혈전색전증'에 걸릴 확률이 굉장히 높다는 뜻이 될 수 있다.

논문 필자들이 어떻게 생각했을지 충분히 짐작이 간다. 머크 사에 있는 친구들이 기적의 약을 개발했다. '슈퍼 아스피린'의 등장이 눈앞에 다가왔다. 이 약은 개발을 시작했을 때부터 위장장애 합병증을 줄이는 것을 염두에 두고 있었다. 그리고 기대한 대로의 효과가 목격되었다. 잔칫집에 찬물을 끼얹고 싶은 사람이 있을 리 만무했다. 그런데 최근에 나온 연구에 따르면, 바이옥스 같은 COX-2 억제제가 심혈관계 부작용을 일으키는 것이 관찰되었다. 펜실베이니아대학의 개릿 피츠제럴드Garret FitzGerald와 그의 공동 필자들이 수행한 연구에서 COX-2 하나만 억제할 경우 프로스타글란틴과 트롬복산이라는 두 중요한 지질의 균형이 무너질 수 있다는 결과가 나왔다. 이 두 지질은 혈관 내벽과 폭을 함께 조절하며 혈전 생성에도 관여한다. COX-2만 억제되면 두 지질 사이의 균형이 깨져서 비정상적 혈류나 혈액 응고가 발생할 수 있었다.[24] 머크 사도 이 연구를 지원했기 때문에 결과를 모르지 않았다.[25] 그 사실은 펜실베이니아대학 건강시스템 연구소의 1999년 1월 보도자료를 통해서도 발

표되었다.[26]

머크 사는 VIGOR 연구에서 나온 통계 수치를(그리고 머크 사가 수행했지만 미공개된 다른 연구 결과도) 적신호로 삼아 신중을 기해야 했지만, 그들에게는 그냥 밀고 나갈 수밖에 없는 중요한 이유가 있었다. 바이옥스의 경쟁 약품은 또 다른 코시브 제제(COX-1이나 COX-2 억제제를 부르는 이름-옮긴이)인 셀레브렉스Celebrex였는데, 이 셀레브렉스를 생산하는 회사가 거대 제약사인 화이자Pfizer에 합병된 것이다.[27] 결국 머크 사의 마케팅 부서는 신약 발표회에 온갖 정성을 기울였다. 머크 사는 바이옥스를 공식 출시하기 전에 예비로 소개할 요량으로 화이자, 로슈Roche, 존슨앤존슨, 시얼과 함께 1998년 여름 카팔루아 리츠칼튼 호텔에서 열리는 대규모 총회에 공동 후원자로 나섰다. 진통제 연구의 세계적 권위자 60명이 초빙되어 새로운 슈퍼 아스피린에 대한 찬미가를 들었다.[28] 광고도 소홀히 하지 않았다. 올림픽 피겨스케이팅 금메달리스트인 도로시 해밀이 토크쇼와 광고에 출연했다. 해밀은 매력적이고 애교스러운 태도로 바이옥스를 먹고 지긋지긋한 목과 허리의 통증이 사라졌고 요새는 다시 얼음 위를 즐겁게 내달리고 있다는, 누구든 쉽게 혹할 만한 말을 했다.[29] 또한 영업사원 3천 명을 현장으로 내보냈다(미국에서는 의사 6명 당 영업사원 1명이 존재한다[30]).[31] 영업사원도 단단히 교육을 시켰다. 봄바디어가 대표 필자로 참여한 논문이 발표된 후 머크 사의 영업사원은 심혈관계 부작용을 염려하는 의사를 어떻게 대해야 하는지 교육 받았다. 그들은 세 가지 전문 내용이 담긴 카드를 들고 다녔다. 그중 하나를 소개하면 다음과 같다.[32]

환자년Patient-Years 당 총 사망자 수와 심혈관계 사망자 수

	바이옥스 N=3595	NSAID N=1565	위약 N=783
총 사망자	0.1	1.1	0.0
심혈관계 사망자	0.1	0.8	0.0

이런 데이터는 VIGOR 연구 데이터를 무시했으며 또한 출처가 있다고 해도 어떤 출처인지도 분명하지 않았다. 하원 정부개혁위원회의 민주당 의원들은 "이 수치는 과학적 타당성이 거의 없거나 전혀 없는 것으로 보인다"고 말했다.[33] 게다가 심장병 전문의인 에릭 토폴Eric Topol이 〈뉴잉글랜드 의학저널〉에서 설명했듯이 머크 사는 의사들의 염려를 눈가림하기 위해 '모든 수단'을 다 동원했다. 그의 설명에 따르면, 머크 사는 이런 목적으로 전국 규모의 회의에서 의학교육 심포지엄을 열기도 했고 머크 사의 직원과 컨설턴트들이 의학전문지에 글을 싣기도 했다.[34] 의학교육 심포지엄을 열기 위해 머크 사는 제품을 출시하기도 전에 연설을 해줄 560명의 의료진을 꾸렸다.[35]

이렇게 해서 바이옥스의 신약 발표회가 착실히 진행되었고 보호를 받았다. 2004년까지 바이옥스는 연매출 25억 달러를 달성했다.[36] 하지만 날이 갈수록 어두운 그림자가 넓게 드리워지고 있었다. 통계 수치가 가리키듯이 바이옥스로 인한 심장마비 가능성이 현실적으로 높아졌다. FDA 식의약품안전 부서의 데이비드 그레이엄David Graham 국장보좌관은 처음부터 바이옥스의 안전성에 의심을 품고서 건강관리재단인 카이저 퍼머넌트Kaiser Permanente와 함께 조사팀을 꾸렸다. 조사팀은 바이옥스를 처방받은 환자 2만6748명 중 심근경색이 발생한 숫자와 다른 약품을 처방받은 환자의 심근경색 발생 숫자를 비교했다.[37] 이번에도 바이옥스를 처방받은 환자들이 통계적으로 유의미할 정도로 심근경색 발생 숫자가 높았다. 증거가 쌓이자 머크 사는 바이옥스가 (암의 원인이 되는) 대장 용종을 억제한다는 것을 보여주기 위해 진행한 무작위 임상실험인 APPROVe의 예비 결과를 미리 점검했다.[38] 사전 검사를 통해 심장에 아무 문제가 없는 피험자들만 골라서 실험을 했는데도 불구하고 복약 후 심근경색이나 뇌졸중 발생자가 3.5퍼센트나 되었다.[39] 이번에도 수치가 너무 높았다. 머크 사는 2004년 9월 시장에서 바이옥스를 철수했지만 미국이 치른 대가는 컸다. 데이비드 그레이엄이 추산하기로, 8만 8천~13만 9천 명이 심장마비를 일으켰으며 사망에 이른 사람은 낮게 잡아도 2만 6천 명을 넘었다.[40]

FDA 승인받기 게임

바이옥스 사건을 제약회사의 은폐 시도나 도덕적 타락을 보여주는 예로만 봐서는 안 된다. 이 사건은 우리 앞에 펼쳐질 일이 무엇인지를 보여주는 사례이다. 약품의 안전·효능·처방에 대한 규정은 제약산업을 피싱맨이 뛰놀 수 있는 놀이터로 만들었다. 이제 우리는 제약산업이 처방전에 자사의 약품이 적히도록 만들기 위해 어떤 피싱 술수를 펼치는지 살펴봐야 한다. 첫 번째 술수는 FDA 승인이고, 두 번째 술수는 마케팅이다. 우리는 바이옥스의 교훈을 반면교사 삼아 두 가지 술수를 모두 지적할 것이다. 또한 이 장의 맨 뒤에 나오는 '부록' 단락에서는 제약회사가 약품 가격을 책정하기 위해 사용하는 피싱 기법도 설명할 것이다.

FDA 승인 받기

대중뿐만 아니라 의사도 어쩌면 FDA도 무작위 임상시험의 '과학적 방법'을 맹신하다가 결국 허를 찔리고 말았다. 19세기에 라담이 과학적 근거를 들어가며 마이크로브 킬러를 팔았듯이 바이옥스도 현대 과학으로부터 얻은 자신감과 VIGOR 같은 임상시험 증거를 거듭 거론하며 시장 판매를 밀어붙였다.

그러나 통계학의 중요한 개념 한 가지는 무작위로 통제된 임상시험이 자주 실패하는 이유가 무엇인지, 특히 VIGOR 같은 시험이 실패한 이유가 무엇인지를 명확히 알려준다. 바이옥스 같은 임상시험에서 심장마비 발현이 단순한 우연이 아니라는 것을 보여주기 위해서는 대규모 데이터가 필요했다. 결국 이 한 가지 이유를 위해 대규모 데이터를 구축해야 했지만 머크 사로서는 다행히도 심장마비는 심각한 문제이기는 하지만 아주 자주 생기는 사건이 아니었다. 통계적 검정 언어로 표현할 때 심장마비의 빈도가 낮다는 것은, 바이옥스 장복시 입원과 사망 확률이 크게 높아진다는 사실을 보여주기에 6개월간의 VIGOR 시험은 '검정력statistical power(연구에서 실질적 이해관계의 효과를 파악하는 능력-옮긴이)이 낮다'는 것을 의미할 수 있었다. 이와 반대로 비교적 짧은 VIGOR 시험 기간은(6개월) 통증 감소와 위장장애 부작용 감소를 포함해 당장의 훨씬 중요한 효과를 검증할 때 그냥 사소한 걸림돌에 불과했다. 단기/장기의 문제는 비단 바이옥스 임상시험만이 가지는 특징이 아니다. 대체적으로 FDA의 승인기준은 단기 효과(대신에 아주 적은 효능)를 보이는 약품에는 유리하지만 장복시 (그리고 꽤 심각할 수 있는) 부작용을 일으킬 만한 약품에 대해서는 문제점을 놓치고 지나가기 십상이다.

FDA가 장기적으로 심각한 위험을 불러올 만한 약품을 잘 걸러내지 못하는 것은 검정력의 문제를 훨씬 넘어서고 있었다. 그 이유는, FDA는 제약회사의 임상시험 수행 및 공개 방식에 있어서 적어도 5가지 자유를 보장해주기 때문이다. 이런 자유 덕에 안전성이나 효능이 근소한 약품도 승인 문턱을 넘어서는 것이 가능했다. 5가지자유란 다음과 같다.

첫째, 제약회사는 약품의 효과를 입증하는 시험 결과를 두 가지만 제시하면 되었다. 물론 부정적 결과가 나온 시험은 공개할 필요가 없었다.[41] (바이옥스의 부작용이 보고된 임상시험 결과들은 한참의 시간이 흐른 후에야 의료계에 공개되었다.)[42]

둘째, 임상시험 기간도 제약회사의 재량적 선택이 가능했다. (다시 VIGOR 시험을 예를 들면, 세 건의 심장마비 발생과 한 건의 뇌졸중은 연구 보고서에 누락되었는데 이런 발작이 '미리 정해둔' 시험 종료 기간을 지나 발생했기 때문이었다. 머크 사는 심혈관계 질환 발생의 시험 기간의 경우 위장장애 발생 감소 여부의

시험 기간보다 무려 한 달이나 앞서서 종료 기간을 미리 정해두었다.)[43]

셋째, 제약회사는 임상시험시 목표 모집단 선택에 대해 재량권이 있었다. 따라서 약품의 효능이 두드러지게 나타나거나 또는 부작용이 잘 나타나지 않을 만한 목표 모집단을 전략적으로 선택할 수 있다. (봄바디어가 대표 필자로 참여한 논문에서도 이런 낌새가 엿보인다. 논문은 보조 아스피린을 복용했어야 했지만 하지 않은 4퍼센트의 사람들에서만 바이옥스 집단의 심장마비 발생자가 나프록센 집단의 심장마비 발생자 수를 유의미하게 초과했다고 주장한다. 이 말의 뜻은, 소집단은 VIGOR 임상시험에서 제외했어야 하는 것이 맞으므로 걱정할 필요가 없다는 의미였다.)[44]

넷째, 제약회사는 위약 통제 집단 선정에도 선택권이 있었다.[45] 지금 보면 머크 사가 VIGOR의 통제 집단으로 나프록센을 의도적으로 골랐다는 것이 자명하다. 나프록센은 '여러 다른 비선택적 NSAID보다 심각한 위장장애 부작용을 일으킨다고 알려진' 비스테로이드성 제제이기 때문이었다.[46] 경주에서 이기고 싶으면 가장 느린 주자를 경쟁자로 고르면 된다.

다섯째, 제약회사는 검정 집단과 시험 수행 장소를 재량적으로 선택할 수 있었다. 영국의 제약회사 글락소스미스클라인Glaxo-SmithKline이 미국에서 진행하는 임상시험은 전체의 절반도 되지 않으며 중국 같은 개도국에서 진행되는 임상시험은 큰 폭으로 늘고 있다.[47] 개도국이 규제가 다소 느슨한 편이기는 해도 상대적으로 가난한 나라에서 임상시험 계약을 맺는 것이 평판에 누가 되는데도 왜 제약회사들이 그런 나라에서 시험을 더 많이 진행하는지 우리는 그 이유가 사뭇 궁금하다.

약품의 마케팅

약품 승인 과정을 통과하더라도 제약회사는 또 다른 게임을 준비해야 한다. 이번의 게임 대상은 FDA가 아니라 의사들이다. 앞서 말했듯이 제약회사의 1차 공격 대상은 의학전문지다. 2차 공격 대상은 제품 샘플, 의학전문지를 들고 다니는 영업사원이다. 그런 다음 제약회사는 3차 전선인 의료교육 과정을 공략한다. 대다수 주州는 전문의의 지속적 교육을 의무화하고 있다. 제약회사는 이 편리한 기회를 놓치지 않는다. 현재의 의료 환경을 주제로 열리는 의사 심포지엄을 후원하고 강연자를 고용한다. 이런 노력은 또 하나의 기막힌 기회도 만들어준다. 제약회사가 회의를 주관하면 자사 약품에 호의적인 의사를 선택할 수 있다(호의적인지 아닌지는 약국에 접수되는 처방전 기록을 보면 알 수 있다).[48] 제약회사가 의학교육 세미나의 비용을 대신 내줄 경우 효과는 의사들의 미심쩍은 마음을 가라앉히는 것에 그치지 않고 의사끼리 주고받는 교육 내용에도 영향을 미친다.

앞서 정치의 피싱을 다룬 5장에서 우리는 이런 영향력이 다른 상황에서 어떻게 발휘되는지를 살펴봤다. 제약회사의 '마케팅 캠페인'은 선거 캠페인과 비슷하다. 의학전문지 논문 게재, 영업사원 방문, 의학교육 후원, 화려한 신약 발표회, TV 광고… 이 모든 활동의 목적은 새로운 기적의 약에 대한 스토리를 만들어내는 것이다. 의사들로 하여금 자신의 환자가 이 약이 목표로 삼은 질병에 걸렸을지도 모른다는 정신적 프레임에 갇히게 만드는 것이다. 다시 말해 제약회사가 벌이는 마케팅 캠페인은 의사가 약을 처방했을 때 혹여 생길 수도 있는 부작용에 초점을 맞추는 것이 아니라, 약을 처방하지 않았을 때 놓칠 수 있는 치료 효과에 집중하도록 그들의 정신적 프레임을 바꾸는 데 그 목표가 있다. 의학협회가 치료 안내서에 약품 이름을 적어 넣는 순간 마케팅 캠페인은 진정한 성공을 이룬다. 정치인이 선거에 당선되는 것과 비슷하다고 보면 된다.

장복시 부작용에 대한 검정력이 없다는 사실과 강력한 현대 마케팅 기법을 생각하면, 오늘날 치명적 부작용을 일으킬 가능성이 높은데도 시장에 버젓이 나온 약품은 당연히 바이옥스 하나만이 아니다. 폐경기 여성을 위한 호르몬대체요법은 에스트로겐 보조제가 출시되면서 1942년에 시작되었다. 에스트로겐 보조제의 원료는 임신한 말의 소변이었다(그래서 이름도 PREgnant MAres' uRINe(임신한 암말의 소변)을 줄인 프리마린Premarin이었다). 2003년 영국 백만여성건강연구Million Woman Health Study는 호르몬대체요법, 특히 에스트로겐-프로게스테론이 결합된 보조제를 사용한 요법으로 인해 지난 10년 동안 영국에서 추가로 2만 명의 유방암 발병자가 생겼다고 결론지었다. 이 숫자를 미국 인구에 대입하면 미국에서만 9만 4천 명의 추가 발병자가 생겼다는 말이 된다.[49]

좀 더 현대적인 예도 있다. 미국에서는 취학 아동과 청소년 9명 중 1명이 주의력결핍과잉행동장애ADHD 진단을 받았다. 가장 많이 처방되는 약품인 리탈린Ritalin은 효과는 강력하지만 장복시 부작용은 아직 알려지지 않았다. 이 일에서도 우리 둘은 상당수 ADHD 진단은 허위 진단일 가능성이 높다고 확신한다. 켄터키 주의 진단율은 15퍼센트로, 4퍼센트인 네바다 주의 진단율에 비해 3배 이상 높기 때문이다. 특히 인구수가 많은 주와 비교했을 때 텍사스 주의 진단율(9퍼센트)이 캘리포니아 주의 진단율(6퍼센트)보다 절반이나 높은 것은 쉽게 납득이 가지 않는다.[50]

결론

1906년을 시작으로 대대적인 법 개정이 이뤄지면서 미국은 처음으로 식품과 약품에 전국적 규모의 규제를 행하기 시작했다. 육가공회사는 안전하지 않은 고기를 팔지 못하게 되었다. 문제는 피싱이 다른 곳으로 옮겨갔다는 것이다. 서문에서도 언급했듯이 간호사들은 포테이토칩을 먹으며 체중이 늘고 있다. 이 간호사들은 본인이 무엇을 먹는지 잘 안다. 포테이토칩 포장지에는 원료와 성분, 심지어 칼로리까지 정확히 적혀 있다. 하지만 기업은 다른 방식으로 고객을 피싱한다. 포테이토칩은 판매를 최대화하기 위해 최적의 지방과 소금 함량을 계산해서 아예 개발 때부터 과학적으로 설계된다. 규제가 만들어낸 새 경계선 안에서 새로운 형태의 바보를 노리는 피싱이 행해지고 있다. 바보를 노리는 피싱은 이윤 창출의 기회를 끝까지 우려먹는다. 그것이 균형이다. 그래도 식품은 여전히 팔린다.

약품에서는 바이옥스가 비슷한 교훈을 담고 있다. 제약회사는 신약 출시에 앞서 FDA 승인을 받아야 한다. 또한 의사가 처방전에 약품을 적어줘야 한다. 하지만 제약회사는 FDA와 의사를 피싱하기 위한 독창적인 방법을 찾아냈다. 규제는 식품산업의 피싱을 없애지 못한 것처럼 제약산업의 피싱도 없애지 못했다. 단지 피싱 활동의 초점을 바꾸었을 뿐이다.

부록_ 약품 가격의 피싱

지금까지는 약품의 효용과 안전을 주제로 피싱을 다뤘지만, 실제 대형 제약회사는 다른 방법으로도 피싱을 한다. 바로 약품 가격에서 유리한 고지를 선점하는 것이다. 머크 사가 바이옥스 피해로 소송 위협에 내몰렸을 때 이 회사의 변호사들은 대대적인 변호에 나섰다. 또 변호사들은 다른 곳에서도 대대적인 활동을 벌였다. 다른 곳이란 바로 의회를 말한다. 제약산업은 의회에서 로비가 가장 활발한 산업 부문 중 하나다. 로비 활동을 예의 주시하는 워싱턴의 민간 싱크탱크인 책임정치센터 Center for Responsive Politics에 따르면, 1998~2014년까지 다른 어떤 분야보다도 제약과 건강제품 산업이 의회 로비에 가장 많은 돈을 썼다. 그 기간 동안 제약과 건강제품 산업은 보험료보다도 50퍼센트나 많은 돈을 로비에 지출했다.[51] 로비 활동으로 제약회사들은 높은 보상을 거뒀다. 한 가지 예를 들자면, 노인의료보험제도인 메디케어 Medicare에 처방약 보험플랜인 파트-D를 추가하는 법령이 제정되면서(2006년 메디케어현대화법) 대형 제약회사들은 큰 이득을 누렸다. 이 법령은 약품 가격을 낮추기 위한 경쟁적 협상에 정부가 메디케어 수급자를 대신해 관여할 수 없다고 명기했다.[52]

하지만 제약회사의 로비 능력은 약품 가격을 더 높게 책정하고자 할 때만 유용하지 않다. 대부분의 기업은 제품 가격이 오르면 고객이 경쟁사 제품으로 눈을 돌릴지도 모른다는 불편한 현실에 대처해야 한다. 하지만 제약산업에서는 흘러가는 양상이 이와는 크게 다르다. 우선, 약품을 선택하는 사람인 의사는 처방전에 대해 가격을 지불하지 않는다. 메디케어든 다른 것이든 의료보험에 가입한 환자들 역시 처방약에 대해 돈을 내지 않는다. 이처럼 의사도 환자도 의사결정의 영향을 직접 받지 않는다는 사실로 인해 제약회사는 약품 가격을 높게 책정할 수 있다. 대학생과 학부모도 상황은 다르지만 이와 비슷한 경험을 한다. 수업 교재를 정하는 사람은 교수지만 정작 돈을 지불하는 사람은 학생이나 그의 부모다. 한 예로, 현재 그레고리 맨큐Gregory Mankiw의 명저《맨큐의 경제학》최신판의 정가는 361.95달러이다. 아마존에 들어가면 이것보다 훨씬 싼 315.15달러에 구입할 수 있다.[53]

좋은 혁신, 나쁜 혁신, 추한 혁신

현재의 경제학이 음악으로 작곡된다면 아마도 C장조일 것이다. 크리스마스에 교인이 자리에서 일어나 할렐루야 노래를 부르는 것처럼 경제학은 자유경쟁시장을 찬미하는 찬송가를 부른다. 이 책의 목적은 경제학을 좀 더 미묘한 무언가로 바라보는 것이다. 자유시장의 장점을 인정한다고 해서 단점을 보지 못하는 사태가 있어서는 안 된다.

우리는 경제학을 할렐루야 찬송보다는 신세계교향곡에 가까운 단조로 연주하려고 한다. 앞의 내용에서 우리는 원래대로라면 아무 문제도 없을 경제 균형이 피싱으로 어떻게 오염되는지 몇 가지 예를 통해 설명했다. 이번 장에서 우리는 피싱을 다른 상황에 대입하

려 한다. 가장 먼저 현대의 경제성장이론부터 간략히 설명하고 그
런 다음 경제성장이론에서도 바보를 노리는 피싱을 관찰해야 하는
이유가 무엇인지 설명할 것이다.

경제 성장의 기본

전통경제학은 어느 시기가 되면 자유시장은 무한한 선택의 자유를
제공함으로써 무한한 이득을 누리게 해준다고 말한다. 오늘날 글로
벌 경제에서 자유시장은 세상 구석구석에 사는 성인들이 서로 (간접
적으로) 교역을 하게 해준다. 자유시장은 어마어마한 선택의 수를 낳
는다. 대략 25,000,000,000,000,000,000(2500경)의 성인 구매자와
판매자 쌍 조합이 가능하기 때문이다.[1] 그러나 자유시장에는 아마
도 훨씬 중요할 수 있는 또 다른 차원이 존재한다. 새로운 아이디어
는 신제품과 새로운 서비스를 만들어내고 시간이 지날수록 선택의
범위를 더욱 넓힌다. 자유시장에서는 이윤 증대를 낳는 신제품과
서비스가 선별적으로 추구되고 채택된다. 지난 한 세기 동안 세상
의 모든 성인이 새 아이디어를 한 달에 한 개씩 만들어냈다고 치면
그 100년 동안 3조 개가 넘는 아이디어가 탄생했을 것이다.[2] 이 말
은 곧 선진국에 사는 시민의 일평생 동안 1인당 산출이 6배로 증가
한다는 엄청난 의미가 담겨 있다.[3] 현재 미국의 퇴직자들이 태어났
을 때의 미국은 오늘날의 멕시코보다 가난했다.[4]
　경제 성장의 엔진으로서 새 아이디어가 결정적 역할을 한다는 주

　　　　　　　　　　제2부 피싱은 상황과 조건을 가리지 않는다

장은 수십 년 동안 계속 거론되었지만 결정적인 이론으로 자리매김한 것은 1957년 단순하고 명확한 계산이 도출되면서부터였다. 32세의 MIT의 경제학자인 로버트 솔로Robert Solow가 셜록 홈즈를 흉내 내 내 답을 도출한 것이다. (솔로는 다른 중요 요인은 배제했다.)

솔로의 계산이 나오기 전까지 경제학자들은 경제 성장의 원인을 두 가지 중 어디에서 찾아야 할지 감을 잡지 못하고 있었다. 노동생산성의 증가(즉, 한 사람이 1시간에 하는 일의 양을 뜻하는 1인시 당 산출의 증가)가 새로운 발명(기술 변화) 덕분인지 아니면 '자본'(기계, 빌딩 등)의 증가 때문인지 알 수가 없었다.[5] 솔로는 자본소득이 산출 증가에 기여한다는 단순한 가정을 세움으로써 생산성 증가 중 자본성장에 기인하는 부분을 계산할 수 있었다. 그는 (1909~1949년 동안 미국에서) 자본성장에 기인하는 생산성 증가는 8분의 1에 불과하다는 사실을 발견했다. 나머지 8분의 7은 다른 원인, 즉 새로운 아이디어에 기인하는 것이 분명했다. 솔로는 이 나머지인 '잔차residual'는 '기술 변화'에서 비롯된다고 말했다.[6]

이 간명한 계산법이 등장하면서 경제 발전에 대한 경제학자들의 생각이 영원히 바뀌었다. 생활 수준의 향상은 19세기 맨체스터의 방직공장이나 오늘날 방글라데시의 방직공장처럼 과거보다 훨씬 커진 대규모 공장이 열악한 근무환경에서 노동자를 부렸기에 가능했다는 말은 쏙 들어갔다. 이 단순하고 선형적인 계산은 경제 성장의 원인에 대한 새로운 그림을 만들어냈다. 계산법이 탄생한 1950년대라면 경제 성장의 원인을 특징짓는 대표적 문구는 아마도 듀퐁의 '화학을 통해 더 나은 물건으로 더 나은 삶을'일 것이다. 그 다음 세대에게는 25년 뒤에 등장한 실리콘밸리라는 이름이 그 그림을 대표했다. 이런 시각에서 본다면, 자유시장 자본주의는 단지 비교우위에 따라 교역을 하면서 생겨난 풍요로운 재화와 서비스를 제공하는 데 그치지 않는다. 자유시장은 우리에게 새로운 아이디어를 응용함으로써 앞으로도 계속해서 재화와 서비스가 풍요로워질 것이라는 예견을 불어넣는다.

솔로 잔차와 바보를 노리는 피싱

솔로의 계산법과 그의 결론은 거의 대부분은 들어맞는다. 하지만 그의 계산은 할렐루야 경제학이기도 하다. 그의 이론에는 그것이 탄생한 1950년대의 순수함이 담겨 있다. 그 이후로 새로운 아이디어가 끊임없는 경제 발전을 가능케 한다는 솔로의 견해를 그대로 받아들이기에는 미국과 세상의 많은 곳에서 회의적 모습이 너무 많이 목격되었다. 미국 역사에서 그림자가 존재하지 않은 적은 한 번도 없었다. (무엇보다 아메리카 원주민, 아프리카계 미국인, 히스패닉, 아시아계 미국인, 여성, 게이에 대한 차별대우를 들 수 있다.)

이번 장 앞머리에서 우리는 신세계교향곡을 언급했다. 이 곡을 작곡한 안토닌 드보르자크는 흑인 영가와 아메리카 인디언의 춤을 의도적으로 테마에 엮어 넣었다.[7] 미국의 정통 역사는 더 이상 소비에트의 주방보다 미국의 주방이 우수함을 자랑하는 끝없는 크레센도가 아니다. 그것은 1959년 닉슨-흐루시초프의 토론과 함께 막을 내렸다.

희한하게도 이런 상황은 솔로 계산의 미묘하지만 잘못된 추론을 다시금 생각하게 한다. 그는 경제 발전의 주요 원인은 새로운 아이디어이며, 새로운 아이디어는 끊임없는 경제 발전을 이끈다는 잘못된 추론을 세웠다. 새로운 아이디어를 기술적 아이디어에만 국한한다면 당연한 결론이기는 하다. 새로운 아이디어가 더 적은 노동으로 더 많은 산출을 이끄는 것은 사실이니까. 그러나 우리 인간이 물질적 물건만을 생각하는 것이 아니듯 모든 아이디어가 물건하고만 관련이 있는 것은 아니다. 우리가 생각하는 대부분의 아이디어와 어쩌면 우리의 생각에서 핵심을 차지하는 부분은 바로 인간에 대한 것이다. 정신이 건강한 사람은 타인의 생각을 미묘하게 감지해내는 능력이 있고 타인의 마음을 읽어내는 나름의 마음이론theory of mind을 가지고 있다. 마음이론은 인류가 가진 가장 매력적인 특징 중 하나다. 이런 마음 읽기가 바탕이 되어 우리는 서로를 공감하는 능력을 지니게 됐다.

하지만 마음이론에는 이면이 존재한다. 우리는 자기 자신에게 이익이 되도록 하려면 어떤 식으로 상대를 조종해야 하는지 알아내는 능력도 있다. 그 결과 대부분의 새로운 아이디어는 단순히 기술적인 아이디어로만 머물지 않는다. 이런 아이디어는 '너도 좋고 나도 좋은 것'을 제공하는 대신에 '나에게는 좋고 너에게는 나쁜 것'을 만들어내기 위해 마음이론을 새롭게 이용하는 방법을 알려준다. 이 책의 모든 장마다 이런 아이디어들이 등장했다. 중독성 강한 라스베이거스의 슬롯머신, 신용평가사의 '썩은 아보카도(쓰레기나 다름없는 파생상품)'에 트리플A 라벨 붙이기, 해서웨이 셔츠를 입은 남자 광고, 잔디깎기를 모는 상원의원, 보란 듯이 일부러 창가에 놓은 강아지가 바로 마음이론을 새롭게 이용한 아이디어였다. 목록을 덧붙이자면 끝이 없을 정도다.

이 말은 겉보기와 달리 경제 발전에 대한 우리의 이해가 그렇게 애매모호하지 않다는 것을 말해준다. 1인당 소득 같은 경제 성장 지표가 경제 변화를 정확히 반영할 수는 있지만 모든 변화가 반드시 다 좋은 것만은 아니다. 솔로 잔차가 '기술 발전'을 반영한 것은 당시의 습관적 사고패턴에 따른 암묵적 가정에 불과했다. 이제 우리는 훨씬 신중하고 넓은 관점에서 경제 성장을 바라봐야 한다.

세 가지 발명품

다음의 세 가지 예를 통해 모든 발명이 우리의 선택지를 가장 좋은 방향으로 늘려주는 것은 아니라는 사실(다시 말해 어떤 발명품은 우리에게 득실을 동시에 안겨준다는 사실)을 살펴보자.

페이스북

전기 분야에서 최고의 발명품 중 하나는 스위치다. 스위치를 내리면 불을 끌 수 있고 페이스북 접속에서도 빠져나올 수 있다. 그러나 우리가 인터뷰한 예일대 학생들을 보면 페이스북 사용자는 로그아웃 상태일 때가 더 행복하다는 사실을 알면서도 그럴 수 있는 정신

훈련이 돼 있지 않은 것 같다.

인터뷰에 응한 학생들은 모두 똑같은 과정을 따르고 있었다. 학생들은 페이스북을 사용하는 이유를 겉으로는 꽤 또렷이 말했다. "그냥 친구랑 대화나 나누려고요", "정보를 얻기 위해서요"가 명목상의 이유였다. 그러나 입센의 연극이 그렇듯 조금씩 고조된 감정이 하나둘 나오기 시작했다. 그들은 페이스북과의 애증 관계를 드러냈다. 페이스북을 이용하는 주된 이유는 처음의 말처럼 단지 친구들과 연결되기 위해서가 아니었다. 그것은 '마음에 안정을 주는 다른 우주'로 들어가기 위해서였다. 페이스북은 이 목적을 위한 수단이었다. 페이스북을 통해 학생들은 다른 어느 곳으로 피신해도 된다는 사회적 인증을 얻고 있었다.

예일대 학부생은 치열한 경쟁 속에 산다. 가령 입학사정관은 2009년 합격자들에게 입학 응시생 모두가 재능이 뛰어났기 때문에 두 집단으로 나눠 한 집단에서만 응시생을 꾸려도 입학처에서는 아무 아쉬움도 없었을 것이라고 말했을 정도였다. 이러한 명문대학에 들어와서도 경쟁이 가시질 않다 보니 학생들에게는 여전히 인정이 필요했다. 현실과 다른 가상의 대안 우주를 만드는 데 페이스북의 '좋아요'처럼 존경을 나타내는 화폐 단위가 쓰인다면 어느 모로 건강한 적응일 수도 있었다.

그러나 이런 대안 우주 역시 마냥 좋은 것만은 아니었다. 페이스북 이용자는 페이스북에 복잡한 감정을 갖고 있었다. '좋아요'를 갈망하는 욕구 밑바탕에는 양가감정이 깔려 있었다. 인터뷰에 응한 한 학생은 이렇게 말했다. "매번 강아지 사진만 올려서는 안 됩니다.

그러면 지루하거든요. 결국 재밌거나 신나거나 아주 근사해야 한다는 강박에 사로잡히게 되었죠." 한 학생은 '좋아요'가 대유행하기 한두 해 전인 '옛날'에 대한 향수를 드러내기도 했다. 그녀는 어쩌다 '좋아요'를 얻기 위해 너도나도 경쟁하게 되었는지 모르겠다고 한탄했다.

우리는 페이스북의 또 다른 모습에 대해서도 이야기를 들었다. '좋아요'가 몰아닥치기 전 시절의 페이스북 사용에 대한 이야기였다. 한 예일대 학생은 페이스북 이용자는 남들의 부러움을 한껏 살 만한 최고의 순간만을 포스트한다고 말했다. 하지만 그 학생은 이런 순간만을 담은 포스트들에 대한 복잡한 감정을 알려주기가 힘들다고 말한다. "다른 때의 나는… 페이스북이 싫다… 마치 지금과 비슷하다. (추운 겨울에) 나는 뉴헤이븐에 있는데 나 외에 모든 사람들은 햇빛이 화창한 다른 곳에 머물고 있다… 외면하고 싶지만 결국에 나는 사람들이 올린 해변 사진을 보면서 대리 만족을 느끼며 살고 있다."

예일대 학생을 인터뷰한 결과는 험볼트대학 학생을 대상으로 '페이스북 사용자의 감정'을 조사한 연구 결과와 일치한다. 이 연구에서 '다른 사람들이' 페이스북 사용으로 인해 '좌절감이나 감정적 탈진'을 겪는 이유가 무엇이라고 생각하느냐는 질문에 (응답자의 86퍼센트 중에서) 5분의 3은 '부러움', '좋아요 부족', '사회적 고립', '모임에 초대받지 못함' 등의 사교적 이유를 꼽았다. 부러움을 언급한 응답자가 30퍼센트라는 사실은 지난 번 마지막으로 페이스북을 사용했을 때 어떤 감정이었는지 물었을 때 대다수가 답을 하지 않았던 것

제2부 피싱은 상황과 조건을 가리지 않는다

과 뚜렷한 대조를 이룬다. 단 1퍼센트만이 그때 어떤 감정을 느꼈는지 대답했다.[8]

페이스북은 좋은 것인가 나쁜 것인가? 페이스북에서는 '좋아요'만 누를 수 있고 '싫어요'는 누를 수 없다. 다시 말해 오직 긍정적 확인만 가능하다. 희한하게도 우리의 인터뷰에 응한 학생 중 '좋아요'를 누르면서 기분이 좋았다는 사람은 한 명도 없었다. 그러나 페이스북의 '좋아요'는 받는 사람과 주는 사람 모두에게 존경심과 존중감을 보여주는 관대한 행동이다. 또한 인터뷰 응답자들은 페이스북의 가상 우주는 강력하게, 또한 대부분은 긍정적으로 실제 우주와 상호작용한다는 말도 내비쳤다. (페이스북의 친구들은 상당수가 실제 세계의 친구이기도 하다.) 페이스북이 인기를 얻게 된 결정적 이유는 이용자들이 실제 우정을 필요로 하기 때문이었다. 주위 친구 모두가 페이스북을 사용하는데 나만 하지 않는다는 것은 나만 빼고 다른 친구들만 파티에 가는 것과 같다.

물론 페이스북에는 안 좋은 점이 있다(우리 연구의 응답자도 훔볼트대학 연구의 응답자도 그렇다고 말했다). 어떤 부정적 측면이 커지다보면 또 다른 새로운 혁신이 등장하기 마련이다. MIT 미디어연구소의 연구생인 로버트 모리스Robert Morris와 대니얼 맥더프Daniel McDuff가 '파블로프 포크The Pavlov Poke'라는 프로그램을 개발한 것도 그러한 맥락으로 보면 된다. 이 프로그램은 컴퓨터에 미리 프로그램을 설치해 두면 페이스북 사용 시간이 정해 놓은 시간을 지났을 때 전기 충격을 가한다.[9]

모든 것에 등급을 매기는 세상

또 다른 (그리고 경제학자라면 '기술 변화'라고 칭할 수 있는) 혁신의 예는 유나이티드항공이 승객을 탑승장으로 불러 모으기 위해 고안한 방법이다. 마치 19세기의 공작령을 흉내 내기라도 하듯 유나이티드항공은 승객에 대한 예우와 지위에 있어서 여러 가지 차별을 두었다. 유나이티드항공의 대형 여객기 탑승 순서는 좌석 등급(퍼스트클래스, 비즈니스클래스, 이코노미플러스, 이코노미 순)[10]만이 아니라 항공사가 자체적으로 매긴 글로벌서비스, 1K, 프리미어플래티넘, 프리미어골드, 프리미어실버 등의 '엘리트elite' 등급 여부에 따라서도 달라진다. 유나이티드항공은 사람들이 자신만이 아니라 타인의 지위를 순위 매기는 일에도 중독적 매력을 느낀다는 사실에 착안해 피싱 방법을 고안했다. 유나이티드는 가만히 앉아서 고객이 알아서 움직이는 것을 보기만 하면 된다. 고객들은 유나이티드항공의 '엘리트' 등급을 얻기 위해 알아서 마일리지를 모으고 알아서 유나이티드항공 비자카드를 꺼내들기 때문이다.

우리는 비행기 탑승 장면이 로즈 체스트Roz Chast의 시사만평에 등장한다고 가정해 보았다. 〈뉴요커〉의 시사만평가인 로즈 체스트의 카툰 속 사람들은 익살맞은 표정을 하고 있으며 말풍선에는 그들이 속으로 진짜 어떻게 생각하는지가 적혀 있다. 그녀가 그린 카툰에 글로벌서비스·퍼스트클래스 승객이 다른 등급의 승객들을 유유히 지나쳐 에어버스를 타러 가는 장면이 등장한다면, 퍼스트클래스 승객의 감정이 말풍선에 어떻게 표현될지 자못 궁금하기는 하다. 또 반대로, 엘리트 등급이 아닌 승객이 등장한다면 말풍선에 어

제2부 피싱은 상황과 조건을 가리지 않는다

떤 생각이 표현될지도 보고 싶다. 실제로 우리가 예일대 학생들을 대상으로 했던 조사는 그 말풍선에 담길 내용으로 짐작했던 우리의 추측을 확인시켜 주었다. 자의식이 강한 한 학생은 이렇게 딱 잘라 말했다. "비즈니스클래스를 이용하게 된 순간 나는 먼저 탑승할 수 있다는 사실에 아주 의기양양해질 겁니다."[11]

물론 비행기 좌석 등급이 일상생활에 미치는 영향은 크지 않다. 그러나 니콜라스 리먼Nicholas Lemann 기자가 2000년에 출간한 책에 소개한, 일종의 등급매기기인 교육시험서비스ETS의 대학입학자격시험SAT은 그 영향력이 결코 작지 않다.[12] 1930년대와 1940년대에는 엑스터Exeter나 그로톤Groton과 같은 사립학교를 다니고 보스턴의 비콘힐에 집이 있기만 해도 하버드대학 입학에 무리가 없었다. 그러다 ETS를 설립하고 SAT를 추진한 당시의 교육 개혁가들은 더 여러 계층이 대학에 입학할 수 있어야 하고 '지능'에도 더 많은 관심을 두어야 한다고 생각했다. 그리고 적절한 시험제도를 마련하면 '지능' 측정이 가능할 것이라고 믿었다.[13] 그들의 혁신은 대대적으로 받아들여졌고, 이제 '사회적 명사'를 부모로 둔 것이 아니라 이런 등급매기기가 대학 입학의 척도로 자리매김하게 되었다. 하지만 여기에 문제가 없는 것은 아니었다. 이른바 새로운 '실력주의meritocracy'가 만연되면서 개인 생활이나 월급도 대학 학위에 좌우되기 시작했다. 아마 에이브러햄 링컨, 해리 트루먼, 시드니 와인버그도 오늘날 태어났다면 빛을 발휘할 기회조차 얻지 못했을 것이다. SAT 자체가 대학에 갈 수 있는지, 간다면 어느 대학에 가는지 결정하는 데 중요한 역할을 한다.

오늘날의 교육제도에서는 점수와 등급을 매기는 것이 이미 보편화되어 있다. 학생들은 아주 어린 나이부터 경제학자 게리 라메이Gary Ramey와 발레리 라메이Valerie Ramey가 '아동기의 과다경쟁Rug Rat Race'이라고 말한 것을 시작한다.[14] SAT를 치르고 고등학교를 졸업한 뒤에도 등급매기기는 계속된다. 대학에도 등급이 매겨져 있고[15] 대학생도 점수로 등급이 매겨진다(특히 공부를 더하려는 학생의 경우 더 더욱 그렇다). 심지어 교수가 논문을 싣는 학술지에도 등급이 매겨지며,[16] 교수도 얼마나 자주 논문을 발표하고 어디에 싣는지에 따라 등급이 매겨진다.[17]

이런 등급매기기 세상이 미치는 영향은 막대하다. 학생에게는 시험공부를 해야 한다는 동기를, 교사에게는 시험에 나올 내용을 가르쳐야 한다는 동기를, 교수에게는 학술지의 '요구 조건'에 맞는 연구를 해야 한다는 동기를 갖게 만든다. 하지만 등급매기기의 문제는 이렇게 심각한 왜곡을 넘어 훨씬 깊숙하다. 그리고 우리는 다시 한 번 높은 등급의 사람이 아래 등급의 사람을 내려다보는 모습이 로즈 체스트의 카툰에 어떻게 그려질지 궁금해진다. 우리 두 저자 모두 이런 '의기양양함'의 부작용을 목격했다. 우리 두 저자가 기억하기로 예전에 유나이티드항공은 아이를 동반한 가족을 우선적으로 탑승시켰다. 아무래도 이 항공사의 새로운 내규는 다른 승객은 받지 못하는 특별대우를 받는 것이 어떤 느낌인지를 반영한 듯하다. 2012년 4월에 유나이티항공은 정책을 바꿨고 아이를 동반한 가족의 우선 탑승은 중단되었다.[18]

페이스북에서도 그랬지만 우리가 교육의 등급매기기에 대해 느끼는 감정은 복잡하다. 우리는 사회 명사를 부모로 두었는가 아닌 가에 따라 가진 자와 못 가진 자를 구분하는 사회에서라면 ETS의 역할에 찬성한다. 하지만 '엘리트' 등급으로 인정받은 사람이 '아래' 등급을 무시하게 만드는 교육제도의 등급매기기에 대해서는 께름 칙한 마음이 드는 게 사실이다. 우리의 이런 양면적 태도는 이 책의 주요 주제인 양면성을 거울처럼 그대로 비춘다. 우리 둘은 자유시 장을 좋아하는가? 그렇다. 하지만 아닐 수도 있다.

담배 마는 기계

비제의 오페라 〈카르멘〉은 1820년대 스페인의 세비야 마을을 배경 으로 한다. 주인공 카르멘은 담배 공장에서 일한다.[19] 아마도 이 오 페라가 80년 뒤를 배경으로 삼았다면 아마도 카르멘의 직장은 다 른 곳이 됐을 가능성이 높다. 1880년대에 버지니아의 제임스 본 색James Bonsack이라는 사람이 담배 마는 기계를 발명하면서 담배 생 산에 필요한 노동이 크게 줄었기 때문이다.[20] 이어지는 8장에서 우 리는 담배 마는 기계의 발명이 인간의 행복과 건강에 미친 악영향 을 설명할 것이다.

담배와 술의 피싱

현대 미국에서 피싱은 어느 곳에서도 강한 힘을 발휘하지만 특히 큰 힘을 발휘하는 4가지 분야는 중독을 노린 담배, 술, 약품, 도박이다. 중독자는 어깨에 올라탄 특별한 원숭이에게 자신의 진짜 기호를 점령당한다. 중독자가 이 4가지 분야에서 소비를 많이 할수록 원숭이는 그 소비를 계속 이어가야 할 필요성을 더욱 느끼게 된다.[1]

이번 장에서 우리는 담배와 술이 걸어온 이질적인 이력을 살펴볼 것이다. 오늘날 담배를 피우는 것은 어리석은 행동이라고 여겨진다. 성인 흡연자의 69퍼센트가 금연을 원한다는 사실로 봐서는, 흡연자도 그렇게 생각하기는 마찬가지다.[2] 이와 다르게 술은 적당히 마시기만 한다면 건강에 좋다고 인식된다. 흡연에 대한 평판은 땅으로 추락한 반면 어째서 술은 아직도 높은 평판을 유지하고 있는지 그 이유를 살펴보자.

흡연과 건강

멀지 않은 과거, 그러니까 1920년대, 1930년대, 1940년대만 해도 흡연은 세련된 행동이라는 인식이 강했다. 흡연자는 섹시하고 멋진 사람이었다. 유명한 체스터필드Chesterfields 광고는 그 이미지를 잘 살렸다. 우아한 남자와 아름다운 여성이 해변에 앉아 있는 낭만적 그림이 펼쳐진다. 남자는 담배에 불을 붙인다. "내 쪽으로도 연기를 보내줘요"라는 카피가 큼지막하게 적혀 있다.[3]

1500년대 신세계에 도착한 유럽인들의 눈에 띈 이후로 담배가 건강에 미치는 영향에 대해서는 언제나 의문이 제기되어 왔었다.[4] 그러다가 1950년대에 들어서 결정적인 통계적 증거가 나타나기 시작했다. 증거가 그렇게 늦게 나타난 이유는 새로운 발명품 때문이었다. 19세기에는 파이프담배와 시가가 흔했고 오늘날의 담배 비슷한 것은 피우는 것이 아니라 씹다가 뱉는 형태로 이용되었다. 담배를 뱉어 놓는 '타구'도 있었다. 그러다 1880년대에 담배 마는 기계가 발명되었다. 1900년에 종이에 만 담배의 1인당 소비는 49개비로 전체 담배산업에서 미미한 위치에 불과했다. 1930년이 되었을 때 소비량은 1365개비로 늘어났고 1950년에는 3322개비로 늘어났다.[5] 담배 소비 증가에 맞물려 폐암 발병도 늘어났다. 1930년에 폐

암으로 인한 사망자는 3천 명 미만이었지만 1950년에는 1만 8천 명이었다.[6]

1940년대 후반에 두 연구팀(미국과 영국의 연구팀)은 흡연이 폐암 발병에 미치는 영향을 조사하기 위해 간단한 테스트를 시행했다. 그들은 폐암 환자의 흡연 이력을 주의 깊게 매칭한 통제집단의 흡연 이력과 비교했다. 미국에서 에바츠 그레이엄 Evarts Graham과 에른스트 와인더 Ernst Wynder는 684명으로 이뤄진 폐암 환자와 매칭 집단을 여러 병원에서 추려 표집을 구성했다. 당시 세인트루이스 소재 워싱턴대학의 의과대학 교수였던 그레이엄은 폐암 환자의 폐 절제 수술을 성공적으로 집도한 경력도 있었고 와인더는 열의에 불타는 젊은 의학도였다.[7] 폐암 환자의 흡연 습관과 매칭 표집에 속한 남자 환자들의 흡연 습관을 비교한 결과 암에 걸리지 않은 매칭 집단(통제집단)의 발병 확률은 비흡연자나 조금만 피우는 사람의 7.5배인 것으로 나왔다.[8] 그레이엄은 처음에는 흡연이 폐암을 유발한다는 가정에 의심을 품었다(담배 연기는 양쪽 폐로 다 들어가는데 왜 폐암은 보통 한쪽에만 걸리는가?). 사실 그가 연구를 시작한 것도 와인더가 적극 설득했기 때문이었다.[9] 연구 결과가 드러나자마자 그레이엄은 당장 담배를 끊었고 금연운동의 적극 지지자가 되었다.[10]

대서양 너머에서도 그레이엄과 와인더와 같은 노소老少의 연구 커플이 존재했다. 런던위생열대의학대학의 의료 통계학 교수인 A. 브래드포드 힐 A. Bradford Hill과 초보 역학연구자인 리처드 돌 Richard Doll도 런던의 병원에서 꾸린 매칭 집단을 통해 비슷하게 결정적인 결과를 얻었다. 담배를 많이 피우는 사람일수록 통제군인 매칭 집

제2부 피싱은 상황과 조건을 가리지 않는다

단이 아니라 폐암 집단에 들어갈 가능성이 구조적으로 상승했다.[11] 그레이엄과 와인더는 연구 결과를 〈미국의학협회저널〉에 발표했고 힐과 돌은 〈영국의학저널〉에 발표했다. 발표 시기는 둘 다 1950년 이었다.

얼마 후에는 역학 외 증거도 흡연과 폐암의 생물학적 연결고리를 드러냈다. 그레이엄과 와인더, 동료 연구자인 아델 크로닌저Adele Croninger는 쥐의 등에 담배 타르를 발랐다. 59퍼센트의 쥐에서 병변 이 나타났고 44퍼센트는 실제로 상피성 암종이 나타났다.[12] 타르를 바르지 않은 통제군의 쥐에서는 그런 증상이 전혀 나타나지 않았 다. 오스카 아우엘바흐Oscar Auerbach와 논문 공동 필자들이 흡연자 와 비흡연자의 폐를 분석했을 때 흡연자의 폐에서는 폐암의 전조 증상으로 보이는 징후가 훨씬 많이 나타났다.[13]

불리한 뉴스가 계속 터져 나오자 담배산업은 대응 방향을 수정했 다. 미국의 5대 담배회사로 대표되는 대형 담배회사들은 이미지 창 조의 전문가였다. 과거부터 대형 담배회사들은 자신을 좋게 포장해 줄 최고의 전문 광고인을 고용해왔다. (여기에는 앞서 등장한 래스커와 오 길비도 들어 있었다. 그러나 래스커는 1940년대에 암 퇴치 운동의 선봉자가 되었 고[14] 담배와 암의 관계가 명확히 드러나자 오길비도 담배 광고를 거부했다.)[15] 대 형 담배회사들은 홍보회사인 힐앤놀튼Hill and Knowlton에 도움을 요 청했다.[16] 주요 의학전문지들이 흡연이 암을 유발한다는 강력한 증 거를 속속 발표해 대중의 경각심이 높아지는 상황에서 힐앤놀튼은 새로운 스토리를 만들어 대중의 마음에 이식시키는 임무를 맡게 되었다.

폐암 환자들이 매칭된 통제군에 비해 흡연 비율이 훨씬 높다는 명백한 결과에는 담배산업으로서도 반박할 명분이 없었다. 또한 담배 타르와 암 사이의 관계를 입증하는 과학적 증거에도 반박할 수가 없었다. 담배회사들은 힐앤놀튼의 충고대로 차선책을 취했다. 그들은 '정말 그럴까' 하는 의구심을 만들어냈다. (뒤의 10장에 나오지만) 금융가 마이클 밀컨이 대중은 두 종류의 '정크본드'를 구분하기가 힘들다는 사실을 깨달은 것과 마찬가지로, 담배산업은 대중이 '이 과학자'의 말과 '저 과학자'의 말을 구분하기 힘들어한다는 사실을 알았다. 그레이엄, 와인더, 힐, 돌, 크로닌저, 아우엘바흐를 비롯한 여러 과학자들은 증거를 내놓고 있기는 했다. 그러나 담배회사들은 흡연과 암 사이에 '입증된' 연결고리가 존재하지 않는다고 강하게 피력해 줄 (흡연하는) 과학자를 찾아낼 수 있었다. 기업들은 독립적인 담배연구위원회Tobacco Institute Research Committee, TIRC가 운영하고 독립적인 과학자문위원회SAB가 감독하는 독립 연구소를 세웠다.[17]

대형 담배회사들은 '운 좋게도' 과학자문위원회의 위원장을 선택할 수 있었고 이 위원장은 TIRC의 과학국장도 겸임하게 되었다. 우선, 담배산업이 신중하게 고른 인물인 클래런스 리틀Clarence Little의 경력과 특징을 살펴볼 필요가 있다. 그를 골랐다는 사실 자체가 이 산업이 의구심을 만들기 위해 어떤 전술을 사용했는지 잘 드러내기 때문이다. 리틀은 저명한 과학자였다. 대학원에서 유전학을 전공하던 시절에는 근친교배된 쥐의 계통을 만들기도 한 사람이었다. 그는 어릴 때부터 유전학에 관심이 있었다. 그의 아버지는 보스턴의 지식인으로서 직물 위탁판매를 일찌감치 접고 개를 교배하는 사업에 뛰어들었고, 클래런스가 세 살 때 비둘기를 선물하는 것을 시작으로 여러 가지 교배 기술을 전수해주었다.[18] 클래런스는 이렇게 전수받은 재능을 대학시절에도 계속 연마했다. 하버드대학 학부생 시절에는 남매 쥐를 짝짓기 시킬 정도였다. 대학원에 진학하고 하버드대학 교수가 된 후 그는 근친교배 쥐 생산자로 명성을 날렸다. 리틀의 가장 중요한 발견으로는 근친교배된 쥐의 종양을 혼합 교배된 쥐로 이식하는 것은 가능하지만 반대로 이식하는 것은 불가능하다는 사실을 알아낸 것을 꼽을 수 있다.[19]

담배산업은 클래런스를 찾아낸 순간 이 과학자야말로 암이 유전적인 것이며 역학 증거가 무엇이건 간에 암의 원인이 흡연이 아닐 수도 있고 아닌 말로 나쁜 유전자 때문에 생기는 것일 수 있다고 말해줄 사람임을 간파했다. 이런 과학적 견해는 클래런스 리틀의 정치 및 사회 활동을 통해 더 단단히 보강되었다. 리틀은 '부적응자'에게 불임 시술을 해야 한다는 우생학 맹신자였고, 1928~1929년에는 민족개량회의Race Betterment Congress의 위원장을 맡기도 했다.[20]

관리 능력까지 갖춘 리틀은 메인대학의 총장에 이어 미시건대학의 총장을 지냈으니만치 담배산업에는 그만큼 안성맞춤인 사람도 없었다. 진짜 신봉자가 등장한 것이다. 어떤 증거가 나왔건 리틀은 그 증거가 흡연의 암 유발을 '입증하지는' 못한다는 데 추호의 의심도 품지 않았다.[21] 본인 역시 추가적인 연구가 필요하다고 생각은 했지만 담배연구위원회가 교부하고 리틀의 감독하에 놓인 연구지원금이 담배 타르와 암의 관계성을 연구하는 데 쓰일 일은 없었다.

게다가 리틀은 열정적인 사람이었다. 그는 누구나 듣도록 커다란 목소리로 기억에 남을 만한 말을 자주 했다. 한 예로, 미시건대학 총장 시절에는 "미국에서 가장 한가하게 빈둥거리는 사람 중에는 (대학) 교수진도 포함된다"는 말을 서슴없이 내뱉을 정도였다.[22]

리틀, SAB의 자문위원, TIRC의 연구진이라는 대변인이 갖춰지자 힐앤놀튼은 흡연과 암의 관계에 대해 새로운 스토리를 은근슬쩍 퍼뜨리기 시작했다. 흡연이 암을 유발한다는 증거에 맞서 맞든 아니든 '과학적 반박'이 등장했다. CBS의 스타 취재기자인 에드워드 R. 머로우Edward R. Murrow는 두 번에 걸쳐 이 '과학적 반박'에 대한 프로를 방영하면서 와인더는 물론이고 리틀도 취재했다. 지구가 둥글다는 사실과 마찬가지로 (흡연이 암을 유발한다는) 자명한 증거를 아무리 들이밀어도 TV 화면에서는 여기에 반박하듯 지구는 평평하다는 식의 논리(흡연은 암의 원인이 아니다)가 팽팽하게 맞섰다. 그 와중에도 머로우는 방송 내내 담배를 피워댔다.

1964년 공중위생국장보고서Surgeon General's Report of 1964는 이런 양면 대치에 대해 토론할 여지조차 없다고 분명히 밝혔다. 오히려 이 역사적 문서는 마치 아이를 타이르는 듯한 말투로 흡연은 어리석은 행동이라는 미국 정부의 공식 입장을 밝혔다. 관공서의 어투를 그대로 흉내 내면 이렇다. "공중위생국은 흡연이 건강에 위험하다는 결론을 내렸다."[23]

존 케네디 시절의 공중위생국장인 루서 테리Luther Terry는 흡연과 암의 관계에 대해 조언을 해줄 자문위원단을 위촉했다. 위의 보고서도 이 자문단이 작성한 것으로, 공식 제목은 '흡연과 건강: 공중위생국 자문위원단 보고서'였다.[24] 이 보고서는 암과 흡연의 관계에 대한 과학적 증거를 검토했을 뿐만 아니라 그레이엄-와인더, 힐-돌 등이 수행했던 과거 역학 연구 이상의 내용을 꽤 인상적으로 설명했다.

보고서는 사망률과 흡연에 대한 미국, 캐나다, 영국의 7개 연구를 취합한 결과를 보여주었다. 이 7개 연구는 응답자 112만 3천 명의 흡연 습관을 기록한 것으로, 7개 연구 모두에서 흡연자들은 비흡연자로 이뤄진 통제군과 매칭됐다. 7개 연구 모두 추적 조사를 통해 흡연자의 사망 수를 알아냈는데, 총 2만6223명의 사망자가 나왔고 사망진단서에는 사망 원인이 적혀 있었다. 위원단은 흡연자군의 질병별, 연령별 사망률이 매칭 집단인 비흡연자군과 똑같다고 가정할 때 흡연자군의 사망자 수가 얼마나 될지 계산했다. 훨씬 적은 기댓값인 1만5654명이 나왔다. 보고서는 흡연자의 '초과 사망률'은 68퍼센트라고 적었다.[25] 이 초과 사망률의 원인은 (예상과 달리) 폐암이나 기관지염, 폐기종 때문만은 아니었다. 폐암의 경우 기대 사망 대 실제 사망의 배율은 10.8이었고, 기관지염과 폐기종에서의 배율은 6.1이었다. 이런 현상이 여러 질병에서 고루 발견되었다. 한 예로, 관상동맥질환의 기대 사망 대 실제 사망의 배율은 1.7이었다. 흡연자의 실제 사망과 7개 연구를 취합해 드러난 흡연자의 기대 사망 사이에 워낙 큰 격차가 벌어졌기 때문에, 제정신을 가진 사람이라면 기존의 과학적 연구가 잘못되었다고 말하면서 흡연이 건강에 전혀 위험하지 않다고 주장하는 것은 영원히 힘들게 되었다.

보고서가 나온 이후 대형 담배회사와 금연운동 사이에 벌어진 전쟁은 50년 동안 계속 이어졌다. 대형 담배회사들은 일부 싸움에서는 승리를 챙겼다. 미국의 대형 담배회사들은 자유로운 표현의 권리를 주장하며 혐오스런 그림을 담뱃갑에 붙이는 것을 피할 수 있었다. (반면에 오스트레일리아에서는 담배 포장을 할 때 겉면에 암에 걸린 폐와 같은 혐오 사진을 붙이는 것이 의무로 되어 있다.)[26] 또한 대형 담배회사들은 텔레비전이나 라디오 광고는 안 되지만 지면 광고는 계속 할 수 있다.[27] 46개 주 정부가 제소한 소송의 화해 작업으로 담배회사들은 주 정부가 흡연으로 인한 건강 문제 해결 비용으로 제시한 2060억 달러의 비용을 지불하는 데 합의했다. 하지만 이 정도면 겉으로는 잘 드러나지 않는 더 큰 책임을 면책받기 위해 행한 헐값의 거래였다.[28]

대형 담배회사가 일부 승리를 거두긴 했지만 금연운동이 거둔 소득도 있었다. '흡연은 암을 유발한다'는 스토리의 권위자 말을 인용한 것, 그중에서 무엇보다 공중위생국보고서를 인용한 것은 각 승리에 결정적 역할을 했다. 금연운동의 승리는 이런 스토리를 퍼뜨리는 데 중요한 역할을 했다. 첫 번째 승리는 뉴욕의 26세 변호사 존 반체프John Banzhaf가 연방통신위원회FCC에 이의서를 제기하면서 시작되었다. 소장에 의하면, 저작권법상의 공정이용 원칙에 의거해 TV 방송국이 담배 광고를 내보내면 담배의 위해성을 알리는 공익광고도 똑같은 시간만큼 편성할 의무가 있었다. 놀랍게도 FCC는 이 항의서에 동의해, 비록 똑같은 시간은 아니지만 적어도 3분의 1에 해당하는 시간만큼 공익광고를 내보내야 한다고 정했다.[29] 괴상한 사진과 가끔은 섬뜩한 유머까지 곁들인 금연 광고는 담배회사들이 무마하기 힘들 정도로 큰 위력을 발휘했다. FCC는 텔레비전의 담배 광고 전면금지를 지지했다.[30] 처음의 금연 광고, 그리고 뒤이어진 TV 담배 광고 전면금지는 싸움의 균형을 무너뜨렸다. 금연운동이 내세운 '흡연은 어리석은 행동이다' 스토리와 담배회사의 '흡연은 멋진 행위이다' 스토리 간 싸움의 추가 한쪽으로 기울기 시작했다.

금연운동은 또 다른 뜻밖의 승리도 거두었다. 이제 담배회사들은 책임을 회피하기 위한 주요 방어수단으로, 과학적 의심을 조장하면서 동시에 흡연자의 선택의 권리를 강조했다. 그러나 금연운동은 이런 주장을 역이용했다. 흡연자에게 선택의 권리가 있다면 같은 실내에 있는 비흡연자에게는 그런 권리를 부인할 권리가 있다고 맞대응했다. 다시 말해 담배회사의 주장을 '당신의' 실내 흡연이 '내' 건강에 위험이 되고, 이는 흡연자인 '당신'이 '내' 권리를 침해하고 있는 것이라는 식으로 살짝 비튼 것이다. 호흡기 질환을 앓는 환자가 많은 애리조나 주는 간접흡연 방지 운동을 펼치기에 이상적인 장소였다. 1973년에 주는 공공장소에서의 흡연을 금지했다.[31] 오늘날 미국 전역에서는 사무실 밖으로 나가 담뱃불을 붙이는 사람을 흔하게 본다. 뭔가 죄를 짓고 있다는 식의 그들의 얼굴 표정은 담배가 어리석은 행동이고 그들처럼 되고 싶은 사람은 아무도 없다는 스토리를 소리 없이 퍼뜨리고 있다.

공중위생국보고서가 발표된 후 근사함의 표상이었던 담배는 점차 어리석음의 표상으로 바뀌었다. 그리고 오늘날에 이르렀다. 미국 성인 중 흡연자는 과거에 42퍼센트였지만(성인 남자의 53퍼센트, 성인 여자의 31퍼센트),[32] 현재 그 비율은 18퍼센트에 조금 못 미친다(남자 20.5퍼센트, 여자 15.3퍼센트).[33] 전체 인구 중 흡연자 비율은 지난 50년 동안 매년 0.5퍼센트씩 꾸준히 감소했다.[34] 흡연자 비율이 줄어들었을 뿐 아니라 피우는 담배의 양도 줄어들었다. 1965년에 흡연자들은 하루 평균 1과 3/8갑의 담배를 피웠지만 오늘날은 9/10갑만 피운다.[35]

이만큼 진척을 보았다는 것은 반가운 소식이다. 하지만 물잔은 절반만 채워져 있다. 미국 질병통제예방센터Centers for Disease Control 는 2005~2009년의 미국인 사망자 중 거의 20퍼센트가 흡연이 원인이었다고 추산한다.[36] (과대 계상되어 이렇게 높은 수치가 나온 것일 수도 있다는 가능성을 배제하기는 힘들지만, 그렇다 해도 흡연이 건강에 치명적 위험을 끼친다는 사실은 여전히 의심의 여지가 없다.) 게다가 우리 모두에게는 담배와 관련된 슬픈 기억이 있다. 우리 두 저자는 에바, 조, 피터, 미구엘, 마거릿, 리처드, 피셔, 앤서니…그리고 다른 많은 친구들을 슬픈 기억과 함께 떠올린다. 어쩌면 여러분에게는 우리의 아버지, 어머니, 형제, 자매, 아들, 딸이 그런 슬픈 기억일 수 있다. 경제가 세계화되면서 흡연도 세계화되고 있고 미국 대형 담배회사의 적극적인 부추김 속에 "내 쪽으로도 연기를 보내"도 세계화되고 있다.

금연운동은 담배산업의 피싱에 맞서 싸우면서 '담배는 어리석은 행동이다'라는 스토리를 만들어 강력한 자산으로 확보했다. 1964년 공중위생국보고서는 처음에 이 자산이 생겨나고 계속해서 힘을 쌓아가는 데 결정적으로 중요한 역할을 했다.

담배산업에 대한 우리의 설명을 이 책 전체의 맥락에서 생각해보는 것도 도움이 된다. 만약 피싱 균형이 있다면 이 담배회사의 사례야말로 피싱 균형을 잘 보여준다. 대형 담배회사들이 이 책에 나온 전략을 택한 이유는 이윤 창출을 위해서였다. 그리고 담배산업은 운 좋게도(얼마 못 갈 운이기는 했지만) 자신들의 입장을 지지해줄 클래런스 리틀도 찾아냈다. 리틀은 뛰어난 과학자이기는 했지만 남의 말은 귓등으로도 안 듣는 사람이기도 했다. 그는 발암 원인으로 유전학의 역할을 강조했고 담배와 같은 환경적 요인은 철저히 배제했다. 과학적 의심을 불러일으키기 위해 리틀이 채용된 것은 피싱 균형의 또 다른 단면에 불과했다. 담배회사들은 리틀이 없었더라도 그 자리를 대신할 다른 사람을 물망에 올렸을 것이기 때문이다.

술

흡연의 위해성에는 의견 합의를 이룬 상태지만 술은 전혀 그렇지 않다. 합의된 스토리라고는 알코올 중독이 심각한 문제이기는 하지만 상당히 드물게 생긴다는 것이다. 이런 결과는 전미알코올남용알코올중독연구소National Institute of Alcohol Abuse and Alcoholism의 알코올 중독자의 생애에 대한 통계 수치에서 도출된다. 미국 알코올 및 관련 질환 역학조사NESARC에 따르면, 젊은 남성(18~29세)의 13퍼센트는 '알코올 의존' 징후를 보이며 중년(45~64세)의 경우 그런 의존도가 3퍼센트 미만으로 줄어든다. 여성의 알코올 의존은 훨씬 낮은데 18~29세 여성은 6퍼센트, 45~64세 여성은 1퍼센트 정도의 알코올 의존도를 보인다.[37] 질병통제예방센터의 통계 수치도 이와 비슷하다. 센터의 추산에 따르면, 과도한 음주는 전체 사망 원인의 약 3.5퍼센트를 차지한다.[38] 이와 같은 숫자는 우리 두 저자가 미국 사회에서 술의 위해성이 얼마나 큰지 짐작하는 내용을 단적으로 요약해준다. 술의 폐해가 심각하기는 하다. 그러나 이런 폐해는 많은 사람에게 총체적 영향을 미치기는 하지만, 폭음을 많이 하는 젊은 시절이 지나면 평생 술로 인해 피해를 입는 사람은 전체 인구의 비교적 적은 수에 집중돼 있다. 게다가 술은 파티나 행사에 빠져서는 안된다는 것이 일반적 인식이기도 하다. 광고회사도 이런 인식을 겨냥해 유쾌하고 아름다운 사람들이 가볍게 술 한 잔 하는 모습을 화면에 내보낸다. 이런 이미지가 팽배하다보니 술의 폐해를 주제로 거론하는 것은 공공장소에서 방귀를 뀌는 것이나 다름없다.

하지만 우리 둘은 필요하면 대중 앞에서 방귀를 뀔 수밖에 없다고 판단했다. NESARC와 다른 연구 조사가 보여주는 증거도 증거지만 술의 폐해는 담배의 폐해에 견줄 수 있다는 증거도 존재하기 때문이다. 술은 단지 야금야금 삶을 무너뜨리는 3~4퍼센트의 인구에만 영향을 미치는 것이 아니라 15~30퍼센트의 인구에 영향을 미친다. 여기에 가장 큰 고통을 받는 주취자의 가족까지 포함한다면 그 숫자는 더 커진다.

이런 견해를 뒷받침하는 결정적 증거는 한 가지 특이한 연구에서 찾을 수 있다. 1930년대 당시 성공적인 잡화점 체인의 창업자 W. T. 그랜트W. T. Grant는 하버드건강복지부 학장의 설득으로 하버드대학 학생의 평생을 추적 연구하는 초장기 연구에 자금을 대기로 했다.[39] 연구 대상은 정신과 신체가 모두 건강한 학생들만 골라 선발되었다. 연구 목적은 행복한 삶을 결정하는 요소를 찾아내는 것이었다. 대상으로 선정된 젊은 남학생들은 남보다 큰 특권을 누리고 성취를 이뤘기 때문에 행복한 삶을 향해 나아갈 만반의 준비가 돼 있었다.[40] 1939년부터 1944년까지 여러 강좌에서 268명의 학생을 골랐고,[41] 연구는 이후 75년간 이어지면서 연구 책임자도 네 번이나 바뀌었다. 세 번째 연구 책임자인 조지 베일런트George Vaillant는 하버드그랜트연구Harvard Grant Study의 특별 기록자라는 명칭을 얻었다.[42]

이 연구의 중요한 특징은 특권을 누리는 젊은이들의 삶에 술이 어떤 영향을 미쳤는지 밝혔다는 점이다. 그들 중 23퍼센트는 어느 시점에 알코올 남용자가 되었고[43] 거의 7.5퍼센트는 '알코올 의존증'이 나타났다.[44] 게다가 베일런트가 보기에 그들의 알코올 의존증은 젊은 날 한때 지나가는 문제가 아니라 만성적으로 신체와 정신을 약화시키는 질환이라는 점이 더 큰 문제였다. 그들은 음주를 하지 않는 다른 동료에 비해 훨씬 젊은 나이에 죽었으며,[45] 심지어 알코올로 인해 타인과 관계를 맺는 능력마저 무너졌다.

베일런트는 알코올 남용이 인성에 부정적 영향을 끼친다는 놀라운 사실도 덧붙였다. 하버드대 연구 결과가 나오기 전까지 정신분석의들 사이에서는 불우한 어린 시절이 알코올 중독의 원인이라는 인식이 흔했다. 다소 프로이트적인 이런 견해에 따르면, 알코올 중독은 못되고 차가운 엄마·아빠 밑에서 성장해서 생긴 자연스런 결과였다. 정신분석의들의 생각을 뒷받침하는 증거는 차고도 넘쳤다.

정신분석의들은 알코올을 남용한 환자가 소파에 앉아 (정신분석의의 유도를 받아) 학대를 받고 비참했던 어린 시절의 고충을 털어놓는 장면을 앞에서 직접 보고 들었다. 그러나 하버드대 연구 데이터는 이런 식의 고충 털어놓기에 제동을 걸었다. 숙련된 인터뷰어들은 연구 초기에 학생들에게 어린 시절에 대해 직접 질문을 했으며 심지어 집으로 찾아가 부모도 접견했다. 이렇게 진행된 과거에 대한 인터뷰는 알코올 남용자도 예전에는 절주를 하는 사람과 다르지 않았다는 사실을 보여주었다. 오히려 알코올 의존도가 높아지면서 인성이 바뀌고 결국에는 정신과 소파에 앉아 고충을 털어놓는 사람이 되었다고 보는 편이 옳았다.[46] 베일런트는 알코올 의존과 중독이 친밀감을 형성하는 능력마저도 빼앗는다는 더 일반적인 결론까지 도출했다. 그리고 베일런트가 보기에 이 친교 능력이야말로 절주를 하는 다른 동기들의 행복에서 근간이 되는 것이었다. 또 다른 폐해도 존재했다. 알코올 중독자는 아내와 자녀에게도 상처를 입히고 있었다. 그런 결과는 심층적 정신분석 상담에서 드러났다. 또 남편이나 아내가 알코올 중독인 경우 이혼율이 더 높다는 가혹한 통계 수치에서도 같은 결과를 엿볼 수 있다.[47]

알코올 의존증이 하버드 졸업생들의 삶을 얼마나 피폐하게 만들었는가에 대해서는 프랜시스 로웰Francis Lowell[48]의 삶을 통해 일부나마 알 수 있다. 로웰은 차석으로 졸업했고 제2차 세계대전에 참전했으며, 연합군이 독일을 진격해서 라인 강과 루르 강을 도하할 때 이바지한 공로를 인정받아 종군기념 청동성장도 세 개나 받았다. 또한 상위 10퍼센트의 성적으로 하버드대 법과대학원을 졸업했으며 졸업 후에는 뉴욕의 명망 높은 법무법인에 들어갔다. 탄탄대로인 인생길이었다. 하지만 대학 시절 시작된 주말의 과음이 날이 갈수록 심해졌다. 20대에 만나기 시작해 로웰의 일생에서 단 하나의 친밀한 관계이기도 한 여자친구는 그가 서른살 때 청혼을 하자 거절했다. 술을 너무 많이 마신다는 것이 거절 이유였다. 두 사람은 23년 후 그녀의 어머니가 돌아가실 때까지 각자의 어머니와 함께 주말을 보냈고, 그녀는 모친이 죽은 후 얼마 안 가 다른 사람과 결혼했다. 그 뒤로 불쌍한 프랜시스에게 친구는 오직 하나, 자기 자신뿐이었다. 그는 변호사 일을 계속했지만 금요일 점심을 먹고 나서는 으레 술병을 땄고 일요일까지 주말 내내 술에 젖어 지냈다. 월요일에는 변명을 둘러대고 결근을 하는 일도 심심치 않게 있었다.

우리는 베일런트의 주장이 증거가 된다고는 생각하지 않는다. 이 증거는 아무리 봐도 주관성이 강하기 때문이다. 문제는 비슷한 그림을 그리는 작은 증거가 또 있다는 점이다. 2006년 〈오클랜드 트리뷴〉의 데이브 뉴하우스Dave Newhouse 기자는 그가 졸업한 먼로애서튼고등학교의 50회 동창회에 참석했다. 동창회에서 뉴하우스는 동창 28명을 인터뷰한 후 친구들의 회상을 엮어 《늙은 곰들Old Bears》이라는 제목의 책을 출간했다.[49] 이제 노년이 된 동창들은 놀라울 정도로 허심탄회하게 슬픈 일과 기쁜 일을 털어 놓았다. 살다 보니 어느 한 순간쯤은 정확한 기록을 남기고픈 마음이 든 것 같다.

늙은 곰들 중 상당수가 행복과 만족감을 느끼는 가장 주된 원인으로 아내나 남편에 대한 사랑을 꼽았다. 반면에 술이 인생에 중요한 영향을 미친 늙은 곰도 소수 있었지만 무시 못 할 숫자였다. 28

명의 동창 중 6명은 어느 순간 술이 무대 중심으로 올라왔다. 반장이었으며 풋볼 스타이기도 했던 동창은 고등학교 때부터 사귄 연인과 결혼을 했고 팔로알토에 변호사 사무실을 개업했고 아버지가 되었지만 끝내 이혼했다. 그러다 음주운전으로 여러 번 체포되었고 결국에는 샌퀜틴 주립교도소에 수감되었다.[50] 또 다른 동기는 스탠퍼드에서 만난 영어 강사와 결혼을 했지만 폭음을 하다 의식까지 잃었다. 술로 인생이 완전히 망가지지는 않았지만 이혼을 피하지는 못했다. 그녀는 금주를 실천했고 나중에는 뉴워크 러트거즈 대학의 프랑스어 교수가 되었다.[51] 목수인 빌 로슨의 두 번째 결혼은 24년 뒤에 끝이 났다. 아내인 수전이 빌에게 술을 너무 많이 마신다고 말하자 그는 아니라고 우기고는 집을 나갔고, 이후 동창회에 참석하기 전까지 거의 14년 동안 혼자 살았다.[52] 네 번째 늙은 곰은 재혼을 하고 22년을 살았지만 술 때문에 끝내는 결혼생활에 종지부를 찍었다.[53] 그리고 뉴하우스를 포함해 다른 두 늙은 곰은 부모의 알코올 중독 때문에 평생 가는 흉터를 안고 있다.[54] 늙은 곰들의 이야기는 표집도 작고 정밀성도 떨어지지만 하버드 졸업생들이 더 나이 들고 더 때가 묻었을 때 어떻게 살고 있는지 베일런트가 묘사한 것과 똑같이 닮아 있다.

이제 우리는 술과 술이 미치는 영향에 대한 처음의 질문으로 되돌아가야 한다. NESARC를 비롯해 알코올 남용에 대한 다른 통계적 측정치가 술의 영향을 정확히 보여주지 못하는 데는 이유가 있다. 베일런트는 알코올 중독의 뚜렷한 징후는 친밀감 쌓기 능력이 사라지는 것이라고 말한다. 베일런트의 주장이 맞다면 이런 심리적 질환은 행복을 심각하게 파괴한다. 반면 NESARC는 미국정신의학회의 〈정신질환 진단 및 통계 편람〉에 나온 알코올 남용과 알코올 의존에 대한 정의를 골조로 삼는다. "술을 마셨기 때문에 또는 술을 마시고 몸이 아파 직장이나 학교를 빠진 적이 있습니까?"와 같은 여러 질문에 하나라도 그렇다는 답이 나오면 '알코올 남용'이다. "원래 생각보다 더 오랫동안 계속해서 음주 행위가 이어진 적이 있습니까?" 등의 질문에 세 번 이상 그렇다는 답변이 나오면 알코올 남용보다 더 심각한 증상인 '알코올 의존'으로 진단된다.[55]

NESARC의 질의응답은 철저히 기밀이며 특별 규정에 따라 면접관도 응답 내용을 볼 수 없다. 그렇다고 해서 응답자들이 진실만 말한다고는 할 수 없다. '익명의알코올중독자모임AA'이 "나는 알코올 중독이다"를 인정하는 것이 치료의 가장 중요한 전제 조건이라고 밝힌 데서도 알 수 있듯이, 알코올 중독에 걸린 응답자들은 아마도 자신의 상태를 열심히 부인할 것이 분명하다. 이런 짐작은 드러난 사실과도 일치하는데, NESARC의 응답자들이 적어 제출한 술 소비를 합산해서 비율로 따지면 미국 총 주류 판매의 51퍼센트만 차지한다.[56] 알코올 중독인지 아닌지 올바른 진단을 내리기 위해서는 아마도 뉴하우스와 베일런트 같은 노련한 인터뷰어는 물론이고 적절한 장소, 적절한 타이밍도 갖춰야 할 것이다. 특히 베일런트의 말마따나 술의 진짜 폐해가 주관적이고 겉으로는 관찰이 힘든 인성의 변화를 유발한다면 더더욱 그런 조건이 갖춰져야 한다.

현재 술과 술의 악영향에 대한 우리의 지식 수준은 1940년대 후반에 담배에 대해 갖고 있던 지식 수준과 아주 흡사하다. 심지어 폐

수술에 경험이 많은 외과의인 그레이엄마저도 흡연이 폐암 발생에 결정적 역할을 하는지에 대해서는 반신반의했다. 그러나 술이 미치는 영향에 대해 우리의 지식이 일천한 것은 그냥 빚어진 결과가 아니다. 폐암 진단이 친밀감 쌓기 능력의 상실을 진단하는 것보다 훨씬 쉽다는 점이 한 이유이다. 하지만 알코올 남용의 엄청난 폐해에 대해 우리가 그토록 알쏭달쏭해 하는 데에는 다른 이유가 더 있다. 담배의 경우 명백한 스토리가 있었다. 반박이 힘들 정도로 명백한 폐암 연구 결과는 공중위생국이 훨씬 강력한 스토리를 만들어내도록 힘을 실어 주었다. 반면 알코올 연구의 경우는 그렇게 명백한 스토리가 없다. 때문에 언제나 연구비 부족에 시달린다. 암 연구에 비하면 알코올과 관련된 역학 연구와 제대로 된 조사는 많이 뒤처져 있다.

이제 이 책의 훨씬 큰 주제인 바보를 노리는 피싱으로 돌아가 보자. 제대로 된 연구 조사가 별로 없는 탓에 우리는 우리의 스토리가 맞는지 아닌지 확신하기도 힘들고 그러다보니 바보를 노리는 피싱에 빠지기도 굉장히 쉽다.

맥주, 와인, 증류주 회사, 소매상, 레스토랑 등 수많은 이익집단은 알코올의 폐해에 대한 의심을 옹호하고 부추긴다. 그들은 다양한 방법을 통해 자신들의 이익을 챙기려 한다. 일단, 가장 적극적으로 사용하는 방법이 '주류세 인상 반대'다. 금주법이 끝나고 음주를 억제하기 위한 조치로서 술에 약간의 세금이 붙었던(밀주 양산을 우려해 높게 붙이기는 힘들었다) 시절 이후로 주세는 명목적으로 거의 변하지 않았다. 듀크대학의 필립 쿡Philip Cook은 에탄올(즉 섭취 가능한 알코올의 종류) 가격이 두 배로 오르면 술 수요가 40퍼센트 떨어진다는 계량경제학적 추산 결과를 제시한다.[57] 술 가격이 상승했을 때의 영향을 계산한 결과가 '정말' 정확하다고 하늘에 맹세할 사람은 없겠지만, 다른 방법으로 추산을 해도 에탄올에 붙는 세금이 오르면 에탄올 판매량은 줄어든다는 똑같은 정성적 결과가 나온다는 사실에는 변함이 없다.[58] 자동차 사고로 인한 사망률, 낙상으로 인한 사망률, 자살률, 심지어 간경변 사망률과 같은 다른 지표도 주류세를 인상하면 술을 적게 마시는 사람만이 아니라 과음자도 영향을 받을 것이라는 고무적인 결과를 보여준다.[59]

하지만 주류세가 늘면 다른 분야의 세금을 줄일 수 있는데도 불구하고 정작 대중은 이런 술 소비 억제 수단을 제대로 활용하지 못했다. 주류세를 늘리지 못하기는 연방세나 주세도 마찬가지다. 2013년에 맥주 한 캔 당 연방세는 5센트였고 와인은 한 병 당 21센트, 40도짜리 증류주(보드카, 위스키, 진 등)는 한 병 당 21.4달러의 세금이 매겨졌다.[60] 주가 부과하는 주류세도 낮기는 마찬가지다. 한 예로, 매사추세츠가 맥주 한 캔에 부과하는 주소비세는 1센트, 와인한 병은 11센트, 증류주 한 병은 80센트이다.[61]

우리는 최근에 일어난 시끌벅적한 사건 때문에 매사추세츠 주를 골랐다. 이 사건은 주류세를 낮게 유지하기 위해 우리를 바보로 만들어 놓는 증류주 산업의 힘이 얼마나 강력한지 잘 보여준다. 매사추세츠 입법부는 주의 예산 적자를 줄이기 위한 법령안의 일부로 6.25퍼센트의 증류주판매세 입법 여부를 표결에 붙이는 보기 드문용기를 발휘했다. 여기서 걷은 세수는 알코올과 약물중독 치료 예산으로 쓸 예정이었다. 입법안은 가결되었지만 실제 세금은 오랫동안 실효되지 못했다. 증류주 도매상들의 항의가 빗발쳤기 때문이다. 도매상들은 사람들이 이웃 주인 뉴햄프셔 주로 넘어가 주가 운영하는 주류 판매점에서 술을 살 것이 빤하기 때문에 자신들의 매출이 급감할 것이라고 말했다. 바로 다음 해 증류주 도매상들은 투표를 통해 주류세 인상 철회를 고려해야 할 특별 목록을 작성했다. 투표 내용 요약서에서 그들은 매사추세츠 주의 주류세는 이미 '세금에 세금이 더해진 이중 과세'라는 주장을 앞세웠다. 물론 그들은 맥주 한 캔 당 소비세가 1센트에 불과하다는 내용은 쏙 뺐다. 이 판매자 총투표와 그것의 성공적 결과는 주류산업이 소비세를 낮게 유지할 수 있었던 이유와 방법이 무엇인지 보여준다.(다만, 매사추세츠 주의 증류주 도매상들이 아주 운이 좋았다는 사실은 짚고 넘어가야 한다. 대부분의 다른 주에서는 증류주의 판매세를 면제해주지 않기 때문이다.)[62]

알코올 남용을 줄이는 일에서 약간의 성공도 있었다. 음주운전을 반대하는 어머니 모임Mothers against Drunk Driving, MADD이 1982년 캔더스 라이트너Candace Lightner에 의해 발족되었다. 그녀의 열세 살 된 딸이 음주운전자에 의해 죽었고 분통 터지게도 그 운전자는 도로에 아이를 내 팽겨둔 채 뺑소니를 쳤다. 1970년대에 대부분의 주는 전국의 투표 연령 하락에 부응하기라도 하듯 주류 구입이 가능한 법정 최소 나이를 18세로 낮췄다. MADD는 최저 음주 연령을 21세로 올리기 위해 캠페인을 벌였다. 또한 음주운전을 판단하기 위한 혈중 알코올 농도 수치 기준을 낮추고 불시에 음주운전 검사가 행해질 수 있도록 로비를 벌였다.[63] 이런 운동은 상당한 성공을 거두었다. 1982년 이후로 음주운전으로 인한 1인당 사망자 수는 72퍼센트가 줄었다(같은 기간 동안 음주와 상관이 없는 교통사고의 1인당 사망자 수도 떨어지기는 했지만 6퍼센트 떨어진 것에 불과했다).[64]

MADD는 교육적 사명을 강조한다. 무엇보다 음주운전에 대한 스토리를 퍼뜨리는 것을 강조한다. MADD는 음주운전자의 이미지를 무고한 희생자를 죽이는 가해자로 그렸다. 음주운전으로 인한 사망자를 보면 운전자 본인이거나(66퍼센트) 동승자(16퍼센트)의 비율이 82퍼센트를 넘는다.[65] MADD 운동에 동참하는 사람은 다들 음주운전과 무관하다. 간혹 동승하기는 하지만 취한 상태에서 본인이 운전대를 잡는 일은 절대 없다.[66] 무고한 피해자 스토리와 이 스토리가 거둔 성공이 간접흡연에 대한 스토리와 정확히 맞아떨어진다는 점에 주목할 필요가 있다. 건물 밖에서 담배를 피는 흡연자들의 모습이 흡연은 어리석은 행동이라는 스토리를 전파하듯이, 음주운전으로 인한 무고한 희생자에 대한 스토리는 절주가 확산되는 데 크게 일조했다. 1981년 이후로 미국의 1인당 에탄올 소비는 18퍼센트나 떨어졌다.[67] 절대 작은 수치가 아니다.

그러나 담배와 술의 가장 근본적인 문제는 세금이 조금만 붙어 누구나 쉽게 싼 값에 살 수 있다는 점이다. 미국 어디서나 싼 값에 담배를 살 수 있다는 사실 자체가 흡연자를 낚는 기본적인 피싱이다. 술도 마찬가지다. 싼 값에 쉽게 술을 살 수 있다는 사실은 누군가의 과음을 부르는 기본적인 피싱 장치다.

09 고의 파산

Bankruptcy for Profit

이번 장과 다음 장에서는 지금은 많은 사람들의 기억에서 사라진 1986~1995년의 저축대부은행savings and loan(이하 S&L) 사태를 조망한다. 수십 년이나 지난 위기를 살펴보는 이유는 금융 세상에서 곧잘 벌어지지만 대개 간파하기는 힘든 피싱의 진면목을 더 깊이 파헤치기 위해서이다.

S&L은 20세기 초 미국에서 인기를 얻기 시작한 일종의 금융기관이다. 영국 주택조합을 모델로 만들어진 S&L은 소액 저축자가 현금을 모으는 데 도움을 주고 그들이 주택을 구입할 때는 대출을 얻는 것도 도와주었다. 이렇게 나무랄 데 없는 목적을 갖고 있던 이 기관이 1980년대에 고의 파산을 이끈 피싱맨의 수단으로 전락했

다. 파산 규모는 결코 작지 않았다. 사태 해결에 들어간 납세자의 돈은 물가 수준을 적용해 대략 2300억 달러였다.[1] 그러나 가장 큰 대가는 S&L 위기로 인한 신용 경색과 자산 가격 하락이 주요 도화선이 되어 1990~1991년의 경기 침체가 찾아왔다는 사실이다.[2]

S&L 위기는 비교적 최근에 다른 제도적 환경에서 발생한 피싱 균형의 문제를 보여준다. S&L 위기에서 드러난 피싱의 형태에 경제학자 폴 로머Paul Romer와 이 책의 저자인 조지가 '고의 파산bankruptcy for profit'[3]이라는 이름을 붙였다. 지금부터 우리는 이윤을 극대화하려는 금융회사들의 움직임 속에서 정상적인 경제학이 뒤죽박죽되는 세상을 살펴볼 것이다. 이런 세상에서 회계정보의 오도를 통해 (그리고 가끔은 분식도 일삼으며) 피싱은 파산을 이끌지만, 아이러니하게도 그 길은 부로 향하는 길이다.

루팅

왜 파산 법정은 기업이 파산을 하면 곧바로 경영권을 넘겨받는가? 어린아이나 던질 법한 질문이다. 답은 간단하다. 기업에 남은 재산이 12만 5천 달러에 불과하고 피터와 폴에게 갚아야 할 빚이 각각 7만 7천 달러와 24만 3천 달러라면, 12만 5천 달러를 어떻게 배분해야 할지 누군가는 결정을 해야 한다. 경영권을 넘겨받은 법정은 폴이 자기 몫을 가져가기도 전에 피터가 부당하게(즉, 불법적으로) 자기 몫을 챙기는 일이 없도록 해야 한다. 이것이 기업이 파산 신청을 하면 법원에게 경영권이 즉시 넘어가는 이유가 무엇인지 아이에게 설명하는 방식이다.

그러나 미묘하고 복잡한 현실 생활을 이해하는 어른을 위한 조금 미묘한 설명 방식도 있다. 지불 능력을 가진 기업의 소유주가 오늘 회사에서 1달러를 받는다면, 내일 배당받을 수 있는 금액은 그 1달러에 이 돈으로 벌어들일 순이익을 더한 금액만큼 줄어든다. 그렇기에 지불 능력이 충분한 회사의 소유주는 오늘 당장 돈을 가져갈 동기가 전혀 없다. 파산 기업의 소유주는 상황이 다르다. 파산 기업에서 오늘 당장 1달러를 빼갈지라도 내일 아무 피해도 발생하지 않는다. 왜인가? 파산 기업은 피터와 폴에게 빚을 갚아서 남은 자산이 하나도 없기 때문이다. 소유주를 위해 남겨진 몫이 하나도 없다는 점에서 그는 아시아를 진군했던 징기스칸의 군대와 똑같은 경제적 동기를 가지게 된다. 둘 다 오늘 내 것을 챙기지 않으면 내일 챙길 수 있는 것이 전혀 없다는 판단이 바로 그것이다. 그들의 동기는 바로 루팅looting(약탈, 부당이득)이다.

이번 장에서 우리는 S&L의 경제적 파산이 발생한 상황을 살펴볼 것이다. 이런 상황에서도 감독기관은 개입하지 않았다. S&L에 '구제 금융'을 제공하고픈 생각이 없었기 때문에 상황을 방치해두었다. 덕분에 양심을 모르는 사람들은 신나게 이익을 챙겼다. 그들은 일단 자본 잠식 상태인 S&L의 경영권을 헐값에 인수하고, 여기서 가능한 한 많은 돈을 차입한다. 그런 다음 교묘한 회계 조작이라는 피싱을 통해 S&L에서 빌린 돈이 S&L이 아닌 자신에게 오도록 만드는 방법을 찾아낸 것이다.[4]

사건은 이렇게 시작되었다

1980년대 초 미국의 인플레이션은 13.5퍼센트까지 올랐다.[5] 폴 볼커Paul Volker 연방준비위원회 의장은 물가 상승 문제를 잡기 위해 긴축 경제를 단행했다. 그는 금리가 치솟아도 아무 조치를 취하지 않았고 결국 세계에서 가장 안전한 채권인 3개월 만기 미국 재무부 단기채권의 이자율은 1981년에 14퍼센트가 되었다.[6] 1982년 가을과 1983년 봄에 실업률은 10퍼센트가 넘었다.[7] 미국이 치솟는 물가를 잡는 전쟁을 벌이는 동안 그전까지 대중이 저축을 하고 집을 살 때 대출도 해주는 등 조용하고 성실하게 일하던 S&L는 간접 피해를 입었다. S&L의 30년 만기 고정금리 모기지의 이자율은 5~7퍼센트였다.[8] 이런 모기지를 뒷받침하기 위해서는 새로운 예금이 필요했다. 그러다보니 편리한 저축 수단으로서 소비자에게 새로 각광받기 시작한 머니마켓펀드MMF와 경쟁을 할 수밖에 없었다.[9] 경제학자들은 S&L이 단지 회계기준에 따른 회계적 의미의 도산만이 아니라 경제적 의미에서도 도산하게 될 것이라고 입을 모았다. S&L의 투자에서(거의 전부가 고정금리 모기지였다) 나오는 이자 상환 금액으로는 예금을 끌어들이기에 필요한 자금을 충당할 수 없었고, 그러다보니 모기지 제공에 필요한 돈을 모으기도 힘들어졌다.[10]

한 술 더 떠 S&L에 예금 보증을 해주는 연방저축대부조합보험공사Federal Savings and Loan Insurance Corporation, FSLIC마저도 S&L의 자산과 채무액의 차액을 보전해줄 만한 신탁 기금이 충분치 않았다. 기존의 S&L 예금을 제대로 지불하려면 연방정부의 수혈이 꼭 필요했다. 하지만 이 기금의 인준은 조지 H. W. 부시 행정부가 들어선 이후에야 행해졌다. 그 전까지 S&L에 대한 구제 금융은 아예 거론되지도 않았고 문제 해결은 뒤로 늦춰졌다.

소 잃고 외양간 고치기

지지부진한 사태 해결을 검토하며 우리는 '도산한 금융기관의 경영권을 법원이 넘겨받지 않거나 감독기관이 강제 폐쇄하지 않으면 어떤 일이 발생하는가?'라는 아이나 할 법한 질문에 대한 답을 찾아냈다. 오늘날 화폐 가치로 330~490억 달러의 세금만 쓰면 해결할 수 있었던 작은 문제는 얼마 안 가 적어도 4.5배의 돈이 투입돼야 하는 심각한 문제로 번졌다.[11] 더욱이 S&L 위기의 간접적 피해는 훨씬 심각했다. 캘리포니아 주와 텍사스 주의 부동산 시장에 거품이 잔뜩 꼈다가 터져 버렸다.[12] 다음 장에서도 보겠지만 경제적으로 파산한 S&L은 미국 기업금융의 영구적 변화를 가속시켰다. 이 이야기는 뒤에 하기로 하자.

워싱턴은 여러 방법을 쓰면서 S&L 사태 해결에 나서는 것을 차일피일 미뤘다. 그러면서 몇 가지 규제 변화를 꾀했지만, 어차피 S&L이 심각한 자본 잠식 상태였기 때문에 있으나마나한 변화였다. 처음에 규제기관은 S&L이 경쟁자인 시중은행에 허용된 저축예금 이자 한도보다 조금 더 높은 이자를 지불할 수 있도록 규제 조치를 변경했다. 그러나 1980년대 초 금리가 두 자릿수로 치솟으면서

S&L의 주요 경쟁자는 이제 시중은행이 아니라 MMF로 바뀌었다. 당시 새롭게 등장한 MMF는 예금이자에 상한선 자체가 없었던 것이다. 정책이 실패했다. S&L 감독기관인 연방주택대출은행위원회역시 부도가 난 S&L도 영업을 지속할 수 있도록 회계기준을 일부 변경했다.[13] 그러나 이 조치도 치료약이 되지는 못했다.

결국 문제는 의회로 넘어갔다. 그 시절은 탈규제의 시대였다. S&L의 파산이 금리 인상에 따른 것이고 그 규모가 심각하지 않다면 규제 완화를 통해 파산에서 벗어날 수 있다는 의견이 제기되었다. 아마도 국회는 아기를 길러본 부모라면 누구나 아는 교훈을 잊은 것같았다. 아니, 그런 교훈을 아예 모르고 있는 듯했다. 아기를 울타리 밖으로 보내 마음껏 뛰어놀게 한다면 한 순간도 아기에게서 눈을 떼면 안 된다는 교훈 말이다.

이렇게 해서 S&L은 빗장 밖으로 풀려났다. 1980년 예금기관규제완화 및 통화통제법Depository Institution Deregulation and Monetary Control Act of 1980은 S&L의 예금이자 상한(당시 5.5퍼센트가 조금 넘었다)을 없앴다.[14] 이로써 S&L은 자본을 거의 무한정 공급받게 되었는데, 은행과 증권사 등 대형 금융기관은 높은 이자를 물릴 수 있는 것에 반색을 하며 기꺼이 S&L에 돈을 빌려주었기 때문이다(또한 FSLIC가 일정 선까지 상환보증을 해준다는 사실도 한 몫을 했다).[15] 그 전까지 S&L이 주택 구입 자금으로 대출해줄 수 있는 돈에도 한도가 정해져 있었지만 이 고삐마저 느슨해졌다. 1982년 가안-쌩 제르맹 예금기관법Garn-St Germain Act of 1982으로 S&L은 개발업자에게 예금의 10퍼센트까지 대출해줄 수 있게 되었고 S&L 규제기관은 자유방임의 자세로 시장을 대했다.[16] S&L은 2.5퍼센트의 대출수수료를 부과하는 것이 가능해졌다. 심지어 개발업자에게 공사를 진행하는 동안 내야 하는 이자 금액까지 포함해서 대출을 제공하는 것도 가능해졌다.[17]

교묘한 루팅에 행해진 피싱

그 후에도 행해진 교묘한 루팅 수법은 많았지만 기본 원리는 대동 소이했다. S&L의 경영권을 인수하고 대형 금융기관에서 예치금을 끌어들여 '예금 기반'을 몇 배로 늘리고, 친구인 부동산 개발업자에 게 돈을 빌려준다. 이 개발업자는 비상식적으로 높은 이자를 지불 하기로 약속하지만 실상은 대출금을 상환할 마음이 전혀 없다. S&L 은 '개발업자'가 빌린 원금으로 예금이자를 지불하는 등 얼마간은 탄탄한 이익을 낸다. 피싱-루팅을 위해 회계 조작이 밑바탕을 깔아 준다.

  S&L은 이런 전략을 수백 번이나 써먹으면서 자산 규모를 순식간 에 수십억 달러로 불렸다. 텍사스 주 메스키트의 엠파이어저축대부 은행Empire Savings and Loan은 '텍사스 전략'[18]이라는 것을 사용했다. 전략의 내용은 이렇다. 서로 결탁한 개발업자들이 땅을 팔았다가 더 높은 가격에 되사는 과정을 되풀이했다. 이렇게 올라간 매매가 는 개발비 대출액을 정하기 위해 땅의 가격을 평가할 때 유리하게 작용했다. 손쉽게 얻은 대출금은 개발업자와 그의 친구(S&L의 소유 주) 모두에게 짭짤한 벌이 수단이 되었다. 개발업자는 (초기의 이자 할

인까지 포함해) S&L에 높은 이자를 지불해야 했지만 개발업자 본인의 주머니에서 돈이 나갈 염려는 전혀 없었다. 대출액에는 완공까지 지불하고도 남을 이자 금액이 포함돼 있기 때문이었다. (엠파이어저축 대부은행에서 사용된 방법 그대로는 아니지만) 가장 흔하게 사용된 술수는, S&L이 개발업자의 건설 능력을 높이 평가해 대출을 지원해주면 개발업자는 그 보답으로 S&L의 약속에 제대로 호의를 표하는 것이었다. 이 술수대로라면 높은 당기 순이익과 대차대조표 상의 자산 증가가 S&L과 한 약속이 지켜지고 있다는 신호였다.[19] 그래서 개발업자와 그의 친구들은 S&L 주식을 상당량 매입할 수 있었다.

규제기관이 여전히 한 개인이나 기업에게 저축대부은행이 대출해줄 수 있는 금액에 한도를 정해두는 상황에서, 혹여 저축대부은행이 자체적으로 나서서 범죄 기록이 없고 대차대조표가 튼튼하고 개발업자로서의 역할에도 충실한 다른 고객을 찾아 데려오면 이런 술수로 이익을 높이는 데 방해가 될 수도 있었다. 그래서 엠파이어는 새로운 잠재적 '개발업자'를 데려오는 직원에게는 일종의 중개 수수료를 주었다. 스티븐 피조Steven Pizzo, 메리 프리커Mary Fricker, 폴 무올로Paul Muolo가 S&L 위기를 주제로 저술한《내부 범죄Inside Job》에는 '텍사스의 엠파이어저축대부은행에서 대출을 받아 지은, 30번 주간도로 옆의 텅 비고 여기저기 부서진 콘도들'[20]이라는 묘사가 나온다. 어떤 주택 공사 현장은 건설 자재들이 햇빛에 그대로 노출돼 썩어가고 있었다. 이보다 더 심한 표현도 많았다. 훗날 상황 묘사 재주가 뛰어난 한 검사는 텅 빈 콘크리트 더미를 '화성 착륙장'이라고 표현했다.[21]

부동산 시장 전체로 튄 불똥

그 당시 S&L의 직격탄을 가장 심하게 받은 곳은 댈러스의 상업용 부동산 시장이다. 사무건물 시장의 공실률이 높아지면 건설 경기는 무너진다. 이런 일이 휴스턴 근처에서 일어났다. 사무건물 공사는 정점이던 시절의 2퍼센트까지 떨어졌고 공실률은 32퍼센트로 높아졌다. 그러나 마찬가지로 공실률이 32퍼센트인 댈러스에서는 공사가 계속되었다.[22]

그 지역의 대형 부동산회사들은 제멋대로 구는 S&L을 비난했다. 1982년 6월 쯤 링컨부동산회사Lincoln Properties의 마크 포그Mark Pogue는 "우리 모두 경각심을 더 가져야 한다… 300만 평방피트(27만 8천 제곱미터)나 되는 빈 사무실을 어떻게 흡수해야 하는가?"라고 말했다.[23] 1년 후인 1983년 6월에 댈러스는 휴스턴에 이어 전국에서 빈 사무실이 두 번째로 많은 도시가 되었다. 그런데 건설 규모는 1위인 기현상이 벌어졌다. 1983년 10월에 존경 받는 부동산회사 트라멜크로우Trammell Crow의 맥도널드 윌리엄스McDonald Willimas는 건설 과잉공급을 경고하기 위해 이렇게 말했다. "저축대부은행들이 상업용 부동산 시장을 부추기고 있다…그들이 우리로 하여금 과잉공급을 지속하게 만드는 것 같다."[24] 1년 후 〈내셔널 리얼에스테이트 인베스터〉지는 '댈러스에서 살만큼 산 사람도 건설 경기 급등에 무척이나 놀라다'라는 제목의 기사를 내고 스웨어링젠 부동산회사Swearingen Company의 댄 아놀드Dan Arnold의 설명을 덧붙였다. 그는 "금융기관과 대출기관은 가지고 있는 돈을 제대로 써야 한다"고 말했다.[25] 하지만 1년이 또 지난 1985년 6월에도 웨인 스웨어링젠은 이렇게 말해야 했다. "우리 눈에는 빈 사무실 옆에 앉아 있는 개발업자들이 보이는데, 대출은행은 그들에게 돈을 떠안기며 새 건물을 지으라고 재촉한다. 그런 은행은 비난받아야 마땅하다. 나는 은행에게 과연 이 건설업자들이 현금흐름을 마련할 데가 어디 있는지 알려 달라고 말하고 싶다… 지금 시장 행동을 지배하는 것은 공급과 수요의 법칙이 아니다. 공실이 이렇게나 많은데도 건설이 이어지는 것은 수요가 있어서가 아니라 새 사무건물을 짓기 위한 융자를 계속 끌어올 수 있다는 사실과 관련이 있어 보인다."[26]

수요와 공급의 법칙이 작용하기는 했다. 문제는 루팅이 행해지기 위한, 바보를 노린 피싱의 수급 법칙이라는 것이었다. S&L의 소유주는 높은 이자를 치름으로써 필요한 돈을 조달하고 그 돈을 개발업자 친구에게 안겨주었다. 그리고 이 개발업자들은 머리만 조금 잘 굴리면 그 돈을 세탁해 친구인 S&L의 소유주에게 되돌려줄 수 있었다. 우연의 일치인지는 모르겠지만 돈세탁 기술에 일가견이 있는 마피아는 S&L의 루팅에 아주 깊숙이 관여하고 있었다.[27]

잊힌 교훈

우리는 S&L 위기에서 벌어진 일을 기억해야 했다. 그랬다면 2008년 시장붕괴가 일어나기 전까지 벌어진 사건들을 일련의 경고로 받아들였을지도 모른다. 이번에도 우리 눈앞에는 줄줄이 엮인 피싱의 꽃목걸이가 등장한다. 다른 점이 있다면 대출 담보로 잡은 땅값 과다 계상으로 얽어진 꽃목걸이가 아니라는 사실이었다. 이번에는 모기지 대출에 대한 가치평가로 얽어진 꽃목걸이였다. 고평가된 모기지담보부증권으로 울타리를 두른 자산의 평가 가치 급등이 붕괴의 원인이었다.

다음 장에서는 새로운 탐욕의 시대가 열리면서 어떻게 해서 S&L의 루팅이 정크본드 시장으로 번져나가게 되었는지 살펴본다. 파산을 눈앞에 둔 S&L은 정크본드 시장 확대에 크게 이바지했으며, 이로 말미암아 과거에는 불가능하다고 여겨졌던 대기업에 대한 적대적 인수합병이 시작되었다.

정크본드를 떡밥으로 쓴   10
마이클 밀컨의 피싱

1970년대와 1980년대에 마이클 밀컨Michael Milken이라는 남자가 했던 일은 미국 금융의 얼굴을 영원히 바꿔버렸다. 이제 대기업 경영진은 자신들의 회사 규모가 충분히 크므로 적대적 인수를 노리는 기업 사냥꾼에게 공격받을 일이 없을 것이라고 마냥 안심할 수는 없었다. 사냥꾼이 대규모 자본 없어도 얼마든 대기업을 인수하는 것이 가능해졌기 때문이다.

이런 작업이 가능해진 이유는 차입매수leveraged buyout에서 찾을 수 있다. 기업 사냥꾼의 회사는 대규모 채무를 통해 거액의 현금을 조달할 수 있었고(밀컨이 개발한 하이일드채권high yield bond, 다시 말해 정크본드를 통하면 이것이 가능했다) 이렇게 조달한 현금으로 훨씬 큰 기업의 인수 공격에 나서곤 했다. 차입매수는 인수합병과 관련된 리스크와 잠재적 보상을 비롯해 모든 것을 크게 증폭시켰다. 어마어마한 잠재적 보상에 대한 깨달음과 그만큼 높은 잠재적 리스크에 대한 무시는 CEO가 받는 보상의 수준도 바꿔놓았다. 한 예로, RJR 나비스코RJR Nabisco의 차입매수에서 자회사인 담배 사업부의 CEO인 에드워드 호리건Edward Horrigan은 4570만 달러의 황금낙하산(임기가 끝나지 않은 경영진에게 지급되는 거액의 퇴직금이나 스톡옵션 – 옮긴이)을 받았고[1] 들리는 소문에 의하면, 로스 존슨Ross Johnson 총괄 CEO는 더 많은 보수를 받았다고 한다.[2] 결코 적다고 볼 수 없는 금액이었다. 그리고 이제부터 보겠지만 밀컨이 얻은 보상 역시 오늘날의 기준으로 따져도 결코 작지 않았다. 보상연구 전문가 그래프 크리스털Graef Chrystal의 말을 빌리면, 이 새로운 시대에 상대적으로 적은 보수를 받는 CEO는 '다른 회사의 CEO들은 수십만 달러가 아니라 수백만, 심지어 수천만 달러의 보수를 받는다'는 사실을 이사회에 알려줄 컨설턴트를 얼마든 쉽게 고용할 수 있었다.[3] 크리스털이 표현한 '초과보수'의 시대가 열렸다.

마이클 밀컨이 발행한 채권 대부분은 부도가 났고 결과적으로 1980년대의 정크본드 위기를 불러왔다. 그러나 법망을 넘은 한 남자의 범죄가 정크본드 위기의 유일한 원인이라고 생각해서는 안 된다. 그것 역시 바보를 노린 피싱의 기회를 제공하는 경제 균형 때문에 생겨난 결과였다. 또한 정크본드 위기는 금융기관의 잘못된 등급 산정이 얼마나 악영향을 미치는지를 보여주는 사례이기도 하다.

제2부 피싱은 상황과 조건을 가리지 않는다

캘리포니아 북부에서 다시 발견된 금광

1969년 캘리포니아 북부의 전혀 생각도 못한 장소에서 또 다시 금광이 발견되었다. 장소는 버클리대학 도서관의 서가에 꽂힌 무명작가의 1958년 출간작이었다. 발견한 사람은 로스앤젤리스 교외 출신의 경영학과 학생인 마이클 밀컨이었고 책 제목은《회사채의 질과 투자자의 경험Corporate Bond Quality and Investor Experience》, 저자는 W. 브래드독 히크먼W. Braddock Hickman이라는 사람이었다.

표로 채워진 536쪽짜리 이 책은 다양한 채권 등급별로 투자자의 경험을 정리한 전문가용 보고서였다. 책의 첫 번째 표는 놀라운 사실을 한 눈에 요약해서 보여준다.[4] 1900~1943년까지 낮은 등급의 회사채(다시 말해 투자적격등급investment grade 아래의 등급이기 때문에 시중은행이나 보험회사가 투자하기에는 자격이 모자라는 회사채)의 실적이 아주 좋다는 사실이었다. 채권 부도로 인한 손실을 차감한 후 이 저등급 채권들이 제공한 실적은 연평균 8.6퍼센트였다. 반면에 등급이 높은 채권들은 연간 5.1퍼센트의 실적을 실현하는 데 그쳤다. 저등급 채권의 수익률이 더 높다는 것은 저등급 채권이 오히려 더 안전할 수 있다는 반증이었다. 1900~1943년의 기간에는 대공황이라는 최악의 기간도 포함돼 있었지만 채권부도 손실률은 여전히 연 1퍼센트 이하였다.

금은 캐내기 전에는 진가를 발휘하지 못하듯이 히크먼의《회사채의 질과 투자자의 경험》도 땅에 파묻혀 진가를 발휘하지 못하고 있었다. 책은 10년 넘도록 겨우 934권만 팔리면서 땅에 파묻힌 상태였다.[5] 게다가 출간 시점보다도 15년도 더 지난 데이터를 보여주고 있었다. 밀컨이 땅속의 금을 파내려면 나름 세일즈맨 감각이 필요했다. 밀컨은 본격적인 투자자의 길을 걷기 시작한 1970년대 초반부터 후반까지 투자자와 만나는 자리에 이 적갈색 표지의 책을 꼭 들고 나갔다. 밀컨의 세일즈맨 정신이 진가를 발휘하며 저등급채권이라는 말 대신에 '정크본드'라는 말이 널리 사용됐지만 그 자신은 이 단어를 잘 쓰지 않았다. 1975년에 〈월스트리트저널〉은 '누군가에게는 쓰레기, 누군가에게는 노다지'라는 제목으로 밀컨을 찬양하는 1면 기사를 내보냈다. 기사는 "채권 매매는 도심에서 가장 빨리 성장하는 게임이 되었다"라고 적었다.[6] 밀컨은 슈퍼스타가 되었다. 그가 대학원을 졸업한 지 겨우 5년 밖에 지나지 않았을 때였다.

존 로크의 말마따나 우리 인간은 '말을 곧이곧대로 받아들이는' 실수를 자주 저지른다.[7] 여기서 실수는 지금까지 10년 동안의 정크본드와 앞으로 10년 동안의 정크본드가 같을 것이라고 착각한 것이었다. 물론 둘 다 이름은 '정크본드'이기는 하다. 그렇기에 평판이 파내질대로 파내진 증권사가 인수한 정크본드일지라도 어리석은 투자자라면 옛날 정크본드와 똑같은 반응을 보일 것이 분명했다. 아마도 1943년 전의 정크본드는 다 똑같았을지도 모른다. 하지만 마이클 밀컨의 등장 이후로는 전혀 그렇지 않게 되었다.

게리 스미스Gary Smith의 2014년 발표작 《표준편차: 잘못된 가정과 왜곡된 데이터, 통계학으로 거짓말을 하는 다른 방법들Standard Deviations: Flawed Assumptions, Tortured Data, and Other Ways to Lie with Statistics》은 밀컨이 어떤 식으로 인지적 실수를 악용했는지를 설명

한다.[8] '사과와 자두' 장에서는 서로 다른 것들을 하나의 명칭으로 묶어 동일시하는 편리하고 암묵적인 가정이 어떻게 기만의 기회를 만들어내는지 설명한다. 밀컨은 전혀 다른 두 종류의 정크본드를 동종의 것인 양 묶었을 뿐 거짓말은 하지 않았다. 여기서 '사과'는 한때 실적이 좋았지만 지금은 저물어가는 기업이 발행한 '추락한 천사' 채권을 의미한다. 히크먼이 연구한 것도 이런 종류의 채권이었다. '자두'는 마이클 밀컨이 발행하곤 했던 새로운 종류의 정크본드를 의미한다. 추락한 천사 정크본드는 1943년까지 놀라울 정도로 좋은 실적을 냈다. 피싱맨으로서 밀컨은 인지적 실수에서 이익을 보려면 무언가 다른 종류의 정크본드를 만들 방법을 찾아내야 했다. 그래서 그는 추락한 천사 정크본드가 아니라 새로운 정크본드를 발행하고 자신이 직접 중개인으로 나섰다.

밀컨의 사기극은 그가 버클리와 와튼경영대학원의 MBA 과정을 수료한 뒤 첫 직장에 들어가면서부터 시작된다. 그는 필라델피아의 다소 영세하다면 영세한 투자은행인 드렉설 해리먼 리플리Drexel Harriman Repley에 들어갔다. 여러 번의 합병을 통해 상당한 자본을 구축하면서 드렉설 번햄 램버트Drexel Burnham Lambert로 진화한 바로 그 은행이었다. 입사하고 2년 후 밀컨은 신임 상사인 터비 번햄Tubby Burnham을 설득해 저등급채권 트레이딩 부서를 개설하는 데 필요한 200만 달러의 추가 자본을 할당받았다. 아직은 '밀컨 시대 전'이었고 당시에도 그 정도면 큰 액수였다.[9]

하지만 그 200만 달러는 정크본드 시장의 중심지에 선 중개인이 움켜질 기회의 시작에 불과했다. 현재 채권 가격에서 수급에 차이가 발생할 때마다 이 중개인은 매수자가 지불하려는 가격과 매도자가 받아내려는 가격 사이의 차액 중 일부를 움켜잡을 수 있었다. 이제 젊은 밀컨은 제대로 마케팅만 하면 엄청나게 거대해질 시장을 좌우하는 중개인 자리에 오르게 되었다.

밀컨의 투자 설명대로 이 새로운 정크본드 수요는 틀림없이 존재했다. 브래드독 히크먼에서 따온 복음서는 밀컨이 3.5퍼센트나 더 높은 수익률을 내준다고 찬미하고 있었다.[10] 밀컨은 은행이나 연기금, 보험회사의 포트폴리오 매니저들을 자신의 성공담으로 끌어들이기만 하면 되었다. 어차피 대형기관의 포트폴리오 매니저는 몇 베이시스포인트bp만이라도(1베이시스포인트=1/100퍼센트) 수익률이 높기만 해도 득달같이 달려든다는 것은 다 알려진 사실이었다.

하지만 이자율이 훨씬 높은 정크본드에 대한 수요가 높기도 했지만 그런 정크본드를 댈 잠재적 공급처도 아주 많았다. 아득히 먼 과거인 19세기 초로 올라가보면 그때의 주식수익률은 굉장히 높았다. 주식수익률과 채권수익률 사이의 차이가 너무 커서 이 차이에 '주식 프리미엄equity premium'이라는 호칭까지 생겼을 정도이다. 주식 프리미엄이 어느 정도였냐면, 가령 1925년에 신탁기금이 10만 달러의 초기 자본을 미국채에 투자했다면 70년 뒤 이 돈은 130만 달러로 불어나는 데 그쳤을 것이다. 그러나 이 신탁기금이 똑같은 금액을 주식에 투자하고 배당까지 재투자했다면 무려 8천만 달러로 늘어났을 것이다.[11] 만약 당신이 운이 좋아서 어느 정도 재산을 가진 조부모가 주식신탁기금에 투자를 해놓았다면 당신은 평생 가난을 모르고 살 수 있다.

1980년대 초 밀컨 주위에서 정크본드를 살펴온 사람들 눈에 기회가 포착되었다. 정크본드를 팔아 받은 대금으로 대기업의 주주들에게 현재의 주가를 제시해 그 기업을 인수하면 거액의 수익이 가능할지도 모른다는 기회였다. 평범한 기업을 골라도 자기자본수익률returns on equity(총자산에서 부채를 제외하고 자기자본만으로 거둔 수익률 - 옮긴이)이 높아서 정크본드의 이자를 지급하기에 충분할 수도 있다. 하지만 기업을 인수한다면 더 큰 수익을 거둘 수도 있는 일이었다. 이를테면 그 기업의 임금을 줄이고 불필요한 직원을 해고하고 법적으로 요구되는 자본수준보다 연기금 자본이 높은지 알아봐서 이런 연기금을 줄이는 등 노무비를 크게 줄일 수 있다면 불가능한 일도 아니었다. 아니면 경영진이 무능한 기업을 공격해 인수하고 경영진을 바꾸는 방법도 있었다. 마이클 밀컨과 그를 선동하는 사람들, 트레이딩 부서가 보기에 이런 기업 사냥을 통해 채권을 발행하면 채권 공급을 크게 올릴 수 있을 것 같았다.

문제는 언제 어디든 있기 마련이고 기업 사냥을 할 때도 마찬가지였다. 비즈니스가 'busy-ness'라고도 불리는 이유는 온갖 복잡한 일이 발생하기 때문이다. 기업 사냥꾼과 마이클 밀컨이 저평가된 주식으로 높은 수익을 움켜쥐려 할 때 방해가 될 만한 요소는 크게 세 가지였다. 특이하게도 밀컨이 취한 방식은 세 가지 방식을 모두 해결하는 쪽으로 움직였다. 첫 번째 장애물은 시장 타이밍과 관련된 문제였다. 만약 적대적 인수의 목표물이 경고 신호를 일찍 알아채면 방어 태세를 굳힐 수 있었다. 경영진은 직접 자금을 끌어 모아 내부경영자인수management buyout를 행하거나 경영권을 인수해줄 호의적인 백기사를 찾아 나설 수도 있다. 하지만 밀컨은 이 문제의 해결법을 알고 있었다. 그는 사업을 확장하면서 과거 수많은 고객에게 많은 돈을 벌어 주었다. 다 알려진 사실이지만 이 문제를 해결할 때 특히나 도움이 된 사람은 S&L 매수자들이었고 그들은 S&L의 자산을 이용해 밀컨의 도움 요청에 응해주었다. 나중에 연방예금보험공사FDIC와 미국 정리신탁공사Resolution Trust Corporation, RTC가 밀컨과 벌인 법정 소송에서 세간에 드러난 유명 S&L 소유주는 콜럼비아저축대부은행의 토머스 스피젤Thomas Spiegel, 링컨저축대부은행의 찰스 키팅, 센트러스트CenTrust의 데이비드 폴David Paul이었다.[12] 마찬가지로 프레드 카Fred Carr의 퍼스트이그제큐티브생명보험First Executive Life Insurance도 밀컨이 다른 사람에게서 별도로 수십억 달러를 끌어올 때 힘을 주었던 것으로 추정된다.[13]

연방예금보험법의 느슨한 법 집행은 S&L이 밀컨에게 대줄 수 있는 돈을 늘리는 데 중요한 역할을 했다. 또한 느슨한 법적 규제 덕분에 S&L은 여분으로 보유하고 있는 예금에 대해서도 충분히 높은 이자율을 지급할 수 있었다. 이런 여러 힘이 더해지면서 밀컨은 새 기회를 발견했다하면 강하게 밀어붙였다. 1985년에 밀컨은 눈이 휘둥그레질 정도의 대규모 거래도 잘 처리할 수 있다고 확신했기 때문에 드렉셀은 그저 자금 조달을 '매우 자신한다'는 내용의 편지만 발송하면 되었다. 칼 아이컨Carl Ichan의 필립스석유Phillips Petroleum 공격에서 밀컨이 48시간 안에 끌어모은 돈은 15억 달러나 되었다.[14] 이런 막강한 힘을 발휘해 밀컨과 그의 군단은 목표로 삼은 경영진을 기습 공격했다. 사냥꾼의 적대적 인수 제안이 워낙 순

식간에 이뤄졌기에 타깃이 된 경영진은 방어할 시간이 채 몇 시간
도 되지 않았다.

추가로 알아둬야 할 내용이 또 있다. 밀컨은 자신을 도와준 친구
들에게 보상을 해주기 위해 정크본드를 통한 자금조달 외에 다른
방법도 이용했다. FDIC가 밀컨에 대해 제소한 소장은 밀컨이 친구
들에게 돈을 동원해준 방법을 여러 페이지에 걸쳐 설명한다. 소장
에 따르면, 토머스 스피젤은 스토러통신Storer Communications의 경영
권 인수에 참여한 대가로 특별한 스톡옵션인 파트너십보유보
증partnership holding warrants을 매입할 기회를 얻었다. 알고 보니 스토
러통신 인수의 가장 큰 돈줄이 바로 스피젤의 콜럼비아저축대부은
행이었다. 스피젤은 이 조합원 지분을 13만4596달러에 구입했고
얼마 안 가 이 투자로 700만 달러가 넘는 차익을 거뒀다.[15] 또한 소
장은 1987년 11월 30일 찰스 키팅의 링컨저축대부은행과 자회사
가 비어트리스인터내셔널푸드Beatrice International Food Company 인수
작업이 진행될 때 3400만 달러어치 이상의 정크본드를 매입했고
같은 날 이 회사 주식 23만4383주를 매입했다고 적고 있다.[16]

프레드 카는 다른 방법으로 인수 작업에 관여한 것으로 알려져
있다. 그가 자금을 댄 인수 작업은 뒤이어 얼마 뒤 파산한 카의 퍼
스트이그제큐티브 근로자 연기금에 투자하곤 했다.[17] 이 증거는 밀
컨의 친구들은 돈벌이가 되는 한 그가 파는 것이라면 무엇이건 다
살 생각이었음을 의미한다.[18]

하지만 기업 사냥꾼에게는 두 번째 장애물인 홀드업 문제holdup
problem(거래에서 더 적극적인 쪽이 상대에게 발목이 잡힌다는 뜻—옮긴이)도 존

재한다.[19] 대개 기업 사냥꾼은 현재 주가에 높은 프리미엄을 붙여 주식을 매수해야 한다. 1985년 로널드 페렐먼Ronald Perelman의 팬트리 프라이드Pantry Pride가 밀컨의 지시를 받고서 레블론 경영권을 인수하려 했던 사건이 대표적인 예다. 팬트리 프라이드는 47.50달러의 처음 주당 호가를 58달러까지 올려야 했다. 팬트리 프라이드가 존경 받는 기업이었다면 이런 호가 상승은 지나친 면이 없지 않다고 생각할 소지가 컸다. 그러면 주주들은 주식을 내놓느니 소액주주로 남는 편이 낫다는 결론을 내릴 수도 있다. 이렇게 생각하면 된다. 만약 내가 주주로 있는 기업을 워런 버핏이 인수하려 한다면 그 주식을 팔기 전에(전문용어로는 '공개매수'에 주식을 내놓기 전에) 한 번쯤은 더 고민을 할 것이다. 정확한 재무적 판단으로 유명하고 인품까지 갖춘 사람이 회사의 지배권을 보유한다면 그냥 그 주식을 갖고 있는 편이 더 낫지 않겠는가? 하지만 1985년의 팬트리 프라이드와 페렐먼은 거의 무명이나 다름없었다. 레블론의 순자산은 10억 달러인 반면에 팬트리 프라이드의 순자산은 1억4500만 달러에 불과한데다 얼마 전인 1981년에야 챕터 11 법정관리에서 벗어난 슈퍼마켓 체인일 뿐이었다. 더욱이 페렐먼은 기존 레블론 경영진이 질색하고 반대할 '기업 사냥꾼'이었다. 그렇기에 기존 주주들은 두 가지 중 하나만 속편하게 선택하면 되었다. '높은 프리미엄'을 받고 주식을 내놓든가, 아니면 그대로 가지고 있으면서 다음에 벌어질 일을 관망하든가 하면 되었다. 이로써 홀드업 문제도 해결되었다.[20]

자금 조달에 자신감을 표명하는 서한과 기업 사냥꾼의 평판은 정크본드를 대량 발행하고 공급하는 기업 사냥 작업에서 타이밍과 홀드업의 문제를 해결하는 데 도움이 되었다. 그러고나면 밀컨이 해결해야 할 세 번째 문제가 있었는데, 이번에는 수요의 문제였다. 새로 발행한 정크본드나 히크먼이 수익률과 부도율을 이미 평가해 놓은 기존 정크본드 둘 다 저등급채권이기는 했다. 그렇기에 어떻게 보면 비슷했지만 다르게 보면 둘은 완전히 다른 종류의 채권이었다. 부도율이 이미 계산된 기존 정크본드는 처음에는 등급이 높았지만 실적이 좋지 않아 추락한 천사가 된 기업들의 회사채였다. 펜실베이니아 철도의 채권이 여기에 해당한다. 도산을 하면서 이 회사의 채권은 추락한 천사가 되었다. 그러나 밀컨의 채권은 달랐다. 이 채권은 아예 처음부터 쓰레기junk였기 때문이다. 애완견을 알아볼 때 '래브라도견'이 좋은 가족이 될 수 있다고 말하는 연구 결과를 읽고서 사납기로 소문 난 '핏불견'을 들인다면 이것은 명백한 실수이다. 채권도 마찬가지다. 브래드독 히크먼과 훗날의 관찰자들이 추락한 천사에 높은 점수를 줬다는 이유로 드렉설 번햄 램버트가 발행한 새 채권으로 포트폴리오를 꾸리는 것도 실수가 될 수 있다.

그런 다음 밀컨은 이어지는 악몽을 해결해야 했다. 새로 발행한 채권과 추락한 천사들이 다르다는 것이 알려지면 그의 사업 전체가 무산될 수 있었다. 이것은 통계 수치를 이용해 그럭저럭 막아졌다. 뉴욕대학의 금융학 교수인 에드워드 앨트먼Edward Altman과 그의 제자였던 스콧 내마처Scott Nammacher는 평균 채무불이행 비율이 1.5퍼센트라는 사실을 발견했다.[21] 사실 오도에 딱 좋은 수치였는데, 정크본드는 원래 발행이 오래될수록 부도율이 높아지고 시장 자체가 급성장하고 있기 때문이었다. 그렇기에 부도율을 이런 단순한 평균치로만 계산하는 것은 노인 한 명과 10세 아이 100명만으로 전체 인구의 사망률을 추산하는 것과 비슷했다.

시간이 지나면 잘못 알았다는 것을 누구나 알겠지만 밀컨은 적어도 한동안은 큰 소리로 짖을 개의 시선을 다른 데로 분산해 짖지 않게 만들 방법을 찾아낼 수 있었다. 정크본드는 채무를 불이행하게 될 것 같으면 (1933년 증권거래법 3(a)(9)절에 의거해) 교환공개매수exchange offer(공개매수의 일종으로, 채권자의 동의 하에 기존 채권을 다른 자산군이나 증권군으로 교환하는 제도-옮긴이)라고 불리는 법적 절차를 따랐다. 그러면 채권이 재구성되어 부도채권이 되는 것을 면할 수 있었다.[22] 밀컨은 상황을 악용했다. 드렉설은 교묘하게 교환매수를 조율해 부도 직전인 채권이 조금이라도 더 나은 가격에 매수되도록 만들었다. 물론 이익을 보는 다른 당사자들은 상황을 방조했다. MIT의 폴 애스퀴스Paul Asquith, 하버드경영대학원의 데이비드 뮬린스David Mullins와 에릭 울프Eric Wolff는 1977~1980년까지 발행된 정크본드 중 1988년 말까지 거의 30퍼센트가 부도가 났다는 놀라운 내용의 논문을 발표했다.[23] 여기에는 교환매수를 했다가 뒤이어 부도가 난 10퍼센트도 포함돼 있었다.[24]

1980년대 초중반에 밀컨의 채권 매매는 불이 번지듯 급성장했다. 드렉설은 매년 3월마다 밀컨 하이일드채권 연차총회(하이일드high-yield채권은 이름만 다를 뿐 정크본드와 같은 것이다-옮긴이)를 열었다. 1985년 프레데터스 볼Predator's Ball, 즉 포식자의 무도회라는 명칭을 달고 개최된 총회에 참석하기 위해 1500명이 비벌리힐튼과 근처 비벌리 호텔로 몰려들었다.[25] 이 금융가들은 개인 재산과 정크본드 발행으로 모은 수조 달러의 돈을 적대적 인수합병 공격에 쏟아 부을 힘이 있는 사람들이었다. 정크본드 사업이 워낙에 많은 이익을 남겼기에 드렉셀은 1978년 뉴욕에서 로스앤젤리스로 사무실을 옮긴 밀컨의 트레이딩 부서에 1986년 한 해에만 7억 달러의 상여금을 주었다. 그리고 밀컨은 상여금을 배분하면서 자기 몫으로만 5억 5천만 달러를 챙겼다.[26] 욕심이 지나치다고 볼 수 있는 대목이다. 그러나 밀컨은 정크본드 시장의 최대 흥행주였고 그의 움직임 하나하나가 모든 미국 기업에 영향을 미친다고 본다면 금융계의 계산으로 따질 때 그는 그만한 돈을 받을 자격이 있었다. 그 전까지 한 해 상여금으로 그렇게나 많이 받은 미국 경영자는 한 명도 없었다.[27]

밀컨은 대부분 합법적으로 움직였다. 유능한 변호사가 밀컨 같은 사람을 변호해주지도 못할 정도로 경계선을 넘지 않는 한 피싱은 불법이 아니다. 피싱은 합법적인 활동일 뿐 아니라 밀컨이라는 브랜드로 행해진 일은 심지어 어떤 면에서는 영웅적 행동으로 묘사되기까지 했다. 마이클 젠슨Michael Jensen 하버드경영대학원 교수는 밀컨이 설계하는 것과 같은 방식의 인수 작업이 우리 사회를 더 부유하게 한다고 주장했다. 젠슨의 설명에 따르면, 인수 공격은 자리를 잡고 틀어 앉은 무능한 경영진을 쫓아냄으로써 모두에게 더 큰 번영을 안겨준다는 것이다.[28] 하지만 젠슨의 주장은 동전의 다른 면은 놓치고 있다. 적대적 인수 공격은 성실한 경영진을 내몰 가능성도 똑같이 높으며 기업 사냥으로 거둔 이익은 임금과 복리후생, 근무환경, 연금에 대한 직원의 기대와 신뢰를 저버림으로써 얻는 이익이라는 사실이었다.[29]

밀컨의 피싱은 다른 피싱과는 끝이 달랐다. 피싱맨은 대부분 절대 붙잡히지 않았지만 밀컨은 수감되었다. FBI는 내부자거래의 고리를 추적하다가 악명 높은 기업 사냥꾼이자 주식 트레이더인 이반 보에스키Ivan Boesky까지 이르렀다. 그는 버클리대학 졸업 연설에서 남들처럼 좋은 말만 하는 대신에 "나는 탐욕은 좋은 것이라고 생각합니다"[30]라는 말을 해 순식간에 유명 인사가 되었다. 보에스키는 내부자거래에 자신도 연루되었음이 밝혀져 위험에 처했을 때 살아날 기회를 다른 거래에서 찾아냈다. 그는 밀컨에 대한 불리한 증거를 알려주는 대가로 양형 거래(중죄에 대해 가벼운 처벌을 얻기 위해 다른 가벼운 범죄에 대해 유죄를 인정하는 행위-옮긴이)를 시도했다. 밀컨의 기업 사냥 궤적에서 보에스키는 절대 중요하지 않은 인물이었지만 보에스키가 확보하고 있는 녹음테이프는 밀컨에 대한 조사를 시작하기에 충분한 증거가 되었다.

처음에 98개 죄목에 대한 혐의로 기소된 밀컨은 재판을 피하고 동생까지 처벌 받는 사태를 막기 위해 6개 혐의에 대해 유죄를 인정했다. 개중에는 보에스키에게 되판다는 약속하에 그의 채권을 매수한 행위도 포함돼 있었다. 이렇게 하면 보에스키는 아무 위험 없이 세금을 낮출 수 있다.[31] 그러나 증권거래법은 증권을 타인에게 잠시 맡기는 이른바 '파킹parking'을 금지하고 있기 때문에 둘의 거래는 명백히 불법이었다. 이런 둘의 거래는 밀컨이 대중의 이익에는 무관심하지만 거래 상대방이 이익을 얻게 하는 데는 굉장히 후하다는 사실을 보여주고 있었다. 그도 이익을 얻지만 동시에 그 거래로 상대도 이익을 얻게 하는 것이다. 밀컨이 기소되고 몇 달 지나지 않아 로스앤젤리스 윌셔 대로에 있는 그의 트레이딩 부서는 문을 닫았고 이후 모회사인 드렉설 번햄 램버트도 파산했다.[32] '파킹' 행위를 비롯해 밀컨이 유죄를 인정한 6개 죄목은 일반적으로는 실형까지는 판결이 나오지 않으며 대개 벌금형으로 끝난다. 우리 두 저자가 보기에 밀컨이 대중의 이익을 더 심각하게 침해한 행동은 앞서 언급한 FDIC와 정리신탁공사가 제소한 민사 사건이었다. 소장에는 밀컨과 '공모자'로 추정되는 다른 사람들이 결탁해 대중의 돈을 전용했다고 적혀 있었다.[33] 이 민사소송은 재판까지 가지 않고 협의하에 해결되었고, 밀컨이 부담한 합의금은 5억 달러였다.[34]

여섯 가지 소견

다음의 여섯 가지 소견을 적용하면 밀컨의 추락을 더 큰 관점에서 볼 수 있다.

첫 번째 소견

밀컨의 정크본드 매매는 앞의 여러 곳에서 이미 설명한 두 종류의 정보 피싱을 보여준다. 그는 왜곡된 채권 등급(그의 정크본드는 히크먼의 추락한 천사들과는 아주 많이 다른 것이었다)을 경제적으로 파산한 S&L의 부정직한 회계와 결합했다. 짐작하다시피 S&L은 밀컨이 원할 때마다 채권을 매수해주었고 밀컨은 그 대가로 S&L에 높은 보상을 안겨주었다.

두 번째 소견

앞에서 우리는 '스토리'에 대한 테마를 소개했다. 밀컨의 스토리 한 가지는 그가 돈을 찍어내는 새로운 방법을 고안한 천재라고 말했다. 또 다른 스토리는 그의 정크본드가 히크먼의 추락한 천사처럼 부도율이 낮다고 말하고 있었다.

세 번째 소견

밀컨은 새로운 불평등에 시동을 걸었다. 1980년대는 소득 최상위 10분위수, 소득 상위 1퍼센트, 임금 상위 1퍼센트가 전체 소득에서 차지하는 비중이 급상승했다.[35] 밀컨의 행동이 이런 변화에 미친 간접적 영향이 얼마나 되는지 계량이 불가능하기는 하다. 그러나 우리가 보기에는 밀컨이 똑똑한 사람이기는 하지만 그 전의 경영자 보상 기준을 뒤흔드는 새로운 적대적 인수 공격을 시도한 일에 있어서는 남들에 비해 몇 걸음 빨랐던 것에 불과했다. 시장의 피싱 균형도 그렇고 인수 작업을 위한 대규모 사모펀드가 설립되는 모습을 보면, 밀컨이 없었어도 비슷하게 경영권을 공격할 다른 누군가가 등장했을 것이 분명하다. 하지만 어쨌거나 그런 방식이 탄생하는 그 자리에 밀컨이 있었다는 것은 부인 못할 사실이다.

네 번째 소견

밀컨의 정크본드는 금융시장에서 벌어지는 바보를 노리는 피싱의 또 다른 원칙을 보여준다. 앞의 두 장은 피싱과 금융시장이 결합해 어떤 사기극의 꽃목걸이가 탄생하는지를 보여주었다. 2008년 금융위기가 그랬듯이 밀컨의 정크본드 피싱극도 발원지로부터 아주 멀리까지 그 영향이 전파되었다. 그의 정크본드는 S&L과 보험회사가 홈베이스에서 피싱을 펼치게 만드는 데 그치지 않고 1980년대 초중반 인수합병 물결이 몰아닥치는 데 중요한 역할을 했다.[36]

다섯 번째 소견

마이클 밀컨의 행위는 피싱 균형을 이끄는 힘을 보여준다. 밀컨은 와튼을 졸업하고 이른바 '계산대'에 도착했을 때 이윤 창출의 기회를 발견했다. 그는 추락한 천사와는 다른 새로운 종류의 정크본드를 발행했다. 그가 극복해야 할 세 가지 '장애물'은 이 계산대가 제공하는 기회를 왜 그전까지 아무도 누리지 않았는지 그 이유를 알려준다. 밀컨은 장애물을 뛰어넘는 방법을 최초로 발견했다.

여섯 번째 소견

이제 우리는 이 책의 가장 중요하고 현실적인 관찰 결과에 다다랐다. 자산 가격은 변동이 심하다. 우리가 지금까지 제시한 그림은 왜 자산 가격이 변덕이 심한지 그 이유를 알려준다. 평판 파내기, 루팅, 회계 조작, 뉴미디어의 과장된 스토리, 투자 자문 회사와 투자회사·부동산 중개인의 판매 전술, 자력으로 거부가 된 사람의 성공담과 같은 온갖 피싱극이 자산 가격 변동의 주요 원인이다. 속아 넘어간 사람만 하락세에 접어든 패자가 된다면 자산 변동성으로 인한 피해는 제한적일 것이다. 그러나 가격이 치솟은 자산을 빚을 내 구입했을 때는 추가적인 손실 고리가 생길 수밖에 없다. 이렇게 되면 파산과 파산에 대한 두려움이 전염병처럼 퍼져 나가고, 그에 따라 더 많은 파산과 파산에 대한 더 큰 두려움이 생겨난다. 이윽고 신용이 고갈되고 경제가 침몰한다.

의학도 그렇지만 경제의 전염병에도 즉각적이고 극적인 처방이 필요하다. 지난 100년 동안의 두 극적인 사건은 즉각적인 대응이 있을 때와 없을 때 어떤 결과가 벌어지는지 극명하게 차이나는 실험 결과를 보여준다. 1929년 뉴욕증시의 대폭락에 대한 대응은 느리고 소극적이었다. 그리고 세계는 작은 암흑기에 들어섰다. 암흑기는 1930년대 내내 이어진 대공황과 제2차 세계대전까지 포함해 15년이나 계속되었다. 2008년 금융붕괴도 위력에 있어서는 1929년의 대폭락과 비슷했다. 그러나 대폭락 때와 달리 세계 각국의 재정당국과 중앙은행이 즉각 개입에 나섰으며 가능한 한 대규모로 서로 힘을 조율하고 합쳤다. 아직 회복은 미미한 수준이지만 다행히도 과거와 같은 작은 암흑기가 도래하는 사태는 막았다.

지금 재정당국과 금융당국이 2008~2009년의 금융위기에 그렇게 지레 겁먹고 즉각 대응에 나설 필요가 없었다는 의견이 제시되고는 있다. 금융위기가 오면 정부 개입에 대한 기대감이 생겨난다는 것이 이런 의견이 제시된 가장 큰 이유였다(경제학의 말을 빌리면, 자산 가격이 치솟는 이유는 '도덕적 해이moral hazzard' 때문이라는 것이다). 하지만 금융에 대한 우리의 생각은 다르고, 여러 세부적인 사실도 우리의 생각이 옳다는 것을 뒷받침한다. 자산 가격이 오른다면, 그 이유는 피싱이 부추기고 선동하는 비이성적 과열irrational exuberance이 원인인 경우가 대부분이다. 비이성적 과열에 빠진 사람은 재정당국과 금융당국이 경제와 신용흐름을 유지하기 위해 사태에 개입하거나 또는 극단적인 사태에까지 이르러 자신의 은행이나 사업이 '구제금융'을 받게 됐을 때 수익률이 얼마나 떨어질지는 전혀 생각하지 않았다. 그럴 만한 요소가 다분하다고 해도 2008년 금융위기를 이끈 조증에서는 그것은 별로 영향을 미치지 않는 작은 요소에 불과했다. 오를 대로 오른 가격에 자산을 파는 사람들은 이익을 냈고, 거래 상대로서 아주 비싼 가격에 자산을 구입하는 매수자는 어깨에 올라탄 원숭이의 기대감에 휩쓸려 자신의 행동이 옳다고 '자신'했다. 물론 그들의 행동은 옳지 않았다. 그들은 음악에 취해 신나게 춤을 추고 있을 뿐이었다.

빠르고 즉각적인 금융위기 개입의 필요성을 인지하지 못하는 이유는 경제학이 루팅이나 평판 파내기, 비이성적 과열 같은 요인을 고려하지 못하기 때문이다. 경제학이 주장하는 잘못된 논리대로라면, 사람들이 불조심을 더 많이 해 화재가 나지 않을 것이므로 소방서를 없애야 한다고 주장하는 것과 같다.

오래 전 세상이 겪은 유감스러운 사태는 금융붕괴, 비유적으로 말하면 전염병이 이제 막 번지기 시작했을 때 효과적으로 개입하지 않으면 어떤 일이 벌어지는지 충분히 보여주었다. 전염병과 같은 자연적 힘은 금융시스템의 변동성을 극도로 높이기도 하지만 금융붕괴가 닥쳤을 때는 정부 개입을 필요로 한다. 작은 암흑기는 단 한 번으로도 충분하다.

11 저항의 영웅들

우리가 이 책에서 설명한 피싱 균형은 구석구석 퍼져 있지만 모든 상황과 사람에 다 해당하지는 않는다. 그리고 그런 이유에서 우리는 이윤 추구 동기에서 한 발 물러나 비즈니스·정치·사고·종교의 리더로 행동하는 사람을 관찰해야 한다. 전통경제학(즉, '순수한 경제학 모델')은 시민사회를 감안하지 않지만 우리는 서로가 서로를 돌보고 신경 쓰는 공동체 안에서 살아간다. 우리 두 저자는 이 책 전체에서 여러 영웅을 언급했다. 이제 우리는 피싱에 대한 저항에서 드러난 영웅의 심리와 영웅이 이뤄낸 업적, 영웅의 눈길을 피하고 있는 것이 무엇인지에 초점을 맞춘다.

사실상 자유경쟁시장 체제를 움직이는 주인공은 바로 이 영웅들이다. 훨씬 정교한 조작과 기만을 불러오는 것이 바로 자유경쟁 본연의 체제라는 사실을 감안하면 지금의 풍요는 시장 본연의 작용에서 비롯된 것이 아니다.

이전의 모든 역사와 비교하면 선진국의 사람들은 놀랄 정도로 잘 살고 있다. 50여개 나라의 여성들과 11개 나라의 남성들은 기대수명이 80세 이상이다.[1] 현대의 자동차는 문제도 많고 리콜도 많지만 안전벨트가 장착되지 않은 차는 하나도 없다. 아주 드문 예외만 제외하면 50년 전 랠프 네이더Ralph Nader가 비난했던 '어떤 속도에서건 안전하지 않은 차'(이 말은 랠프 네이더가 1965년에 발표한 책 제목이기도 하다. 그는 이 책을 통해 미국의 자동차회사가 안전벨트 등 안전성 개선에 전혀 돈을 쓰지 않는다고 비난했다 - 옮긴이)는 이제 존재하지 않는다.[2] 놀랍게도 2013년 2월까지 4년 동안 미국에서는 민항기 사고로 인한 사망자가 단 한 명도 발생하지 않았다.[3] 민항기는 완전무결한 기록을 보유했고 비행기가 안전하게 하늘을 날게 하는 책임을 진 파일럿과 정비사도 흠 없는 기록을 달성했다.

안전과 품질에 대한 기록을 보면서 몇 가지 질문이 떠올랐다. 정말로 시장 체제가 우리에게 이런 성공을 안겨준 것인가? 우리가 말한 영웅의 역할은 무엇인가? 이번 11장에서 우리는 이와 같은 질문에 조심스럽게 답을 제시하려 한다. 우리가 제품과 서비스와 자산의 품질을 측정할 수 있을 때, 다시 말해 품질에 정확한 등급을 매길 수 있고 겉으로 보이는 등급과 품질을 이해할 수 있을 때 우리는 기대한 그대로의 물건이나 서비스, 자산을 구입할 수 있다. 대부분은 그렇다. 이번 장의 영웅들은 정보 피싱을 평가가 어렵고 측정이 불가능한 오지로 고립시킴으로써 피싱의 발생을 줄였다.(금융위기에 대한 내용을 다룬 2장에 이런 오지에 해당하는 예가 하나 등장한다. 모기지담보부증 권의 부도율은 측정하기가 힘들었기 때문에 매수자들은 자신들이 완벽한 아보카드 를 산다고 믿었다. 하지만 그들의 착각이었다. 그리고 착각이 대침체기를 불러왔다.) 하지만 결론에서 말하겠지만 이 영웅들도 심리 피싱에는 썩 효과적 으로 대응하지 못한다. 혹시라도 내가 예산이나 다이어트의 문제를 내던지고 싶은 욕구가 강하게 든다면 내 행동을 막을 만한 보호 장 치는 거의 없다.

표준을 만든 사람들

우리의 첫 번째 영웅은 품질을 측정하고 품질 기준의 측정법을 집 행한 사람들이다.

20세기 초 이래로 제품의 품질을 측정하고 품질에 등급을 매기 는 기술은 놀랄 정도로 많이 발달했다. 이런 기술의 발달 덕에 표준 화가 가능해졌다. 우리는 하비 워싱턴 와일리와 식품의약청 설립 과정을 살펴봄으로써 측정 기술의 발달을 잠시 엿볼 수 있다. 우리 의 영웅 와일리는 화학자였다. 앞에서 설명했듯이 화학 시대가 오 면서 식품과 약품의 성분을 시험하고(대부분은 독일에서 비롯되었고, 와일 리는 과거 독일의 임페리얼 식품연구소Imperial Food Laboratory에서 근무했다)[4] 라벨의 잘못된 성분 표기를 알아내는 것이 가능해졌다.

19세기 대부분 동안 미국 정부의 '중량과 측정의 표준을 정하는'

헌법적 책임은 재무부의 작은 부서에서 수행되었지만 1901년 들어 신설된 규격표준국National Bureau of Standards으로 이전되기 시작했다. 얼마 후부터 규격표준국은 연방정부의 물품 조달을 검사하는 역할을 맡았다. 규격표준국에 할당된 예산은 200만 달러에 불과했지만 이 부서의 역할에 힘입어 3억 달러의 정부물품 조달 중 1억 달러가 절감되었다고 알려져 있다.[5]

1927년에 우리의 두 영웅 스튜어트 체이스Stuart Chase와 프레더릭 슈링크Frederick Schlink가 발표한 《당신이 쓴 돈의 가치Your Money's Worth》가 베스트셀러가 되었다(나중의 일이지만 '뉴딜'이라는 말을 만든 사람도 체이스였다).[6] 두 저자는 규격표준국의 역할을 소개하고 더 나아가 여러 산업 분야에서 정부와 민간기업, 비영리조직이 힘을 합쳐 만들어낸 표준화와 등급 산정, 품질 인증에 대해서도 설명했다. 보통 이런 등급과 표준화의 영웅들은 자신의 결과물을 떠벌리지 않는 탓에 사람들의 주목을 받지 못하고 당연한 것으로 받아들여진다. 곡류 밀의 등급 산정과 가전제품의 품질 인증이 바로 이런 경우에 해당한다.

경제학 교재와 기사들을 보면 밀은 경쟁시장에서 매매가 이루어지는 단순하고 전형적인 상품commodity이다. 하지만 교과서에 나오는 것과 달리 실제의 밀은 종류도 다양하고 품질 등급도 다양하고 결함도 많이 가지고 있다. 밀은 분류 및 품질 등급 시스템이 잘 잡혀 있기 때문에 화물칸 하나가 통째로 거래되어도 문제가 없는 상품이다. 미국 농업부 산하의 곡물검사포장저장관리국GIPSA은 밀 등급의 분류 기준을 공식적으로 정해 두었다. 밀은 기본적으로 8종으로 나뉘며(듀럼 밀과 적색 경질의 봄밀 등) 등급은 1~5까지 갈린다. 등급은 부셸(8갤런에 해당하는 곡물 단위. 1갤런은 약 3.79리터 – 옮긴이) 당 중량, 손상된 낱알의 유무와 다른 종류의 곡물이 섞였는지 여부, 동물 배설물이나 피마자, 활나물 씨, 유리, 돌을 비롯한 다른 이물질 포함 여부, 곤충에 의해 파 먹힌 낱알의 유무 등 여러 기준에 따라 달라진다. 또한 이 외 조건에 따른(맥각균이나 흑수병균에 걸리지는 않았는지, 마늘이 들어 있지는 않은지, 부적절한 보관처리를 하지는 않았는지 등) 추가적인 등급 산정도 행해진다.[7]

GIPSA의 인허가를 받은 기업들은 미국에서 재배된 곡물의 거의 절반을 검사한다.[8] 하지만 다른 식의 검사도 많이 행해지는데[9] 대형 곡물창고 회사들은 자체적으로 곡물을 검사하거나 도급을 맡겨 검사를 시행하기도 한다. 저장물의 검사와 책임, 조건에 대한 곡물저장법도 추가적인 보호 장치를 요구한다. 따라서 대형 곡물창고 회사는 연방이나 주의 허가를 받으며 거기에 맞는 규정을 준수해야 할 의무가 있다.[10] 이런 것들이 복합적으로 작용한 결과 밀은 어디서나 쉽게 매매가 가능하고 구매자는 자신이 어떤 밀을 사는지 잘 알 수밖에 없다.

가전제품 시장도 표준 마련의 또 다른 사례다. 전기 조명 제품과 소화기 같은 가내용 제품은 인증 전문기관인 UL Underwriters Laboratory의 성능 시험을 거친다. 1984년에 세워진 비영리 단체인 UL은 미국의 웬만한 가전제품 뒤에는 다 등장하는, 굵은 원 안에 UL이라고 큼지막한 글씨가 있는 인증 마크를 발급해주는 바로 그 단체이다. 기업은 UL에 유료로 제품 성능 테스트를 의뢰하고 대가로 인증 마크를 얻는다.[11] 미국의 가전제품 표준은 일반적으로는 UL이 아니라 다른 조직이 정한다. 1918년에 미국전기엔지니어링연구소와 미국 기계엔지니어협회 등 5개 엔지니어링협회의 공동 후원을 받아 설립된 미국표준연구소American Standards Institute와 미국 3개 부처(상무부, 해군, 국방부의 전신인 전쟁부)가[12] 표준을 세우는 기관이다. 이 기관들이 정한 표준은 안정성을 높여주기도 하지만 동시에 통일성도 높여준다. 전국의 전기 소켓과 콘센트가 표준화돼 있는 것, 자동차 타이어의 크기가 표준화돼 있는 것, 철도 궤간과 차량연결자가 표준화돼 있는 것이 얼마나 유용한지는 말할 필요도 없다.

《당신이 쓴 돈의 가치》에서 체이스와 슈링크는 제품 표준이 있는 것만으로는 부족하다고 말한다. 두 저자는 소비자 또한 정부가 물품을 조달할 때 적용한 제품 평가 방법에 접근할 수 있어야 한다고 주장했다. 두 사람은 책이 출판되고 몇 년 뒤에 그 일을 행해줄 단체를 조직하기 시작했다.[13] 그 과정에서 노조를 조직한 근로자들이 반기를 들고 그 일을 맡는 복잡한 역사가 펼쳐지기는 했지만 어쨌거나 체이스와 슈링크의 운동은 오늘날 〈컨슈머 리포트〉를 발표하는 소비자연맹Consumers Union으로 발전하였다.[14] 오늘날 〈컨슈머 리포트〉는 냉장고에서 자동차, 에어컨, 비디오 게임에 이르기까지 모든 종류의 제품을 시험하고 평가한다.[15] 〈컨슈머 리포트〉가 매긴 점수는 그것을 보고서 물건을 직접 구입하는 소비자를 포함해 사회 구성원 모두에게 도움이 되는데, 기업도 좋은 점수를 얻기 위해 서로 경쟁을 펼치기 때문이다.

소비자연맹은 가장 존경받는 소비자활동 단체이기는 하지만 사실 이런 단체는 굉장히 많다. 소비자활동의 대부 역할을 하는 전미 소비자연방Consumer Federation of America 산하에는 250개 단체가 등록돼 있으며 이 단체들이 각자의 영역에서 연구, 교육, 소비자권리 주장, 서비스 등의 활동을 펼친다.[16] 그러나 단체의 수는 소비자활동 전체를 아주 보수적으로 그린 것에 불과하다. 우리는 이들의 작지 않은 도움이 있기에 어느 정도 안전하게 살아갈 수 있는 것이다.

표준·등급·평가를 넘어 소비자 운동의 중요한 의미는 또 있다. 소비자 운동은 가치와 품질, 안전에 관심을 기울이지만 이것은 더 깊이 자리한 신념의 부산물에 불과하다. 결국 인간의 소비는 시민 정신 활동이고 또한 시민정신은 도덕적 의무를 수반한다는 신념이 그것이다. 미국에서 시민이 주축이 된 시민사회 운동의 뿌리는 적어도 식민지 시절까지 거슬러 올라간다. 1760년대와 1770년대의 미국인들은 영국 물품에 대한 수입 거부 운동을 펼쳤다(대표적인 운동이 보스턴 항구에 입항한 영국 동인도회사의 화물을 바다에 버린 '티 파티' 사건이다). 다음 세기 남북전쟁이 발발하기 전 노예제 폐지를 주장한 사람들은 노예가 만든 제품에 대해 불매 운동을 펼쳤다.[17]

현대 도덕적 신념 운동의 시작으로 볼 수 있는 예는 1899년에 플로렌스 켈리Florence Kelly가 창설한 전국소비자연맹National Consumers League이다. 켈리는 미국의 위대한 여성 중 한 명이며 전국소비자연맹의 목표와 활동은 그녀의 강직한 성격과 사회적 양심을 고스란히 담고 있다. 취리히에서 교육을 마친 켈리는 31세 때 일리노이 주의 선임 공장시설 조사관이 되었다. 당시 여성으로서는 파격적인 직책이었다. 노예폐지론에 찬성한 공화당 의원이자 퀘이커 교도였던 아버지의 영향 때문인지 켈리는 시카고 제인애덤스 사회복지관에서 가난한 사람들과 함께 살았다.[18] 모든 소비자는 구입하는 물건을 만든 공장 근로자들의 간접적인 고용주다. 그렇기에 공장 소유주가 근로자를 책임져야 하는 것처럼 소비자 역시 그들의 복지를 책임질 도덕적 의무가 있다. 이것이 바로 전국소비자연맹의 정신이다. 켈리가 일리노이 주의 공장 시설을 조사했던 것처럼 전국소비자연맹은 작업 환경을 조사했으며, 조사 기준을 통과한 제품에는 '화이트 라벨'을 주었다.[19] 또한 이 라벨은 제품 안전을 보장하는 보증서이기도 했다. 따라서 화이트 라벨이 부착된 제품을 구매하면 시민사회 운동의 정신과 구매자 가족의 안전 보증이라는 두 마리 토끼를 잡는 것과 같다.

6장에서 우리는 근로자의 작업 환경과 제품 안전에 대한 우려 사이의 공생관계를 보여주는 다른 예를 살펴보았다. 업튼 싱클레어는 시카고 식육가공 회사에서 일하는 임금노예 노동자의 실상을 폭로하기 위해 《정글》을 썼다. 그러나 대중은 자신들의 뱃속으로 들어가는 것에 대해 책이 폭로한 내용에 훨씬 크게 충격을 받았다. 지금까지도 '더 나은 세상을 만들기 위한 쇼핑shopping for a better world' 운동은 여전히 소비자 운동의 날개 한 쪽을 담당한다. 친환경 자동차인 프리우스를 구입한 사람, 방목 표시가 붙은 고기와 가금류 고기를 사는 사람, 그리고 학생연합United Students의 노동착취 반대 운동을 생각해보자.

전국소비자연맹은 지금도 활발한 운동을 펼치면서 켈리의 정신을 계승하고 있다. 현재 이 단체는 미국 남부의 담배 밭에서 일하면

서 니코틴 남용 속에 방치된 아동노동 실태를 고발하고 방안을 마련하는 일에 주력하고 있다.[20]

기업의 영웅들

훌륭한 제품을 만드는 양심적인 경영진은 도덕적·경제적으로 피싱맨을 멀리할 이유가 충분하다. 그리고 실제로 그들은 피싱맨을 멀리 떨어트릴 몇 가지 방법도 찾아냈다. 1776년 런던에서는 '수호자들: 사기꾼과 협잡꾼에게서 사업을 보호하는 협회The Guardians, or Society for the Protection of Trade against Swindlers and Sharpers'라는 이름의 한 단체가 설립되었다.[21]

단체는 소비자의 불만 사항을 서면으로 접수했고 그들을 대신한 법적 대응에 적극적으로 도움을 주었으며, 사업관행이 비윤리적인 회원은 제명하는가 하면 '신용과 평판이 좋은' 회원에게는 이를 보장하는 인증서를 발급해 주었다. 이 수호자들은 현대의 미국에서 더좋은기업만들기협회Better Business Bureaus, BBB로 부활했다. BBB는 소비자가 보낸 불만 사항은 아무 의심 없이 당연한 것으로 받아들인다. 그러나 어떤 기업이 부정직하게 행동하는 경쟁 기업에 대해 보낸 불만 사항을 다룰 때는 놀랄 정도로 미묘한 방식을 취한다. 왜냐하면 기업과 기업 사이에는 잠재적 이해관계의 충돌이 내제돼있기 때문이다. 따라서 회원 기업이 다른 경쟁 기업을 고발할 때는 회의적으로 보는 것이 타당하다. 그러나 소비자의 경우는 다르다. 소비자는 불만을 가진 당사자인데다 본인이 직접 불만 사항을 접수하기 때문에(물론 이것도 BBB가 한 번 더 확인하기는 한다) 그 내용은 믿을 수 있다.

기업 연합체들이 정한 규정도 피싱을 막는 보호 장치 역할을 한다. 주도적인 주주행동가인 넬 미노Nell Minow는 수치심이야말로 놀랍도록 효과적인 피싱 억제 장치라고 말한다.[22] 그녀의 말을 빌리면 미국 대기업의 이사들은 평판에 목숨을 거는, '세상에서 평판에 가장 민감한 사람들'이다.[23] 대기업 이사들은 의사가 히포크라테스 선서를 하고 변호사가 법정에서 맹세를 하는 것처럼 맹세를 하지는 않지만 거의 모든 기업 연합체는 나름의 윤리 원칙을 명기해 두고 있다. 가령 전미부동산협회는 여백 없이 빽빽한 16장하고도 1/4쪽의 윤리 강령을 명기해 놓았으며,[24] 지역사회의 크기에 상관없이 미국의 거의 모든 도시마다 다 있는 상공회의소도 각자의 윤리 규정을 명시해 둔다.

보다 개인적인 이야기로는 이 책의 공동 저자인 조지의 가족에 대한 일화가 있다. 그의 할아버지가 1900년 즈음에 볼티모어에서 파산했을 때 빚이 무려 50만 달러나 되었지만 아들들은 아버지의 빚을 다 책임지기로 했다. 이에 대한 보답으로 볼티모어의 기업인 공동체는 그들로 하여금 꽤 괜찮은 프랜차이즈인 스터드베이커 자동차 지역 독점 딜러가 되도록 도와주었고, 덕분에 형제들은 빚을 다 갚을 수 있었다. 형제들과 기업인 공동체 모두 기업 윤리를 실천했던 것이다.

정부의 영웅들

바보를 노리는 피싱에 저항한 움직임은 다른 쪽에서도 꾸준히 진행되었다. 우리를 보호하기 위한 법적 기준의 진화가 바로 그것이다. 미국 대법원의 레이드로 대 오건Laidlaw v. Organ 재판 판례로 생긴 '매수자 위험부담/매도자 위험부담caveat emptor/caveat venditor'(라틴어 원뜻은 구매자여 깨어 있으라/판매자여 깨어 있으라로, 사거나 판매한 물건의 결함이나 하자에 대해 매수자나 매도자가 책임을 져야 한다는 뜻을 담고 있다-옮긴이)에 대한 공동 원칙은 미국 상법의 기초가 되었다. 뉴올리언스의 담배 상인 헥터 오건Hector Organ은 1815년 2월 19일 이른 아침 자리에서 일어난 즉시 1812년에 개전한 미영전쟁이 끝나고 겐트조약이 체결되었다는 사실을 알았다. 이 소식이 널리 퍼지기 전에 오건은 부리나케 레이드로앤컴퍼니Laidlaw and Company로 달려가 담배를 111통을 샀고 총 무게는 다 합쳐 12만715파운드(약 5.47톤)였다. 오건은 영국의 해군 봉쇄가 걷히고 담배 가격이 상승할 것임을 예견했다. 담배를 대량으로 구입하는 호건에게 특별히 들은 소식이 있냐는 질문이 나오자 그는 은근슬쩍 답을 피하는 잔꾀를 부리기는 했다.[25](다음 날부터 담배 가격이 오르자 레이드로는 오건에게 판 담배를 강제로 뺏어왔고 오건은 여기에 반발해 계약위반을 주장하며 소송을 제기했다-옮긴이) 그러나 재판장인 존 마셜John Marshall은 사기 행각이 없는 상황에서 누가 누구에게 언제 무슨 정보를 말해야 하는지 재판정이 판단하기에는 너무 무겁고 중대한 사안이라 판결을 내릴 수가 없다는 의견을 피력했다.[26](또한 마셜 재판장은 거래 쌍방 모두에 중대한 영향을 미치는 정보는 양쪽 모두 알아야 하는 것은 맞지만, 재판정은 오건의 경우 그가 그 사실을 알려 줄 의무가 없다는 의견도 밝혔다-옮긴이) 이렇게 해서 생겨난 개념이 바로 '매수자 위험부담/매도자 위험부담'이었다.

이 법적 원칙은 바보를 노리는 피싱을 불러들이는 공개 초대장처럼 보일 수 있지만 오건 사건 이후로 법조계의 영웅들은 관련법의 융통성과 합리성을 더 확보하면서 매수자 위험부담을 조금씩 줄여나갔다. 심지어 마셜 재판장과 오건 재판의 시대에도 매수자 위험부담은 절대적인 것이 아니었으며 사기를 막기 위한 보호 장치가 일부 존재했다. 물론 오늘날은 부주의를 막기 위한 여러 보호 장치가 존재한다.

이런 맥락에서 이정표가 된 사건은 맥퍼슨 대 뷰익자동차회사 MacPherson v. Buick Motor 사건의 판례였다. 1910년에 묘비에 비명을 새기는 석공인 도널드 맥퍼슨Donald MacPherson이라는 사람이 뉴욕 주 스키넥터디의 딜러숍에서 뷰익 자동차 한 대를 구입했다.[27] 맥퍼슨은 주로 시골로 출장을 다닐 때 차를 이용했다. 그런데 두 달 뒤인 7월에 왼쪽 뒷바퀴 휠이 무너지는 어이없는 일이 일어났다. 썩은 나무로 휠을 만든 것이 원인이었다. 자동차가 전복되었고 맥퍼슨은 차 안에 갇혔다. 그의 양쪽 눈은 시력이 손상되었고 오른팔에도 심각한 부상을 입었다.[28] 그는 뷰익자동차를 고소했다. 당시 뉴욕 항소법원의 재판장이었고 훗날 미국 대법원의 대법관이 된 벤저민 카도조Benjamin Cardozo는 뷰익자동차에 과실이 있다는 판결을 내렸다. 맥퍼슨이 뷰익에서 직접 산 것이 아니라 딜러를 통해 차를 산 것도 맞고 뷰익이 공신력 있는 회사로부터 휠을 공급받은 것도 맞지만,

그럴지라도 주요 책임은 뷰익에 있다는 것이었다. 뷰익은 나중에 심각한 사고가 일어날지도 모른다는 가능성을 염두에 두고 휠을 조사했어야 했지만 그러지 않았다는 것이 판결의 근거였다(카도조와 맥퍼슨 모두 우리의 영웅 목록에 올라 있다. 또한 이 사건은 제조물책임법이 생기는 모태가 되었다).[29]

미국의 법은 사기와 부주의만이 아니라 또 다른 방식으로 행해질 바보를 노린 피싱을 막기 위한 법적 보호 장치를 마련해두었다. 미국의 모든 주는 어느 형태로든 통일상법Uniform Commercial Code을 집행하고 있다.[30] 통일상법은 계약서상에 누락되어 자칫 불이익을 받기 쉬운 부분을 메워주는 역할을 한다.[31] 이 법은 상거래 계약에서는 '신의good faith'의 의무를 요구하며 '소비자'와 '상인'의 책임에 대해서도 다른 방식으로 구별을 둔다.[32] 다시 말해 깨알같이 적힌 제품설명서의 내용을 자세히 검토할 책임은 우리 같은 일반 소비자에게 있기보다는 제품 지식이 더 해박한 '상인'에게 있다는 것이다.

여러 유용한 보호 장치들이 마련되어 있기는 하지만 그렇다고 매수자 위험부담이 영원히 사라지지는 않았다. 가령 구매자가 제품 지식이 뛰어난 경우에는 매수자 위험부담을 적용하기가 상당히 애매모호하다. 아바쿠스ABACUS에 대해 진행된 두 가지 소송에서 나온 세 개의 결과는 적용의 애매모호함이 무엇인지 잘 보여준다. 아바쿠스는 헤지펀드 매니저 존 폴슨의 입김에 영향을 받아 골드만삭스가 만들어 판매한 금융상품으로, 이 상품을 매입한 투자자들은 관련된 기초자산인 모기지담보부증권의 부도율이 높을지 아닐지를 두고 베팅을 할 수 있었다. 아바쿠스가 설계되고 만들어지기까지 존 폴슨이 결정적 역할을 했고 그는 일부러 부도율이 가장 높고 등급이 가장 낮은 모기지담보부증권을 골라잡았다.[33] 짐작하겠지만 투자자들은 존 폴슨이 챙겨간 부분에 대해 오도된 정보를 들었고, 그들은 폴슨이 당연히 가격 상승에 베팅하는 롱포지션을 취해 부도율이 가장 낮은(따라서 등급이 가장 높은) 채권에 투자할 것이라고 착각했다. 하지만 폴슨은 부도율이 가장 높은 채권을 취하고 가격 하락에 베팅하는 숏포지션을 취했다.[34] 폴슨은 대략 10억 달러의 수익을 거뒀고 반대 입장인 롱포지션에 투자한 투자자들은 같은 금액의 손실을 입었다.[35] 증권거래위원회 SEC는 골드만삭스와 아바쿠스 사업을 총괄한 파브리스 투르 Fabrice Tourré 부사장을 제소했다. 골드만삭스에 대한 제소는 재판까지 가지 않고 5억500만 달러의 벌금을 물리는 것으로 합의를 봤고,[36] 골드만은 유죄를 인정하지는 않았지만 그래도 기존의 사업관행을 고치기로 약속했다.

하지만 아바쿠스 증권을 설계하고 판매한 투르에 대한 제소는 결국 재판정까지 갔다. 투르는 여자친구에게 보낸 "오늘 나는 공항에서 만난 과부와 고아(아무 것도 모르는 순진한 투자자들을 일컫는 표현─옮긴이)에게 아바쿠스 채권 몇 장을 파는 데 성공했다"는 이메일 내용이 알려지면서 일약 유명 인사가 되었다.[37] 배심원의 반응은 싸늘했다. 투르는 여섯 건의 기소 조항에 대해 사기죄가 인정되었고[38] 결국 82만 5천 달러가 넘는 벌금형을 선고받았다.[39] 그러나 아바쿠스 매입으로 1억 2천만 달러의 손해를 입은 ACA 캐피털매니지먼트가 제소한 소송은 다른 결과가 나왔다. 소송은 기각되었다. 법원은 ACA가 '고도의 전문지식을 갖춘 상업 실체'이니만큼 상품을 더 자

세히 파악했어야 했다는 판결을 내렸다.[40]

토스트기를 구입한다면 제품설명서를 자세히 읽을 필요가 없다. 그러나 우리가 가입한 은퇴펀드가 수억 달러, 수십억 달러의 잠재적 채무를 지닌 곳과 계약을 맺고 있다면 그렇게 관용적인 눈길로 바라봐서는 안 된다. 매수자 위험부담은 여전히 생생히 살아 있다. 특히 금융시장과 현명한 판단이 기본 전제인 투자자의 세계에서 그 위험은 훨씬 높다. 매수자 위험부담은 피싱에 면허를 준다.

감독기관의 영웅들과 규제당국 포획의 문제

잘못을 저지른 거래 상대에 대해 소송을 제기할 수 있게 해주는 계약법을 통해 정부는 우리가 피싱에 걸려들지 않도록 보호해준다. 또한 감독기관도 그런 보호 역할을 한다. 미국 최초의 주요 감독당국은 철도회사의 약탈적 가격 결정predatory pricing(가격을 아주 낮게 책정해 경쟁자를 몰아내고 신규 진입을 막는 가격정책-편집자)과 기타 권력 남용으로부터 지역 주민들을 보호하기 위해 1887년에 설립된 주간교통위원회Interstate Commerce Commission이다.[41] 그 이후로 여러 정부 기관이 속속 생겨나기 시작했다. 그중 대표적인 중요 감독기관을 꼽자면 소비자제품안전위원회Consumer Product Safety Commission, CPSC, 연방예금보험공사, 원자력규제위원회Nuclear Regulatory Commission, NRC 등이 있다.[42] 하지만 발음하기도 어려운 이 감독기관들이 경제에 유익한 영향을 미치는지에 대해서는 의견이 엇갈리는 것이 사실이다.

20세기 후반에 정부 감독기관은 부패하기 쉽다는 차원을 넘어 감독 대상에게 포획당하기 딱 좋다는 이론이 생겨났다. 1955년 정치과학자 마버 번스타인Marver Bernstein이 제시한 이 이론에 따르면, 대중이 기업들의 이권 남용에 분노해 감독기관이 설립되지만 얼마 안가 대중의 관심은 시들해진다. 그 순간 감독을 받는 대상은 감독기관을 포획해capture 뇌물을 제공하거나 친구나 친척을 위한 일자리를 제안하고, 실수를 눈감아주는 정치인에게는 그 대가로 선거 기부금을 제공한다. 감독 대상인 기업들이 자신에게 불리한 규제를 바꾸는 데 열을 올리고 있을 때 대중은 이해하기 힘든 온갖 규제에 혼란스러움을 느끼기 때문에 감독기관이 포획당했다는 사실을 알아채지 못한다. 이윽고 기업들은 감독기관을 자신들에게 유리하게 움직여주는 일종의 경찰권으로 변질시키고, 겉보기에만 공정하도록 단호히 법규를 집행하게 해 경쟁을 미연에 방지한다.[43] 뭔가 낯설지 않게 들리는 이론이다(5장 참조).

심지어 규제기관 포획 이론은 기업의 선동으로 정부 감독기관이 창설되기도 한다는 무시무시한 주장도 제기한다. 이론에 의하면, 기업이 규제를 옹호하는 가장 큰 이유는 규제를 오용할 수 있다는 것을 잘 알기 때문이다.[44] 이런 상황을 '규제의 경제이론economic theory of regulation'이라고 하며 여기에는 어쨌거나 경제에서 벌어지는 일 대부분은 결국 자기이익을 추구하는 데서 비롯된다는 경제학의 기본 전제가 바탕에 깔려 있다.[45]

하지만 포획이론에도 단점이 있다. 이론을 뒷받침하기 위해 사용한 증거가 한쪽으로 편향돼 있다는 점이다. 이 이론은 '사람이 개를 문다'는 드문 스토리를 차용해 감독기관의 실패를 논하고 있으며 '개가 사람을 문다'는 훨씬 일반적인 스토리는 탐구하지 않는다. 다시 말해 감독기관이 열심히 자기 역할을 다 할 때의 결과는 살피지 않는다는 의미다. 그렇기에 이론에서 사용된 증거 역시 인과관계가 희미하다.[46]

중요한 부분은 또 있는데, 규제기관 포획은 단지 모 아니면 도의 흑백으로만 전개되는 것이 아니라 같은 회색이라도 색조는 다양할 수밖에 없다는 점이다.[47] 대니얼 카펜터David Carpenter와 데이비드 모스David Moss가 편집해서 엮은 연구논문집《규제기관 포획 방지Preventing Regulatory Capture》에는 이익집단이 영향을 미치지만 감독기관도 어느 정도 통제를 가해 전체 대중의 이익에 공헌한다는 이른바 약한 포획weak capture의 사례가 담겨 있다.[48] 우리는 6장에서 이런 사례를 이미 관찰했다. 스웨임의 만병통치약과 라담의 마이크로브 킬러 같은 엉터리 약도 승인을 받는 19세기로 돌아가기를 원하는 사람은 아무도 없다. 그러나 우리는 6장에서 제약회사들이 감독기관에 대한 피싱 전술을 어떻게 바꿨는지도 목격했다. FDA는 감독대상인 제약회사들에게 임상시험 설계와 연구 결과 보고와 관련해 5단계 자유를 허용함으로써 피싱에 걸려들기 쉬운 입장에 놓이고 말았다. 머크가 바이옥스 임상시험을 하면서 FDA를 가지고 논 것은 이런 피싱의 예를 잘 보여준다. 그러나 규제 장치가 문제를 일으키기 때문에 규제가 완전히 없어지는 것이 우리의 행복에 더 낫다는 식의 논리를 받아들일 수는 없다. 이는 배우자와 자녀, 친구가 자주 문제를 일으키기 때문에 배우자도 자녀도 친구도 만들지 않는 것이 낫다는 논리와 다를 바가 없다.

이 장의 주제인 영웅의 역할로 다시 돌아가 보자. 이 책의 공동 저자이며 워싱턴에 사는 조지는 대중의 재산과 건강을 보호하기 위해 야근과 주말 근무도 마다치 않는 감독기관의 영웅을 많이 알고 있다. 조지는 금융위기 때 너무 열심히 일한 나머지 병까지 얻은(심장마비가 온 사람도 있었다) 사람도 많이 알고 있다. 그리고 월스트리트로 떠난 관료도 몇몇 알고 있다. 그들이 월스트리트로 떠난 이유는 그곳으로 진출하기를 꿈꿨기 때문이 아니라 주말도 없이 밤낮으로 일해야 하는 정부 관료 자리에서 해방되기 위해서였다. 그렇다. 감독기관에는 무수히 많은 영웅이 일하고 있다. 여기서 그들의 이름을 일일이 거론할 수는 없지만 그들과 개인적으로 잘 아는 사이라는 사실은 밝혀둔다.

요약

여기서 소개한 다양한 분야의 영웅들은 기업과 정부, 혹은 다른 분야의 리더로서 높은 윤리정신과 이타적 정신을 가지고 있으며 대중을 설득해 표준을 마련하고 감독기관 설립을 이끈 사람이라는 공통점이 있다. 벤저민 카도조가 1889년 컬럼비아대학 졸업 연설에서 말했듯이, 우리는 사회주의 체제하의 '절대공동체absolute community'를 바라는 것이 아니다. 그런 공동체는 경제 행위를 전혀 장려하지 못한다.[49] 우리 둘이 말하려는 것은 지금 세계에는 도덕공동체moral community가 존재해야 하며 개개인이 행동하는 자유시장도 그런 공동체 안에 존재해야 한다는 사실이다. 도덕공동체는 정보 피싱을 막는 역할을 훌륭히 수행해왔기 때문이다.

그럴지라도 우리는 심리적 피싱에는 여전히 취약할 수밖에 없다. 아이스크림을 신물이 나도록 먹은 아이는 '내가 바라는 것이 과연 이것이었을까'하는 생각을 할 것이다. 그리스 신화의 미다스 이야기도 잊지 말아야 한다. 우리는 정보 피싱은 줄일 수 있지만 심리 피싱은 다루기가 훨씬 어렵다. 그렇기 때문에 다음 장을 읽어야 한다.

Part 3

새로운
경제학을
위하여

미국의 새로운 스토리와 그 결과

결론

이 책의 끝맺음은 시작한 곳과는 다른 곳에서 하려 한다. 도입 부분에서 우리 둘은 오늘날 전통적인 행동경제학에 속하는 사례를 들어 바보를 노리는 피싱을 소개했다. 또 우리는 '들어가는 글'에서 피싱 균형을 소개하며 치알디니의 심리 편향 목록을 간단히 언급했다. 치알디니는 우리 인간이 조종당하기 쉬운 심리 편향 6가지를 구체적으로 설명했다.

하지만 이 책을 쓰면서 새로운 관점을 얻게 되었다. 이 관점은 우리 인간이 피싱을 당하는 이유를 훨씬 일반적으로 설명해 주었다. 3장에서부터 이 책은 개개인이 스스로에게 말하는 '스토리'가 의사 결정에 중요한 인풋 역할을 하고 이 때문에 사람은 피싱에 잘 걸려든다고 말했다.

그렇다면 스토리를 통한 의사결정 방식이 그토록 쉽게 조종당하는 이유는 무엇인가? 대개 그런 스토리는 일관성이 없어서 쉽게 가지를 뻗기 때문이다. 방법은 다르지만 대부분의 피싱은 마음속 오래된 '스토리'에 새 가지를 접붙이는 방식으로 행해지고, 가끔은 새로운 스토리가 원래 스토리의 자리를 차지하기도 한다.

이런 생각을 다른 식으로 표현할 수도 있다. 인간의 가장 기본적 능력 중 하나는 특정한 것에 초점을 맞추는 능력이다. 무엇에 '초점'을 맞출지 결정해야 할 때 자기 자신에게 말하는 이야기를 '스토리'라고 부를 수 있다.

이런 개념에서라면 인간이 피싱에 쉽게 걸려드는 이유가 무엇인지, 피싱이 어떻게 성공하는지가 즉시 파악이 된다. 초점 조종은 소매치기나 마술사라면 갖춰야 하는 기본 능력이기 때문이다. 두 직업의 종사자는 우리의 관심을 교묘히 다른 데로 돌리고 그 순간을 노려 재빠르게 손놀림을 구사한다.

우리는 윗 글을 적기 전에 시나본 사례부터 시작해 이 책에 나온 여러 사례들을 먼저 점검했다. 그랬더니 피싱이 성공하는 이유는 피싱맨이 바보의 잘못된 초점을 이용하기 때문이라는 사실이 분명하게 드러났다. 심지어 피싱맨이 마술사와 소매치기처럼 직접 나서서 엉뚱한 초점을 만들어내기도 했다. 또한 우리는 치알디니의 심리 편향 목록도 다시 확인했다. 그 결과 이 6가지 편향 모두 바보가 초점을 잘못 잡았기 때문에 빚어졌다는 결론에 다다랐다.

바보를 노리는 피싱은 그 자체가 스토리다

이제 이 책의 핵심 메시지를 다시 살펴보자. 우리 두 저자는 또 한 가지 잘못된 스토리를 바로잡고자 이 책을 썼다. 미국은 물론이고 다른 여러 나라에서도 맹신되면서 큰 영향력을 미치는 자유경쟁시장에 대한 스토리가 있다. 이 스토리는 전통경제학을 어설프게 해석하면서 탄생했다. 그 스토리는, 자유경쟁시장은 소득분배와 외부효과의 위험이 있기는 하지만 현실에서 실현 가능한 최상의 세상을 건설한다고 말한다. 모두에게 '선택의 자유'를 주면 기존 기술과 인간의 능력, 소득분배가 허락하는 한도 내에서 지상 낙원이 건설된다. 그것이 자유시장이 전파하는 스토리다.

우리 두 저자도 자유경쟁시장이 풍요를 만들어냈다는 사실을 인정한다. 하지만 동전에 양면이 있듯이 자유경쟁시장에도 양면이 있다. 풍요를 만들어낸 인간의 창의성은 한편으로 온갖 세일즈 기술도 만들어낸다. 자유시장은 '나한테 좋고 너한테도 좋은 것'을 만들어내지만 동시에 '나한테 좋고 너한테는 나쁜 것'도 만들어낸다. 이윤 창출이 지속되는 한 자유시장은 두 가지 일을 다 한다. 자유시장은 인간의 가장 강력한 무기일지도 모른다. 강력한 무기가 다 그렇듯이 자유시장도 양날의 칼이다.

우리에겐 문제가 발생했을 때 우리를 보호해줄 장치가 있어야 한다. 컴퓨터 사용자라면 다 아는 진실이다. 컴퓨터는 다양한 방법으로 세상에 다가가는 문을 열어준다. 컴퓨터를 사용할 때 우리는 피싱과 바이러스를 막기 위해 예방조치를 마련해두어야 한다. 누군가가 그들에게만 득이 되고 우리에게는 해가 되는 행위를 부탁하는 메일을 보내기도 한다. 아니면 반대로 우리가 그런 메일을 보내기도 한다. 우리는 게임이나 페이스북, 우리를 이끄는 다른 무언가에 중독되듯이 컴퓨터에 중독될 수 있다.[1] 그런 양면성으로 향하는 문은 우리가 직접 열었고, 이런 양면성도 장점이 많다는 점에서 일종의 자유경쟁시장이다. 그러나 진짜 바보만이 그런 세상에 단점이 전혀 없고 예방조치도 전혀 필요 없다고 말할 것이다.

이와는 반대로 1980년대부터 미국의 지배적인 경제 스토리는 선택의 자유가 주어지는 한 자유경쟁시장은 언제나 우리에게 득이 된다는 스토리였다. 하지만 앞서 말한 것처럼 자유시장을 선택함에 있어 주의사항을 유념해야 함에도 불구하고 대개 이런 주의사항은 지켜질 때보다 지켜지지 않을 때가 더 많다.

개혁의 시대

미국 역사에는 대략 1890년부터 1940년까지 개혁의 시대라고 불리는 중요한 기간이 있다. 개혁의 시대에 전개된 대표적인 세 가지 운동은 정치가 윌리엄 제닝스 브라이언William Jennings Bryan이 주도한 1890년대의 농민 포퓰리즘 운동, 시어도어 루스벨트가 이끈 1900~1920년의 정치 진보주의 운동, 프랭클린 델라노 루스벨트가 이끈 뉴딜 실험주의 운동이다. 세 운동은 양상도 다르고 목표도 달랐지만 개혁의 시대가 끝날 즈음에는 정부의 역할, 특히 연방정부

의 역할에 대해 1890년대 윗세대가 가졌던 것과는 다른 새롭고 폭넓은 시각을 탄생시켰다.[2]

제2차 세계대전이 끝나고 개혁의 시대도 지난 후의 시대를 돌아보면, 과도하게 팽창한 자유시장을 억제하는 평형추의 역할을 정부가 할 수 있다는 놀라운 의견 합의가 존재했다. 물론 공화당과 민주당 사이에 의견 불일치가 있기는 했지만 미국 내 정책에 대해서는 뉘앙스의 차이가 있을 뿐 크게 다르지 않았다.

예를 들어, 공화당 소속의 드와이트 아이젠하워 대통령은 교내 인종차별을 불법화하기 위해 (일부러 의도하지는 않았겠지만)[3] 미국의 역사와 이전의 대법원 판결을 뒤집은 전적이 있는 공화당 출신 법관을 수석대법관에 임명했다. 게다가 오벌 포버스Orval Faubus 아칸소스 주지사가 리틀록 위기Little Rock Crisis(전미 유색인종협회는 인종차별로 인한 학교분리 현상에 대해 대법원에 소송을 제기했고, 대법원은 1954년에 백인과 흑인의 학교 분리가 불법이라는 판결을 내렸다. 그리고 1957년 9명의 흑인 학생들이 리틀록의 센트럴고등학교 입학을 허가받았지만 포버스 주지사는 인종차별주의를 지지하며 주방위군까지 동원해 이들 9명 학생의 등교를 막았다-옮긴이)에 대한 대법원 판결에 불응했을 때 아이젠하워는 연방군을 파견해 학생들의 등교를 도왔다. 또한 아이젠하워는 주와 주를 연결하는 고속도로 체계인 주간고속도로 시스템interstate highway system을 탄생시켰다. 아이젠하워는 공화당 당원이었지만 국민의 필요에 부응하기 위해서라면 정부도 이용할 의지가 있었음을 대법관 임명과 리틀록 사건을 통해 보여주었다.

민주당 소속의 존 F. 케네디 대통령과 린든 존슨 대통령 시대에도 비슷한 정책이 이어졌다. 케네디는 '경제를 다시 움직이게 만들기 위해' 케인스식 경기 부양책을 이용했고 의회에 인권법 제정을 촉구했다. 케네디가 죽은 후에는 린든 존슨이 의회에 법안 마련을 강력히 밀어붙였다. 리처드 닉슨이 대통령이 되며 정권이 다시 공화당으로 넘어간 후에도 개혁 운동은 수그러들지 않았다. 닉슨은 환경보호국을 창설했으며 사회보장 수급액의 대폭 인상도 주도했다.[4] 이렇듯 민주당이건 공화당이건 미국의 국가적 스토리가 제시한 정부의 역할은 한두 가지가 아니었다. 물론 이 스토리가 완벽하게 들어맞았다고는 볼 수 없지만 그것은 중요하지 않다. 어쨌거나 정부는 여러 방법으로 국민 전체의 이익을 도모하는 데 기여할 수 있다는 것이 그 당시의 지배적인 국가 스토리였다.[5]

정당성을 얻은 새 스토리

그러다가 다른 스토리가 물살을 타기 시작했다. "이번 현재의 위기에서 정부는 해결책이 아니다. 오히려 정부 자체가 문제다"라는 스토리였다. 로널드 레이건은 첫 번째 대통령 취임사에서 이 말을 하며(보통 '이번 현재의 위기에서'라는 말은 빼고 인용된다) 새로운 국가 스토리에 승인장을 내주었다.[6] 시장은 모두가 선택의 자유를 가질 때 완벽하게 움직인다고 여겨진다면, 정부가 문제라고 다시 말해 정부가 자격이 없다고 말하기 쉽다. 그러나 외부효과, 불공평한 소득분배, 바보를 노리는 피싱이 존재하면 시장은 완벽하게 움직이지 못한다.

그래서 정부의 잠재적 역할이 더 커지는 것이다. 개혁의 시대는 효과적으로 움직이는 정부는 대단히 유익한 결과를 낳는다는 사실을 보여주었다. 하지만 그것은 이제 옛날 스토리가 되고 말았다.

새로운 스토리는 옳지 않다. 경제의 본질에 대한 설명이 잘못됐기 때문이다. 또한 새로운 스토리는 미국 역사의 성격도 틀리게 설명하고 있다. 개혁의 시대와 그 이후 오랫동안 정부의 역할은 크게 확대되었다. 시행착오와 뼈아픈 경험을 치르면서 사회보장제도, 메디케어, 증권감독, 예금보호, 주간고속도로 시스템, 빈곤층 지원, 식의약품 감독, 환경보호, 자동차안전법, 부당한 모기지를 막기 위한 법안, 인권, 성 평등 등 국민의 진짜 요구에 부응하는 정부 사업이 신설되고 법제가 마련되었다. 레이건 취임 전까지 거의 한 세기 동안 벌어진 힘겨운 싸움의 역사는 국민에게 도움이 되는 정부체제를 진화시켰다.

정부 자체가 문제라는 새로운 스토리는 바보를 노리는 피싱이다. 그때도 그랬지만 이 스토리는 귀를 솔깃하게 만드는 부분이 있다. 특히 기자들에게는 잘하고 있다는 말보다는 잘 못하고 있다는 말이 훨씬 강력하게 먹힌다. 어떤 기자가 "증권거래위원회의 공무원은 유능하고 성실하다"는 보도를 내보내면 그 기자는 금세 일자리를 잃을 것이다. 그래서 정부에 대한 보도는 정부의 잘못을 비난하는 기사가 대부분이다. 더욱이 잘 진행 중인 정부 사업에 대중이 의존하고 있다는 사실은 정부의 잘잘못을 지적하는 뉴스를 내보내야 할 또 다른 이유이기도 하다.

세 가지 예

이 책에서 우리는 각 장의 기본이 되는 경제 이론을 관련 사례와 묶어서 설명하는 방법을 취했다. 그러니만치 우리가 어떻게 결론을 맺을지도 짐작할 수 있을 것이다. 우리는 이제 옛 스토리와 새로운 스토리의 경제학을 비교해주는 세 가지 사례를 소개할 것이다. 이세 가지 예는 시행착오의 경험을 통해 얻어낸 개혁을 내팽개치고 새 스토리의 경제학을 따르는 것이 피싱의 힘을 얼마나 무시하는 처사인지 말해줄 것이다.

사회보장제도와 제도의 '개혁'

우리는 바보를 노리는 피싱에 대한 우리 나름의 생각을 대중에게 제시했다. 그럴 때마다 일관되게 나오는 질문은 "우리는 어떻게 해야 하는 겁니까?"였다. 무엇보다 수지 오먼이 말한 과소비를 막으려면 어떻게 해야 하느냐는 질문이 많았다. 이에 대한 흔한 답이 하나 있다. "예산을 세우고 철저히 지켜야 한다." 재무 조언을 해주는 많은 책들이 이렇게 충고한다. 엘리자베스 워런 상원의원은 딸인 아멜리아 티아기Amelia Tyagi와 함께 한 가지 경험법칙을 제안했다.[7] 두 사람은 세후소득을 나눠 50퍼센트는 '꼭 사야 할 것'에 배분하고 30퍼센트는 '갖고 싶은 것'에 쓰고 나머지 20퍼센트는 비상시와 노후에 대비해 저축하라고 말한다. 필요한 것(즉, 꼭 사야 할 것)의 범위를 너무 넓게 정하면 과소비에 빠지기가 쉬운데, 그들은 50퍼센트로 범위를 한정하는데다 가끔 꽃을 사고 외식을 하는 등 삶에 활력을 주기 위해 '갖고 싶은 것'에 대한 지출도 허용한다는 점에서 어느 정도 합리적인 조언이라고 볼 수 있다. 워런과 티아기의 조언은 돈 걱정에서 벗어나려면 예산 내 소비를 해야 한다는 수지 오먼의 충고와 일치한다.

주의 깊게 예산을 세우고 지키는 것은 저축 부진의 문제를 직접적으로 해결하게 해주는 정문에 해당된다. 하지만 때로는 이 정문도 막혀버릴 때가 있다. 생활을 하다 보면 예산 안에서 소비하기가 심리적으로 어려울 때가 한두 번이 아니다. 정문을 무사히 통과하기가 대단히 어렵기 때문에 미국 정부는 저축 부족으로 인한 최악의 결과를 방지하기 위해 뒷문을 열어두었다. 미국의 사회보장제도는 노년층의 빈곤을 크게 줄인다. 사회보장 덕분에 우리는 사람들이 20퍼센트라는 까마득히 높은 저축률을 달성할 방법을 다 배울 때까지 참고 기다릴 필요가 없어졌다. 더 깔끔한 해결책을 발견했기 때문이다. 사회보장제도는 소득의 일부를 세금 성격으로 덜어가고(미국은 현행법상 근로소득 중 최대 11만8500달러까지 6.2퍼센트의 사회보장세를 징수하며 고용주와 근로자가 모두 낸다)[8] 이렇게 징수한 기금을 이용해 노년에게 높은 소득을 제공한다.

사회보장제도는 놀랄 만큼 좋은 효과를 보이고 있다. 1960년대에 수급액이 증가하면서 65세 이상 노년 빈곤율은 1959년 35.2퍼센트에서 1975년에는 15.3퍼센트로 크게 줄었다.[9] 65세 이상 노인에게 사회보장제도는 비근로소득의 가장 큰 원천이다. 근로소득과 제대군인 수당 등의 정부 보조금을 제외할 경우 사회보장 수급액이 소득 하위 20퍼센트인 사람의 비근로소득에서 차지하는 비중은 94퍼센트나 된다. 또한 소득 하위 20~40퍼센트인 사람의 비근로소득에서는 92퍼센트, 소득 하위 40~60퍼센트에서는 82퍼센트, 소득 하위 60~80퍼센트에서는 57퍼센트를 차지한다. 소득 상위 20퍼센트인 사람만 사회보장 수급액이 비근로소득에서 차지하는 비중이 절반 이하이다. 그러나 이 소득 상위 20퍼센트에서도 기타 연금이라든지 원래 가진 재산까지 포함했기 때문에 차지하는 비중이 크게 줄어들었을 뿐, 비근로소득의 31퍼센트라는 비중은 절대로 없어도 되는 금액이 아니다.[10] 사회보장소득이 없어지면 65세 이상 미국인의 빈곤율은 9퍼센트가 아니라 44퍼센트로 확 뛰어오를 것이다.[11]

이렇듯 사회보장제도는 피싱이 조장하는 과소비를 상쇄하는 데 큰 역할을 한다. 60세 이상의 미국인은 80퍼센트가 자기 집을 가진 데다 메디케어로 의료보장까지 받기 때문에[12] 손자에게 이따금 선물을 사줄 여유도 있다. 하지만 낮은 저축률의 문제가 가벼워진다고 해서 돈 쓰는 방법을 알려주는 정문을 곧장 통과할 수 있는 것은 아니다. 여기서 정부가 큰 역할을 한다.(또한 저축 부진의 보다 직접적인 문제를 해결하기 위한 정부의 다른 노력도 언급할 필요가 있다. 완전고용을 위한 거시경제 정책은 높은 실업률이 오래 이어지지는 않을 것임을 의미한다. 실업보험으로 구직자는 일자리 찾기가 더 쉬워지고, 일을 얻기 힘든 사람은 장애보험으로 더 쉽게 일을 찾을 수 있기 때문이다.)

사회보장제도에 의존하는 인구가 이토록 많은 상황에서 이 제도를 건드리려는 정치인이 있다는 것은 놀라운 일이 아닐 수 없다. 그러나 새로운 스토리에 대한 맹신은 중대한 위협이 될 정도로 심각했다. 2004년에 조지 W. 부시 행정부는 사회보장사업의 상당 부분을 '민영화'하자고 제안했다. 개정된 사회복지사업이 선택의 자유를 더 많이 줄 것이라는 것이 그 이유였다. 근로자들은 사회보장제도에 납입해야 하는 소득의 6.2퍼센트 중에서 거의 3분의 2인 최대 4퍼센트포인트를 납입 보류할 수 있다.[13] 그리고 이렇게 보류한 돈은 근로자들이 직접 선택한 뮤추얼펀드에 투자할 수 있다. 이 근로자가 은퇴 시기에 이르렀을 때 펀드에 돈이 모여 있긴 하지만 그가 펀드 구입에 썼던 돈은 사회보장제도로 회수payback된다. 회수되는 것이 맞는데, 사회보장제도 납입액을 줄인 돈은 그대로 펀드 조성에 사용되었기 때문이다. 부시 행정부는 사회보장 수급액의 감소가 바로 사회보장제도로 회수되는 돈이라는 기발한 표현을 썼다. 은퇴자가 대출을 받은 것과 같다고 생각하면 된다. 그는 3퍼센트와 물가상승분을 감안한 추가 이자를 대출 이자로 내는 것이다.[14]

이 수정안이 선택의 자유를 근거 논리로 삼고 있다는 점에는 크게 감탄하지만 툭 까놓고 말해 어리석은 수정안인 것도 사실이다. 정부가 인구 중 가장 취약한 집단에게 주식시장이나 채권시장에 투기를 할 돈을 빌려주는 것이나 다름없기 때문이다. 게다가 은퇴한 다음에야 꽤 높은 이자가 붙어 대출이 회수되기 시작한다.

이 책의 저자인 밥은 이 수정안이 괜찮은 것인지 알아보기 위해 지난 100년 동안 미국 주식과 채권의 수익률을 살펴보았다.[15] 확실히 이 수정 계획은 은퇴자에게 상당한 이득이 될 만한 괜찮은 내용을 담고 있었다. 앞으로의 주식 수익률이 미국의 지난 100년 동안의 수익률과 똑같이 진행된다면 주식에 은퇴 자금을 전부 집어넣은 투자자는 상당한 수익을 거둘 수 있다. 그러나 그러기 위해서는 두 가지 극단적 전제가 필요하다. 무엇보다 주식과 채권을 혼합한 일반적인 포트폴리오 전략을 구사할 시에는 주식에서 아무리 높은 수익을 거둘지라도 결과적으로는 소액의 이득만 붙는 차원에 그쳤다. 그리고 높은 리스크도 감당해야 하는데, (생애 주기에 맞춰 포트폴리오의 주식과 채권 비중을 조정하고 수익률이 중앙값인 근로자의 경우) 포트폴리오의 손실은 약 32퍼센트에 달했다. 게다가 유달리 높았던 미국의 20세기 주식수익률이 아니라 다른 나라의 주식수익률이라는 보다 현실적인 수익률을 반영해봤더니 리스크는 또 달라졌다. 이 근로자의 생애 주기 동안 베이스라인이 되는 포트폴리오에 발생한 손실은 무려 71퍼센트였다. 전부 주식으로만 구성했더니 손실은 33퍼센트였고 중앙값의 경우는 약간의 수익이 발생했다.

부시 행정부는 사회보장제도의 수정안을 재임 초기부터 핵심 정책으로 추진하려 했지만 여론의 반발로 계획은 무산되었다. 10년이 넘게 흐른 지금 이 수정안이 새로운 스토리의 핵심 안건이 될 가능성은 없어 보인다. 하지만 이 수정안의 양 날개가 돌연변이를 일으켰다. 부시의 사회보장제도 민영화는 폴 라이언Paul Ryan의 메디케어 민영화로 변형되었다. 하원 의장직을 맡고 있는 라이언이 제기한 라이언 플랜Ryan Plan의 핵심 골자는 65세 이상 노인에게 제공하는 의료보험 혜택인 메디케어를 2022년 이후로 종식시키는 것이다. 그 대신에 해당자는 민간 시장에서 의료보험을 구입할 수 있는 바우처를 지급받는다. 빠른 속도로 급증하는 의료비 기준이 아닌 소비자물가지수를 따라 바우처 금액을 산정하기 때문에 라이언 플 랜이 실행될 경우 예산 절감이 가능해진다. 하지만 이 예산 절감에 는 그만한 희생이 따른다. 메디케어 제도하에서 65세 이상 일반 노 인이 자비로 부담하는 의료비는 25퍼센트이다. 그러나 의회예산처 의 추산에 따르면, 2030년에 노년층은 의료비의 65퍼센트를 본인 이 부담해야 한다.[16] 메디케어 수정안, 그리고 여기에서 힌트를 얻 어 공화당이 제안한 다른 예산안들의 밑바탕에는 새로운 스토리가 단단히 깔려 있다. 이 모든 계획은 2010년대 스타일로, 정부가 국민 에게서 손을 놓게 만들고 있다.

증권 규제

신문 지면에는 정부 예산 위기가 다채롭게 펼쳐진다. K-12 (유치원 과 정을 포함한 13년의 공교육 프로그램 – 옮긴이) 위기, 고등교육 위기, '기반시 설' 위기, 사법제도 위기, 질병통제예방센터의 위기, 과학연구 기금 마련 위기, 지구온난화 방지 위기 등 그 종류도 한두 가지가 아니다. 예산 위기는 모든 분야에 언제나 조금씩은 존재한다. 그러나 신문 에 언급된 여러 정부 위기는 합리적으로 예산을 세울 수 있는 수준 을 넘어선다. 새로운 스토리에 입각해 정부가 도움이 되는 존재가 아니라 '문제'라고 보게 되면, 정부 부처는 정말로 필요한 예산이건 아니건 일단 예산부터 확보하기 위해 눈에 불을 켜고 뛰어들어야

제3부 새로운 경제학을 위하여

하기 때문이다.

증권 규제도 정부의 핵심 역할 중 하나다. 기업 회계와 증권의 신용등급에 대한 규제는 대중이 올바르게 정보를 숙지하는 데 큰 도움을 준다. 앞에서 언급했듯이, 존 케네스 갤브레이스는 부적절하게 부풀려진 자산 가치 중 드러나지 않는 부분을 일컬어 '베즐'이라고 칭했다. 앞의 2장에서 우리는 서브프라임과 이어진 자산시장 동결로 어마어마한 크기의 베즐이 터지면서 어떻게 대침체기가 발생했는지 목격했다. 증권거래위원회(이하 SEC)가 이런 베즐을 줄이는데 막중한 역할을 맡고 있는 상황에서 SEC 예산 역시 새로운 스토리에 영향을 받은 것은 아닌지 확실히 짚고 넘어갈 필요가 있다.

SEC 예산을 잠깐만 살펴봐도 할당된 예산이 턱없이 적다는 사실을 알 수 있다. 2014년에 SEC는 50조 달러의 자산시장을 감독했지만 예산은 14억 달러였다.[17] 감독하는 자산 규모의 $1/100 \times 1/4$ (= 0.0025퍼센트)를 겨우 넘는 금액이다. 두 가지 단적인 예는 예산이 너무 적다는 우리의 생각을 강하게 뒷받침해준다. 일단, SEC에게 일부 감독을 받는 뱅크오브아메리카의 마케팅 비용은 SEC 총예산보다 많다.[18] 뮤추얼펀드는 운용자산 1달러 당 1.02센트를 비용으로 사용하는데, 이것은 SEC가 감독하는 자산 1달러에 들이는 비용의 400배에 해당한다.[19]

SEC의 지출이 적다면 그것을 나타내는 신호도 분명 존재한다. 앞의 2장에서 보았다시피 SEC는 정말 필요한 순간에 파생상품과 신용평가사를 제대로 규제하지 못했다. 또한 예산이 심하게 부족한 이 부처 내부에서 흘러나오는 직접적인 지표도 있다. 한 예로, 뉴욕

남부연방지방법원의 제드 래코프Jed Rakoff 판사는 SEC가 시티은행과 합의하기로 한 금액이 지나치게 타협적인 금액이라며 재가해주기를 거부해서 큰 논란을 불러일으키기도 했다.[20] 래코프 판사는 2008년 이후로 SEC가 기업 비리에 대해서만 고소를 하고 개인에게는 고소를 하지 않는다고 말했다.[21] 고소 여부를 결정할 때 비용이 매우 중요한 요소인 것은 맞다. 기업 범죄를 추적하는 것이 개인을 추적하는 것보다 법적으로 더 쉽기 때문이다. 그러나 기업을 제소하면 기업에 부과된 벌금이 주주 전체로 분산되는 탓에 범죄 억지력은 굉장히 낮아질 수밖에 없다. 반면에 개인에게 부과된 벌금은 범죄를 저지른 그 개인에게 오롯이 책임을 묻는다.

버나드 메이도프Bernard Madoff 사건은 SEC가 어떻게 움직이는지, 예산 부족의 결과가 얼마나 큰 영향을 미치는지 자세히 보여준다. 피싱의 대가인 버나드 메이도프가 어떻게 부자 투자자들을 속여 폰지 사기로 끌어들였는지는 지금은 아주 잘 알려져 있다. 투자자들은 메이도프가 관리하는 자산이 얼마나 불어났는지 말해주는 보고서를 매달 정기적으로 받았다. 매사추세츠 주 휘트먼에 사는 투자분석가인 해리 마코폴로스Harry Markopolos는 보고서를 자세히 분석한 후 SEC 보스턴사무국에 의심이 가는 부분을 전달했다. 마코폴로스의 주장에 의하면, 메이도프가 거두는 지나치게 높고 순탄한 수익(월 1~2퍼센트였다)은 금융법칙을 위배하고 있었다.[22] 메이도프는 그렇게 순탄한 수익을 거두는 것은 이른바 '칼라collar' 투자 전략을 사용하기 때문이라고 밝히기는 했다. 메이도프는 아주 높은 손실을 상쇄해줄 옵션을 매입하고 균형을 맞추기 위해 특별히 높은 수익을

낼 만한 옵션을 매도한다고 설명했다.[23] 마코폴로스가 보기에, 투자
자에게 그토록 높은 수익을 안겨준다면 정작 메이도프 본인은 큰
손해를 감수해야 할 것이 분명했다. 아무래도 신규 투자자에게 돈
을 받아 기존 투자자에게 수익을 제공하는 폰지 사기극의 낌새가
풍겨 나왔다. 메이도프가 말한 칼라 전략을 구사하려면 미국 옵션
시장 전체보다도 더 큰 규모로 옵션을 매매해야 했다.[24]

마코폴로스의 의심은 꽤 타당한 것이었지만 SEC는 여기에 반박
하며 받아주지 않았다. 그가 SEC 보스턴사무국에 2000년과 2001
년에 보낸 처음의 고발은 금세 기각되었다.[25] 하지만 마코폴로스는
끈질겼고, 메이도프의 투자 사업에 대한 법적 관할권이 있는 뉴욕
사무국은 2005년 11월에 진상 조사에 들어가기로 결정했다. 조사
책임자는 뉴욕 사무국장인 미건 치엉Meaghan Cheung과 소속 변호사
인 시모나 수Simona Suh였다.[26] 그러나 두 사람을 포함해 사건을 배
정한 도리아 바첸하이머Doria Bachenheimer도 조사 대상인 메이도프
보다는 고발자인 마코폴로스를 더 의심의 눈초리로 바라봤다. 세
사람은 마코폴로스를 이기적인 사람이라고 생각했다. 심지어 바첸
하이머는 마코폴로스에게 '포상금' 사냥꾼이라는 단정적인 표현도
서슴지 않았다.[27] 하지만 투자분석가인 마코폴로스와 SEC의 진상
조사팀 사이에 문화적 차이가 존재하는 것은 분명했다. 이런 차이
에 대해서도 바첸하이머는 마코폴로스가 고발한 사항은 '이론'이라
고 단정 지었다. 변호사의 눈으로 볼 때 마코폴로스는 내부고발자
의 기준에 들어맞지 않았고, 그렇기에 법정에서 비리를 증언해 줄
믿을 만한 내부 정보도 갖지 못한 사람이었다.[28] 게다가 화가 날 대

로 난 마코폴로스가 치엉과의 전화 통화에서 SEC를 비하하는 발언을 한 것도 전혀 도움이 되지 않기는 마찬가지였다.[29] 이런 상황에서 메이도프가 SEC로 찾아와 치엉과 수와 면담을 했을 때는 이미 두 사람 모두 미 역대 최대의 사기극에 넘어갈 만반의 준비가 돼 있는 상태였다. 사기의 증거는 하나도 발견되지 않았고 사건 조사는 그렇게 종결되었다.

여기서 우리 두 저자한테 흥미로운 부분은 메이도프 사기극의 자세한 전말이 아니라 이 사건이 SEC 전체에 예산이 얼마나 부족한지를 단적으로 드러낸다는 사실이었다. 실수를 저지른 곳은 뉴욕사무국이지만 어느 모로 보든 그곳의 사람들은 SEC라는 단체와 이 단체의 사명을 소중히 생각하면서 열심히 일하는 정부 관료들이었다.[30] 하지만 조사팀은 마코폴로스의 고발이나 그의 동기에 대해서는 이해 부족을 여실히 드러냈다. 아마도 금융 지식이 풍부한 사람이 팀에 있었다면 이런 오해는 금방 불식되었을지도 모른다. 게다가 이 새로운 스토리가 감독기관에 대해 존중심을 보이지 않으면서 생겨난 사기 저하와 상대적으로 낮은 월급, 과도한 업무량이 아니더라도, SEC 뉴욕사무국의 담당자들은 마코폴로스의 고발과 메이도프의 방어를 다른 시각에서 바라봤을 공산이 크다. 예산이 풍족해져도 상황이 달라졌을지는 미지수이다. 하지만 지금 분명한 점은, "싼 게 비지떡이다"는 옛 속담을 입증하기라도 하듯 조사는 제대로 진행되지 않았다. 감독해야 할 자산 대비 1달러 당 1000분의 25센트라는 예산은 별로 높은 예산이 아니다. 그리고 "정부 자체가 문제다"라고 주장하는 새로운 스토리는 비단 SEC만이 아니라 모든 정부 부처의 예산도 줄이지 못해 안달이 나 있다.

시티즌스 유나이티드

세 번째 예는 정계에서 찾을 수 있다. 5장에서 보았듯이 이익집단
에서 흘러나오는 돈은 미국 총선과 대선의 표를 낚는 데 사용된다.
　연방법이 이처럼 돈의 영향력을 줄이려고 노력한 것은 100년이
넘는다. 1907년 틸만법Tillman Act of 1907은 기업의 직접적인 선거
기부금 제공을 금지했다. 1974년 연방선거운동자금개정법Federal
Elections Campaign Act Amendments of 1974으로 연방선거관리위원회가
창설되었으며 선거 기부금과 선거비 지출의 상한선이 정해졌다. 그
러나 오래 지나지 않아 정치활동위원회 등 정계의 '친구들'은 선거
기부금을 제한하는 법망을 피할 방법을 찾아냈다. 선거 기부금을
직접 받지 않아도 PAC를 통해 선거비를 많이 지원받을 수 있게 되
었다. 이로써 성가신 문제가 생겨났다. 헌법에 보장된 '표현의 자유'
권리를 침해하지 않으면서 PAC와 이익집단의 '친구들'을 통제하려
면 어떻게 해야 하는가? 오랫동안 수도 없이 설전이 오간 끝에 하원
은 2002년에 타협안인 초당적선거자금개혁법Bipartisan Campaign
Reform Act을 마련했다.[31] 이 법은 흔히 맥케인파인골드법McCain-
Feingold Act이라는 이름으로 더 많이 불린다. 기업과 조합, 비영리단
체는 경선 30일 이전과 총선 60일 이전부터는 특정 후보를 언급하
는 방송광고에 자금을 대지 못한다는 것이 이 법안의 주요 골자 중

하나였다.

2007년에 우파 정치 활동을 벌이는 비영리단체 시티즌스 유나이티드Citizens United는 위의 법 조항에 정면으로 도전했다. 시티즌스 유나이티드는 케이블 TV 방송용의 90분짜리 다큐멘터리 〈힐러리Hillary: The Movie〉를 제작했다. 원하는 시청자는 무료 시청이 가능했지만 시티즌스 유나이티드는 방영 대금으로 케이블 회사에 120만 달러를 지불하기로 했다. 시티즌스 유나이티드는 힐러리가 후보로 나서는 2008년 경선 시즌에 다큐멘터리를 방영하는 것이 맥케인파인골드 법에 저촉되지 않는지 알아보기 위해 연방선거관리위원회에 판결을 문의했다. 선거관리위원회가 부정적인 답변을 하자 시티즌스 유나이티드는 결정이 부당하다며 제소했고[32] 지방법원에서 기각되자 대법원에 항소했다.

어차피 다큐멘터리 〈힐러리〉는 일반 지상파 방송으로 내보내는 영상이 아니기 때문에 몇 가지 사항에 의거해 쉽게 판결을 내릴 수 있는 사안이었다. 하지만 대법원은 1차 수정헌법에 보장된 '표현의 자유' 권리라는 굉장히 넓은 근거를 들어 판결을 내렸다.[33] 다섯 명의 재판관이 동의한 다수의견majority opinion(미국의 재판에서 다수의 판사가 동의하는 의견으로 이에 대한 법적 근거를 반드시 제시해야 한다. 반대는 반대의견dissent이라고 한다-옮긴이)은 바보를 노리는 피싱을 전혀 고려하지 못하는 새로운 스토리 사고의 전형적인 예를 보여준다. 우리가 생각하는 표현의 자유는 자유경쟁시장에 대한 생각과 쌍둥이처럼 닮아 있다. 우리는 경제 발전을 위해서는 표현의 자유와 자유시장이 꼭 필요하다고 생각하며, 특히 민주주의에는 표현의 자유가 더더욱

없어서는 안 된다고 생각한다. 그러나 바보를 노리는 피싱은 자유
시장에 어두운 면을 만들 듯 표현의 자유에도 부정적인 측면을 만
들어낸다. 자유시장과 마찬가지로 표현의 자유도 기능과 몰기능을
걸러내 줄 법적 장치가 필요하다. 회의를 진행해 본 사람이라면 이
말을 이해할 것이다. 제아무리 민주적으로 운영되는 소규모 회의더
라도 나름의 규정이 필요한 법이다. 의회는 틸만법 이후로 온갖 시
행착오를 거치며 그런 법규를 마련하기 위해 노력해왔다.

〈힐러리〉 재판의 다수의견서는 앤서니 케네디Anthony Kennedy 재
판장이 썼고, 여기에 존 로버츠John Roberts, 앤토닌 스칼리아Antonine
Scalia, 클레런스 토머스Clarence Thomas, 새뮤얼 앨리토Samuel Alito가
서명을 했다. 이 다수의견서는 개인이 가진 표현의 자유와 기업이
가진 표현의 자유를 별개로 구분하는 것을 명백히 거부했다. 하지
만 더 근본적으로 보면 이 다수의견서는 표현의 자유에는 어떤 이
면도 없다는 생각이 바탕에 깔려 있었다. 사실 그래야 판결이 효력
을 얻을 수 있었다. 판결의 근거를 보여주는 결정적 문장은 이렇다.
"정부가 누군가로부터 표현의 권리를 빼앗아 다른 사람에게 주는
것은, 불이익을 당하는 사람이나 계층에게서 자신들의 입장을 말해
주는 사람에 대한 존중과 지지와 존경심을 표현할 권리를 빼앗는
것과 같다. 정부는 어떤 표현과 발언자를 스스로 결정할 수 있는 대
중의 권리와 특권을 박탈해서는 안 된다. 수정헌법 1조는 표현과
발언자, 그리고 여기서 비롯된 생각을 보호한다."[34]

하지만 바보를 노리는 피싱은 케네디의 주장이 틀렸다고 말한다.
표현의 자유를 허용하는 절대적이고 완전한 법규는 있을 수가 없기

때문이다. 런던 하이드파크의 스피커스코너에는 영국인이라면 잘못된 생각이든 아니든 누구든 자유롭게 올라가 의견을 피력할 수 있지만 음악을 크게 틀어서는 안 되는 것과 비슷하다. 케네디 판사는 표현을 정보의 전달 수단으로서만 생각했을 뿐, 표현이 설득의 역할뿐만 아니라 바보를 노리는 피싱의 수단으로 쓰이기도 한다는 것은 전혀 고려하지 않은 듯 보인다. 앞의 다수의견서에서 케네디는 이렇게도 말한다. "표현은 공무원으로 하여금 국민에 대한 책임을 지게 하는 수단이 된다는 점에서 민주주의의 필수 장치이다. 시민이 의견 합의에 이르기 위해 정보를 묻고 듣고 말하고 이용할 권리는 계몽된 자치정부의 전제조건이며, 이런 정부를 보호하기 위해 꼭 필요한 수단이다."[35] 여기에는 우리 두 저자도 동의한다. 하지만 그는 이 사건에서 똑같이 중요한 부분은 언급하지 않았다. 표현이란 '우리'에게 유리하게 행동하도록 타인을 설득하는 수단이기도 하다. 인간이 피싱을 당하기 쉬운 존재라면, 표현은 말을 듣는 '그들'이 아니라 말을 하는 우리에게 이익이 되는 행동을 하도록 상대를 설득하는 수단이 되기도 한다.

존 폴 스티븐스John Paul Stevens 재판관이 반대의견서에 적었듯, 상식적으로도 기업과 개인은 다르게 취급해야 한다. 스티븐스 판사는 다수의견서가 '선거공학electioneering'을 제대로 이해하지 못한다며 유감스러워했다. 피싱은 단순히 새로운 스토리의 일부가 아니다. 스티븐스는 기업이(또한 노조가) 의원에게 호의를 부탁하고 그 의원의 경쟁자를 타깃으로 한 네거티브 광고에 기부금을 내는 일이 잦다는 것을 보여주는 증거가 있음을 상기시켰다. 이런 식으로 하면 기업이 편을 드는 의원은 긍정적인 선거광고만 내보내 '논란에 초연한 듯한' 모습만 보일 수 있다. 그런 다음 기업이나 노조는 그 의원에게 자신들이 무슨 도움을 주었는지 조용히 알려준다. 의원은 막후에서 감사의 인사를 전한다.[36] 스티븐스는 이렇게 말한다. "가끔씩 주고받는 뇌물보다도 민주사회를 훨씬 심각하게 파괴하는 부패의 위협이 존재한다. 그러나 부패에 대한 다수의 이해로 인해 입법자들은 가장 두드러지게 나타나는 폐단 말고는 거의 모든 폐단에 대해 무능력하게 대처할 수밖에 없다."[37]

많은 자원을 갖추고 커다란 확성기를 동원해 자원이 빈약한 사람들의 메시지를 파묻을 수 있는 사람은 어느 정도 제약을 받는 것이 맞다. 5장에 등장한 그래슬리와 스몰의 2004년 상원의원 선거 경합에서도 알 수 있듯이 표현의 자유에 대한 법규는 전파를 장악할 자원을 가진 후보에게 굉장히 유리하다. 시티즌스 유나이티드의 결정은 정치 분야에서도 새로운 스토리에 입각한 사고가 구 스토리를 대체하는 위험을 보여준다. 새로운 스토리에 지배된 대법원의 판결은 피싱 문제를 줄이려면 신중한 절충이 필요하다는 사실을 제대로 인식하지 못하고 있음을 반증한다.

로렌스 레시그Lawrence Lessig 하버드법대 교수가 제시한 한 가지 절충안이 있다. 미국 시민이 자신이 선택한 후보에게 최대 50달러까지 기부금을 낼 수 있도록 연방정부가 일종의 쿠폰을 발급하자는 것이다. 또 시민은 그 쿠폰 외 자신의 돈으로 최대 100달러를 추가로 기부할 수 있도록 하자는 제안이다. 대신, 이 기부금을 받은 후보는 FAC 등 다른 곳에서 들어오는 기부금을 거절해야 한다.[38] 레시

그는 기부금 쿠폰 발급에 연간 30억 달러 정도의 비용이 들 것이라고 추산한다.[39] 하지만 앞에서 본 여러 민주주의의 뒤틀림을 감안한다면 굉장히 싸게 먹히는 비용일 수 있다. 이제 더는 기부금 부탁 전화를 돌리는 것이 의원 본연의 업무가 아닌 것이 되기 때문이다. 그리고 의원은 국민의 이익을 추구하는 일로 돌아갈 수 있기 때문이다.

결론

사회보장법, 증권규제법, 선거자금법이라는 세 가지 사례는 이 책 전체에서 꽤 큰 비중을 차지한다. 세 가지 예는 올바른 국가 스토리를 갖추는 것이 얼마나 중요한지를 말해준다. 이 사례들이 보여주듯, 정부와 가계의 관계(사회보장제도), 금융과 관할 기관의 관계(증권규제), 선거법과 유권자의 관계(선거자금법)에 대한 미국 정책에는 새로운 스토리 사고가 아주 넓게 퍼져 있다. 또한 우리는 더 일반적인 상황을 제시하며 새로운 스토리가 절반의 진실에 불과하다는 사실도 보여주었다. 자유경쟁시장은 인간에게 선택의 자유를 부여한다. 동시에 피싱을 행할 자유와 피싱에 걸려들 자유도 부여한다. 이런 진실을 모르면 재앙은 당연히 찾아오는 수순일 수밖에 없다.

우리 두 저자는 미국인의 시각에서 그리고 주로 미국에서 일어난 일을 예로 들어 스토리― 무엇보다도 국가적 스토리가 얼마나 중요한지 설명했다. 하지만 바보를 노리는 피싱은 미국만이 아니라 세상 곳곳에서 일어나는 현상이다. 올바로 기능하는 국가 스토리를 갖추려면 무엇보다도 경제와 정치가 어떻게 작동하는지 제대로 이해해야 한다. 시장과 민주주의의 좋은 점만이 아니라 나쁜 점도 인식할 수 있어야 한다. 물론 이 나쁜 점에는 바보를 노리는 피싱도 포함된다.

피싱 균형의 의미

덧붙이는 글

The Significance of Phishing Equilibrium

지금까지 바보를 노리는 피싱의 많은 예를 살펴봤다. 이제 어떤 독자의 머릿속에서는 반드시 짚고 넘어가야 할 질문 하나가 떠올랐을 것이다. 이 책은 지금까지의 경제학 서적과 비교해 어떤 점이 다른가? 바보를 노리는 피싱에 대해서는 이미 모든 경제학자가 알고 있지 않은가? 의외지만 질문의 답은 '그렇다'이다. 왜냐하면 우리 경제학자들은 피싱 사건을 관찰할 때면 사건과 그 사건의 원인을 이해할 수 있기 때문이다. 하지만 자유경쟁시장을 주장하는 전통경제학은 과연 우리에게 피싱이 언제 어떻게 일어나는지 알아보는 혜안을 제시해주는가? 그 답은 결단코 '아니다'이다.[1]

우리는 자유시장을 존중해야 한다고 배웠으며 대부분의 경우는 그렇게 하는 것이 맞다. 자유시장은 높은 생활 수준을 가져다준다. 경제학은 경쟁시장이 '효율적으로' 움직인다고 가르쳤다. 경제학이 세운 비교적 느슨한 가정에 따르면 균형 상태에서 한 개인의 행복은 다른 개인의 행복을 침해하지 않는 한 늘어나지 않는다(파레토 최적)는 사실이 입증되었기 때문이다. 한 마디로 요약하자면, 경제학은 대체적으로는 자유경쟁시장이 '잘' 작동한다고 묘사한다. 그러면서 한편으로는 '외부효과'와 '불공평한' 소득분배와 같은 추가 문제를 해결하기 위해 어느 정도 개입이 필요하지만, 이때에도 세금이나 보조금 등 최소한의 개입만 해야 한다고 말한다.

하지만 우리 두 저자는 사람과 시장을 다른 관점에서(그리고 더 일반적인 관점에서) 생각한다. 이런 견해가 이 책 전체에 스며들어 있다. 우리는 자유시장의 장점을 말하는 경제교과서와 싸울 생각은 없다. 중국의 국경을 넘어 북한을 들여다보고 다시 국경을 넘어 한국을 들여다볼 수 있는 눈 정도는 우리에게도 있다.

그렇다고 시장을 무조건 찬양할 생각도 없다. 적절한 가정을 세우고 그 가정이 정말로 맞다면 시장은 경제학 교과서 말마따나 꽤 효율적으로 움직일지도 모른다. 그러나 모든 인간에게는 약점이 있고 우리 모두는 완전 정보를 얻지 못할 때가 많으며 자신이 정말로 원하는 것이 무엇인지 제대로 알지 못할 때도 많다. 결국 이러한 인간적 약점의 부산물 때문에 속임수에 넘어가는 것이다. 이것은 인간 본성일 수 있지만 경제학 강의에 등장하는 주인공들은 전혀 그렇지가 않다. 만약 인간이 불완전한 존재라면 자유경쟁시장은 그저 우리가 필요한 것과 원하는 것을 제공해주는 무대에 지나지 않는다. 또한 자유경쟁시장은 바보를 노리는 피싱을 펼치기 위한 무대이기도 하다. 그러면서 시장은 피싱 균형 상태에 빠진다.

이런 관점의 차이는 너그러운 친구이자 동료인 누군가와 긴 시간 열띤 대화를 나눌 때에도 드러났다. 그는 《피싱의 경제학》이 제시하는 내용을 기꺼이 들어주었다. 그런 다음 그의 관심은 이번 장의 주제이기도 한 질문으로 금세 넘어갔다. "이 책에 여느 경제학자가 아직 이해하지 못하고 있는 무언가 새로운 내용이 있나요?" 우리는 이 책에서 인간에게 약점이 있을 때 시장이 어떤 역할을 맡는지 살펴보았다. 이런 상황일 때 시장은 효율적이지 않으며 또한 약점을 가진 인간은 언제라도 바보가 되어 속아 넘어가기 쉽다고 말했다. 그 친구는 그런 '병리현상'을 일반 경제학과 결합한다는 자체가 잘못이라고 말했다.

하지만 그런 병리현상을 현재의 경제학과 비교하는 것이야말로 이 책의 가장 주된 과제 중 하나다. 우리는 오히려 경제학 교과서와 거의 모든 경제학자의 정신적 프레임이 시장의 건강한(즉, 효율적인) 작동만을 묘사하면서 경제의 병리현상은 외부효과와 소득분배 같은 요인에서만 비롯된다고 생각하는 자체가 잘못이라고 본다. 경제는 이런 전통적 시각보다 훨씬 복잡하며 훨씬 흥미롭다. 게다가 우리 두 저자가 믿기에는 건강한 시장과 병리현상을 일으키는 시장을 나눠서 생각하는 것이야말로 허술한 오점투성이의 사고이자 매우 심각한 결과를 초래하는 사고이다.

왜 그런가? 현대의 경제학은 본질적으로 사기와 기만의 문제를 다루지 못하기 때문이다. 전통경제학은 인간이 순진무구하고 사기에 잘 넘어간다는 사실을 알면서도 모른 체했다. 2015년에 2008년 세계 금융위기를 돌아보는 경제학자 중 적어도 몇몇은 "왜 발생했는가?"라는 질문을 던진다. 또 이렇게 2008년 금융위기에 대해 질문을 던지는 경제학자들은 이 정도는 웬만큼 다 파악하고 있기 때문에 더 나아가 자기 자신도 돌아본다. 우리 경제학자들은 금융위기를 예측한 사람이 왜 그토록 적었는지 의아해한다. 어떤 일이 발생할지 예견한 경제학자는 정말 놀라울 정도로 거의 없었다.[2] 구글 스칼라Google Scholar에 등록된 경제와 금융 관련 논문이나 서적만 해도 225만 건에 달한다.[3] 어쩌다 얻어 걸린 격으로 경제학자의 어깨에 올라탄 원숭이가 《햄릿》에 버금가는 훌륭한 글을 썼을 것이라고 기대하기야 힘들겠지만 컨트리와이드, 워싱턴뮤추얼, 인디맥, 리먼, 그리고 다른 여타 대형 금융기관들이 조만간 무너질 것이라고 예견한 글이 적어도 몇 편은 나왔어야 했다. 우리 경제학자들은 모기지담보부증권과 신용부도스왑이 아슬아슬한 상태까지 이르렀다는 사실을 알아차렸어야 했다. 장차 유로화가 취약해질 것이라는 사실 정도는 어느 순간에는 알아차렸어야 마땅하다.

이런 거대한 공백은 금융계 전문가나 경제학자도 속임과 기만이 시장의 작동에서 맡는 역할을 체계적으로 무시하거나 폄하하고 있었다는 사실을 말해준다. 경제학자들이 속임과 기만을 왜 무시했는지는 앞에서 이미 간단히 설명했다. 바로 시장에 대한 경제학자들의 이해가 기만과 사기를 체계적으로 배제하기 때문이다. 우리의 친구도 분명히 말했지만 시장의 병리현상은 주로 '외부효과'에 기인한다고 여겨진다. 하지만 경쟁시장에서 천성적으로 생겨날 수밖에 없는 사기와 기만의 원인은 우리에게 번영을 안겨주는 바로 그 이윤 추구의 동기이다. 자유경쟁시장이 양날의 검이라는 것을 우리 경제학자들이 더 일찍 알아차렸다면 파생금융상품과 모기지담보부 증권, 그리고 국가 채무가 어떤 수순으로 악화일로에 빠지게 되는지 자세히 탐구했을 것이 분명하다. 적어도 경제학자의 절반 이상은 경고 신호를 알아차릴 수 있었을 것이다.

실패한 암과의 전쟁

암 전문가이며 내과의사인 싯다르타 무케르지Siddhartha Mukherjee가 쓴《모든 병의 제왕The Emperor of All Maladies》은 암 분석과 치료에서 일어난 비슷한 실수를 설명한다.[4] 경제학자들이 흔히 쓰는 언어를 빗대어 표현하면 몇 가지 질병은 외부효과에서 비롯된다. 이런 질병들은 세균이나 바이러스가 원인이며 대부분은 치료법도 매우 간단하다. 체내에 들어온 외부 침입자를 죽일 백신이나 약을 발견하기만 하면 된다. 경제학에서 외부효과로 비롯된 '질병'이란 순조롭게 흘러가는 시장에 해를 미치는 요인이고, 치료책은 문제가 있는 곳에 세금을 부과하는 것이다.

그러나 무케르지는 암은 다르다고 말한다. 암의 발병 원인은 바이러스나 박테리아 같은 외부의 침입자가 아니다. 그보다는 건강한 생리 현상을 이끄는 자연적 힘이 암을 불러오는 원인이다. 우리 몸의 세포가 돌연변이를 일으킨다. 건강한 세포가 외부 침입자를 막으려고 강력한 방어막을 구축하듯 변이 세포도 마찬가지로 방어 태세를 구축한다. 암의 경우 신체의 방어 능력이 충분히 잘 작동하지 못한다는 것이 문제가 아니라 너무 잘 작동한다는 것이 문제이다. 악성 암세포는 공격에 아주 거세게 저항하면서 죽지 않으려고 버틴다.

결국 우리 몸의 순조로운 생리 작용이 이 변이 세포에도 확장된 것이 바로 암의 본성이다. 이 점이 바보를 노리는 피싱과 아주 흡사하다. 모두가 현명한 결정을 내릴 줄 아는 시장의 순조로운 흐름이, 순진하고 잘 속아 넘어가는 사람이 존재하는 시장으로 그 흐름을 확장하면서 생겨난 것이 바보를 노리는 피싱이다.

1970년대에 암과의 전쟁 주창자들은 '암 정복을 위한 국가적 노력'을 위해 열심히 로비를 했고 결국 성공했다.[5] 1971년 미국암퇴치법National Cancer Act of 1971이 가결되면서 암 연구를 위한 연방 예산 지원도 큰 폭으로 늘어났다. 이런 예산 증가가 피해를 입힌 곳이 있었으리라고는 생각하기 힘들다. 그런데 의외로 무케르지는 이 '전쟁'이 실수였다고 생각한다. 빠르고 쉬운 치료법을 찾으려는 노력이 문제를 과소평가했고, 빠르고 쉬운 치료법이란 암의 근본 원인이 바이러스처럼 단순할 때에나 가능하다는 것이 그가 그렇게 생각하는 이유다.[6] 암의 원인을 단순한 시각에서 바라본 탓에 암의 기본 특성을 발견하는 것에는 소홀했다. 암으로 인한 사망률을 획기적으로 줄이려면 일단은 암에 대해 더 정확한 이해가 선행되어야 한다. 다시 말해, 세포 변이가 암의 원인이고 이 변이 세포의 방어 능력은 건강한 세포의 방어 능력이 연장된 것이라는 사실을 먼저 이해해야 한다.

경제학자들 역시 마찬가지로 지나치게 단순한 시각에서 시장을 바라본다. 아마도 경제의 병리현상은 외부효과에 불과하다고 가정하는 것이 전통경제학 본연의 특징일 수도 있다. 하지만 바보를 노리는 피싱을 다양한 변종으로 만들어내는 자유시장의 능력은 외부효과가 아니라 자유시장의 작동에 본질적으로 내재된 특징이다. 이윤 추구의 동기는 모든 사람이 합리적으로 처신할 때는 건강하고 순조로운 경제를 안겨주는 한편, 반대로 바보를 노리는 피싱이라는 경제적 병리현상도 불러온다.

피싱에 대한 과거의 연구

물론 《피싱의 경제학》의 전신이 존재하기는 한다. 구글 스칼러에는 '교활한 사람'과 '어리석은 사람', 다시 말해 '정보를 갖춘 사람'과 '정보가 빈약한 사람'의 차이를 구분하는 논문이나 글이 대략 2만개 정도가 있다. 우리는 이 2만개의 글을 대표하는 몇 가지 연구 논문을 소개할 것이다. 이 책에 등장한 사례와 마찬가지로 이 논문들도 교활한 사람과 어리석은 사람을 특별한 방식으로 결합한다. 사례를 보고 나면 각각의 특별한 상황에서 영리하고 정보를 아는 사람이 어리석고 정보를 모르는 사람을 이용한다는 사실을 어떤 경우는 뚜렷하게, 대부분은 부수적으로 인식하게 될 것이다.

가장 먼저, '들어가는 글'에 나온 스테파노 델라비냐와 울리케 말

제3부 새로운 경제학을 위하여

멘디에의 연구를 상기해 보자. 헬스클럽은 회원 계약서에 교묘한 꾀를 부리는데, 회원 계약을 맺기는 쉽지만 취소하기는 어렵게 한 것이 그중 하나다. 델라비냐와 말멘디에는 헬스클럽의 전략이 고객의 현재편향present bias(먼 미래보다 현재를 중시하는 편향-옮긴이)을 이용한다고 설명한다.[7] 고객은 현재를 훨씬 중요시하기 때문에 오늘 할 수 있는 일도 '내일'로 미룬다. 하지만 정작 '내일'이 오면 그 내일은 현재가 되고 그래서 고객은 또 다른 내일로 할 일을 미루는 것이다.

사비에 가베Xabier Gabaix와 데이비드 레입슨David Laibson은 제품 특성을 한눈에 파악하기 어렵다는 점을 노려 판매자가 구매자를 다른 방식으로도 이용한다고 말한다.[8] 두 학자는 이런 제품은 특성이 '숨어shrouded' 있다고 말하면서 한 가지 함축적인 질문을 던진다. 만약 고객이 바스마티 쌀과 엉클벤스 쌀을 구문하지 못한다면 레스토랑은 어떤 쌀을 쓸 것 같은가? 답은 이윤 추구 동기가 알려준다. 레스토랑은 더 싼 쌀을 쓴다.

가베와 레입슨은 숨은 특성의 대표적인 사례로 잉크젯 프린터를 든다. 구매자는 프린터 가격에 초점을 맞춘다. 하지만 나중에 사게 되는 잉크 카트리지 가격은 처음 프린터를 살 때 들인 돈에 비해 상당히 비싼 편이다(평균 3분의 2 정도다.)[9] 프린터 관련 비용은 처음 프린터를 살 때만이 아니라 한 페이지를 인쇄하는 데 드는 비용도 계산을 해야 한다. 그런데 휴렛팩커드 프린터 한 종의 구매자들을 대상으로 설문조사를 했더니 잉크 카트리지 가격을 알고 프린터를 산 구매자는 단 3퍼센트에 불과했다.[10] 이런 결과는 우연히 나온 것이 아니다.

가베와 레입슨의 설명에 따르면, 구매자의 눈에 크게 들어오는 것은 프린터 가격이다. 게다가 프린터 가격은 웹 검색도 쉽다. 하지만 잉크 가격을 알아볼 때에는 문제가 달라진다. 잉크 카트리지 가격 정보는 여러 웹사이트에 분산돼 있는데, 프린터 회사들이 이 중요한 특징을 의도적으로 숨겼기 때문이다.[11] 그리고 조사가 보여주듯이 프린터 회사들은 정보를 숨기는 일을 성공적으로 해냈다.[12]

우리 두 저자 중 한 명인 밥은 특성 숨기기 이론을 다른 방식으로 테스트했다. 그는 TV 광고에 넘어가 자신이 기르는 고양이 '라이트닝'을 위해 사료 하나를 샀다. 광고에서는 고양이들이 신나게 밥그릇으로 달려간다. 하지만 광고에서 맛있다고 자랑하는 고양이 사료가 정말로 맛이 좋은가? 밥은 직접 먹어 보았다. 광고에서 떠들듯, 사람도 맛있다고 생각하는 재료(칠면조, 참치, 오리, 양)의 맛이 사료에서는 전혀 느껴지지 않았다. 중요한 특징은 대체로 숨어 있다는 가베와 레입슨의 이론이 여기서도 발견되었다. 그렇지만 우리는 밥의 테스트가 결정적인 증거라고 인정하기에는 조심스러운 입장이다. 고양이 라이트닝이 직접 입을 열고 말한다면 모를까, 우리로서는 테스트가 맞는지 아닌지 알 도리가 없다.[13]

바보들이 정보를 더 많이 가진 사람들의 손에 얼마나 참혹하게 당하는지를 보여주는 또 다른 좋은 예는 금융계이다. 단순하기 짝이 없는 경제학은 금융에는 바보를 노리는 피싱이 없다고 결론을 내린다. 이런 경제학은 주가에는 '펀더멘털 가치'가 반영돼 있다고 가정한다. 다시 말해 현재의 주가는 (배당과 자사주매입 등을 통한) 미래의 보상을 적절히 할인한 가치와 같다는 것이다. 그러나 이런 가정

제3부 새로운 경제학을 위하여

은 사실일 수가 없다. 이런 순진한 가정을 내리기에는 주가의 변동성이 너무 심하다.[14] 게다가 단순한 금융경제학과 달리 진짜 금융시장에서는 변동성 말고도 온갖 종류의 기현상이 발생한다. 주식 거래량이 그토록 많은 이유는 무엇인가? 주식 매매자의 평균 주식 보유 기간이 그토록 짧은 이유는 무엇인가? 이런 기현상의 목록은 끝도 없이 이어진다.

전부는 아니지만 대다수 금융경제학자는 단순한 모델에 심각한 오류가 존재한다는 것을 인정했다. 그래서 그들이 취한 방식은 주식시장에(그리고 다른 자산시장에도) 두 종류의 인간이 존재한다고 묘사하는 것이다.[15] 한쪽에는 '정보를 갖춘' 거래자가 존재한다. 이들은 주식시장을 잘 이해하고 있으며 자신들이 우세하다 싶으면 이론대로 주가를 '펀더멘털' 가치를 향해 추진시키는 대담무쌍한 사람이다.

그러나 스토리의 반대쪽에는 '정보가 빈약하고' 주식의 펀더멘털을 이해하지 못하는 사람이 존재한다. 금융학에서는 이런 사람을 일컬어 '잡음 거래자noise trader'라고 부른다. 이들은 주식을 살 때 그 주식의 펀더멘털이 아니라 아무렇게나 흘러나오는 '잡음'을 듣고 사기 때문이다.

가장 대표적인 예로는 1990년대에 거품이 터지기 직전 닷컴 주식을 샀던 투자자들을 들 수 있다.[16] 잡음 거래에 대한 논문들은 상당수 주가가 '비정상anomalies'이라고 설명한다. 그리고 이 비정상에는 채권에 비해 주식수익률이 높은 것과, 주식의 펀더멘털과 주가 사이의 편차가 큰 것도 포함된다.[17]

잡음 거래에 대한 연구는 성공적인 연구 패러다임으로 자리를 잡았다. 교활한 투자자가 잡음 거래자를 이용해 이득을 취한다는 점에서 바보를 노리는 피싱에 대한 수학적 모형까지 생겨났다. 심지어 이런 수학 모형은 정보를 갖춘 거래자와 정보가 빈약한 거래자가 누리는 '행복'에 대한 명쾌한 공식도 만들 수 있다.[18]

경제학과 금융계에서 가져온 사례는 순진하고 어리석은 사람과 교활한 사람, 정보를 갖춘 사람과 정보가 빈약한 사람을 비교·대조하는 연구가 활발히 행해졌다는 사실을 말해준다. 교활하고 정보를 갖춘 사람은 순진하고 정보가 빈약한 사람보다 언제나 더 좋은 성과를 거둔다. 그리고 그런 일이 생겨나는 곳은 그 어디든 바보를 노리는 피싱의 현장이 된다.

이 책의 다른 점

순진하고 정보가 빈약한 사람에 대한 행동경제학과 금융 관련 연구가 그토록 많이 행해졌다면 우리 두 저자의 연구 방향성에 대해 의문이 들 것이다. 어쩌면 이 책에는 새로운 내용은 없을지도 모른다. 하지만 그럴지라도 우리는 독자 여러분이 이 책과 이 책에 나온 여러 스토리를 재미있게 읽어주었기를 바란다. 또한 우리는 우리가 새로운 관점도 제시했기를 바란다. 그리고 덧붙이자면 이 책이 지금의 경제학과 어떤 다른 관점을 보여주는지를 세 가지로 설명하고 싶다.

경쟁시장에서 균형의 역할

첫 번째 새로운 관점은 경제학 내에서 행동경제학의 위치에 초점을 맞춘 것이다. 들어가는 글과 이번 장에 적었듯이 경제학자는 애덤 스미스에 근거해 기본 가정을 세운다. 경제학자의 중심 시각은 스미스 이론의 유명 등장인물인 정육점주인, 양조업자, 빵집 주인의 비유에 맞춰져 있다. 스미스에 따르면 이 세 장사치들은 소비자의 수요에 경쟁적으로 반응하며 소비자가 지불하려는 가격에 따라 공급량을 결정한다. 이런 경쟁 체제는 끈질기게 균형을 이룬다. 경제가 균형 상태를 이루지 못할 때 이윤 창출의 기회가 생겨난다. 그리고 누군가가 그 기회를 움켜쥔다. "자연은 진공 상태를 싫어한다"는 속담은 경제에도 그대로 적용돼 경제는 이윤 창출의 기회가 사용되지 않은 상태로 있는 것을 싫어한다. 예를 들어, 공항이나 쇼핑몰에 시나본을 파는 매장이 하나도 없으면 다른 누군가는 그런 매장을 열 것이 분명하다.

　이렇게 전체를 관망하는 사고와 끈질긴 균형에 대한 사고는 거의 두 세기 반 동안 경제학 사고를 지배하는 중추신경계 역할을 했다. 하지만 조금 뒤에 나오듯 행동경제학은 이런 전통적 사고를 벗어난 기이한 행동을 관찰한다. 앞서 나온 델라비나와 말멘디에의 헬스클럽 회원 계약과 가베와 레입슨의 숨은 특성에 대한 행동경제학 연구가 여기에 해당한다. 이들의 이론모형 설정과 사례는 학술지가 요구하는 논문 방식과는 사뭇 다르다. 우선 델라비나와 말멘디에의 헬스클럽 연구에 나오는 자칭 운동광들은 현재편향이라는 특별한 약점을 가지고 있다. 숨은 특성 이론에 대한 가베와 레입슨의 연구도 독특하기는 마찬가지다. 두 사람은 기본 제품과 부속품의 수요와 공급에 대한 모델을 아주 훌륭하게 제시한다. 둘의 이론에 따르면 현명하게 행동하는 소비자가 있는 반면에 근시안인 소비자도 있으며, 기업은 부속품의 가격을 숨겨야 할지 말아야 할지 결정을 한다.[19] 이 두 연구는 바보를 노리는 피싱이 존재한다는 사실을 경제학술지가 요구하는 기준에 부합하는 방식으로 입증한다. 이를 위해 두 논문은 피싱의 존재를 부인할 수 없는 이론모형과 사례를 제시한다. 하지만 학술지가 부인하기 힘든 이론모형과 사례를 요구한다는 것에는 그만한 비용이 따른다. 결국 바보를 노리는 피싱에 대한 일반론은 제기할 수 없다는 뜻이기 때문이다. 그리고 그 일반론이 이 책이 나아가려는 방향이다. 모든 경제학 사고의 벤치마크가 되는 애덤 스미스의 일반균형 프레임 안에서 바보를 노리는 피싱 모델을 설명한다는 것은 일반론을 제시한다는 의미이다. 일반론은 우리로 하여금 피싱의 불가피성을 깨닫도록 신호를 던져준다.

경제학자들이 왜 금융위기의 신호를 예상하지 못했는지에 대한 질문으로 돌아가 보자. 인간이 가진 정보의 빈약함과 심리적 약점은 이윤 창출에 이용되기도 하고 또 이윤 창출을 위해 이런 약점이 만들어지기도 한다. 이런 일이 계속 되는 한 바보를 노리는 피싱은 어디서나 벌어지는 일반적 현상이라는 것을 우리 경제학자들이 이해하고 있었다면, 우리는 가까운 미래에 금융붕괴를 이끌만한 피싱의 신호를 찾기 위해 열심히 움직였을 것이다. 사실 우리는 그랬어야 했다.

도전받지 않은 현시선호

행동경제학과 행동금융학이 인간의 편향과 시장을 독특한 시각에서 묘사했음에도 불구하고 도처에 존재하는 바보를 노리는 피싱을 알아차리지 못한 데에는 또 다른 이유가 있다. 전통경제학은 인간은 자신의 행복을 최대화하는 선택을 내린다는 공통된 전제를 세운다. 심지어 인간은 자신을 행복하게 만드는 것을 직접 선택해서 드러낸다는 의미에서 이런 전제에는 현시선호revealed preference라는 근사한 이름까지 붙어 있다.[20] 물론 현시선호 이론은 인간이 정말로 원하는 것(자신에게 이득이 되는 것)과 원한다고 생각하는 것(어깨에 올라탄 원숭이가 원하는 것)이 다르다고 보는 우리 두 저자의 생각과는 본질적으로 상반된다. 행동경제학의 바탕에는 현재편향 같은 특정한 심리 편향과 이런 편향이 독과점 경쟁 같은 특수한 시장 상황에 잠재돼 있다는 가정이 깔려 있다. 그러다보니 이런 개별성은 인간이 정말로 원하는 것과 어깨에 올라탄 원숭이가 원하는 것이 다르다 해도 그것은 일반적인 현상이 아니라는 개념을 더욱 강화했다. 사안별로 선호의 차이를 고려하기는 하지만 아주 드문 예외로 봐야 한다는 것이다. 의도적으로 그런 메시지를 만들어낸 것은 아닐지라도 행동경제학이 알게 모르게 그런 메시지를 만들어낸 것은 분명하다.

그렇기에 대다수 경제학자는 인간이 정말로 자신이 원하는 것을 선택한다고 마음 편히 믿을 수 있게 되었으며, 더 나아가 몰기능적 결정의 횟수와 그 결과가 미치는 영향도 미미하다고 믿게 되었다. 적어도 선진국에서는 대다수 사람들이 기본적 욕구 충족의 목적을 그럭저럭 달성하고 있다는 관찰 결과도 이런 믿음에 힘을 실어준다. 어느 정도 목적을 달성하고 있다는 사실로 인해 경제학자들은 인간의 진짜 행복이 이룬 파레토 최적과 어깨에 올라탄 원숭이의 행복이 이룬 파레토 최적에 차이가 나는 것은 중요하지 않다고 믿어 버린다. 헬스클럽 회원 계약을 맺을 때나 잉크 카트리지를 살 때 그런 차이가 발생할 수 있지만 드문 예외에 불과하다. 그렇기에 대부분은 현시선호가 맞다는 것이다.

그러나 정반대로 우리처럼 전체적인 관점에서 피싱을 바라보면 바보를 노리는 피싱이 드물게 나타나는 사소한 현상이 아니라는 신호를 발견할 수 있다. 피싱은 도처에 널려 있다. 바보를 노리는 피싱은 수많은 결정에 영향을 미치며 심지어 우리의 행복에 막대한 영향을 미치기까지 한다. 우리가 앞의 예들을 선택한 이유는 바보를 노리는 피싱의 발생 가능성을 보여주기 위해서이기도 하지만, 그것이 도처에 널려 있고 우리의 경제생활 전체에 대단히 중요한 작용을 한다는 것도 보여주기 위해서였다. 우리는 개개인이 대부분은 나름대로 자신에게 득이 되는 선택을 할 수 있다는 이유를 근거로 피싱이 큰 영향을 미치지 않는다고 믿는 전통경제학에 반박하기 위해 앞의 사례들을 제시했다.

일반균형이론의 틀 안에서 당연히 진실이라고 여겨지는 것을 짚고 넘어간다는 점에서, 어깨에 올라탄 원숭이가 만든 일반균형에 바보를 노리는 피싱을 대입한 것은 현대 행동경제학보다 한 걸음 더 나아간 시도라고 말할 수 있다. 이것은 피싱의 불가피성을 반영한다. 우리가 '가장 좋아하는 사례'를 다시 언급할까 한다. 일반균형

제3부 새로운 경제학을 위하여

에 따라 공항의 시나본 매장이 (아니면 비슷한 다른 매장이) 계속 이윤을 창출할 수 있다면 그 매장은 계속 그 자리에 있을 것이다. 결국 우리에게 약점이 있고 그 약점 때문에 피싱에 걸리기 쉽다면 피싱맨은 언제나 그 자리에 존재한다. 소비자가 빵집 주인과 양조업자, 정육점 주인이 빵과 맥주, 고기를 공급하는 데 필요한 자원을 계속 지불한다면 그들이 장사를 접을 이유가 없는 것처럼, 사기꾼도 바보를 노리는 피싱에 우리를 계속해서 끌어들일 것이다.

스토리 이식

《피싱의 경제학》은 행동경제학과 비교해 한 가지 더 공헌하는 점이 있다. 현재의 행동경제학 논문이나 책은 주로 심리학자가 만든 경험적 증거를 따른다. 우리 두 저자는 인간은 자신의 진짜 기호가 아니라 어깨에 올라탄 원숭이의 기호에 맞춰 몰기능적 결정을 내린다고 믿는다. 심리학자들은 이런 몰기능적 동기, 다시 말해 인지편향의 목록을 작성해 두었다.

  인간이 이 목록에 올라온 인지편향을 갖고 있는 것은 맞다. 그러나 이 책의 주요 목표는 단순히 피싱 균형의 개념을 제시하는 수준을 넘어 이런 인지편향을 전체적인 관점에서 조망하는 것이다. 경제학자는 소비자의 행동방식에 대해 가정을 세운다(1장에 나온 돈 격정과 수지 오먼의 조언에 대한 내용 참조). 이를테면 소비자는 예산을 정하고 거기에 맞추려고 힘겹게 노력한다는 식이다. 마찬가지로 선례의 실험을 따르는 심리학자와 행동경제학자는 의사결정자가 (치알디니의 목록에 나오는 편향을 비롯해) 몇 가지 편향에 따라 선택을 내린다고 가정한다. 경제학자가 독창성을 발휘해 구매 결정자의 발목을 묶을 만한 '제약조건'의 목록을 만들어냈듯이, 심리학자들은 '비합리적 행동'으로 간주할 수 있는 편향들을 인상 깊은 목록으로 정리해 두었다. 그러나 대다수 사회학자와 인류학자도 동의하는 점이지만 우리는 이 목록에 문제가 있다고 생각한다. '목록'에 적힌 편향에 맞춰 인간의 행동을 바라보는 것은 꽤 괜찮은 방법이기는 하지만 어떤 점에서는 틀릴 수도 있기 때문이다. 경제학자나 심리학자, 더 넓게는 사회학자도 더 포괄적인 시각을 가져야 한다. 우리는 무의식적 사고건 의식적 사고건 그 어떤 생각도 의사결정의 바탕이 될 수 있다는 사실을 인정해야 한다.

이렇게 사회학자와 문화인류학자의 시각을 따르면서 우리 둘은 의사결정의 바탕에 깔린 정신 프레임을 일반적으로 설명할 수 있는 방법을 발견했다. 《피싱의 경제학》 후반부는 행동경제학자들의 행동 편향 목록이라는 옷을 조금씩 벗기면서 동시에 새로운 관점의 주장을 조금씩 강화하고 재구성했다. 새로운 주장은 몰기능적 결정을 좌우하는 심리 편향 목록을 포괄하면서도 동시에 훨씬 일반적인 시각을 제시한다.

우리가 이렇게 더 폭넓은 일반론을 확보할 수 있었던 것은 인간의 선택을 좌우하는 정신 프레임을 직접 설명하려 노력한 덕분이었다. 우리는 이 정신 프레임에 '자기 자신에게 말하는 스토리'라는 이름을 붙였다. 이름을 붙이고 나니 부수적 이득도 생겼다. 우리는 바

보를 노리는 피싱 대부분이 어떻게 발생하는지 자연스럽게 관찰할
수 있었다. 피싱은 바보인 누군가로 하여금 자신이 아닌 피싱맨에
게 이득이 되는 결정을 내리도록 이끄는 수단이다. 인간은 자신이
처한 상황에서 스스로에게 말하는 스토리에 좌우되어 선택을 내린
다. 그 점을 이해하게 되면서 우리는 행동의 동기를 분명하게 설명
할 수 있었고 더 나아가 바보를 노리는 피싱이 어떻게 발생하는지
도 이해할 수 있었다.

　피싱의 일반론은 경제학에 새로운 변수도 제기한다. 그 변수란
인간이 스스로에게 말하는 스토리이다. 더욱이 이런 일반론은 인간
이 자신의 행복을 최대화하는 것과는 거리가 아주 먼 결정을 내리
기도 하며 개개인이 스스로에게 말하는 스토리도 쉽게 조작당할 수
있다는 사실을 당연한 것으로 받아들인다. 결국 사람은 초점이 바
뀌면 내리는 결정도 달라질 수 있는 것이다.

요약

사실 이 책에는 '신경제학'이라고 불릴 만한 내용은 하나도 없을지
모른다. 우리가 새로운 경제학을 만들려는 의도에 사로잡혔다면 맞
지도 않고 설득력도 없는 책이 탄생했을 것이다. 대신에 우리는 조
금 다른 것에 목표를 뒀다. 우리는 바보를 노리는 피싱이 기존 경제
학과는 상이한 결론을 이끈다는 것을 보여주는 데 목표를 뒀다. 현
대의 꽤 자유로운 시장 경제는 선진국 국민에게 과거 세대가 선망

의 눈길로 보기에 충분한 높은 생활 수준을 안겨주었다. 그럴지라도 우리는 스스로를 속여서는 안 된다. 현대의 자유시장은 바보를 노리는 피싱도 안겨주었다. 그리고 이런 피싱 역시 우리의 행복에 아주 커다란 영향을 미친다.

감사의 글

비록 이 책은 조작과 기만을 주제로 삼고 있지만 세상에는 선의도 아주 많이, 정말로 많이 존재한다는 사실을 인정하지 않을 수 없다. 세상에는 11장에 등장했던 영웅과 같은 사람이 많이 존재한다. 그 수많은 관대한 영웅이 이 책의 밑거름이 되었다.

탈고를 하면서 가장 기쁜 점은 이번 책을 도와준 사람에게 감사 인사를 전할 수 있다는 것이다. 이 책은 방에 혼자 앉아 머리를 쥐어뜯으며 다음 문장을 고민했던 두 저자만의 결과물이 아니다. 이 책에 나온 아이디어와 그런 아이디어를 전개하기 위한 연구 작업은 경제학계의 친구들을 포함해 우리의 연구를 도와준 뛰어난 연구조교들의 도움이 한 데 어우러졌기에 가능했다.

먼저 핵심적인 기본 아이디어를 제시해준 동료들에게 감사를 전한다. 누구보다도 '루팅: 고의 파산, 경제의 지하세계Looting: The Economic Underworld of Bankruptcy for Profit'를 조지와 공동 집필한 폴 로머에게 감사한다. 9장과 10장의 S&L 위기와 정크본드 사태는 두 사람의 논문을 이 책에 맞게 각색한 것에 불과하다. 그렇게 하도록 허락해준 폴에게 감사한다. 이 책의 또 다른 큰 주제인 '스토리'도 조지와 공동으로 책을 쓴 저자 덕분에 탄생할 수 있었다. 조지와 레이첼 크랜턴Rachel Kranton의 《아이덴티티 경제학Identity Economics》은 자신이 누구이고 무엇을 하고 하지 말아야 하며, 이러한 스토리가 동기를 어떻게 좌우하는지와 관련해 인간이 스스로에게 어떤 스토리를 말하는지를 중요한 주제로 다룬다. 마음이 맞는 만남이 이어지면서 밥은 자산시장의 광기를 다룬 전작《비이성적 과열》에서 금융위기를 비롯해 여러 위기에서 '스토리'가 맡는 역할을 독자적으로 찾아내기도 했다. 그렇기에 우리 책의 가장 중요한 결과물이라고 말할 수 있는 스토리의 역할은 따로 흐르던 두 사고를 하나로 이어주었다. 우리 둘 모두 레이첼에게 무한한 감사를 보낸다. 그리고 조지의 '어리석은 사람과 레몬Lemons with Naïveté' 논문 작업에 참여해 정보 기반의 피싱 균형을 설명해준 후이 통Hui Tong에게도 감사한다. 이 논문은 우리가 이 책을 위해 여러 해에 걸쳐 진행한 세미나의 토대가 되어 주었다.

막심 보이코Maxim Boycko에게도 마음의 빚이 크다. 그와 밥은 1989년 모스크바에서 전미경제연구소와 소련 IMEMO가 공동으로 주최한 총회에서 처음 만나 논문을 공동으로 집필하기까지 했다.

감사의 글

밥은 지금도 그와 함께 군중의 태도, 시장과 대중의 관계에 대한 연구를 진행하면서 국가마다 시장 기능의 사회 규범과 태도가 어떻게 다른지 밝히는 데 힘쓰고 있다.

2012년 가을 원고를 진행하면서 밥은 연구조교를 구해야겠다고 결정했다. 그가 낸 구인 광고에 약 80명이 지원했다. 연구조교 자리를 수락해준 세 명의 예일대 학부생이야말로 이 책이 탄생하는 데 가장 큰 기여를 했다. 그들은 연구조교로서의 일만이 아니라 프린스턴대학 출판부의 피터 도허티Peter Dougherty와 함께 편집자 역할도 겸해 주었다. 우리는 그들에게 적어도 한 번 이상은 원고에 점수를 매겨달라고 부탁했다. 단지 각 장만이 아니라 각 장의 절, 심지어 문단 하나하나에도 점수를 매겨달라고 했다. 성적을 후하게 매기는 요즘의 세태에도 불구하고 세 명의 조교는 최고점을 주는 데 연연하지 않았으며, 점수가 낮은 부분은 왜 낮은지 차분히 설명해 주었다. 그들과의 대화를 통해 우리는 우리가 빠진 패착에서 빠져나올 수 있었다. 그들 모두가 뛰어난 능력을 발휘해 우리를 도와주었다.

빅토리아 벌러Victoria Buhler는 3학년 재학 중에 우리의 연구조교가 되었고, 그녀의 특별한 재능에 감탄한 〈뉴욕타임스〉의 데이비드 브룩스David Brooks 기자는 그녀가 예일대 수업 시간에 작성한 에세이를 칭찬하는 기사까지 실었다. 빅토리아는 대학 졸업후 케임브리지로 옮겨가 대학원 수업을 듣는 중에도 이 책의 작업을 도와주었다. 밥이 그 해(2013년) 노벨경제학상을 타면서 몇 달을 정신없이 바쁘게 보냈지만 빅토리아는 밥의 빈자리를 훌륭히 대신해 주었다. 그녀는 국제 정치에 관심이 많으며 재능도 뛰어나다. 그래서 조지는 그녀에게 "자네가 국무장관이 되면"이라는 말로 시작하는 이메일을 보낸 적도 있다.

다이애너 라이도 세 명의 훌륭한 조수 중 한 명이다. 우리는 다이애너에게 어떤 질문이든 서슴없이 던질 수 있었으며, 그녀는 부탁받은 일은 다 해냈다. 그러다보니 우리가 지나치게 그녀를 압박하면서 일을 많이 부탁하는 것은 아닌지 걱정스러운 마음이 들기도 했다. 그녀는 스타 논객이며, 〈예일데일리뉴스〉에 싣기 위해 시청을 취재했고, 전공은 경제학이다. 최근에 그녀는 말레이시아에서 열리는 세계토론대회에 나갈 생각이라고 말했다. 다이애나는 그런 대회 출전을 자주 하는 편이다. 그녀의 도움은 결국 독자들에게는 큰 이득이 되었다. 그녀는 인터뷰의 대가이며 그녀가 이 책에 생동감을 더하기 위해 제안한 계획은 언제나 큰 웃음을 선사했다. 한번은 〈글레머Glamour〉지가 그녀에게 무슨 상인가의 후보에 지원해보라고 권하기도 했다. 우리가 그녀 대신에 신청서를 썼지만 아쉽게도 그녀는 상을 받지는 못했다. 그들은 진정한 아름다움이 무엇인지 모르는 것 같다. 우리가 보기에 진정으로 아름다운 여성은 바로 다이애너 라이이다.

잭 뉴섬Jack Newsham도 나무랄 데 없고 독창적인 세 명의 조수 중 한 명이다. 잭도 다이애너와 빅토리아 못지않게 이 책에 결정적인 공헌을 해주었다. 그는 우리 대신에 인터뷰를 진행해 주었으며, 그가 제시한 편집 의견은 언제나 옳았다. 특히 잭은 광고를 다룬 내용에서 아주 중요한 역할을 해주었다. 그의 의견 덕에 우리는 래스커가 선거단장 역할을 했던 하딩의 대선 캠프에 관심을 집중할 수 있었다. 그것만큼 이 책에 잘 들어맞는 예는 없을 정도였다. 예일대에 다니면서 잭은 기자가 되기 위한 준비를 하고 있었고, 우리의 원고에도 예비 기자로서의 실력을 유감없이 발휘해 주었다. 졸업 후 잭은 신문기자 일자리를 얻기가 대단히 힘든 요새 상황에도 불구하고 〈보스턴 글로브〉지의 기자가 되었다. 2년 동안 잭이 이 책의 작업을 도와준 것은 우리에게 크나큰 특권이었다.

이 책의 집필이 막바지 단계에 이르렀을 때 슈테판 슈네베르거 Stephan Schneeberger는 우리에게 원고 전반에 대한 편집자 의견을 제시해 주었고 4~8장까지 사실에 맞는지 확인해 주었다. 그에게 감사의 마음을 전한다. 또한 서문부터 3장까지 사실 확인을 해준 이지아 루Yijia Lu에게도 감사한다. 데니즈 더츠Deniz Dutz는 최종 단계에서 사실을 재확인하는, 누구나 싫어하는 일을 처리해 주었다. 매들린 애덤스Madeleine Adams는 2015년 5월부터 6월까지 여섯 주 동안 우리가 넘긴 원고를 교열하며 우아함과 세련됨을 더해 주었다.

이 책에 나온 모든 아이디어는 우리 둘이 경제학자로 지내는 동안 배우고 들은 내용을 콜라주한 것이다. 그렇기에 우리는 따로 4명의 특별한 사람에게도 감사 인사를 전하고 싶다. 25년 전인가 30년 전에, 인간을 불완전한 기계로 바라보는 것이 심리학의 가장 뚜렷한 특징이라고 가르쳐 준 대니얼 카너먼에게 감사한다. 그의 말을 빌리면, 심리학의 역할은 이 기계가 언제 그리고 어떻게 고장을 일으키는지 알아내는 것이다. 심리학과 달리 경제학의 기본 개념은 균형이다. 우리는 이 책이 두 개념을 한데 묶는다고 생각한다. 밥과 함께 25년 동안 행동경제학 워크숍을 주최해 온 리처드 탈러Richard

Thaler도 우리 작업에 많은 영향을 미쳤다. 사실 그는 20여년도 전에 우리 두 저자가 함께 작업을 해야 한다는 말을 처음으로 꺼냈다. 그가 우리의 중매쟁이였다. 그에게 무한한 감사의 마음을 전한다. 우리는 마리오 스몰Mario Small과 미첼 레이몬트Michele Lamont에게 영감을 얻어 인간이 어떻게 (의식이 아닌) 잠재의식에 좌우된 결정을 내리는지 생각해볼 수 있었다. 우리는 잠재의식이 인간을 조종당하기 쉬운 존재로 만든다는 결론을 내렸고, 그런 통찰력이 우리가 함께 이 책을 작업하기로 하는 데에 결정적인 첫 걸음이 되었다.

프린스턴대학 출판부의 피터 도허티는 원고를 쓰는 내내 우리의 소중한 친구이자 편집자 역할을 훌륭히 맡아 주었다. 그가 편집자로서 방향을 정해주고 왜 그 방향으로 나아가야 하는지 조언해준 덕분에 이 책이 탄생할 수 있었다. 서문의 '아무도 원하지 않았을 결정'도 피터와 대화를 나눈 결과 탄생했다.

조지가 2010년 10월부터 2014년 10월까지 4년에 걸쳐 원고를 집필하는 동안 옆에서 도와준 IMF의 동료들, 밥의 예일대 동료들도 이 책의 탄생에 크게 기여했다. 비베크 아로라Vivek Arora, 마이클 애시Michael Ash, 래리 볼Larry Ball, 로널드 베너보Ronald Benabou, 올리비에 블랜차드Olivier Blanchard, 이렌 블럼라드Irene Bloemraad, 나일라 브랜스콤브Nyla Branscombe, 루시아 부오노Lucia Buono, 존 캠벨John Campbell, 엘리 캐너티Elie Canetti, 칼 케이스Karl Case, 필립 쿡Philip Cook, 윌리엄 대러티William Darity, 스테파노 델라비냐, 라파엘 디 텔라Rafael Di Tella, 아비나시 디시트Avinash Dixit, 커트 이튼Curt Eaton, 조슈아 펠먼Joshua Felman, 니콜 포틴Nicole Fortin, 피에르 포틴Pierre Fortin,

알렉산더 해슬럼Alexander Haslam, 캐서린 해슬럼Catherine Haslam, 존 헬리웰John Helliwell, 로버트 존슨Robert Johnson, 안톤 코리네크Anton Korinek, 래리 코틀리코프Larry Kotlikoff, 앤드루 래빈Andrew Lavin, 애너 마리아 루사르디Annamaria Lusardi, 울리케 말멘디에Ulike Malmendier, 센딜 멀레이너선Sendhill Mullainathan, 아비네이 무트후Abhinay Muthoo, 필립 오러풀러스Phillip Oreopoulos, 로버트 옥소비Robert Oxoby, 케일라 파자르바시오글루Ceyla Pazarbasioglu, 셀리 핍스Selley Phipps, 애덤 포즌 Adam Posen, 졸탄 포자르Zoltan Poszar, 나타샤 슐Natasha Schüll, 엘다 샤 퍼Elda Shafir, 칼 샤피로Carl Shapiro, 데니스 스노어Dennis Snower, 마이 클 스테프너Michael Stepner, 조지프 스티글리츠Joseph Stiglitz, 필립 스 웨글Phillip Swagel, 조지 베일런트George Vaillant, 테오도라 빌라그 라Teodora Villagra, 호세 비날스Jose Vinals, 저스틴 울퍼스Justin Wolfers, 페이튼 영Peyton Young에게 감사를 보낸다.

또한 우리는 매사추세츠대학 애머스트 캠퍼스, 버클리대학, 듀크 대학, 조지워싱턴대학, 조지타운대학, 존홉킨스대학, 메릴랜드대학, 프리스턴대학 벤드하임금융연구소, 워릭대학, 캐나다경제학협회, 국제통화기금, 세계은행, 신사고경제연구소, 피터슨재단, 유니온신 학교, 캐나다선진연구소 산하 '사회적 상호행동과 정체성 및 행복 추구 모임'에서 우리의 연구에 대한 발표를 했다.

밥은 예일대의 대학원과정, 법학대학원, 경영대학원이 교차 신청 해서 듣는 행동 및 제도경제학 강의에 이 책을 사용했다. 학생들이 다양하고 젊은 시각에서 들려준 피드백은 귀중한 도움이 되었다.

조지는 2010년 10월부터 2014년 10월까지 국제통화기금에 초빙

경제학자로 머무는 동안 그들이 보내준 관대한 지원과 2012년 11월부터 조지타운대학이 보내준 도움에 감사를 전한다. 또한 연구비를 지원해준 캐나다선진경제연구소와 이 책에 큰 영감을 준 '사회적 상호행동과 정체성 및 행복 추구 모임'에도 감사를 전한다.

가족이야말로 우리에게 큰 힘이 되어 주었다. 특히 우리의 아들이며 현재 같은 경제학자의 길을 걷는 워릭대학의 로비 애커로프Robby Akerlof, 브랜다이스대학의 벤 쉴러Ben Shiller, 네브래스카대학의 철학교수인 데릭 쉴러Derek Shiller에게 고맙다고 말하고 싶다. 우리가 글을 쓰는 내내 버팀목이 되어주고 오랫동안 명확한 판단을 내려주고 흔들림 없는 관대함으로 자신만의 아이디어를 들려준 버지니아 쉴러Virginia Shiller에게 감사한다. 또한 우리가 글을 쓰는 시간을 짜낼 수 있도록 도와준 행정조교 보니 블레이크Bonie Blake, 캐럴 코플랜드Carol Copeland, 샨티 카루나라트네Shanti Karunaratne, 패트리샤 메디나Patricia Medina에게도 감사 인사를 전한다.

주 ── 참고문헌 ─────────────

주

서문 자유시장, 그 양날의 칼에 대하여 ──────────────

1. "A Nickel in the Slot," 〈Washington Post〉, 1894년 3월 25일, p. 20.
2. "A Crying Evil," 〈Los Angeles Times〉, 1899년 2월 24일, p. 8.
3. Bernard Malamud, "Nevada Gaming Tax: Estimating Resident Burden and Incidence"(라스베이거스, 네바다대학, 2006년 4월), p. 1. 최종 접속은 2015년 5월 5일. https://faculty.unlv.edu/bmalamud/estimating.gaming.burden.incidence.doc.
4. Richard N. Velotta, "Gaming Commission Rejects Slot Machines at Cash Registers," 〈Las Vegas Sun〉, 2010년 3월 18일. 최종 접속은 2015년 5월 12일. http://lasvegassun.com/news/2010/mar/18/gamingcommission-rejectsslotmachinescashregis/?utm_source=twitterfeed&utm_medium=twitter. 네바다게임위원회(Nevada Gambling Commission)의 위원장인 해리 레이드(Harry Reid) 상원의원은 도박산업에 대한 마피아의 영향을 반대하는 것으로 유명하다. 일설에 따르면 영화 〈카지노(Casino)〉는 프랭크 로젠탈(Frank Rosenthal)과 레이드 의원의 대립 관계에서 모티브를 따왔다고 한다.(〈Wikipedia〉의 "Harry Reid" 참조. 마지막 접속은 2014년 12월 1일. http://en.wikipedia.org/wiki/Harry_Reid).
5. Natasha Dow Schüll, 《고의적인 중독(Addiction by Design: Machine Gambling in Las Vegas)》(프린스턴: Princeton University Press, 2012).
6. 위와 같음, pp. 24-25.

7. 몰리가 가끔씩 도박을 하러 가는 곳은 주유소 겸 편의점과 슈퍼마켓이고 가장 자주 가는 곳은 팰리스 스테이션(Palace Station) 카지노이다.

8. 슐의《계획 중독》p. 2에서 몰리는 슐에게 이렇게 말한다. "나는 이기기 위해 게임을 하는 것이 아니다. 계속 게임을 하기 위해, 다른 어떤 것도 중요하지 않은 그 슬롯머신 지역에 계속 머물기 위해 (게임을) 한다." 고맙게도 슐은 우리와의 전화 인터뷰에 응해주었다. 2014년 2월 13일에 한 통화에서 슐은 몰리와 그녀가 한 행동에 대해 책에 적지 않은 것까지 자세히 설명해 주었다.

9. 위와 같음, p. 33. 슐은 제세동 장면이 찍힌 감시카메라 영상에 대해 이렇게 설명한다. "말 그대로 발치에 쓰러지면서 의자 다리를 치는데도 다른 도박꾼들은 계속 게임을 했다."

10. John Elfreth Watkins Jr., "What May Happen in the Next Hundred Years," 〈Ladies Home Journal〉, 1900년 12월, p. 8. https://secure.flickr.com/photos/jonbrown17/2571144135/sizes/o/in/photostream/. "〈The Ladies Home Journal〉 1900년 12월호의 Predictions of the Year 2000" 참조. 2014년 12월 1일 접속해 이 기사가 12월호가 맞는지 확인. http://yorktownhistory.org/wpcontent/archives/homepages/1900_predictions.htm.

11. 《Oxford English Dictionary》, s.v. "phish," 2014년 10월 29일 접속. http://www.oed.com/view/Entry/264319?redirectedFrom=phish#eid.

12. 현대 인지심리학의 개척자인 대니얼 카너먼과 아모스 트버스키의 초기 연구가 착시에 관심을 가졌던 것은 우연이 아니다. 카너먼은 조지에게 행동경제학의 토대가 되는 사고의 왜곡은 '착시'와 비슷한 것으로 볼 수 있다고 말했다(25년 쯤 전에 사석에서 나눈 대화).

13. Kurt Eichenwald,《A Conspiracy of Fools: A True Story》, (뉴욕: Random House, 2005), Bethany McLean과 Peter Elkind,《The Smartest Guys in the Room: The Amazing Rise and Fall of Enron》(뉴욕: Portfolio/Penguin Books, 2003).

14. Bethany McLean과 Peter Elkind, "The Guiltiest Guys in the Room," 〈Fortune〉, 2006년 7월 5일. 마지막 접속은 2015년 5월 12일, http://money.cnn.com/2006/05/29/news/enron_guiltyest/.

15. Henry David Thoreau,《Walden: Or, Life in the Woods》(뉴욕: Houghton Mifflin, 1910), p. 8, https://books.google.com/books/about/Walden.html?id=HVIXAAAAYAAJ.

16. 레베카 미드(Rebecca Mead)의 설명에 따르면 콩데나스트(CondéNast)는 미

국의 결혼식을 매년 조사하고 결혼식에 들어가는 평균비용을 발표한다. 2006
년에 결혼식 평균 비용은 1인당 GDP의 60퍼센트인 2만7852달러였다. Mead
의 《One Perfect Day: The Selling of the American Wedding》(뉴욕:
Penguin Book, 2007). 킨들 위치는 4013 중 384-92. 대침체기 이후에 미국의
1인당 GDP 대비 혼인비용의 비율은 줄어들었다. 가장 최근인 2014년의 조사
수치에 따르면 결혼비용은 2만 8천 달러 이상으로, 1인당 GDP의 51퍼센트 수
준이었다. "BRIDES Reveals Trends of Engaged American Couples with
American Wedding Study," 2014년 7월 10일. 2014년 12월 1일 접속, http://
www.marketwired.com/pressrelease/bridesrevealstrendsofengaged-
americancoupleswithamericanweddingstudy1928460.htm.

17. Jessica Mitford, 《The American Way of Death Revisited》(뉴욕: Knopf,
1998), 킨들 위치 5319 중 790-92.

18. "첫 등록부터 아기가 당신에게 올 때까지 당신만의 PRA는 당신이 아기를 위해
준비하는 모든 것에 대해 맞춤 상담을 제공해 드립니다." 베이비저러스, "Baby
Registry: Personal Registry Advisor," 2015년 3월 20일 접속, http://www.
toysrus.com/shop/index.jsp?categoryld=11949069.

19. 요금 고지서 걱정에 시달리는 사람들이 많다는 의견은 미국심리학협회를 대신
해 행해진 "Stress in America" 설문 조사에서도 드러난다. 돈에 대한 스트레스
는 미국인들이 가장 크게 느끼는 스트레스이다. 최근 설문조사 보고서에는 "돈
과 재무에 대한 스트레스는 미국인의 생활에 상당히 중요한 영향을 미치는 것
으로 보인다"고 적혀 있다(p. 2). 성인의 거의 4분의 3(72퍼센트)은 적어도 어
느 한 순간은 돈 걱정에 스트레스를 받는다고 말했고, 거의 4분의 1은 돈 때문
에 극심한 스트레스에 시달린 적이 있다고 말했다(스트레스 지수를 10점 만점
으로 했을 때 전달에 돈으로 인한 스트레스 지수에 8~10점을 매긴 사람은 22
퍼센트였다.). "심지어 어떤 사람들은 금전적 걱정 때문에 건강 관리에 꼭 필요
한 일까지도 뒤로 미룬다." 더욱이 돈 때문에 생긴 스트레스가 다른 식으로 표현
된 것이라고도 볼 수 있는 일로 인한 스트레스는 얼마 차이 나지 않는 숫자로 2
위에 올랐다. 미국심리학협회, 《Stress in America: Paying with Our Health》
, 2015년 2월 4일. 최근 접속은 2015년 3월 29일, http://www.apa.org/news/
press/releases/stress/2014/stressreport.pdf.

20. 우리는 소비자가 제공받는 서비스에 비해 지나치게 높은 가격을 지불한다는 뜻
에서 '바가지 요금(ripoff)'라는 말을 사용했다. 드물게 예외를 두기는 하지만
우리는 비합법적인 거래를 칭할 때는 그 표현을 사용하지 않는다. 〈Wikipedia〉
의 'Ripoff' 항목은 다음과 같이 이 말을 설명한다. "잘못된 재무적 거래. 보통은

한 사람이 무언가에 지나치게 높은 비용을 청구받는 경우를 일컫는다." 2014년 11월 13일 접속, http://en.wikipedia.org/wiki/Ripoff.

21. Sheharyar Bokhari, Walter Torous, William Wheaton의 설명에 따르면 미국에서 주택 경기가 과열되기 전인 1990년대 후반과 2000년대 초 동안 담보인 정비율(loantovalue ratios)는 80퍼센트 미만이었고, 그나마도 패니매가 보증해주는 담보를 제공받아 주택을 구입한 사람들 중에서도 40퍼센트만이 그 비율을 인정받았다. 거래비용을 매도가의 10퍼센트 정도라고 생각한다면(부동산 중개 수수료 6퍼센트, 체결비용 4퍼센트), 이것은 계약금의 50퍼센트 이상이 거래비용으로 들어간다는 뜻이 된다. Bokhari 외, "Why Did Household Mortgage Leverage Rise from the Mid1980s until the Great Recession?", Massachusetts Institute of Technology, Center for Real Estate, 2013년 1월. 마지막 접속은 2015년 5월 12일, http://citeseerx.ist.psu.edu/viewdoc/download?doi=10.1.1.269.5704&rep=repi&type=pdf.

22. Carmen M. Reinhardt와 Kenneth Rogoff, 《This Time is Different: Eight Centuries of Financial Folly》(프린스턴: Princeton University Press, 2009).

23. John Kenneth Galbraith, 《The Great Crash》 출간 50주년 기념판(뉴욕: Houghton Mifflin, 1988), 킨들 위치 4151 중 1943-45.

24. James Harvey Young, 《The Toadstool Millionaires: A Social History of Patent Medicines in America before Federal Regulation》(프린스턴: Princeton University Press, 1961), p. 248.

25. 데이비드 J. 그레이엄(David J. Graham)이 2004년 11월 18일 상원재무위원회에서 한 증언. http://www.finance.senate.gov/imo/media/doc/111804dgtest.pdf. 증언 당시 그레이엄은 FDA 안전국의 과학 및 의약품 분야 부국장이었다. 이 책은 그가 추산한 수치를 인용한다. 그는 바이옥스로 인해 8만 8천~13만 9천 명의 추가적인 심장마비와 심박정지 환자가 발생했고, 이 중 30~40퍼센트가 사망했을 것이라고 추정한다(p. 1). 데이비드 그레이엄의 증언은 6장 '식품과 제약 산업의 피싱'에서 다시 나온다.

26. John Abramson, 《Overdosed America: The Broken Promise of American Medicine》 개정3판.(뉴욕: Harper Perennial, 2008), p. 70. 영국의 Million Women Health Study 결과를 미국의 인구수에 대입해 추정한 수치다. 2003년 〈The Lancet〉지에 실린 연구 논문은 다음과 같은 결론을 내렸다. "지난 10년 동안 영국에서 50~64세 여성에게 사용된 호르몬대체요법(HRT)은 2만 건의 유방암과, 1만 5천 건의 에스트로겐프로게스타겐 관련 질환을 발병시

킨 것으로 추정된다. 추가적인 사망자 수에 대해서는 아직 믿을 만한 추정치가 나오지 않았다." Valerie Beral, Emily Banks, Gillian Reeves, Diana Bull이 Million Women Study Collaborators을 대행해 수행한 "Breast Cancer and HormoneReplacement Therapy in the Million Women Study," 〈Lancet〉 362, no. 9382(2003년 8월 9일), 419-27. 호르몬대체요법은 영국보다 미국에서 더 많이 사용되었으므로 인구수에 비례한 추정은 낮게 잡은 것이라고 볼 수 있다.

27. 질병통제예방센터 〈Health, United States, 2013: With Special Feature on Prescription Drugs〉, p. 213, 표 64. 접속은 2014년 12월 1일. http://www. cdc.gov/nchs/data/hus/hus13.pdf. 표의 수치들은 2011~2012년 20세 이상의 성인에 대한 것이다. 1988년부터 1994년까지 22퍼센트로 기록되었던 비만 수치가 50퍼센트 이상 증가했다.

28. Dariush Mozaffarian 외, "Changes in Diet and Lifestyle and LongTerm Weight Gain in Women and Men," 〈New England Journal of Medicine〉 364, no. 25(2011년 6월 23일): 2395-96. 2014년 10월 30일 접속. http://www.nejm.org/doi/full/10.1056/NEJMoa1014296?query=TOC#t=articleTop.

29. Michael Moss, 《Sugar, Salt and Fat》(뉴욕: Random House, 2013), 킨들 위치 7341 중 287-89.

30. 성인 흡연자 비율은 1965년 43퍼센트에서 2014년에는 18퍼센트로 줄었다. 공중위생국 "Message from Howard Koh, Assistant Secretary of Health," 〈The Health Consequences of Smoking — 50 years of Progress〉 (2014). 2015년 3월 6일 접속. http://www.surgeongeneral.gov/library/reports/50yearsofprogress/fullreport.pdf.

31. 그때의 가장 유명한 담배 광고 카피는 "달달함 대신에 럭키를 집어 드세요"였다. 럭키가 건강과 미용 증진에 도움이 된다는 이 장황한 카피는 다음과 같은 말로 끝을 맺는다. "식단에는 적정량의 설탕 추가가 권장되기는 하지만, 정부 당국은 비만을 불러오는 지나친 단맛은 건강에 해로우며 미국인들이 당분을 지나치게 많이 먹는다고 한 목소리로 말하고 있습니다. 그래서 적절한 당분 섭취를 위해서라도 우리는 '달달함 대신에 럭키를 집어 드세요'라고 권합니다." Julian Lewis Watkins의 《The 100 Greatest Advertisements, 1852-1958: Who Wrote Them and What They Did》(쳄스포드, MA: Courier, 2012) p. 66에 나온 1929년 Lucky Strike 담배 광고. http://beebo.org/samckerels/lucky-strike.html. 마지막 접속은 2015년 3월 29일.

32. Independent Scientific Committee의 위탁으로 수행된 David J. Nutt,
     Leslie A. King, Lawrence D. Phillips의 "Drug Harms in the UK: A
     Multicriteria Decision Analysis," 〈Lancet〉 376, no. 9752(2010년 11월
     6-12). Jan van Amsterdam, A. Opperhuizen, M. Koeter, Willem van den
     Brink의 "Ranking the Harm of Alcohol, Tobacco and Illicit Drugs for
     the Individual and the Population," 〈European Addiction Research〉
     16(2010년), 202-7, DOI:10.1159/000317249.

33. Nutt, King, Phillips, "Drug Harms in the UK," p. 1561, fig. 2.

들어가는 글 자유시장과 조작된 선택 ─────────────────

1.   하와의 이야기나 서문과 이 책 전체의 기본적인 관점을 이해하기 위해서는, 하
     와와 뱀의 일을 뱀이 의도적으로 기회를 이용해서 만들어낸 균형의 결과라고 바
     꿔서 생각하는 것이 도움이 된다. 게다가 우리 둘은 뱀이 계획을 세우고 하와에
     게 접근한 것이라고 상상한다. 어쩌면 하와를 어떻게 설득할지 연습까지 했을지
     도 모르는 일이다. 에덴동산에 수많은 동물이 있는데도 사과나무 옆에 있던 동
     물이 순진한 토끼나 기린이 아니라 '하필이면' 뱀이었다는 사실을 기억해야 한
     다. 이 피싱맨은 목적을 가지고 그 자리에 있었던 것이다. 들어가는 글의 주된
     주제를 따르다보면 피싱맨의 존재가 우연이 아니라는 것을 알 수 있다. 피싱 균
     형으로 볼 때 하와가 뱀과 마주친 것은 예정된 일이었다. 달리 생각하면 천지창
     조 이야기는 '성경에 등장한 최초의 스토리'라고 볼 수도 있다. 우리는 구글 검
     색을 한 후 사과를 먹는 것을 '최초의 스토리'로 바라보는 우리의 시각이 뜬금없
     는 생각은 아니라는 것을 알 수 있었다.

2.   카너먼은 25년 전인가 30년 전 쯤 조지와 대화를 나눌 때 경제학과 심리학의 이
     런 차이점을 강조했다.

3.   Paul Krugman과 Robin Wells의 《Microeconomics》 개정2판(뉴욕: Worth
     Publishers, 2009), pp. 12-13은 이 예를 사용해 균형의 성격을 설명한다.
     Robert H. Frank와 Ben Bernanke도 《Principles of Macroeconomics》(뉴
     욕: McGraw Hill, 2003)에서 같은 예를 언급한다.

4.   Cinnabon, Inc., "The Cinnabon Story," 2014년 10월 31일 접속. http://
     www.cinnabon.com/aboutus.aspx.

5.   위와 같음.

6. 〈Wikipedia〉, "Cinnabon," 2014년 10월 22일 접속. http://en.wikipedia. org/wiki/Cinnabon.

7. 스테파노 델라비냐와 울리케 말멘디에가 조지 애커로프에게 보낸 이메일. 2014 년 10월 25일.

8. International Health, Racquet, and Sportsclub Association, "Industry Research," 2014년 10월 22일 접속. http://www.ihrsa.org/industry-research/.

9. Stefano DellaVigna와 Ulrike Malmendier, "Paying Not to Go to the Gym," 〈American Economic Review〉 96, no. 3 (2006년 6월), pp. 694-719. DellaVigna와 Malmendier, "Contract Design and SelfControl: Theory and Evidence," 〈Quarterly Journal of Economics〉 119, no. 2 (2004년 5월), pp. 353-402.

10. DellaVigna와 Malmendier, "Paying Not to Go to the Gym," p. 696.

11. DellaVigna와 Malmendier, "Contract Design and SelfControl: Theory and Evidence," p. 391과 p. 375, table 1.

12. DellaVigna와 Malmendier가 〈American Economic Review〉에 실은 논문 제목.

13. M. Keith Chen, Venkat Lakshminarayanan, Laurie R. Santos, "How Basic Are Behavioral Biases? Evidence from Capuchin Monkey Trading Behavior," 〈Journal of Political Economy〉 114, no. 3 (2006년 6월): 517-37.

14. Stephen J. Dubner와 Steven D. Levitt, "Keith Chen's Monkey Research," 〈New York Times〉 2005년 6월 5일.

15. Venkat Lakshminarayanan, M. Keith Chen, Laurie R. Santos, "Endowment Effect in Capuchin Monkeys," 〈Philosophical Transactions of the Royal Society B: Biological Sciences〉 363, no. 1511 (2008년 12월), 3837-44.

16. Adam Smith, 《The Wealth of Nations》(뉴욕: P. F. Collier, 1909; 처음 출간 은 1776), p. 19. 강조 부분은 저자 추가.

17. 파레토의 주장이 처음 나온 글은 Aldo Montesano 등이 편집한 Vilfredo Pareto, 《Manual of Political Economy: A Critical and Variorum Edition》 참조(옥스퍼드: Oxford University Press, 2014). 이것은 1906년 이탈리아에 서 출간되고 나중에 프랑스어판으로 출간된 《Manuale di Economia》를 편집 한 것이다.

18. 케네스 애로(Kenneth Arrow)와 제라르 드브뢰(Gerard Debreu)는 다소 일

반 조건 하에서 이런 균형이 존재한다는 것을 입증하는 공동 논문을 발표했다. 이후 애로는 1972년에, 드브뢰는 1982년에 노벨경제학상 수상 소감에서 서로의 공헌을 특별히 언급했다. 가정의 일반성에도 불구하고 이런 일반균형이 존재하는지 여부에 우리는 크게 관심이 생기지는 않았다(무엇보다 우리가 보기에 이런 일반균형은 수학적 이유에서 생긴 것이 분명하기 때문이다). 하지만 여기서 한 걸음만 움직였더니, 똑같은 일반적 조건하에서의 '파레토 최적'이라는 경제학의 진짜 노다지가 등장했다. 우리는 이것이 놀라운 결과라고 생각한다. 여기에는 상당히 폭넓고 자연스러운 가정 속에서 경쟁시장의 균형은 상당히 훌륭한 특징을 가지고 있다는 의미가 담겨 있다. 우리는 애덤 스미스의 직관을 정확히 강조해주는 이 결과를 강조하기로 했다. 애로와 드브뢰의 유명한 공동 논문은 "Existence of an Equilibrium for a Competitive Economy," 〈Econometrica〉 22, no. 3 (1954년 7월): 265-90.

19. 물론 경제에는 경제학자들이 상당히 관심을 많이 기울이는 독과점과 같은 '폐단'이 존재할 수 있다. 그러나 이런 독과점들은 '자유시장의 폐단'이 아니라 오히려 자유시장에서 멀어진 것이다.

20. Milton Friedman과 Rose D. Friedman, 《Free to Choose: A Personal Statement》(뉴욕: Harcourt Brace Jovanovich, 1980년).

21. Vance Packard, 《The Hidden Persuaders: What Makes Us Buy, Believe — and Even Vote — the Way We Do》(브루클린: Ig Publishing, 2007년; 초판은 뉴욕: McKay, 1957), pp. 90-91(케이크 믹스), p. 94(보험).

22. Robert B. Cialdini, 《Influence: The Psychology of Persuasion》(뉴욕: Harper Collins, 2007).

23. 치알디니의 심리 편향 목록은 '상호성(reciprocation)', '호감(liking)', '권위: 유도된 복종(authority: directed deference)', '사회적 증거(social proof)', '일관성(commitment and consistency)', '희귀성(scarcity)'이다. 우리는 '희귀성'은 '손실회피'의 의미로 사용했는데, 치알디니도 "무언가를 사랑하는 방식은 그것을 잃을지도 모른다는 것을 현실화하는 것이다"라고 강조하기 때문이다(같은 책 p. 204). 아마도 행동경제학자들은 조금 다르게 분류할 것이다.

24. 같은 책, pp. 229-30

25. 런던정경대학원의 경제학자 에릭 이스터(Eric Eyster)는 시카고의 지하철에서 목격한 야바위꾼의 속임수를 조지에게 이야기해 주었다. 야바위꾼은 지하철에 올라 바닥에 컵을 놓고 여러 차례 돌리면서 승객들에게 동전이 어느 컵에 있을지 맞혀보라고 한다. 승객들이 몇 차례 정도 답을 맞히면 야바위꾼은 승객 한 명에게 다음번에는 어느 컵에 동전이 들어있을 것 같은지 100달러 내기를 하도록

유도한다. 야바위꾼은 다시 컵을 이리저리 뒤섞었고 동전은 승객이 말한 컵이 아닌 다른 컵에 들어 있었다. 사기꾼은 100달러를 챙기고는 재빨리 다음 정거장에서 내렸다. 2011년 6월에 사석에서 나눈 대화.

26. 몇 가지 예를 적용하면 우리가 의미하는 내용을 이해하는 데 도움이 된다. 밴스 패커드의 책에 예로 나온 케이크를 굽는 가정주부들은 자신들이 창의적이라는 스토리를 스스로에게 적용하며, 보험 가입자들이 스스로에게 대입한 스토리 속에서 그들은 말 그대로 '사진 속에' 머물고 있다. 치알디니가 설명한 행동 목록을 살펴보는 것도 도움이 되는데, 이 목록은 행동경제학의 토대가 되는 심리 편향을 대부분 아우르기 때문이다. 치알디니의 설명에 따르면, 그의 형 리처드에게 차를 산 사람들은 자신들이 차를 '잃을지도' 모른다고 생각하는 스토리에 스스로를 대입하고 있었다(이것을 카너먼은 손실회피라고 칭했다.). 치알디니의 '정신적 프레임'은 우리가 말하는 스토리이다. 치알디니의 나머지 다섯 가지 행동의 경우에도 인간의 선택을 '스토리'의 관점에서 풀이할 수 있다. 인간은 상호적으로 선물을 주고 호의를 받기를 원한다. 그러기 위해서는 누군가가 나에게 선물을 주면 그 선물에 보답하는 것이 잘못된 행동이 아니라는 스토리에 스스로를 대입시켜야 한다. 인간은 호감을 받기를 원하기 때문에, 누군가로부터 호감을 받지 못하는 것이 아니라 호감을 받는 스토리에 자신을 대입시킨다. 인간은 권위에 복종한다. 복종을 하기 위해서는 자신보다 권위가 높은 누군가가 존재하는 스토리 속에 자신을 집어넣어야 한다. 유명한 예가 바로 스탠리 밀그램(Stanley Milgram)의 실험이다. 이 실험에서 '교사'는 피험자에게 '학생'에게 전기 충격을 가하라고 명령했다. 피험자들은 '권위'를 가진 '교사'와 자신을 동일시하면서 복종하고 싶지 않은 마음에 강하게 저항했다(Stanley Milgram, 《Obedience to Authority: An Experimental View》(뉴욕: Harper & Row, 1974)). 인간은 타인을 따르려는 성향이 있다(사회적 증거). 이 경우 인간은 타인의 판단이나 정보가 자신의 것보다 낫다는 스토리나(정보 설명), 순응을 하지 못해 반감을 사는 것이 싫다는 스토리에 스스로를 대입한다(사회적 순응 설명). 마지막으로 인간은 일관성 있는 결정을 내리기를 원한다. 이를 위해 서로 동떨어지고 관련이 없는 결정들조차도 일관성이 있어야 한다는 스토리를 만들게 된다. 물론 프로이트의 심리학에는 의식적으로건 무의식적으로건 인간의 정신을 꿰뚫는 암묵적인 스토리가 굉장히 많다.

1. Suze Orman, 《The 9 Steps to Financial Freedom: Practical and Spiritual Steps So You Can Stop Worrying》》 개정2판(뉴욕: Crown/Random House, 2006). 수지 오먼의 웹사이트는 이 책이 300만 부가 넘게 팔렸다고 말한다. 마지막 접속은 2014년 11월 4일. http://www.suzeorman.com/bookskits/books/the9stepstofinancialfreedom/.

2. 이런 교과서를 한번쯤은 직접 읽어보는 것도 도움이 된다. 현대 경제학을 공부하기 위한 가장 좋은 입문서는 N. Gregory Mankiw의 《Principles of Economics》(뉴욕: Harcourt, Brace, 1998)이다. 우리는 사과와 오렌지라는 유명한 예 대신에 다른 예를 쓸까 고민을 하기도 했다. 가령 맨큐의 책 21장 "The Theory of Consumer Choice"도 다른 예를 적용한다. 오늘날의 대다수 경제학 교과서들처럼 이 책도 전형적인 사과와 오렌지의 예가 아니라 펩시와 피자를 예로 든다. 여기서 '예산제약(budget constraint)'은 소비자의 소득 1000달러다. 펩시 1병이 2달러이고 피자 1판이 1달러일 때 이 소비자의 '최적 선택'이 그래프로 그려진다(p. 456). 21장은 부인하는 말로 결론을 내린다. "소비자의 생각은 정말로 이러한가? 그러나 소비자 선택이론을 회의적으로 바라보고 싶은 마음이 들지도 모른다. 알다시피 소비자의 결정은 예산제약과 무차별곡선을 그려서 정해지는 것이 아니다. 스스로 내리는 결정을 이해할수록 선택이론에 대한 반박 증거가 얻어지지 않는가? 답은 그렇지 않다는 것이다. 소비자 선택이론은 개개인의 결정 방식을 있는 그대로 설명하려 노력하지는 않는다. 소비자 선택이론은 하나의 이론모형이다…이 이론의 검증은 그것의 적용(application)에 달려 있다." 그리고 현대경제학에서 이런 '적용'은 다른 말로 하면 '예측(prediction)'이다. 훌륭한 표현이지만 소비자 '선택이론'이 돈 걱정을 덜기 위해 수지 오먼의 상담을 받는 고객들, 혹은 그들과 비슷한 수십억 사람들의 행동을 예측하지 못한다는 말은 적혀 있지 않다. 소비자 선택이론은 몇 가지는 훌륭하게 예측할지 모르지만, 언제 이론이 들어맞지 않는지는 알려주지 않는다. 경제학자 앨런 블라인더(Alan Blinder)는 이론모형의 몇 가지 한계를 설명했다. 이론모형은 지도와 비슷하다. 동네 지도는 남극 여행에는 전혀 도움이 되지 않고, 남극 지도는 동네 슈퍼마켓을 찾아가는 데 아무 도움도 되지 않는다. 맨큐는 이어서 "경제학의 더 고급 과정으로 넘어가면 소비자 선택이론은 여러 추가적 분석을 위한 프레임을 제시해준다"고 지적한다. 그는 '이것은 이론모형에 불과하다'는 반박이 다시는 등장하지 않을 것이라는 사실은 언급하지 않는다.(초판 p. 471).

3.	Orman, 《The 9 Steps to Financial Freedom》, "Step 3, Being Honest with Yourself," p. 38과 p. 40. 책에는 이렇게 적혀 있다. "내 고객 대부분은 자신들이 (실제 지출)을 상당히 낮게 잡고 있었다는 사실에 충격을 받았다. 그리고 충격을 받고 난 후에야 그들은 자신들의 실제 지출을 최대한 있는 그대로 추측했다."

4.	Board of Governors of the Federal Reserve, Current Release, Consumer Credit, table G19, 2014년 8월 기준. 발표는 2014년 10월 7일. 접속은 2014년 11월 5일. http://www.federalreserve.gov/releases/g19/current/.

5.	Annamaria Lusardi, Daniel Schneider, Peter Tufano, "Financially Fragile Households: Evidence and Implications," 〈Brookings Papers in Economic Activity〉(2011년 봄): 84.

6.	Greg Kaplan, Giovanni Violante, Justin Weidner, "The Wealthy Hand-toMouth," 〈Brookings Papers on Economic Activity〉(2014년 봄): 98, table 2, "Household Income, Liquid Income, Liquid and Illiquid Wealth Holdings, and Portfolio Composition, Sample Countries." 논문에는 2010년 Survey of Consumer Finances에 의하면 가구 소득 중앙값은 4만7040달러였으며, 한 가구의 현금, 당좌예금, 저축, 머니마켓계좌의 보유 중앙값은 2640달러(월 소득의 약 3분의 2)라고 적혀 있다.

7.	David Huffman과 Matias Barenstein, "A Monthly Struggle for Self-Control? Hyperbolic Discounting, Mental Accounting, and the Fall in Consumption between Paydays," 〈Institute for the Study of Labor (IZA) Discussion Paper〉 1430 (2005년 12월): 3.

8.	FINRA Investor Education Foundation, 〈Financial Capability in the United States: Report of Findings from the 2012 National Financial Capability Study〉, p. 23. 마지막 접속은 2015년 5월 14일. http://www.usfinancialcapability.org/downloads/NFCS_2012_Report_Natl_Findings.pdf.

9.	위와 같음, p. 26. 2012년까지 이어진 경기 침체 속에서 이 비율은 3.5퍼센트로 증가했다.

10.	지난 50년 동안 2년마다 2.5퍼센트라고 할 때 일반인은 성인기 동안 0.625번의 파산을 경험하게 된다. 그러나 한 번 파산을 겪은 사람이 살면서 총 세 번의 파산을 경험한다면(두 번 더 반복) 파산을 한 번이라도 경험하는 사람은 총인구 중 20.83퍼센트가 된다. 그리고 두 번의 파산이 더 있게 된다. 우리는 두 번 이상 파산하는 사람에 대한 통계 자료는 발견하지 못했다. 개개인이 얼마나 많이 파

산을 신청하고 벗어났는지에 대한 자료는 법적으로 제한돼 있다.

11.   Matthew Desmond, "Eviction and the Reproduction of Urban Poverty," 〈American Journal of Sociology〉 118, no. 1 (2012년 7월): 88-133. 데즈먼드는 성인과 아동 60만 명 당 연평균 약 1만 6천 명이 퇴거 명령을 받는다고 보고한다(p. 91). 모든 주거지역에서 임대주택의 퇴거율은 3.5퍼센트였으며, 빈민층이 많이 사는 지역의 퇴거율은 7.2퍼센트였다(p. 97). 데즈먼드는 법원 기록상 퇴거당하는 사람들은 다른 집을 얻기가 힘들다고 설명한다. 퇴거율이 이렇게 높은 이유는 알 수 없지만, 살던 집에서 쫓겨나는 가족들은 다른 집을 찾는 데도 어려움을 겪는다는 사실만은 분명히 알 수 있다.

12.   John Maynard Keynes, "Economic Possibilities for Our Grandchildren," 《Essays in Persuasion》(런던: Macmillan, 1931), pp. 358-73.

13.   8배에 대한 언급은 위와 같은 책 p. 365. 미국 1인당 소득 증가는 Angus Maddison의 1930년부터 2000년까지의 계산을 이용했다("US Real Per Capita GDP from 1870-2001," 2012년 9월 24일. 접속은 2014년 12월 1일. http://socialdemocracy21stcentury.blogspot.com/2012/09/usreal-percapitagdpfrom18702001.html). 〈Economic Report of the President 2013〉에 실린 대통령경제자문위원회(Council of Economic Advisors)가 발표한 GDP 가중추정치를 이용했다. 2000~2010년의 소득증가는 table B2를, 인구증가는 table B34를 적용했다(접속은 2014년 12월 1일. http://www.whitehouse.gov/sites/default/files/docs/erp2013/full_2013_economic_report_of_the_president.pdf). 이 계산에 따라 나온 2010년과 1930년 사이의 1인당 실질소득 증가는 5.6배였다.

14.   Keynes, "Economic Possibilities," p. 369.

15.   위와 같음, pp. 366-67.

16.   미국 가정주부의 여가 시간 부족에 대한 설명은 Arlie Russell Hochschild, 《The Second Shift: Working Parents and the Revolution at Home》(뉴욕: Viking, 1989) 참조.

17.   가사 전문은 http://www.oldielyrics.com/lyrics/patti_page/how_much_is_that_doggy_in_the_window.html. 참조. 마지막 접속은 2014년 11월 5일.

18.   Paco Underhill, 《Why We Buy: The Science of Shopping》(뉴욕: Simon and Schuster, 1999), p. 85.

19.   Oren BarGill과 Elizabeth Warren, "Making Credit Safer," 〈University of Pennsylvania Law Review〉 157, no. 1 (2008년 11월): 1-101. 바질과 워런은 이 책이 비중 있게 다루는 신용카드는 물론이고 다른 형태의 소비자 신용시장에

서 펼쳐지는 피싱에 대해서도 여러 사례를 제시한다.

2장 평판 파내기와 금융위기 ────────────

1. Alan S. Blinder의 《After the Music Stopped: The Financial Crisis, the Response, and the Work Ahead》(뉴욕: Penguin Press, 2013) 참조. 거시경제에서 원인을 찾는 책은 Roddy Boyd의 《Fatal Risk: A Cautionary Tale of AIG's Corporate》(호보켄, NJ: Wiley, 2011), William D. Cohan 의 《Money and Power: How Goldman Sachs Came to Rule the World》 (뉴욕: Doubleday, 2011), Greg Farrell의 《Crash of the Titans: Greed, Hubris, the Fall of Merrill Lynch, and the NearCollapse of Bank of America》(뉴욕: Crown Business, 2010), Kate Kelly의 《Street Fighters: The Last 72 Hours of Bear Stearns, The Toughest Firm on Wall Street》(뉴욕: Penguin, 2009), Michael Lewis의 《Boomerang: Travels in the New Third World》(뉴욕: W. W. Norton, 2011)와 《The Big Short: Inside the Doomsday Machine》(뉴욕: W. W. Norton, 2010) 참조. 금융투기에서 원인을 찾는 책은 Lawrence G. McDonald와 Patrick Robinson의《A Colossal Failure of Common Sense: The Inside Story of the Collapse of Lehman Brothers》(뉴욕: Crown Business, 2009), Gretchen Morgenson과 Joshua A. Rosner의 《Reckless Endangerment: How Outsized Ambition, Greed, and Corruption Led to Economic Armageddon》(뉴욕: Times Books/ Henry Holt, 2011) 참조. 패니매와 프레디맥에서 원인을 찾는 책은 Henry M. Paulson의《On the Brink: Inside the Race to Stop the Collapse of the Global Financial System》(뉴욕: Business Plus, 2010) 참조. 미국 재무부에서 원인을 찾는 책은 Raghuram Rajan의 《Fault Lines: How Hidden Fractures Still Threaten the World Economy》(프린스턴: Princeton University Press, 2010) 참조. 금융시스템에서 원인을 찾는 책은 Robert J. Shiller의 《Subprime Solution: How Today's Global Financial Crisis Happened and What to Do about It》(프린스턴: Princeton University Press, 2008), Andrew Ross Sorkin의 《Too Big to Fail: The Inside Story of How Wall Street and Washington Fought to Save the Financial System》(뉴욕: Viking, 2009) 참조. 미국 재무부에서 원인을 찾는 또 다른 책으로는 Gillian Tett의

《Fool's Gold: How the Bold Dream of a Small Tribe at J. P. Morgan Was Corrupted by Wall Street Greed》(뉴욕: Free Press, 2009), David Wessel 의 《In Fed We Trust: Ben Bernanke's Was on the Great Panic》(뉴욕: Crown Business, 2009) 참조. 명확하게 정리가 잘 된 보고서로는 《Financial Crisis Inquiry Report: Financial Report of the National Commission on the Causes of the Financial and Economic Crisis in the United States》를 꼽을 수 있다.(워싱턴, DC: Government Printing Office, 2011). http://www.gpo.gov/fdsys/pkg/GPOFCIC/pdf/GPOFCIC.pdf. 이상의 책들은 이번 2장의 비유와 해석을 곁들인 스토리를 전개하는 데 큰 도움이 되었다.

2. Carl Shapiro, "Consumer Information, Product Quality, and Seller Reputation," 〈Bell Journal of Economics〉 13, no. 1 (1982): 20-35.

3. Tobias Adrian과 Hyun Song Shin, "Liquidity and Leverage," 〈Journal of Financial Intermediation〉 19, no. 3 (2010년 7월): 418-37. 에이드리언과 신은 1990년대부터 2008년 1/4분기까지 5대 주요 투자은행들(베어스턴스, 골드만삭스, 리먼브라더스, 메릴린치, 모건스탠리)의 대차대조표 평균을 계산했다 (계산의 시작 시점은 은행마다 다르다). 이 투자은행들의 총자산 평균은 3450억 달러였고, 총부채 평균은 3310억 달러, 자본 평균은 133억 달러였다. table 2 "Investment Bank Summary Statistics" 참조.

4. Paulson의 《On the Brink》와 Blinder의 《After the Music Stopped》 참조.

5. Charles Ellis, 《The Partnership: The Making of Goldman Sachs》(뉴욕: Penguin Press, 2008), p. 97 참조. 금융회사 내부에서 돌아가는 사정을 놀랍도록 정확하고 자세히 설명한 엘리스의 책은 우리에게 큰 도움이 되었다. 정보 제공자가 익명을 요구하기 때문에 이런 설명은 찾아보기가 매우 힘든 편이다.

6. Goldman Sachs, 〈Annual Report 2005〉, p. 65, "Consolidated Statement of Financial Condition"의 표. 2014년 12월 6일 접속. http://www.goldmansachs.com/investorrelations/financials/archived/annual-reports/2005annualreport.html. 골드만의 자본금은 28억 20만 달러였고, 총자산은 7060억8040만 달러였다.

7. 미국 대통령경제자문위원회, 〈Economic Report of the President 2007〉, table B26, http://www.gpo.gov/fdsys/pkg/ERP2007/pdf/ERP2007.pdf. 이 수치는 2013년 보고서에서는 12.2퍼센트로 조금 상향 수정되었다.

8. Ellis, 《The Partnership》 Chapter 4, "Ford: The Largest IPO," pp. 53-72에 나온 설명.

9. 가족은 의결 독점권을 포기하고 있었고 배당금은 재단에게 전액 돌아가고 있었

기 때문에 세무 조건이 꽤 까다로운 편이었다. 같은 책 p. 55.

10.   위와 같은 책, pp. 60-61.

11.   위와 같은 책, p. 185.

12.   같은 책 p. 347에는 이런 설명도 나와 있다. "신디케이트 참여를 지배하는 규칙은 성과에 따라 보수를 주는 냉정한 기업보다는 친목 조합의 규칙에 더 가까웠다."

13.   그렇기에 금융붕괴가 발생했을 때 마이클 M. 토머스(Michael M. Thomas)는 '철두철미하고 양심적인' 앨버트 에스카이트(Albert Esokait)와 도미닉 드 팔머(Dominic de Palma)가 무디스의 최고채권평가책임자였던 시절이 그립다고 한탄했다. 토머스, "Rated by Idiots," 〈Forbes〉 2008년 9월 16일.

14.   Ellis, 《The Partnership》, p. 103.

15.   보상과 골드만삭스의 자본이 고갈되었을지도 모른다는 견해에 대해서는 같은 책, p. 114, 골드만삭스의 모든 자본이 파트너 소유였다는 견해에 대해서는 같은 책 p. 103 참조.

16.   Ellis, 《The Partnership》, pp. 569-70은 골드만삭스의 주식공개를 설명한다. "골드만삭스의 파트너들 상당수는 자신들의 총자산에서 85퍼센트 이상을 골드만삭스에 투자하고 있었다." 그때에도 골드만삭스가 유한책임회사이기는 했어도 회사가 파산하면 파트너들도 큰 손실이 불가피했다.

17.   "Today Is Moving Day for Goldman Sachs," 〈New York Times〉, 1957년 4월 1일.

18.   Goldman Sachs, "Who We Are," "What We Do," "Our Thinking," 2014년 12월 1일 접속. http://www.goldmansachs.com/index.html.

19.   지점별 영업개시에 대한 자료는 "200 West Street," 〈Wikipedia〉. 접속은 2014년 10월 22일. http://en.wikipedia.org/wiki/200_West_Street.

20.   Paul Goldberger, "The Shadow Building: The House That Goldman Built," 〈New Yorker〉 2010년 5월 17일. 접속은 2014년 10월 22일. http://www.newyorker.com/magazine/2010/05/17shadowbuilding.

21.   은행이 부도가 날 경우 시중 은행에 맡긴 일반 예금에 대규모 헤어컷이 발생할 수도 있다는 우려에 따라 기업들의 은행 예치금 조정이 달라질 수도 있다는 것을 알려준 졸탄 포자르(Zoltan Pozsar)에게 감사한다. 2010-2011년에 국제통화기금에서 조지 애커로프가 그와 사석에서 나눈 대화.

22.   Catherine Clifford와 Chris Isidore, "The Fall of IndyMac," Cable New Network, 2008년 7월 13일. 접속은 2014년 12월 1일. http://money.cnn.com/2008/07/12/news/companies/indymac_fdic/.

23. Ellis, 《The Partnerships》 p. 78.

24. 같은 책, p. 5.

25. Cohan, 《Money and Power》 p. 602.

26. Moody's, "Moody's History: A Century of Market Leadership," 접속은 2014년 11월 9일. https://www.moodys.com/Pages/atcool,aspx. 이 자료 는 이렇게 설명한다. "이렇게 변한 이유는 과거에도 그러했고 지금도 시장 접 근의 관점에서 부여된 객관적 신용등급에 발행사가 상당한 금액을 지불한다 는 것이었다." 3대 신용평가사의 다른 두 곳 역시 마찬가지였다. Christopher Alessi, Roya Wolverson, Mohammed Aly Sergie, "The Credit Rating Controversy," Council on Foreign Relations, Backgrounder. 2013년 10 월 22일 업데이트. 접속은 2014년 11월 8일. http://www.cfr.org/financial-crises/creditratingcontroversy/p22328.

27. 미 상원의 '월스트리트와 금융위기' 청문회에서 나온 증거는 "투자은행의 압 박이 신용 평가 과정에 빈번하게 영향을 미쳤고, 그 결과 압박을 가하지 않았 을 때보다 은행들은 더 좋은 등급을 받을 수 있었다"는 것을 알려준다. 미 상 원, Committee on Homeland Security and Government Affairs, 상 임조사소위원회 〈Wall Street and the Financial Crisis: Anatomy of a Financial Collapse〉, Majority and Minority Staff Report, 2011년 4월 13 일, p. 278. http://hsgac.senate.gov//imo/media/doc/Financial_Crisis/FinancialCrisisReport.pdf?attempt=2.

28. 예를 들어 〈Financial Crisis Inquiry Report〉는 이렇게 설명한다(p. 126). "신 용평가사들은 신용평가의 질과 정확성을 위한 증권거래위원회나 여타 감독기 관의 적절한 감독을 받지 않았다. 신용평가와 관련한 상임위원회의 사례 연구에 따르면, 무디스는 결함이 많은 구식 모형에 의존한 탓에 모기지 관련 증권에 대 해 잘못된 신용등급을 매겼으며, 증권의 기초자산에 대한 유의미한 실사를 수행 하지 못했으며, 심지어 평가 모형이 틀리다는 것이 드러난 이후에도 계속 이 모 형에 의지했다."

29. Kristopher Gerardi, Andreas Lehnert, Shane M. Sherlund, Paul Willen, "Making Sense of the Subprime Crisis," 〈Bookings Papers on Economic Activity" (2008년 가을): 69-139. 이 논문은 지나치게 높은 신용등 급이 미래의 가격 하락을 예측하지 못하게 만든 주요 요인이라고 강조한다. 뒤 이어 발생한 주택 가격의 폭락은 현실에서는 대단히 일어나기 힘든 '멜트다운' 이라고 여겨졌다.(p. 142)

30. 〈Financial Crisis Inquiry Report〉, p. xxv. 또한 Charles W. Calomiris에 따

르면("The Subprime Crisis: What's Old, What's New, and What's Next," p. 21. 2008년 8월 와이오밍 주 잭슨홀에서 열린 세인트루이스연방준비은행의 경제심포지엄 "Maintaining Stability in a Changing Financial System"을 위해 준비한 논문) 트리플A가 매겨진 서브프라임 모기지 증권은 80퍼센트에 달했고, A등급 이상을 받은 증권은 95퍼센트에 달했다. 〈Financial Crisis Inquiry Report〉(p. xxv)는 더 자세히 설명한다. "무디스의 실패 뒤에서 작용한 힘을 읽게 될 것이다. 결함투성이의 컴퓨터 모형, 평가 비용을 지불하는 금융회사들의 압박, 무모한 시장점유율 경쟁, 기록적인 이익에도 불고하고 일을 진행할 자원의 부족, 그리고 적절한 감독의 부재 등이 그 원인이었다."

31.   미 상원, Committee on Homeland Security and Government Affairs, 상임조사소위원회, 〈Wall Street and the Financial Crisis〉, p. 245.

32.   Lewis, 《The Big Short》.

33.   번바움은 존 폴슨의 모기지 시장 대규모 쇼팅에 경각심을 가졌고 이후 자신만의 모형을 이용해 조사를 수행했다. Cohan, 《Money and Power》, pp. 493-95.

34.   같은 책, p. 567.

35.   같은 책, p. 595.

36.   Associated Press, "Timeline of United Airline's Bankruptcy," 〈USA Today〉 2006년 2월 1일. 접속은 2014년 11월 9일. http://usatoday30. usatoday.com/travel/flights/20060201unitedtimeline_x.htm. Bloomberg News, "United Airlines Financial Plan Gains Approval from Creditors," 〈New York Times〉 2005년 12월 31일, Micheline Maynard, "United Air Wins Right to Default on Its Employee Pension Plans," 〈New York Times〉, 2005년 5월 11일.

37.   Ellis, 《The Partnership》, p. 2. 미주 참조.

38.   Bloomberg News, "Cuomo Announces Reform Agreements with 3 Credit Rating Agencies," 2008년 6월 2일. http://www.bloomberg.com/apps/news?pid=newsarchive&sid=a1N1TUVbL2bQ. 2개월 합의에 대한 자세한 내용은 Michael Virtanen, "NY Attorney General Looks at Ratings Agencies," Associated Press, 2013년 2월 8일 참조. 접속은 2014년 3월 21일. http://bigstory.ap.org/article/nyattorneygenerallooksratingsagencies0.

39.   Danielle Carbone, "The Impact of the DoddFrank Act's CreditRating Agency Reform on Public Companies," 〈Corporate and Securities Law Advisor〉 24, no. 9 (2010년 9월): 1-7. http://www.shearman.com/~/media/Files/NewsInsights/Publications/2010/09/TheImpactofthe-

DoddFrankActsCreditRatingA__/Files/ViewfullarticleTheImpactofthe-
DoddFrankAc__/FileAttachment/CM022211InsightsCarbone.pdf.

40. Boyd, 《Fatal Risk》.

41. 〈Financial Crisis Inquiry Report〉, p. 141과 p. 267.

42. 같은 책, p. 267.

43. 같은 책, p. 141.

44. 같은 책.

45. 같은 책.

46. Boyd, 《Fatal Risk》, p. 196.

47. 같은 책, p. 182.

48. 〈Financial Crisis Inquiry Report〉, pp. 347-50.

49. 미국 재무부, "Investment in AIG," 접속은 2015년 3월 11일. http://www.
     treasury.gov/initiatives/financialstability/TARPPrograms/aig/Pages/
     status.aspx.

50. RenéM. Stulz, "Credit Default Swaps and the Credit Crisis," 〈Journal of
     Economic Perspective〉 24 no. 1에 나온 2008년 6월 30일의 수치.(2010년
     겨울), p. 80.

51. 위와 같음, p. 82.

3장   광고회사는 우리의 약점을 공략한다 ──────────

1. Lemelson Center, "Edison Invents!" 저자 파일에 있는 카피 문구. 원본
    은 다음의 사이트 참조. http://invention.smithsonian.org/centerpieces/
    edison/000_story_02.asp.

2. Roger C. Schank와 Robert P. Abelson, 《Scripts, Plans, Goals, and
    Understanding: An Inquiry into Human Knowledge Structure》(힐즈데
    일, NJ: L. Erlbaum Associates, 1977).

3. 우리의 생각은 제롬 브루너(Jerome Bruner)가 자기서사 심리학(narrative
    psychology)에 대해 "행동은 믿음과 욕구, 도덕적 헌신에 바탕을 둔다"고 해석
    한 것과 부합한다. "한 인간을 이해하기 위해서는 그가 의도하는 설명이 그의 경
    험과 행동을 어떻게 형성하는지 이해해야 한다." Bruner, 《Acts of Meaning:
    Four Lectures on Mind and Culture》(케임브리지, MA: Harvard University

Press, 1990), pp. 23과 33. 결국 브루너가 '우리가 마음속에 지니고 다니면서 계속해서 바뀌는 조악한 자서전 초고'라고 설명한 것이 우리의 행동을 결정하는 주요 요인이다. 우리는 '마음속의 자서전'을 개개인이 스스로에게 말하는 '스토리'라고 부르며, 이것은 우리의 선택에 중요한 역할을 한다. 브루너는 '문화'가 스토리 결정에 중요한 역할을 한다고 강조하지만, 우리 두 저자가 보기에 문화는 여러 결정 요인 중 하나일 뿐이다. '자기서사 심리학'에 대한 또 다른 고찰은 《Narrative, Memory and Life Transactions》(Christine, Horrocks, Kate Milnes, Brain Robert, David Robinson 편집)에 실린 Michele L. Crossley의 "Introducing Narrative Psychology" pp. 1-13 참조(허더즈필드: University of Huddersfield Press, 2002).

경제학에서도 이런 스토리의 역할에 대한 과거 연구가 존재한다. 로버트 쉴러는 들끓는 투기 거품에서 전염병처럼 번지는 스토리의 중요성을 탐구했다. Robert J. Shiller, 《Irrational Exuberance》(프린스턴: Princeton University Press, 2000), pp. 161과 163. 같은 주제는 우리 둘이 과거 같이 저술한 《Animal Spirits: How Human Psychology Drives the Economy, and Why It Matters for Global Capitalism》(프린스턴: Princeton University Press, 2009)에도 등장한다. 스토리는 정체성 경제학(identity economics)과도 연관이 있다. George Akerlof와 Rachel Kranton, "Economics and Identity," 〈Quarterly Journal of Economics〉 115, no. 3 (2000년 8월): 715-53 및 《Identity Economics: How Our Identities Shape Our Work, Wages, and WellBeing》(프린스턴: Princeton University Press, 2010). 정체성 경제학과 관련해, 브루너가 '마음속의 자서전'이라고 묘사한 것에는 개개인이 '어떤 사람인지'를 의미하는 '사회적 범주(social category)'와 그 개인의 의도에 영향을 미치는 규범이 포함된다. 이런 점에서 개개인이 스스로에게 말하는 '스토리'가 스스로의 행동에 영향을 미친다는 것은 브루너가 설명한 자기서사 심리학과 일맥상통한다. 자신의 사회적 범주에 대한 개개인의 관점과 그 개개인에게 영향을 미치는 규범은 순식간에 바뀔 수 있다는 점에서, 정체성 경제학은 브루너가 스토리의 변화라고 칭하는 것을 더 자세히 포착해준다. 그리고 우리는 이 책에서 이런 변화를 강조해서 설명한다. 최근에는 정체성 경제학의 자기서사 심리학 활용에 공헌한 문헌들도 발표되었다. Steven Bosworth, Tania Singer, Dennis J. Snower의 "Cooperation, Motivation and Social Balance"(2015년 1월 3일 보스턴에서 열린 미국경제학협회 회의에서 발표). 여기에서 세 저자는 정체성은 단지 '인생 스토리'하고만 관련이 있는 것이 아니라 훨씬 빈번하게 여러 스토리와 관련이 있다고 설명한다("시간, 공간, 상황, 사회적 역할에 따라 전후 관계를 설정하는 개인의 적응"). 그러면서 필자들은 정체성은 변하는 속성이 있다고 강조한다. 폴 콜리어(Paul Collier)는 자기서사의 개념을 특정적인 스토리로 좁혀서 설명하지만, 어차피 바탕은 같다고 볼 수 있다. '정체성, 자기서사, 규범'의 상호작용을 고려하고, 특히 이 세 가지 모두 사회적 네트워크를 통해 전송된다고 강조하기 때문이다. Paul Collier, "The Cultural Foundations of Economic Failure: A Conceptual Toolkit."(등사 인쇄, Oxford University, 2015년 2월), p. 6. 콜리어는 '자기서사'는 '관찰' 못지않게 중요할 수 있다고 강조한다(p. 5).

4. 이번 장에서 우리가 광고를 바라보는 시각은 마케팅 교재로 손꼽히는 Philip Kotler와 Gary Armstrong의 《Principles of Marketing》 개정14판(어퍼새들리버, NJ: Prentice Hall, 2010)에 담긴 시각을 상당 부분 끌어온 것이다. 오길비 원(OgilvyOne)에 대한 사례 연구에서 두 사람은 "광고의 최종 목표는 상을 타거나 대중이 광고를 좋아하게 되는 것이 아니다. 광고의 목표는 사람들이 광고를 접한 후 특정 방식으로 생각하고 느끼고 행동하게 만드는 것이다. 결국 아무리 재미있고 예술적인 광고일지라도 팔지 못하는 광고는 창의적인 광고가 아니다."(p. 460) 또한 코틀러와 암스트롱이 광고란 마케팅의 한 부분일 뿐이라고 정의했다는 점도 주목해야 한다. 총 613쪽에 달하는 두 사람의 책에서 광고와 홍보를 주제로 한 장은 겨우 28쪽에 불과하다.

5. 이 노래의 2절은 아래와 같다.
   나는 캘리포니아로 여행을 떠나야 합니다.
   내 불쌍한 애인을 혼자 남겨둬야 하죠.
   강아지가 있으면 그는 외롭지 않을 거예요.
   그리고 강아지도 좋은 집이 생기는 거죠.

   뒤의 가사에서는 강아지가 있으면 짖는 소리에 도둑도 도망을 갈 것이니 '애인'에게도 좋을 것이라고 노래한다. http://www.oldielyrics.com/lyrics/patti_page/how_much_is_that_doggy_in_the_window.html.

6. Jane Austin, 《Pride and Prejudice》(뉴욕: Modern Library, 1995), vol. 3의 15장, 통합본에서는 57장.

7. 몇몇 통계 수치는 경제와 유통에서 광고 산업의 비중이 얼마나 되는지 감을 잡게 해준다. 하지만 자료마다 추정치에 차이가 나기는 한다. 장기적인 역사적 자료를 보여주는 Coen Structured Advertising Expenditure Dataset(www.galbithink.org/csaddataset.xls)에 따르면 1970년 GDP 1조383억 달러 중 광고비 총지출은 약 1.9퍼센트인 195억 5천만 달러였다. 2007년에는 GDP 14조

287억 달러 중 광고 산업이 차지하는 비중은 2.0퍼센트인 2796억1200만 달러로 늘어났다. GDP에서 광고비 지출이 차지하는 비중이 극적으로 증가한 것은 아니지만 그래도 5퍼센트로 증가(0.1퍼센트포인트 증가)했다.

하지만 광고 분야별로 따지면 극적 증가를 보이는 곳이 존재했다. 특히 지면 광고에 비해 많이 늘어난 분야가 있었다. 우리는 의미 있는 자료를 통해 그런 사실을 발견할 수 있었다. 신문과 잡지 광고가 차지하는 비중은 1970년에는 35.79퍼센트였지만 거의 45퍼센트나 떨어진(15.79퍼센트포인트 하락) 20.00퍼센트에 불과했다. 지상파와 케이블을 합한 TV 광고와 라디오 광고는 25.1퍼센트에서 32.2퍼센트로 크게 늘어났다. 또한 DM 광고도 14.1퍼센트에서 21.5퍼센트로 50퍼센트(7.4퍼센트포인트) 이상 늘어났다(이번 장의 뒷부분에서 DM 광고가 그렇게 크게 늘어난 이유를 설명한다). 동 자료에 따르면 2007년 인터넷 광고비 지출은 총 광고비 지출의 4퍼센트 이하였지만(105억 달러), 그 이후 상당히 빠른 속도로 늘어났다. 우리가 주목한 몇 가지 변화와 GDP 대비 광고비의 추정치는 전체 그림을 통합적으로 살펴보는 데 도움이 되지만, 이 수치가 정확한지는 회의적으로 바라봐야 한다. 예를 들어 다른 자료에서는 2007년 광고비 지출을 두 배가 넘는 212억 달러로 계상하기 때문이다. Interactive Advertising Bureau, 〈Internet Advertising Revenue Report: 2013 Full-Year Results〉 조사 수행은 PriceWaterhouseCoopers(PwC), 접속은 2015년 3월 7일. http://www.iab.net/media/file/IAB_Internet_Advertising_Revenue_Report_FY_2013.pdf. 동 자료에 따르면 이 때 이후 인터넷 광고 수익은 2013년에는 두 배가 넘는 428억 달러가 되어 2007년 신문 광고 수익(411억 달러)을 합한 것보다도 많은 수치를 기록했다고 Coen Structured Advertising Expenditure는 보고한다. 신문 광고 수익에 대한 다른 자료는 Newspaper Association of America, "The American Newspaper Media Industry Revenue Profile 2012'(2013년 4월 8일) 참조. 접속은 2015년 3월 7일. http://www.naa.org/trendsandnumbers/newspaperrevenue/newspapermediaindustryrevenueprofile2012.aspx.

8.   Jeffrey L. Cruikshank와 Arthur W. Schultz, 《The Man Who Sold America》(보스턴: Harvard Business Review Press, 2010), p. 17.

9.   "The Personal Reminiscences of Albert Lasker," 〈American Heritage〉 6, no. 1 (1954년 12월). 접속은 2015년 5월 21일. http://www.americanheritage.com/content/personalreminiscencesalbert-lasker?page=2.

10.   Cruikshank와 Schultz, 《The Man Who Sold America》, pp. 31-32.

11. 같은 책, p. 33.

12. 나중의 변형된 광고는 같은 책 pp. 152-153의 그림 참조.

13. 같은 책, p. 52.

14. "The Propaganda for Reform," 〈Journal of the American Medical Association〉 61, no. 18 (1913년 11월 1일): 1648.

15. Claude Hopkins, 《My Life in Advertising and Scientific Advertising: Two Works by Claude C. Hopkins》(뉴욕: McGraw Hill, 1997), p. 20.

16. 같은 책, pp. 43-44.

17. 같은 책, pp. 46-47.

18. 같은 책, p. 61.

19. Cruikshank와 Schultz, 《The Man Who Sold America》, p. 95.

20. 같은 책, pp. 91-92.

21. 같은 책, p. 97.

22. Stephen R. Fox, 《The Mirror Makers: A History of American Advertising and Its Creators》(어배너: University of Illinois Press, 1984), p. 192.

23. Cruikshank와 Schultz, 《The Man Who Sold America》, p. 100.

24. 같은 책, p. 106.

25. 《Scientific Advertising》에서 홉킨스는 쿠폰 사용과 과학적 방법의 사용에 대해 더 전체적으로 설명한다(《My Life in Advertising and Scientific Advertising》, pp. 215-16).

26. Cruikshank와 Schultz, 《The Man Who Sold America》, pp. 115-21.

27. David Ogilvy, 《Confessions of an Advertising Man》(뉴욕: Atheneum, 1988), p. 30.

28. Kenneth Roman, 《The King of Madison Avenue: David Ogilvy and the Making of Modern Advertising》(뉴욕: Macmillan, 2009), p. 44.

29. Ogilvy, 《Confessions of an Advertising Man》, p. 51.

30. 같은 책.

31. David Ogilvy, 《Ogilvy on Advertising》(뉴욕: Random House/Vintage Books, 1985), p. 10.

32. 같은 책, p. 59와 p. 79.

33. Fox, 《The Mirror Makers》, p. 231.

34. Ogilvy, 《Confessions of an Advertising Man》, pp. 145-46. 오길비가 '스토리의 호소력(story appeal)'에 대해 설명한 부분에 주목해야 한다. "해럴드 루돌프는 이 마법의 요소를 '스토리의 호소력'이라고 부르면서, 사진에 스토리를

많이 넣으면 넣을수록 광고에 쏠리는 대중의 눈길도 늘어난다는 사실을 보여주었다"(p. 144).

35. Hopkins, 《My Life in Advertising and Scientific Advertising》, p. 34.

36. Ogilvy, 《Confessions of an Advertising Man》, p. 20.

37. 그가 한 격언에서도 이런 생각이 드러난다. "광고 관련 어휘에서 가장 중요한 단어는 바로 '테스트'이다." 같은 책, p. 114.

38. Song Han, Benjamin Keys, Geng Li의 "Credit Supply to Bankruptcy Filers: Evidence from Credit Card Mailings"(미국연방준비위원회, Finance and Economics Discussion Paper Series Paper No. 2011-29, 2011년), (http://www.federalreserve.gov/pubs/feds/2011/201129pap.pdf)와 Hong Ru, Antoinette Schoar의 "Do Credit Card Companies Screen for Behavioral Biases?"(2014년 1월 미국금융협회 회의에서 발표된 논문)은 민간 기업들이 빅데이터를 어떻게 사용하는지 설명한다. 신용카드 회사들은 다양한 소비자를 겨냥해 상품을 제안한다. 한 예로, 티저금리가 낮고(상품 설명서에 큼지막하게 강조된다)고 나중에 이자율이 올라가는 것은(설명서에 작은 글씨로 공지) 교육 수준이 낮고 비교적 부유하지 않은 소비자를 체계적으로 겨냥하는 행동이었다. 이 소비자들이 자신들이 무엇에 사인하고 있는지 제대로 이해하고 있다고는 보기 힘들었다. 또한 Ru와 Schoar의 보고서는 금융 붕괴가 오기 전인 2006년에 미국의 신용카드 회사들이 매달 6억 통의 카드 가입 제안서를 발송했다고 말한다. 이 계산대로라면 미국에서는 성인 1명이 매년 36개의 새로운 신용카드에 가입할 수 있었다. 이 과도한 카드 가입 권유는 다음 장의 신용카드 비용에 대한 우리의 설명을 뒷받침해 준다. 신용카드 회사들의 가입 권유 우편물 발송이 그토록 많다면 그 우편비용은 우리가 부담하고 있었다는 뜻이 된다.

39. John A. Morello, 《Selling the President, 1920: Albert D. Lasker, Advertising and the Election of Warren G. Harding》(웨스트포트, CT: Praeger, 2001), 킨들 위치는 1801 중 831-48.

40. 같은 책, 킨들 위치 1074-84.

41. 같은 책, 킨들 위치 942-90.

42. Sasha Issenberg, 《The Victory Lab: The Secret Science of Winning Campaigns》 페이퍼백 초판(뉴욕: Crown/Random House, 2012), pp. 244-46. 유권자 1억 명은 이전 선거(2008년)의 수치이며, 2012년 대선에서는 늘어나 있었다.

43. Issenberg는 이 자료가 어떻게 사용되었는지 설명한다. 그는 투표에 참여하지 않은 유권자의 행동이 '시뮬레이션'되었다고 말한다. 같은 책, p. 248.

44. Issenberg는 이 기법을 자세히 설명한다. 같은 책, p. 129-30.

45. Ronald B. Tobias, 《Twenty Master Plots: And How to Build Them》 페이 퍼백 개정판(블루애시, OH: F+W Media, 1993), p. 139.

4장   자동차, 주택, 신용카드에 횡행한 바가지 씌우기 ─────────

1. 앞서 서문에서 언급했듯이(no. 20) 우리는 고객이 서비스에 비해 높은 대가를 치른다는 의미에서 바가지 요금이라는 말을 사용했다.

2. 신차와 중고차 판매량을 가구 수로 나눈 수치. 2013년 신차 판매는 1560만 대 (Zacks Equity Research, "Strong U.S. Auto Sales for 2013," 2014년 1월 6 일. 접속은 2014년 12월 1일. http://www.zacks.com/stock/news/118754/ strongusautosalesfor2013). 2013년 중고차 판매는 4100만 대(Keith Griffin, "Used Car Sales Figures from 2000 to 2014," 접속은 2014년 12월 1일. http://usedcars.about.com/od/research/a/UsedCarSalesFiguresFrom-2000To2014.htm). 2013년 1인 가구를 포함한 미국의 가구 수는 1억 2250만 가구(US Census Bureau, "America's Families and Living Arrangements: 2013," table H1, 접속은 2014년 12월 1일. https://www.census.gov/hhes/ families/data/cps2013.html).

3. Ian Ayres와 Peter Siegelman, "Race and Gender Discrimination in Bargaining for a New Car," 〈American Economic Review〉 85, no. 3 (1995년 6월): 304-21.

4. 위와 같음, p. 309, table 2. 본문의 금액은 2014년에 맞게 조정한 1989년의 가 격이다. 1989년은 연구가 수행된 해에 맞춘 우리의 최대 추정치이다. 우리는 노 동통계청의 CPI 디플레이터를 이용했다. http://data.bls.gov/cgibin/cpicalc. pl?cost1=635.6&year1=1989&year2=2014. 마지막 접속은 2014년 3월 25일. 최종 이익 수치의 고정효과(fixed effects)를 이용했다.

5. Ayres와 Siegelman, "Race and Gender Discrimination," table 2.

6. 위와 같음, p. 317.

7. 최종적으로 부른 가격의 분포는 절단정규분포를 가정했다. 그 상태에 이르면 이 익이 0이 되어 딜러는 거래를 포기하게 된다.

8. Ian Ayres, "Fair Driving: Gender and Race Discrimination in Retail Car Negotiations," 〈Harvard Law Review〉 104, no. 4 (1991년 2월): 854.

9. 다시 말하지만, 우리는 고객이 구입하는 재화나 서비스에 비해 높은 가격을 치른다는 의미에서 바가지 요금이라는 말을 사용했다.

10. US Census Bureau, 〈Statistical Abstracts of the United States〉, 2012, Table 992, "Homeownership Rates by Age of Householder and Household Type: 1990 to 2010," 마지막 접속은 2015년 5월 22일. https://www.census.gov/compendia/statab/2012/tables/12s0992.pdf. 2010년에 자기 집을 소유한 60~64세 노인은 80.4퍼센트였다.

11. 24년이라는 숫자는 굉장히 의외의 숫자일 수 있다. 꽤 잘 알려진 통계 수치로는 미국인들이 훨씬 자주 이사를 다닌다고 여겨지기 때문이다. 이미 언급했듯이 이 숫자는 주택 '소유자'가 현재의 집에서 평균적으로 머무는 시간이 아니라, 현재의 '매수자'가 매수하는 집에 머무는 시간을 의미한다. 그러나 두 숫자가 큰 차이가 나는 데에는 이유가 있는데, 주택을 더 자주 '매수'하는 사람들은 '매수자'의 평균 주거 기간에 더 큰 가중치를 매기기 때문이다. 예를 들어 2년에 한 번 집을 구입하는 사람은 24년에 한 번씩 집을 사는 사람보다 12배는 자주 집을 사는 것이기 때문에 가중치도 12배가 된다. 그러나 평균 이사 횟수를 측정하려 할 때 우리에게 필요한 것은 '매수자'가 그 집에 얼마나 거주하는지가 아니라 일반적인 사람들(다시 말해 일반적인 보유자들)이 자신들의 집에서 얼마나 오래 머무는가이다. 그런 이유에서 주택 보유자가 이사를 가기 전까지 현재 사는 집에서 평균적으로 얼마나 오랫동안 살았는지를 측정하는 것이 더 타당하다.

'24년 이상'이라는 숫자는 주택을 보유한 사람이 그 집에서 머무는 기간의 분포를 이용해 계산했다. Peter Mateyka와 Matthew Marlay의 "Residential Duration by Race and Ethnicity: 2009"(전미사회학협회 연차총회에서 발표된 논문, 라스베이거스 2011), p. 29, table 3 참조. 이 계산은 보고서에 나온 분포를 참조로 현재 보유 기간의 평균값에 두 배를 곱해서 나온 것이다. 두 배를 곱하면 이사를 나가는 시점에서 주택 보유자가 머문 기간의 근삿값 추정이 나오는데, 정상상태일 경우 주택보유자는 해당 집에 머문 기간의 절반이 표집에 넣어지기 때문이다.(이 근삿값은 주택보유의 증가를 무시하기 때문에 예상 보유기간을 낮게 잡는다. 하지만 주택보유율은 느리게 증가하므로 이 과소평가는 무시해도 좋을 정도로 작다.)

주택 매수자가 구입한 단독주택에 거주하는 기간은 다른 방법으로 추정했다. 우리는 그 기간을 약 13.1년으로 계산했다. 이것은 2000년 단독주택 총수(7631만 3천 채, US Census Bureau, "Historical Census of Housing Tables," 2011년 10월 31일 발표. 접속은 2014년 12월 1일. https://www.census.gov/hhes/www/housing/census/historic/units.html)를 같은 해 거래된 단독주

택 수(584만 채)로 나눠서 나온 결과이다. 자료: 기존 주택 판매와 개인 보유의 단독주택 판매를 더한 후(US Census Bureau 〈Statistical Abstracts of the United States, 2012〉, 접속은 2014년 12월 1일. https://www.census.gov/prod/www/statistical_abstract.html, table 979와 974), 콘도와 아파트 판매 (table 980)를 차감.

임차인을 포함해 전출자의 거주기관과 관련해 거론할 숫자가 더 있다. 이 통계 수치에 따르면, 미국에서 새로 집을 임대하거나 구입한 사람이 해당 집에 평균적으로 산 기간은 약 8.3년이다. 하지만 이번에도 이 통계 수치는 '사람들이' 얼마나 자주 이사를 다니는가에 대해 오도의 소지가 큰데, 이사 횟수에 비례해 사람들에게 높은 가중치를 두기 때문이다(우리는 총 인구수를 연간 이사자 수로 나누어 이 숫자를 추정했다. 미국의 이사율에 대한 자료는 US Census Bureau, "Census Bureau Reports National Mover Rates Increases after a Record Low in 2011," 2012년 12월 10일 발표. 접속은 2014년 12월 1일. https://www.census.gov/newsroom/releases/archives/mobility_of_the_population/cb12-240.html.)

12. Susan E. Woodward, 〈A Study of Closing Costs for FHA Mortgages〉, Office of Policy Development and Research가 미국주택도시개발부를 위해 준비. 2008년 5월. http://www.urban.org/UploadedPDF/411682_fha_mortgages.pdf.

13. 이렇게 말하는 논리는 단순하다. 주택 가격이 30만 달러이고 매수자가 1만 8천 달러의 중개수수료를 지불하건, 주택 가격이 31만 8천 달러이고 매도자가 1만 8천 달러의 수수료를 지불하건, 매도자와 매수자가 부담하는 비용에는 차이가 없다. 양쪽의 경우 모두 매도자의 순수 매도액은 30만 달러이고 매수자의 순수 매수액은 31만 8천 달러이다. 매도인이 수수료를 부담하는 것이 거래 쌍방의 합의에 의해 이루어지는 것처럼, 매수인의 수수료 부담도 쌍방 합의로 이뤄질 것이기 때문이다.

14. 신용제약이 줄어들기 전에도 생애 첫 주택 구입자의 계약금은 낮은 편이었다. 1980년대 초에 계약금은 평균 15퍼센트 수준이었고, 이 비율은 조금씩 떨어져 금융위기 전인 2007년에는 10퍼센트 아래로 내려갔다. John V. Duca, John Muellbauer, Anthony Murphy, "House Prices and Credit Constraints: Making Sense of the US Experience," 〈Economic Journal〉 121 (2011년 5월): 534, fig. 1.

15. 미국의 부동산 중개수수료가 왜 그렇게 높은지는 경제학자에게도 수수께끼였다. 미국은 다른 선진국의 평균 수수료보다 1.5~2.0퍼센트 정도 높은 편이

다. Robert W. Hahn, Robert E. Litan, Jesse Gurman, "Bringing More Competition to Real Estate Brokerage," 〈Real Estate Law Journal〉 34 (2006년 여름): 89. 인터넷의 경쟁이 가시화되고 있음에도 부동산 수수료는 여전히 높게 형성될 전망이다. Alex Tabarrok, "The Real Estate Commission Puzzle," 2013년 4월 12일. 접속은 2014년 12월 1일. http://marginalrevolution.com/marginalrevolution/2013/04/therealestate-commissionpuzzle.html.

16. Woodward의 1990년대 후반과 2000년대 초반 표집을 다시 인용하면, 모기지 수수료 평균은 3400달러였고(〈A Study of Closing Costs for FHA Mortgages〉, p. viii), 등기 이전 수수료는 평균 1200달러였다(p. xii). 모기지 금액은 평균 10만 5천 달러였으므로, 두 수수료의 평균치를 합하면 전체 모기지의 4.4퍼센트가 나온다(p. viii).

17. 최종 법안에 대해서는 US Bureau of Financial Protection, "Loan Originator Compensation Requirements under the Truth in Lending Act"(Regulation Z), 12 CFR Part 1026, Docket No. CFPB—20120037, RIN 2170AA132 참조. 접속은 2014년 11월 11일. http://files.consumerfinance.gov/f/201301_cfpb_finalrule_loanoriginatorcompensation.pdf. 가장 중요하게는, "소비자의 대출에 '추가 요금'을 물리려는 유인을 방지하기 위해 최종 법안은 대출기관이 거래의 수익성이나 거래 풀을 근거로 보상을 제공하는 것을 일반적으로 금한다."(p. 4)

18. Susan E. Woodward와 Robert E. Hall, "Consumer Confusion in the Mortgage Market: Evidence of Less Than a Perfectly Transparent and Competitive Market," 〈American Economic Review〉 100, no. 2 (2010년 5월): 511-15.

19. 위와 같음, p. 513. 단일 대출기관의 2600명 차입자 표집에서 나온 88퍼센트와, FHA의 6300명 차입자 표집에서 나온 95퍼센트를 가중평균했더니 93퍼센트가 나왔다.

20. 대출이 일정 기준을 넘을 경우 은행이 모기지 브로커에게 지불하는 수수료를 수익스프레드할증금(yield spread premium, YSP)라고 한다.

21. Carolyn Warren, 《Mortgage Ripoffs and Money Savers: An Industry Insider Explains How to Save Thousands on Your Mortgages and Re-Finance》(호보켄, NJ: Wiley, 2007), pp. xviii-xxx.

22. 앨러스카 주의 인구는 미국 전체 인구의 0.25퍼센트에 불과하다. 솔직히 다른 잠재 매수자가 근처 펜실베이니아나 뉴욕에서 온 사람들이라고 말했다면 훨씬

현실적으로 타당했을 것이다.

23.　Richard A. Feinberg, "Credit Cards as Spending Facilitating Stimuli: A Conditioning Interpretation," 〈Journal of Consumer Research〉 13, no. 3 (1986년 12월): p. 349, table 1. 신용카드로 계산했을 때의 팁 평균은 계산 금액의 16.95퍼센트이고, 현금으로 냈을 때는 14.95퍼센트였다.

24.　Elizabeth C. Hirschman, "Differences in Consumer Purchase Behavior by Credit Card Payment System," 〈Journal of Consumer Research〉 6, no. 1 (1979년 6월): 58-66. 가설에 대한 결과는 2a, p. 62 참조.

25.　마티아스 F. 바렌스타인(Matias F. Barenstein)이 연준소비자지출조사(Federal Reserve Consumer Expenditure Survey)를 1988년부터 1999년까지 분석한 결과에 따르면, 신용카드 보유자의 평균 소득은 4만3396달러였고, 미보유자의 평균 소득은 2만5155달러였다. "Essays on Household Consumption" 중 Matias F. Barenstein의 "Credit Cards and Consumption: An Urge to Splurge?"(PhD diss., University of California, Berkeley, 2004), p. 44, table A2.

26.　파인버그가 1982년에 연구 내용을 발표한 것으로 미루어 이 실험은 1982년이나 그 전에 수행된 것으로 여겨진다. 우리는 1982년의 물가를 현재의 물가에 맞게 조정했다.

27.　Feinberg, "Credit Cards as Spending Facilitating Stimuli," p. 352, table 1.

28.　Drazen Prelec and Duncan Simester, "Always Leave Home without It: A Further Investigation," 〈Marketing Letters〉 12, no. 1 (2001년): 8.

29.　'상인들은 똑같은 상품에 대해 고객에게 현금가보다 신용카드 가격을 더 높게 부과할 수 있는가?'에 대한 대답 참조. "Making Purchases with Credit Cards—The Best Credit Cards to Use," 2014년 8월 26일. 접속은 2014년 11월 14일. http://www.creditinfocenter.com/cards/crcd_buy.shtml#Question6.

30.　FINRA Investor Education Foundation, 〈Financial Capability in the United States: Report of Findings from the 2012 National Financial Capability Study〉, 2013년 5월, p. 21. 마지막 접속은 2015년 5월 14일. http://www.usfinancialcapability.org/downloads/NFCS_2012_Report_Natl_Findings.pdf.

31.　Robin Sidel, "Credit Card Issuers Are Charging Higher," 〈Wall Street Journal〉, 2014년 10월 12일.

32.　보유자가 거주하는 주택과 임차인이 거주하는 주택에 부과된 모기지 이자는

2012년에는 4210억 달러였다. Bureau of Economic Analysis, "Mortgage Interest Paid, Ownerand TenantOccupied Residential Housing," 접속은 2014년 10월 29일. https://www.google.com/#q=BEA+mortgage+interest +payments+2010.

33. 2012년에 소매점을 통한 식음료비 지출은 8550억 달러, 자동차 및 부품의 개인소비 지출은 3950억 달러였다. Bureau of Economic Analysis, "National Income and Product Accounts," table 2.3.5, "Personal Consumption Expenditures by Major Type of Product," 2012년. 접속은 2014년 11월 15일. http://www.bea.gov/iTable/iTable.cfm?ReqID=9&step=1#reqid=9&step=3&isuri=1&904=2010&903=65&906=a&905=2011&910=x&911=0.

34. 여러 자료를 취합해 이런 구분을 하게 되었다. 2010년을 기준으로 미국 인구조사국의 〈Statistical Abstracts of the United States, 2012〉의 신용카드 총 비용 중 이자 부분을 대략적으로 추산했다. 2009년 신용카드 총부채는 Visa, MasterCard, Discover, American Express 합산 7740억 달러였다(table 1188). 신용카드 리볼빙에 붙는 비용은 〈Statistical Abstracts〉의 table 1190 에는 0.1340이라고 적혀 있다. 이렇게 해서 발생하는 이자는 1037억 달러이다. 〈New York Times〉의 보도에 따르면 2009년 신용카드 가산수수료는 205억 달러였다(Ron Lieber와 Andrew Martin, "Overspending on Debit Card Is a Boon for Banks," 〈New York Times〉, 2009년 9월 8일, 접속은 2015년 5월 2일. http://www.nytimes.com/2009/09/09/yourmoney/creditand-debitcards/09debit.html?pagewanted=all&_r=0). 연간 480억 달러의 정산 수수료는 John Tozzi의 "Merchants Seek Lower Credit Card Interchange Fees," 〈Businessweek Archives〉, 2009년 10월 6일 기사 참조. 접속은 2015년 5월 2일. http://www.bloomberg.com/bw/stories/20091006/ merchantsseeklowercreditcardinterchangefees. 이 세 개의 숫자를 더하면 1710억 달러가 나온다. 이 숫자는 Robin Sidel의 "Credit Card Issuers Are Charging Higher."에 나온 2009년 총수수료 추정치인 1670억 달러와 엇비슷하다. 연체 수수료와 정산 수수료는 어느 정도 일정하고 이자 수수료는 변동이 높다는 가정 하에 우리는 (2012년 1500억 달러의 매출을) 본문과 같이 세 가지 요소로 구분해서 분석했다.

35. http://truecostofcredit.com/400926. 이 웹사이트는 현재 폐쇄돼 있다. 하퍼는 나중에 상점주들에게 정산수수료를 최소화하는 방법을 조언해주는 컨설팅 회사를 차렸고 이후 경영권도 지배했다. 그가 명기한 높은 수수료율로 미루어이 서비스는 꽤 유용한 것으로 보인다. 신용카드 수수료에 대해 하퍼가 든 사례

는 웹사이트 이곳저곳에 흩어져 존재한다. 또한 일부 저자들은 하퍼의 블로그를 카피한 내용을 파일로 저장해 두었다.

36. Integra Information Systems에 실린 몇 건의 업계 조사 보고서는 슈퍼마켓의 총이익률이 10.47퍼센트라고 말하므로, 비용 대비 이윤폭은 12퍼센트 이하라는 결론이 나온다. Tim Berry, "On Average, How Much Do Stores Mark Up Products?" 2008년 12월 2일. 2014년 10월 23일 접속. http://www.entrepreneur.com/answer/221767.

37. Michelle J. White, "Bankruptcy Reform and Credit Cards," 〈Journal of Economic Perspectives〉 21, no. 4 (2007년 가을): 178.

38. 위와 같음, p. 177.

39. 위와 같음, p. 179.

5장 정치의 피싱

1. 우리의 자문을 진지하게 구하거나 공직에 출마하는 사람들에게 조언을 해주는 것은 공익을 위한 우리의 초당파적 행동 중 하나이다. 그런 사람에는 우리 밑에서 배운 학생의 부모도 포함된다.

2. Iowa Legislature, "Legislators," 접속은 2014년 12월 1일. https://www.legis.iowa.gov/legislators/legislator/legislatorAllYears?personID=116.

3. Sue Morris, "Small Runs for Senate," 〈Le Mars Daily Sentinel〉 2004년 3월 24일.

4. 2001년 감세로 인해 추정되는 세수 감소는 Joint Committee on Taxation, "Estimated Budget Effects of the Conference Agreement for H.R. 1836," (2001년 5월 26일), p. 8 참조. 접속은 2014년 12월 1일. https://www.jct.gov/publifications.html?func=startdown?id=2001. 2003년 감세로 인해 추정되는 재정 적자는 "Estimated Budget Effects of the Conference Agreement for H.R. 2, the 'Jobs and Growth Tax Relief Reconciliation Act of 2003,'" (2003년 5월 22일) 참조. 접속은 2014년 12월 1일, https://www.jct.gov/publifications.html?func=startdown&id=1746. Glen Kessler, "Revisiting the Cost of the Bush Tax Cuts," 〈Washington Post〉 2011년 5월 10일 기사 참조. http://www.washingtonpost.com/blogs/factchecker/post/revisitingthecostofthebushtaxcuts/2011/05/09/AFxTFtG_blog.html.

5. 우리가 계산한 바로는, 부시 정부가 감세를 하지 않고 그 돈을 2009~2012년 동안 사용했다면 대침체기의 영향이 크게 줄었을지도 모른다. 계산은 가급적 현실적으로 적용했다. 1.7조 달러의 예산 적자 전액이 2008년 전에 발생하지는 않았을 것이다. 아마도 6천억 달러 정도의 적자는 2008년 전에 발생했을 것이다(총예산적자와 시기에 대해서는 앞 4번에 인용한 두 개의 Joint Committee on Taxation 간행물 참조). 제로금리일 때 정부 지출 승수는 어림잡아 약 2이다(국제통화기금, 〈World Economic Outlook〉 2012년 4월. 접속은 2014년 12월 1일. http://www.imf.org/external/pubs/ft/weo/2012/01/, chap. 1, part. 3.) 세금승수는 약 1로 간주할 수 있고 금리가 불변일 때 균형예산 승수는 거의 1에 가깝기 때문에 지출 승수는 2로 잡는 것이 합리적이다. 이럴 경우, 정부 지출이 1000억 달러 증가하면 GDP는 약 2천억 달러 증가하게 된다. 2008년 미국 국내총생산은 14.3조 달러였다(Council of Economic Advisors, 〈Economic Reports of the President 2013〉 table B1, 접속은 2014년 12월 1일. http://www.whitehouse.gov/sites/default/files/docs/erp2013/full_2013_economic_report_of_the_president.pdf.) 따라서 정부 지출이 1000억 달러 늘어나면 1.4퍼센트의 GDP 부양 효과가 발생하게 된다. 여전히 타당성이 높은 Okun's Law로 어림 계산을 하면(Laurence Ball, João Tovar Jalles, Prakash Loungani, "Do Forecasters Believe in Okun's Law? An Assessment of Unemployment and Output Forecast," 〈IMF Working Paper〉 14/24(2014년 2월): 7, table 1), GDP의 2퍼센트 증가는 실업률의 1퍼센트 감소와 연관이 있다. 2009년부터 2012년까지 9.0퍼센트에 육박한 평균 실업률 감소를 위해 이 1조 달러가 사용되었다면, 실업률은 7퍼센트를 조금 웃도는 수준으로 줄었을 것이다.

6. Center for Responsive Politics, "Sen. Chuck Grassely," 접속은 2014년 11월 16일. http://www.opensecrets.org/politicians/summatry.php?cycle=2004&type=I&cid=noooo1758&newMem=N.

7. Jessica Miller, "Ads Prove Grassley's Greener on His Side of the Ballot," 〈Waterloo-Cedar Falls Courier〉 2004년 10월 25일. 접속은 2014년 11월 16일, http://wcfcourier.com/news/metro/article_fdd736084f6d54beaa34-28f3417273e9.html.

8. 투표 결과는 "Statistics of the Presidential and Congressional Election of November 2, 2004, "(2005년 6월 7일) 참조. 접속은 2014년 11월 16일. http://clerk.house.gov/member_info/electionInfo/2004election.pdf.

9. 계산의 토대가 된 데이터는 US 인구통계국, 〈Statistical Abstracts of

the United States, 2012〉, table 426, "Congressional Campaign Finances—Receipts and Disbursements." 참조. 접속은 2014년 12월 1일. https://www.census.gov/prod/www.statistical_abstract.html 및 경합 중인 의석 수에 대한 데이터 참조.

10. Anthony Downs, "An Economic Theory of Political Action in a Democracy," 〈Journal of Political Economy〉 65, no. 2 (1957년 4월): 135-50. 중위투표자 정리에 대해서는 Duncan Black, "On the Rationale of Group Decisionmaking," 〈Journal of Political Economy〉 56, no. 1 (1948년 2월): 23-34에서도 이미 발견된 것이었다.

11. 이 결과가 나오려면 단봉선호(single peaked preference)라는 가정이 요구되는데, 투표자가 가장 선호하는 결과에서 벗어나면 좌성향과 우성향 투표자 각각이 결과에 대한 만족도가 떨어진다는 의미이다.

12. Lawrence Lessig, 《Republic Lost: How Money Corrupts Congress—And A Plan to Stop It》(뉴욕: Hachette Book Group, 2011)가 제시하는 그림이 우리의 생각과 가장 근접하다. 정치과학자들은 투표자가 정보를 충분히 제공받지 못한다는 것을 강조했다. Arthur Lupia, "Busy Voters, Agenda Control, and the Power of Information," 〈American Political Science Review〉 86, no. 2 (1992년 6월): 390-403은 투표자들이 기만적 정보를 퍼뜨리는 것 못지않게 불완전한 정보와 이익을 가진 존재라고 설명한다. Arthur Lupia와 Mathew D. McCubbins, 《The Democratic Dilemma: Can Citizens Learn What They Really Need to Know?》(뉴욕: Cambridge University Press, 1998)도 시민이 올바른 결정을 내리는 데 필요한 정보를 습득하기가 힘들다는 증거를 제시한다. 또한 이 책은 올바른 결정을 내려야 하는 사람들이 저지르는 기만적 관행에 대한 증거도 설명한다. Gene M. Grossman과 Elhanan Helpman, 《Special Interest Politics》(케임브리지, MA: MIT Press, 2001)에도 투표자가 불완전 정보를 가진 상태에서의 선거기부금 이론모형이 나온다.

13. James R. Healey, "Government Sells Last of Its GM Shares," 〈USA Today〉, 2013년 12월 10일.

14. 미국 110대 하원, Emergency Economic Stabilization Act of 2008, H.R.1424. 접속은 https://www.govtrack.us/congress/bills/110/hr1424/text. 다음은 전문 전체이다. "연방정부가 경제와 금융체제의 안정성 제공과 붕괴를 예방할 목적으로 특정 유형의 부실자산을 인수하고 보증하며, 에너지 생산과 보존의 유인을 마련하도록 1986년 내국세법을 개정하고, 시효가 만료된 특정 법령을 연장하고, 개인소득세를 완화하고, 여타 다른 목적에 이용할 수 있도

록 연방정부에게 권한을 부여한다."

15. 다양한 권한에 대한 정확한 해석과 더불어 법령 해석 방식을 알려준 필립 스웨글에게 감사한다. 2012년 4월 2일 조지 애커로프에게 보낸 이메일.

16. 재무부와의 이 극적인 회의에서 9개 대형은행 CEO들은 타프 프로그램에 따라 긴급 자금 수혈을 받는 목록에 올랐다는 통보를 들었다. 헨리 폴슨 재무부 장관의 말을 빌리면, 리처드 코바체비치(Richard Kovacevich) 웰스파고 CEO에게는 드러낼 수는 없지만 추가적인 위협도 있었다고 한다. 코바체비치는 계약에 서명하지 않을 경우 '내일 당장 (감독기관으로부터) 자본이 잠식되었다는 통보를 받게 될 것이' 분명했고, 그러면 웰스파고는 민간 시장에서 자본을 끌어 모으기가 힘들어진다. Alan S. Blinder, 《After the Music Stopped: The Financial Crisis, the Response, and the Work Ahead》(뉴욕: Penguin Press, 2013), p. 201. 시티코프, 웰스파고, JP 모건체이스는 각각 250달러를 수혈 받았고, 뱅크오브아메리카는 150억 달러, 골드만삭스와 메릴린치, 모건스탠리는 100억 달러, 뱅크오브뉴욕멜론은 30억 달러, 스테이트스트리트는 20억 달러를 받아 총 구제 금융은 1250억 달러였다. Henry M. Paulson, 《On the Brink: Inside the Race to Stop the Collapse of the Global Financial System》(뉴욕: Business Plus, 2010), p. 364.

17. Emergency Economic Stabilization Act, H.R.1424, p. 3. https://www.govtrack.us/congress/bills/110/hr1424/text.

18. 위와 같음.

19. Center for Responsive Politics, "Lobbying Database," 접속은 2014년 12월 1일. https://www.opensecrets.org/lobby/.

20. 디 피게이레도는 이후 듀크대학 법률대학원과 경영대학원으로 이직했다.

21. Center for Responsive Politics, "Lobbying Database." 이 수치는 Stephen Ansolabehere, John M. de Figueiredo, James M. Snyder의 "Why Is There So Little Money in U.S. Politics?" 〈Journal of Economic Perspective〉 17, no. 1 (2003년 겨울): 105-30에 나온 1990~2000년 선거 주기에서 나온 계산이다.

22. Ansolabehere, de Figueiredo, Snyder, "Why Is There So Little Money in U.S. Politics?" p. 108. 그들은 1999~2000년 하원 선거와 대선 주기 동안 30억 달러가 사용되었다는 사실을 발견했다. 그중에서 3억 8천만 달러는 기업, 조합, 기타 연합이 제공한 것이다.

23. Robert G. Kaiser, 《So Damn Much Money: The Triumph of Lobbying and the Corrosion of American Government》(뉴욕: Vintage Books/

Random House, 2010).

24. Steven V. Roberts, "House Votes Funds Permitting Study on MX to Continue," 〈New York Times〉, 1982년 12월 9일. 애스핀은 "그것은 의미 있는 표이자 중요한 표였다. 하지만 그렇다고 MX가 죽었다는 뜻은 아니다."라고 말한 후에 MX 미사일 예산 편성에 반대표를 던진 것과 관련해 본문에 적은 신랄한 한 마디를 남겼다.

25. Mojo News Team, "Full Transcript of the Mitt Romney Secret Video," 《Mother Jones》, 2012년 9월 19일. 접속은 2014년 12월 1일. http://www.motherjones.com/politics/2012/09/fulltranscriptmittromneysecret-video.

26. Mayhill Fowler, "Obama: No Surprise That HardPressed Pennsylvanians Turn Bitter," 〈Huffington Post〉, 2008년 11월 17일. 마지막 접속은 2015년 4월 30일. http://www.huffingtonpost.com/mayhill-fowler/obamano-surprisethatha_b_96188.html.

27. Marianne Bertrand, Matilde Bombardini, Francesco Trebbi의 연구 결과에 따르면, 로비는 무엇을 아는지보다 누구를 아는지에 더 많이 좌우된다. "Is It Whom You Know or What You Know? An Empirical Assessment of the Lobbying Process," 〈American Economic Review〉 104, no. 12 (2014년 12월): 3885-3920. 또한 Jordi Blanes i Vidal, Mirko Draca, Christian FonsRosen은 상원의원과 인맥을 쌓은 로비스트들은 이 의원들이 의원 자리에서 물러난 후에는 수입이 24퍼센트 줄어든다고 말한다(p. 3731): "Revolving Door Lobbyists," 〈American Economic Review〉 102, no. 7 (2012년 12월): 3731-48.

28. 대법원의 Citizens United v. Federal Elections 판결에 대한 논의는 결론 참조. 투표자가 가진 '정보'가 부족하다는 정치과학의 견해는 완전정보를 가진 유권자와 불완전 정보를 가진 유권자를 일반적으로 구분할 때 내포되는 개념이다.

29. Elliot Gerson, "To Make America Great Again, We Need to Leave the Country," 〈Atlantic Monthly〉, 2012년 7월 10일. 접속은 2015년 5월 22일. http://www.theatlantic.com/national/archive/2012/07/tomakeamerica-greatagainweneedtoleavethecountry/259653/.

30. Jeff Connaughton, 《The Payoff: Why Wall Street Always Wins》(웨스트포트, CT: Prospecta Press, 2012), 킨들 위치는 2966 중 304-5.

31. 같은 책, 킨들 위치는 343-45.

32. 같은 책, 킨들 위치는 408-12.

33. 2013년 연방정부 예산안은 대략 3.8조 달러였다. 대통령 경제자문위원회, 〈Economic Report of the President 2013〉, table B78.

34. Kaiser,《So Damn Much Money》.

35. 같은 책, p. 238.

36. 같은 책 p. 228과 p. 232.

37. Raquel Meyer Alexander, Stephen W. Mazza, Susan Scholz, "Measuring Rates of Return for Lobbying Expenditures: an Empirical Case Study of Tax Breaks for Multinational Corporations." 〈Journal of Law and Politics〉 25, no. 401 (2009): 401-57. 세금 면책이 없는 표준세율 35퍼센트와 세액 공제로 인한 5.25퍼센트에 대해서는 p. 412 참조.

38. 위와 같음, table 1. 로비는 했지만 연합체에 합류하지 않은 다른 회사들의 경우 로비 비용 대비 세금 절감 비용의 비율은 여전히 낮기는 했지만 그래도 154배 나 되었다. Center for Competitive Politics의 Jason Farrell에 따르면, 이 수 치가 보상을 '과다계상'하게 만든다고 한다. 그는 로비 자금으로 인해 하원 법안 투표에서 단 한 표라도 바뀌었다는 증거는 없다고 말한다. 아마도 그의 말이 옳을 것이다. 물론 순이익을 본국으로 송환하는 기업들은 굳이 로비를 하지 않았어도 세율 35퍼센트를 전부 적용받지 않았을지도 모른다. Farrell, "Return on Lobbying Overstated by Report," 2011년 8월 23일. 접속은 2014년 11월 18일. http://www.campaignfreedom.org/2011/08/23/returnonlobbying-overstatedbyreport/. 하지만 우리는 로비로 인해 표결 결과가 바뀌었다는 증거를 다른 여러 곳에서 찾을 수 있었다. 혹여 이런 로비 활동이 다른 데로 사용되었다면 기업들이 거둔 보상은 255배를 넘었을지도 모른다. 1억 8천만 달러의 로비 자금 중 상당 부분은 연합체를 형성한 기업들의 총 로비 자금이었고, 따라서 지출의 상당 부분을 AJCA의 Section 965가 아니라 다른 데 썼을지도 모르는 일이다.

39. Kaiser,《So Damn Much Money》, p. 227.

40. 같은 책, p. 228.

41. Sonia Reyes, "Ocean Spray Rides Diet Wave," 〈Adweek〉, 2006년 2월 6일. 접속은 2014년 11월 18일. http://www.adweek.com/news/advertising/oceansprayridesdietwave83901.

42. 캐시디와 그의 동료들은 의회의 대학 지정교부금(earmark) 로비를 개척했다. John de Figueiredo와 Brian Silverman은 그들이 거둔 수익을 계량경제학적으로 측정한다. 두 사람은 대학이 계약한 간접비를 이용해 로비 지출을 측정했다. 상원세출위원회(Senate Appropriations Committee)에 속한 의원이 대변

해주는 대학들은 로비 자금이 1.00달러 증가하면 교부금은 5.24달러 늘었고, 하원세출위원회(House Appropriate Committee)에 속한 의원이 힘을 써주는 대학들은 로비 지출 1달러 증가 시 교부금은 4.52달러 증가한다는 추산이 나왔다. 대변해주는 의원들이 없는 대학들은 1.57달러의 교부금을 받는 것으로 추산되었지만 내용을 자세히 살피면 유의미한 금액은 아니다. John de Figueiredo 와 Brian Silverman, "Academic Earmarks and the Returns to Lobbying," 〈Journal of Law and Economics〉49, no. 2 (2006년): 597-625.

43. Stephen Pizzo, Mary Fricker, Paul Muolo, 《Inside Job: The Looting of America's Savings and Loans》(뉴욕: Harper Perennial, 1991), p. 410.

44. 같은 책, p. 416. 데니스 데콘치니Dennis DeConcini 상원의원이 본론을 꺼내기 전에 한 말이었다.

45. Nathaniel C. Nash, "Savings Institution Milked by Its Chief, Regulators Say," 〈New York Times〉, 1989년 11월 1일.

46. Jason Linkins, "Wall Street Cash Rules Everything around the House Financial Services Committee, Apparently," 〈Huffington Post〉, 2013년 7월 22일. 접속은 2015년 5월 22일. http://www.huffingtonpost.com/2013/07/22/wallstreetlobbyistsn3635759.html.

47. 미국 국세청, "Tax Gap for Tax Year 2006: Overview," Table 1, Net Tax Gap for TaxYear 2006. 2012년 1월 6일. 접속은 2014년 11월 18일. http://www.irs.gov/pub/irssoi/06rastg12overvw.pdf.

6장 식품 및 제약산업의 피싱 ───────────────

1. Anthony Arthur, 《Radical Innocent: Upton Sinclair》(뉴욕: Random House, 2006), 킨들 위치는 7719 중 883-86과 912-16.

2. 육가공포장 회사의 J. 오그던 아머(J. Ogden Armour)에게 위협을 받았을 때 싱클레어는 〈뉴욕타임스〉에 보낸 편지로 아머의 협박에 응수했다. 싱클레어는 자신이 목격한 것을 이렇게 적었다.

결핵, 폐방선균, 괴저로 죽은 소와 돼지의 시체로 사람이 먹는 음식을 만들어 판 것, 이런 시체를 소시지와 라드로 둔갑한 것, 상한 햄을 붕산과 살리실산으로 보존한 것, 통조림과 병조림 고기를 아닐린 염료로 물들인 것, 소시지 방부 처리와 불순물을 넣은 것. 이 모든 행위는 수백, 심지어 수천 명의 남자, 여자, 어린아이들을 돌연하고 끔찍하고 고통스러운 죽음으로 몰아넣을 수 있다는 것을 의미합니다.

아주 넉살스러운 어조로 싱클레어는 이렇게 덧붙였다. "내가 고발한 내용이 100분의 1만이라도 사실이라면 그 죄를 지은 사람을 교수대로 보내기에 충분합니다. 내가 고발한 내용이 100분의 1이라도 거짓이라면 나를 감옥에 보내기에 충분합니다." 〈New York Times〉, 1906년 5월 6일.

3. Upton Sinclair, 《The Jungle》(미니올라, NY: Dover Thrift Editions, 2001, 처음 출판은 1906), 쥐약 먹고 죽은 쥐가 소시지에 들어간 설명은 p. 112, 인간 사체가 라드에 들어갔을지도 모른다는 설명은 p. 82.

4. James Harvey Young, 《The Toadstool Millionaires: A Social History of Patent Medicines in America before Federal Regulation》(프린스턴: Princeton University Press, 1961), p. 239.

5. 같은 책, p. 59.

6. 같은 책, pp. 65-66.

7. 같은 책, pp. 144-57.

8. 여섯 종류의 첨가제 목록은 붕산과 붕소, 살리실산과 살리실산염, 황산과 아황산, 벤조산과 벤조산염, 포름알데히드, 구리황산염과 초석이다. Harvey W. Wiley, 《An Autography》(인디애나폴리스: Bobbs-Merrill, 1930), p. 220.

9. 같은 책, pp. 215-20.

10. 서문에서도 언급했지만 특별히 독자에게 추천하는 참고 도서는 Michael Moss, 《Sugar, Salt and Fat》(뉴욕: Random House, 2013)이다.

11. Garret A. FitzGerald, "How Super Are the "Super Aspirin'? New Cox2 Inhibitors May Elevate Cardiovascular Risk," University of Pennsylvania Health System Press Release, 1999년 1월 14일.

12. Gurkirpal Singh, "Recent Considerations in Nonsteroidal Anti-Inflammatory Drug Gastropathy," 〈American Journal of Medicine〉 105, no. 1, supp. 2 (1998년 7월 27일): 31S-38S. 싱은 NSAID의 위장장애 합병증 발생으로 인해 보수적으로 추산해서 연간 1만6500명의 사망이 발생했다고 말한다. 이렇게 되면 미국인의 주요 사망 원인 중 15번째 자리를 차지하게 된다.

13. John Abramson, 《Overdosed America: The Broken Promise of American Medicine》 개정3판(뉴욕: Harper Perennial, 2008), p. 25. Tom Nesi, 《Poison Pills: The Untold Story of the Vioxx Scandal》(뉴욕:

Thomas Dunne Books, 2008), pp. 25-28.

14. Nesi, 《Poison Pills》, p. 134.

15. Abramson, 《Overdosed America》, p. 106.

16. Justin E. Bekelman, Yan Li, Cary P. Gross, "Scope and Impact of the Financial Conflicts of Interest in Biomedical Research: A Systematic Review," 〈Journal of the American Medical Association〉 289, no. 4 (2003년 1월 22일): 454-65. Joel Lexchin, Lisa A. Bero, Benjamin Djulbegovic, Otavio Clark, "Pharmaceutical Industry Sponsorship and Research Outcome and Quality: Systematic Review," 〈British Medical Journal〉 326, no. 7400 (2003년 5월 31일): 1167. Bekelman, Li, Gross는 "긍정적 결과를 가진 여러 연구 보고가 간행물에 실리는 논문의 심각성을 더욱 부추긴다"는 것과 관련된 두 가지 연구 결과를 언급한다.

17. Bob Grant, "Elsevier Published 6 Fake Journals," 〈The Scientist〉 2009년 5월 7일. 접속은 2014년 11월 24일. http://classic.thescientist.com/blog/display/55679/. Ben Goldacre, 《Bad Pharma: How Drug Companies Mislead Doctors and Harm Patients》(뉴욕: Faber and Faber/Farrar, Straus and Giroux, 2012), pp. 309-10.

18. Claire Bombardier 외, "Comparison of Upper Gastrointestinal Toxicity of Rofecoxib and Naproxen in Patients with Rheumatoid Arthritis," 〈New England Journal of Medicine〉 343, no. 21 (2000년 11월 23일): 1520-28.

19. 위와 같음, p. 1522.

20. 위와 같음, p. 1525, table 4.

21. 17명과 4명이라는 숫자는 처음 논문에는 등장하지 않기 때문에, 바이옥스 집단과 나프록센 집단의 심근경색 비율을 통해 대략적으로만 추측이 가능하다. 17명과 4명은 나중에 〈New England Journal of Medicine〉의 편집자 주석의 표1에 발표되었다. Gregory D. Curfman, Stephen Morrissey, Jeffrey M. Drazen, "Expression of Concern: Bombardier et al., "Comparison of Upper Gastrointestinal Toxicity of Rofecoxib and Naproxen in Patients with Rheumatoid Arthritis," N Engl J Med 2000;343;1520-8," 〈New England Journal of Medicine〉 353, no. 26 (2005년 12월 29일): 2813-14. 추가로 드러난 모호한 결과도 VIGOR 시험에서 발생한 세 건의 추가적인 바이옥스 피험군의 급성 심근경색과 뇌졸중에 우려를 표했다. 머크 사는 논문 발표 시에 이 결과를 알았지만, 이 결과는 이전에 통보받은 17건의 심장마비 발생과는 따로 치부할 사안으로 여겨졌다. 논문 필자들은 이 결과에 대해 표집의 시험

기한을 넘어서 발생한 것이므로 보고서에 포함하지 않았다고 주장했다.

22. Bombardier et al., ("Comparison of Upper Gastrointestinal Toxicity of Rofecoxib and Naproxen in Patients with Rheumatoid Arthritis," pp. 1527, 1526)은 나프록센 제제가 심장마비에 미치는 영향은 아스피린과 비슷하다고 적고 있다. 알레브 마케팅에서는 이런 내용이 광고로 나간 적이 한 번도 없었기 때문에 이 필자들의 주장은 다소 의외의 것이었다.

23. Gregory D Curfman, Stephen Morrissey, Jeffrey M. Drazen, "Expression of Concern Reaffirmed," 〈New England Journal of Medicine〉 354, no. 11 (2006년 3월 16일): 1193, supplementary appendix 1, table 3, "Summary of Adjudicated Cardiovascular Serious Adverse Experience."

24. Nesi, 《Poison Pills》, pp. 109-110.

25. 머크 사도 피츠제럴드와 공동 필자들에게 연구비를 지원했지만 "발표는 수년 동안 미루었다." 위와 같은 책, n. 19, p. 110.

26. FitzGerald, "How Super Are the "Super Aspirins'?"

27. Nesi, 《Poison Pills》, pp. 96-97. 시얼 사가 셀레브렉스를 개발했지만 VIGOR 연구가 끝났을 때 시얼 사는 이미 화이자에 합병된 상태였다.

28. 같은 책. 신약 발표에 기울인 정성은 p. 35, 60명의 권위자 초빙은 p. 41, 카풀루아 리츠칼튼은 p. 34 참조.

29. 같은 책 pp. 22-23.

30. Carolyn B. Sufrin과 Joseph S. Ross, "Pharmaceutical Industry Marketing: Understanding Its Impact on Women's Health," 〈Obstetrical and Gynecological Survey〉 63, no. 9 (2008): 585-96. 의사들이 웹에서 얻는 정보가 늘고 있기 때문에 이 수치는 논문 발표 이후 줄었을 것으로 짐작된다.

31. Henry A. Waxman 하원의원, 하원 정부개혁위원회 비망록. Re: The Marketing of Vioxx to Physicians. 2005년 5월 5일. 관련 문건은 p. 3. http://oversightarchive.waxman.house.gov/documents/20050505114932-41272.pdf.

32. 위와 같음, p. 17.

33. 위와 같음, p. 18.

34. Eric J. Topol, "Failing the Public Health—Rofecoxib, Merck, and the FDA," 〈New England Journal of Medicine〉 351, no. 17 (2004년 10월 21일): 1707-9.

35. Nesi, 《Poison Pills》, p. 155.

36. Topol, "Failing the Public Health," p. 1707.

37. David J. Graham et al, "Risk of Acute Myocardial Infarction and Sudden Cardiac Death in Patients Treated with Cyclooxygenase 2 Selective and Nonselective Nonsteroidal Antiinflammatory Drugs: Nested Case-Control Study," 〈Lancet〉 365, no. 9458 (2005년 2월 5-11일): 475-81. 이 연구는 카이저 퍼머넌트에서 바이옥스를 처방받은 환자의 심근경색 발생 숫자를 바이옥스를 처방받지 않은 매칭군 환자의 결과와 비교했다. 바이옥스 복용자의 심근경색 발생을 매칭군의 발생에 비교했을 때 그 배율은 1을 훨씬 넘어 섰다. 또한 이 배율은 바이옥스를 복용할수록 점점 증가했다. 이 연구 결과는 2005년 2월이 되어서야 발표가 되었지만, 이 데이터는 1999년 1월 1일부터 2001년 12월 31일까지 카이너 퍼머넌트의 환자들에게 해당하는 것이었다. 그레이엄은 FDA 관료이니만큼 발표가 나서 머크 사가 바이옥스를 시장에서 철수하기 전에 결과를 미리 알았을 것이다.

38. Nesi, 〈Poison Pills〉, p. 11.

39. Topol, "Failing the Public Health," p. 1707.

40. 그레이엄이 상원재무위원회에 2004년 11월 18일에 한 증언 참조. http://www.finance.senate.gov/imo/media/doc/111804dgtest.pdf.

41. 미국 식품의약청, Center for Drug Evaluation Research(CDER), 〈Guidance for Industry Providing Clinical Evidence of Effectiveness for Human Drugs and Biological Products〉, 1998년 5월. 접속은 2014년 12월 1일. http://www.fda.gov/downloads/Drugs/.../Giudances/ucm078749.pdf. "임상시험의 수와 관련해서는, 하원은 일반적으로 각각이 효과성을 충분히 입증할 수 있는 적절하고 잘 통제된 연구 결과를 최소 두 개 요구한다는 것이 FDA의 입장이었다"고 적혀 있다(p. 3). David Healy, 〈Pharmageddon〉(버클리: University of California Press, 2012), p. 77도 참조.

42. Nesi, 〈Poison Pills〉, p. 14.

43. Curfman, Morrissey, Drazen, "Expression of Concern Reaffirmed," p. 1193. 저자들은 반대의 뜻으로 이렇게 적고 있다. "후원사가 임상시험이 끝나기 직전에 선택한 이 날짜는 소화기계 부작용의 발생 여부 시험 종료 기간보다 한 달이나 앞서는 것이었다. 변명의 여지가 없는 임상시험의 이러한 특징은 종당에는 결과를 왜곡했으며, 연구를 주제로 글을 쓰는 편집자들이나 학계 사람들에게도 공지되지 않았다."

44. Bombardier 외, "Comparison of Upper Gastrointestinal Toxicity of Rofecoxib and Naproxen in Patients with Rheumatoid Arthritis," p. 1526.

45. Abramson, 《Overdosed America》, p. 102은 진통제인 옥시콘틴 (OxyContin)과 위약을 대비한 연구 결과를 언급한다. 물론 옥시콘틴은 진통 효과를 입증했다. 옥시콘틴을 처방 받은 환자들은 진통제를 전혀 복용하지 않은 환자들보다 통증이 줄어들었다. 그러나 이 환자들이 무언가 다른 것을 처방 받았을 가능성도 배제할 수 없다고 밝힌다.

46. Nesi, 《Poison Pills》 p. 163에서 인용.

47. Goldacre, 《Bad Pharma》, p. 113.

48. Adriane FughBerman, "Prescription Tracking and Pubic Health," 〈Journal of General Internal Medicine〉 23, no. 8 (2008년 8월): 1277-80. 온라인 발표는 2008년 5월 13일, 접속은 2015년 5월 24일. http://www.ncbi. nlm.nih.gov/pmc/articles/PMC2517975/. 이 정보는 의사들의 처방 약품에 대한 정보를 입수해야 하는 영업사원은 물론이고, 의료교육을 진행하는 사람들에게도 유용하다.

49. 서문 주석 26 참조.

50. Susanna N. Visser 외, "Trends in the ParentReport of Health Care ProviderDiagnosed and Medicated AttentionDeficit/Hyperactivity Disorder: United States, 2003-2011," 〈Journal of the American Academy of child and Adolescent Psychiatry〉 53, no. 1 (2014년 1월): 34-46. 각 주의 차이에 대해서는 fig. 1 참조. 부모가 답변한 약물 처방 비율은 부모가 답변한 진단 비율보다 상당히 낮은 편이지만, 주 별 진단과 약물 처방 사이에는 높은 상관이 존재한다. fig. 2 참조.

51. Center for Responsive Politics, "Lobbying: Top Industries," 마지막 접속은 2014년 4월 30일. https://www.opensecrets.org/lobby/top. php?showYear=1998&indexType=i. 총 기간은 1998-2015년. 건강관련 제품의 총 로비 금액은 30억 달러 이상이었다.

52. Robert Pear, "Bill to Let Medicare Negotiate Drug Prices Is Blocked," 〈New York Times〉, 2007년 4월 18일. 마지막 접속은 2015년 4월 30일. http://www.nytimes.com/2007/04/18/washington/18cndmedicare. html?_r=0. 또한 650만 명의 약품 처방비가 메디케이드에서 메디케어로 넘어 가면서 메디케어의 약값 보험금 지급이 훨씬 늘어났고 제약회사는 부수적인 이익을 얻게 되었다. Milt Freudenheim. "Market Place: A Windfall from Shifts to Medicare," 〈New York Times〉 2006년 7월 18일. 접속은 2014년 11월 4일. http://www.nytimes.com/2006/07/18/business/18place.html?_ r=1&pagewanted=print.

53.   http://www.amazon.com/PrinciplesEconomicsNGregoryMankiw/
      dp/0538453052. 마지막 접속은 2015년 4월 30일(본문의 책값은 바뀔 가능
      성이 아주 높다.). 교재와 의약품 사이에는 유사점이 또 있다. 교과서가 저작권
      의 보호를 받는 것처럼 의약품은 특허의 보호를 받는다. 차이가 있다면 이미 복
      용된 약품은 시장이 없지만 중고책은 시장이 존재한다. 그러나 제약회사는 약
      품 특허가 20년 뒤 만료된다는 문제점을 다뤄야 한다. 제약회사는 교재 편집자
      들이 중고책 시장을 다루는 것과 같은 방식으로 이런 특허 만료의 문제를 다룬
      다. 제약회사들은 기존 약품을 약간만 바꿔서 새로 출시한다. 프릴로섹/넥시움
      (Prilosec/Nexium)이 단적인 예이다. 프릴로섹의 특허 기한이 끝나고 유사의
      약품이 쏟아져 나오기 직전에 제조사인 아스트라제네카(Astra Zeneca)는 신약
      인 넥시움을 출시했다. 몇몇 분자는 오른쪽이나 왼쪽 어느 한 곳으로 기운 '카
      이랄성(chirality)'을 보인다. 넥시움과 프릴로섹의 유일한 차이점은 이런 분자
      카이랄성에 있었다. (Goldacre, 《Bad Pharma》, pp. 146-48.) 마케팅 부서에
      게 새로운 임무가 떨어졌다. 그들은 의사들에게 유능한 의사라면 더욱 새로워진
      약품을 처방하는 것이 옳지 않겠냐는 확신을 심어줘야 했다. 유능한 교사라면
      최신 개정판 교과서를 선택해야 하는 것이 양심적인 행동이듯이 말이다.

7장   좋은 혁신, 나쁜 혁신, 추한 혁신 ─────────────

1.   미국 인구통계국이 추산한 2014년 중반 세계 성인 인구(20세 이상)는 47억
     2500만 명이었다. US Census Bureau, "World Population by Age and
     Sex," 마지막 접속은 2014년 12월 1일. http://www.census.gov/cgibin/
     broker. (본문의 구매자/판매자 쌍 조합 계산은 성인 인구를 50억 명으로 가정
     해서 나온 결과이다.)
2.   세계 성인 인구 평균을 30억 명으로 가정해서 나온 수치. 계산은 1915년 총 성
     인인구수는 18억 명으로 잡았고, 현재의 성인인구수를 이용해 총 성인인구수를
     추산했으며 지난 세기 동안 이 숫자가 같은 비율로 증가했다고 가정했다.
3.   이것은 선진국의 현재 기대수명을 80세로 봤을 때 1인당 소득증가율이 2.2퍼센
     트를 조금 웃돈다는 계산에도 부합한다.
4.   앵거스 메디슨(Angus Maddison)에 따르면 1940년 미국의 1인당 GDP는
     6838달러였다(International GearyKhamis 1990의 수치). 멕시코의 2008
     년 1인당 GDP는 7919달러였다. Maddison, "Historical Statistics of the

World Economy: Per Capita GDP," 접속은 2014년 11월 26일. http://www.
google.com/url?sa=t&rct=j&q=&esrc=s&source=web&cd=6&ved=oCEI
QFjAF&url=http%3A%2F%2Fwww.ggdc.net%2Fmaddison%2FHistorial_
Statistics%2Fhorizontalfile_022010.xls&ei=4t11VJfsG4uZNoG9gGA&us
g=AFQjCNFFKKZ1UysTOutlY4NsZF9qwdu2Hg&bvm=bv.80642063,d.
eXY. 미국의 물가수준을 적용한 2008~2013년 멕시코 1인당 GDP 변화는 아
주 적었다. World Bank, "GDP Per Capita (Current US$)," 접속은 2014년 11
월 26일. http://data.worldbank.org/indicator/NY.GDP.PCAP.CD.

5. 불행히도 경제학에서 '자본'이라는 단어는 여러 의미를 지닌다. 인베스토피디
아(Investopedia)는 자본을 두 가지로 정의한다. "첫 번째는 현금 같은 재무적
자산이나 자산의 재무적 가치다. 두 번째는 기업이 보유하고 생산에 사용하는
공장, 기계류, 장비류이다." 인베스토피디아의 "Definition of Capital," 접속은
2015년 5월 25일. http://www.investopedia.com/terms/c/capital.asp. 금융
과 달리 경제학의 역사는 수백년 전으로 거슬러 올라가므로 우리는 두 번째 정
의를 이용한다. 따라서 여기서의 자본은 한 나라의 모든 기업이 보유한 총자본
을 의미한다.

6. Robert M. Solow, "Technical Change and the Aggregate Production
Function," 〈Review of Economics and Statistics〉 39, no. 3 (1957년 8월):
312-20. 솔로는 미국의 1909~1940년을 검토했다. 그는 자본 증가가 얼마나 많
은 생산성 증가를 이끄는지 추정하는 방법을 알아냈다. 1노동시간 투입 당 자본
은 대략 31퍼센트 증가했다. 총산출 중 자본소득이 차지하는 비중(즉, 배당과 임
대료, 배당되지 않은 이익을 합산한 금액)은 약 3분의 1이었다. 솔로는 이 '자본
비중(share of capital)'은 자본이 산출에 기여하는 부분을 의미한다는 단순한
가정을 세웠다(시장이 정말로 경쟁이 심하다면 이 가정은 사실이 될 것이다). 솔
로는 미묘한 계산법을 적용해, 자본 변화를 배제할 경우 1인시 당 산출은 80퍼
센트 변했다는 것을 보여주었다. 그런고로 1노동시간 당 자본의 31퍼센트 증가
는 1인시 당 약 10퍼센트의 산출 변화를 이끈다는 말이 되므로, 이 기간 동안 총
산출의 변화에서 자본에 기인한 부분은 8분의 1이라는 결과가 나왔다.

7. 아메리카 인디언과 아프리카계 미국인의 음악이 미친 영향은 Joseph
Horowitz의 《Dvořák in America: In Search of the New World》(시카고:
Cricket Books, 2003)의 주된 주제이다.

8. Hanna Krasnova, Helena Wenninger, Thomas Widjaja, Peter Buxmann,
"Envy on Facebook: A Hidden Threat to Users' Life Satisfaction?"
〈Wirtschaftsinformatik Proceedings 2013〉, Paper 92, p. 4, table 5와 p.

5, table 2. http://aisel.aisnet.org/wi2013/92. 응답자들은 '좌절감'의 원인을 한 가지 이상 답할 수 있었다. Table 2는 응답자가 '좌절감'을 느끼는 '사교적 이유' 목록을 나열한다. 아쉽게도 저자들은 '사회적 이유'가 각 원인 별로 몇 퍼센트인지는 말하지 않고 단지 총합적인 표만을 제시한다. 전체로 따져서 응답자의 80.7퍼센트는 '좌절감'에 대해 한 가지 이유만을 언급했고, 17.3퍼센트는 두 가지를, 2.0퍼센트는 세 가지 이유를 언급했다. 이 각각의 비율을 이용해 우리는 대략 60퍼센트가 한 가지 이상의 '사회적 이유'를 보여준다고 추정했다.

9. Steve Annear, "The 'Pavlov Poke' Shocks People Who Spend Too Much Time on Facebook: It's Meant to Condition Social Media 'Addicts' to Step Away from the Screen and Enjoy the Real World," 〈Boston Daily〉, 2013년 8월 23일. 접속은 2014년 11월 26일. http://www.bostonmagazine.com/news/blog/2013/08/23/pavlovpokeshockspeoplewhospendtoo-muchtimeonfacebook/.

10. 유나이티드항공 웹사이트는 탑승 순서를 다음과 같이 설명한다.
(장애인 승객이 탑승한 후) 우선 탑승자가 탑승합니다. 여기에는 글로벌서비스(Global Services^SM) 회원과 제복을 착용한 군 장교가 포함됩니다.
우선탑승이 끝나면 방송되는 탑승 그룹 명단을 주의 깊게 들으시기 바랍니다. 선실이 두 개인 기체에서 프리미어 액세스(Premier Access^SM) 등급에 따라 정해진 탑승 순서 등급은 다음과 같습니다.

Group 1 – 프리미어 액세스 탑승
- Global Services^SM(우선 탑승 방송을 듣지 못해 먼저 탑승하지 못한 승객).
- Premier 1K®
- Premier Platinum®
- United First®를 포함한 프리미엄 선실
참고: 선실이 세 개인 기체의 경우 유나이티드비즈니스(United Business®) 회원도 이 등급에 포함되어 탑승합니다. (또한 선실이 세 개인 기체이며 일부 국제선에서는 유나이티드퍼스트는 유나이티드글로벌퍼스트®로 호명되며, 유나이티드비즈니스®는 유나이티드비즈니스퍼스트®로 호명됩니다.)

Group 2 – 프리미어 액세스 탑승
- Premier® Gold
- Star Alliance™ Gold
- Premier® Silver
- MileagePlus® Club Card Members

- Presidential Plus™ Card Members
- MileagePlus®Explorer Card Members
- MileagePlus®Awards Card Members

Group 3, 4, 5 - 일반 탑승

참고: 아기나 4세 이하 어린아이를 동반한 가족 승객도 해당 등급 회원의 탑승이 방송될 때 기내에 탑승할 수 있습니다.

"Arriving at a Single Boarding Process," 2013년 4월 22일. 접속은 2014년 11월 26일. https://hub.united.com/enus/news/companyoperations/pages/arrivingatasingleboardingprocess.aspx.

11. 우리는 제프리 버틀러(Jeffrey Butler)가 버클리대 박사 논문을 위해 수행했던 실험 하나가 떠올랐다. 버틀러는 연구소에서 행한 실험에서 지위에 대한 감정을 유도할 수 있을지 의문을 품었다. 피험자들은 봉지에서 오렌지색 포커용 칩을 꺼내는가 아니면 보라색 포커 칩을 꺼내는지에 따라 무작위로 높은 지위 집단과 낮은 지위 집단에 배정되었다. 높은 지위 집단의 피험자들은 한 줄에 세 명씩 앉는 의자와 재미있는 과제풀이를 제공받았다. 반면에 낮은 지위 집단의 사람들은 한 줄에 다섯 명씩 앉는 의자를 제공받았고, 이름을 알파벳순으로 나열하는 따분한 과제를 풀었다. 짐작했던 대로 이 피험자들이 '신뢰게임(Trust Game)'과 '진실게임(Truth Game)'이라고 알려진 놀이를 했을 때 두 집단 간에 차이가 나타났다. 높은 집단에 속한 피험자들은 신뢰를 배신한 사람들을 처벌하는 성향을 더 많이 보였다. 그들은 낮은 집단에 속한 사람은 물론이고 같은 높은 집단에 속한 사람에 대해서도 처벌을 꺼리지 않았다. "Essays on Identity and Economics" 중 Jeffrey Vincent Butler의 "Status and Confidence,"(PhD diss, University of California, Berkeley, 2008).

12. Nicholas Lemann, 《The Big Test: The Secret History of the American Meritocracy》 1차 수정판 페이퍼백(뉴욕: Farrar, Straus and Giroux, 2000).

13. 같은 책, pp. 7-8.

14. Garey Ramey와 Valerie A. Ramey, "The Rug Rat Race," 〈Brookings Papers on Economic Activity〉(2010년 봄): 129-99. 이 논문의 제목은 미국의 TV 애니메이션 시리즈인 〈Rugrats〉(1991-2004)에서 따온 것이다. 애니메이션은 이제 막 걸음마를 뗀 연령대 아기들의 익살맞은 행동을 보여주며, rat race라는 말은 실험실에서 미로나 쳇바퀴를 끝없이 달려야 하는 쥐처럼 의미도 없는 일을 무한정해야 하는 상황을 가리킨다. 논문은 미로나 쳇바퀴의 이미지를 들어 사회가 아이들에게 가하는 성공 압박을 묘사하고 있다.

15. 대학 등급 매기기에서 가장 유명한 것은 〈US News and World Report〉일 것

이다. http://colleges.usnews.rankingsandreviews.com/bestcolleges.

16. 심지어 5개 기준에 따라 학술지의 등급을 매기는 웹사이트도 있다. 다섯 가지 기준은 주제 영역, 주제 카테고리, 지역 및 국가, 그 밖의 배열 기준, 해당 학술지의 인용 횟수이다. SCImago Journal and Country Rank, "Journal Rankings," 접속은 2014년 11월 26일. http://www.scimagojr.com/journalrank.php?country=US.

17. 예를 들어 'hindex'는 논문 인용 횟수에 따라 교수의 등급을 매긴다.

18. Thom Patterson, "United Airlines Ends Coach Preboarding for Children," CNN. 2012년 5월 23일. 접속은 2015년 4월 30일. http://www.cnn.com/2012/05/23/travel/unitedchildrenpreboarding/.

19. Prosper Mérimée, 《Carmen and Other Stories》(옥스퍼드: Oxford University Press, 1989).

20. Allan M. Brandt, 《The Cigarette Century: The Rise, Fall, and Deadly Persistence of the Product That Defined America》(뉴욕: Basic Books, 2007), p. 27.

8장 담배와 술의 피싱

1. 이런 중독과 관련해서는 신경학적 증거가 존재한다. 이런 견해 및 증거 검토에 대해서는 B. Douglas Bernheim과 Antonio Rangel의 "Addiction and Cue-Triggered Decision Processes," 〈American Economic Review〉 94, no. 5 (2004년 12월): 1558-90 참조. 두 필자는 이렇게 적고 있다. "중독에 대한 최근의 신경과학 연구는 중독 물질의 소비를 결정하는 일에 있어서 체계적 오차를 일으키는 듯 보이는 뇌의 구체적 특징을 식별해냈다."(p. 1562).

2. Centers for Disease Control and Prevention, "Smoking and Tobacco Use: Fast Facts," 접속은 2014년 12월 9일. http://www.cdc.gov/tobacco/data_statistics/fact_sheets/fast_facts/.

3. Allan B. Brandt, 《The Cigarette Century: The Rise, Fall, and Deadly Persistence of the Product That Defined America》(뉴욕: Basic Books, 2007), pp. 184와 185의 그림.

4. US Surgeon General, 〈Smoking and Health: Report of the Advisory Committee to the Surgeon General of the Public Health Service〉(1964)

p. 5. 접속은 2014년 11월 28일. http://www.surgeongeneral.gov/library/
reports/.

5.   15세 이상 인구의 1인당 담배 소비. 위와 같은 보고서, chap. 5, p. 45, table 1.

6.   위와 같음. 1955년이 되었을 때는 거의 2만 7천 명에 달했고, 1962년에는 4만
1000명 이상이었다.

7.   Brandt,《The Cigarette Century》, pp. 131-34.

8.   Ernst N. Wynder와 Evarts A. Graham, "Tobacco Smoking as a Possible
Etiologic Factor in Bronchogenic Carcinoma Study of Six Hundred
and EightyFour Proved Cases," 〈Journal of the American Medical
Association〉 143, no. 4 (1950년 5월 27일): 329-36. 필자들은 이들 암환
자 중 3.5퍼센트만이 '수년 동안 다소 과하게 줄담배를 피운 사람들'이 아니라
는 것을 알아냈다. 매칭군의 남자 입원환자와의 비교 수치는 26.3퍼센트였다(p.
336).

9.   Brandt,《The Cigarette Century》, pp. 131-32.

10.   같은 책, p. 157. 하지만 애석하게도 그레이엄은 그동안 담배를 너무 오래 피웠
다. 그는 나중에 폐암으로 사망했다.

11.   담배를 전혀 피우지 않은 남성의 경우, 매칭군에 포함된 환자 대 폐암 표집군
에 포함된 환자는 그 배율이 0.075였다. 하루에 1~4개비를 피운 환자와의 배율
은 0.56, 하루 5~14개비를 피운 환자와의 배율은 0.87, 하루 15~24개비를 피운
환자와는 1.03, 하루 25~49개비를 피운 환자와는 1.91, 하루 50개비 이상 피운
환자와의 배율은 2.5였다. Richard Doll과 A. Bradford Hill, "Smoking and
Carcinoma of the Lung: Preliminary Report," 〈British Medical Journal〉
2, no. 4682 (1950년 9월 30일): 742, fig. 1. 여성 환자의 경우 증가에 다소 잡
음(noisy)이 섞여 있었지만 마찬가지로 피우는 담배 개비가 늘수록 배율도 증
가했다. 여성 암환자는 단 6퍼센트에 불과했기 때문에 기대했던 대로의 결과일
수 있다. 표집에 속한 688명의 폐암 환자 중 여성은 41명이었다(p. 742, table
5).

12.   Ernst L. Wynder, Evarts A. Graham, Adele B. Croninger, "Experimental
Production of Carcinoma with Cigarette Tar," 〈Cancer Research〉 13, no.
12 (1953): 863.

13.   Oscar Auerbach 외, "Changes in the Bronchial Epithelium in Relation to
Smoking and Cancer of the Lung: A Report of Progress," 〈New England
Journal of Medicine〉 256, no. 3 (1957년 1월 17일): 97-104.

14.   Jeffrey K. Cruikshank와 Arthur W. Schultz,《The Man Who sold

America〉(보스턴: Harvard Business Review Press, 2010), pp. 354-56.

15. Kenneth Roman, 《The King of Madison Avenue: David Ogilvy and the Making of Modern Advertising》, 페이퍼백 (뉴욕: Macmillan, 2009): p. 223.

16. Brandt, 《The Cigarette Century》, p. 165. Naomi Oreskes와 Erik M. Conway, 《Merchants of Doubt: How a Handful of Scientists Obscured the Truth on Issues from Tobacco Smoke to Global Warming》(뉴욕: Bloomsbury, 2010), p. 15. 오레스카와 콘웨이는 단지 흡연의 영향에 대한 의구심만이 아니라 산성비, 오존홀, 지구온난화, DDT의 영향에 대한 의구심이 어떻게 만들어지는지 정리한다. 두 저자는 각각의 분야에서 벌어지는 공개 담론에 전략적으로 의구심을 끼워 넣는 것이 얼마나 쉬운 일인지 잘 보여준다.

17. Brandt, 《The Cigarette Century》, pp. 171, 175.

18. "Little, Clarence Cook, Sc.D. (CTR Scientific Director, 1954-1971)," 접속은 2014년 11월 28일. http://tobaccodocuments.org/profiles/little_clarence_cook.html. 현재 이 문서는 웹상에 존재하지 않으며 저자의 파일에 복사본만 존재한다.

19. 위와 같음. 〈Time Magazine〉, "Clarence Cook Little": Cover Story, 1937년 4월 22일. George D. Snell, "Clarence D. Little, 1888-1971: A Biographical Memoir by George D. Snell"(워싱턴 DC: National Academy of Sciences, 1971).

20. Brandt, 《The Cigarette Century》, p. 176.

21. 같은 책, p. 175.

22. 같은 책, p. 177.

23. 1970년 공중보건흡연법(Public Health Cigarette Smoking Act of 1970)에 따라 모든 담배 포장 겉면에 의무적으로 써진 공중보건 경고 문구이다. "Public Health Cigarette Smoking Act," 〈Wikipedia〉, 접속은 2015년 3월 28일. http://en.wikipedia.org/wiki/Public_Health_Cigarette_Smoking_Act.

24. 미국 공중위생국, 〈The Health Consequences of Smoking—50 Years of Progress〉(2014), pp. 21-22, 접속은 2015년 3월 6일. http://www.surgeongeneral.gov/library/reports/50yearsofprogress/fullreport.pdf.

25. 미국 공중위생국, 〈Smoking and Health〉(1964), p. 102, table 19.

26. Jason Bardi, "Cigarette Pack Health Warning Labels in US Lag behind World: Internal Tobacco Company Documents Reveal Multinational Effort to Block Strong Warnings to Smokers," University of California

at San Francisco, 2012년 11월 16일. 접속은 2014년 12월 8일. http://www.ucsf.ede/news/2012/11/13151/cigarettepackhealthwarninglabelsuslagbehindworld. 미국에 대해서는 Mark Joseph Stern, "The FDA's New Cigarette Labels Go Up in Smoke," 〈Wall Street Journal〉, 2012년 9월 9일 참조, 접속은 2015년 3월 28일. http://www.wsj.com/articles/SB10000872396390443819404577633580009556096. 미국 식품의약청의 사례는 "Tobacco Products: Final Rule 'Required Warnings for Cigarette Packages and Advertisements,'" 참조, 접속은 2015년 3월 28일. http://www.fda.gov/TobaccoProducts/Labeling/Labeling/CigaretteWarningLabels/ucm259953.htm. 오스트레일리아의 사례는 Tobacco Labelling Resource Center, "Australia: Health Warnings, 2012 to Present," 참조, 접속은 2015년 3월 28일. http://www.tobaccolabels.ca/countries/australia.

27. 1970년 4월 공중보건흡연법이 제정됨에 따라 텔레비전과 라디오의 담배 광고는 전면 금지되었다. 그 이후 이 법의 개정이 진행되었다. 2009년 담배통제법(Tobacco Control Act of 2009)은 몇 가지 추가적인 제한 조치를 가한다. "Tobacco Advertising," 〈Wikipedia〉 접속은 2014년 12월 8일. http://en.wikipedia.org/wiki/Tobacco_advertising.

28. Brandt, 《The Cigarette Century》, pp. 432-37. 46개 주와 합의를 진행한 데 이어, 미시시피 주, 플로리다 주, 미네소타 주와도 추가로 400억 달러의 비용을 지불하는 데 합의했다.

29. 같은 책, pp. 267-69.

30. 같은 책, p. 271.

31. 같은 책, p. 288.

32. 미국 공중위생국, 〈Smoking and Health: A Report of the Surgeon General〉(1979), "Appendix: Cigarette Smoking in the United States, 1950-1978," p. A10, table 2, 접속은 2014년 11월 28일. http://www.surgeongeneral.gov/library/reports/.

33. 2014년의 수치는 질병통제예방센터, "Cigarette Smoking in the United States: Current Cigarette Smoking among U.S. Adults 18 Years and Older" 참조, 접속은 2015년 3월 28일. http://www.cdc.gov/tobacco/campaign/tips/resources/data/cigarettesmokinginunitedstates.html.

34. 질병통제예방센터, "Trends in Current Cigarette Smoking among High School Students and Adults, United States, 1965-2011," 2013년 11월 14

일. 접속은 2014년 12월 9일. http://www.cdc.gov/tobacco/data_statistics/tables/trends/cig_smoking/.

35. http://www.lung.org/findingcures/ourresearch/trendreports/Tobacco-TrendReport.pdf의 table 2를 이용하면, 1965년 18세 이상 1인당 담배 소비는 4259개비였고, 2011년에는 1232개비였다. http://www.lung.org/finding-cures/ourresearch/trendreports/TobaccoTrendReport.pdf의 table 4에 따르면 1965년 성인 인구 중 흡연자는 42.4퍼센트였고, 2011년 성인 흡연자는 19.0퍼센트였다(http://www.cdc.gov/tobacco/data_statistics/tables/trends/cig_smoking/). 따라서 흡연자의 하루 평균 흡연량은 1965년에는 27.52개비(1.376갑)였고 2011년에는 17.76개비(0.89갑)였다. 세계보건기구(WHO)의 2015년 추산에 따르면, 브라질에서 15세 이상 인구 중 흡연자는 15.2퍼센트이고, 중국은 26.3퍼센트, 프랑스는 24.7퍼센트, 독일은 26.2퍼센트, 러시아는 37.3퍼센트이다.

36. 질병통제예방센터, "Smoking and Tobacco Use: TobaccoRelated Mortality," 접속은 2015년 3월 28일. http://www.cdc.gov/tobacco/data_statistics/fact_sheets/health_effects/tobacco_related_mortality/. 이것은 2005~2009년 동안 흡연으로 인한 사망자 수의 연평균 추정치이다. 흡연으로 인한 연간 총사망자 수는 48만317명으로 추정된다. 흡연은 폐암 사망자 12만7700명, 호흡기 질환 사망자 11만3100명, 심혈관 질환과 대사성 질환 사망자 16만 명의 직접적인 사망 원인이었다. 간접흡연으로 인한 사망자 수는 4만1300명이었다. 이들 중 7300명은 폐암으로, 3만4천 명은 관동맥성심장질환으로 사망했다.

37. Bridget F. Grant 외, "The 12Month Prevalence and Trends in DSMIV Alcohol Abuse and Dependence: United States, 1991-1992 and 2001-2002," 〈Drug and Alcohol Dependence〉 74, no. 3 (2004): 228, table 2.

38. Mandy Stahre 외, "Contribution of Excessive Alcohol Consumption to Deaths and Years of Potential Life Lost in the United States," 〈Preventing Chronic Disease〉 11 (2014), 접속은 2014년 3월 28일. http://www.cdc.gov/pcd/issues/2014/13_0293.htm. 우리는 알코올에 기인한 사망자 수에 대한 스타르의 추정치를 비교가능한 기간 동안의 총사망자 수로 나누었다.

39. George E. Vaillant, 《Triumphs of Experience: The Men of the Harvard Grant Study》(케임브리지, MA: Harvard University Press, 2012), pp. 54-55.

40. 같은 책, p. 67. 이 하버드 대학생들은 "'성공적인' 삶을 누릴 가능성이 특별히 높

기 때문에" 대상자로 선정되었다.

41. 같은 책, p. 66.

42. 같은 책, p. 54.

43. 같은 책, p. 296.

44. 같은 책, p. 298. 23퍼센트는 알코올 남용자와 의존자를 합친 숫자이다. 우리는 초기 인터뷰에 응한 학생의 수가(p. 268) 아니라 연구 프로그램에 계속 참여한 응답자들의 수를(p. 242) 이 비율의 기본으로 사용한다.

45. 같은 책, p. 301.

46. 같은 책, pp. 303-7.

47. 그랜트연구 응답자 중 이혼자의 57퍼센트는 적어도 배우자 한 쪽이 알코올중독이었다(같은 책, p. 358). 알코올중독자가 여자보다는 남자가 훨씬 많고(우리는 이 사실은 NESARC에서도 알 수 있다), 연구에 참여한 하버드 졸업생 중에서 알코올 남용자와 의존자의 비율이 거의 23퍼센트였다는 사실로 미루어 이것은 무시 못 할 통계 수치이다. 다른 참고 문헌은 Fred Arne Thorberg와 Michael Lyvers, "Attachment, Fear of Intimacy and Differentiation of Self among Clients in Substance Disorder Treatment Facilities," 〈Addictive Behaviors〉 31, no. 4 (2006년 4월): 732-37과 Frank P. Troise, "The Capacity for Experiencing Intimacy in Wives of Alcoholics or Codependents," 〈Alcohol Treatment Quarterly〉 9, no. 3 (2008년 10월): 39-55 참조.

48. Vaillant, 《Triumphs of Experience》, pp. 321-26.

49. Dave Newhouse, 《Old Bears: The Class of 1956 Reaches Its Fiftieth Reunion, Reflecting on the Happy Days and the Unhappy Days》(버클리: North Atlantic Books, 2007).

50. 같은 책, pp. 17-31.

51. 같은 책, pp. 33-39.

52. 같은 책, pp. 290-91.

53. 같은 책, pp. 127-28.

54. 같은 책, pp. 57과 316.

55. 미국 국립보건원(National Institutes of Health) 산하 National Institute on Alcohol Abuse and Alcoholism, 〈Alcohol Use and Alcohol Use Disorders in the United States: Main Findings from the 2001- 2001 National Epidemiologic Survey on Alcohol and Related Conditions(NESARC)〉, 2006년 1월, "Exhibit 2, National Epidemiologic

Survey on Alcohol and Related Conditions (Section 2B): DSMIV Alcohol Abuse and Dependence Diagnostic Criteria Associated Questionnaire Items," pp. 8-9, 접속은 2014년 11월 12일. http://pubs.niaaa.nih.gov/publications/NESARC_DRM/NESARCDRM.pdf.

56.　Philip J. Cook, 《Paying the Tab: The Costs and Benefits of Alcohol Control》(프린스턴: Princeton University Press, 2007), p. 210, n. 14.

57.　같은 책, p. 71.

58.　같은 책, pp. 72-73.

59.　같은 책, pp. 103-5와 table 6.4와 6.5.

60.　미국 재무부, Alcohol and Tobacco Tax and Trade Bureau, "Tax and Free Rates," 접속은 2015년 4월 30일. www.ttb.govtax_audit/atftaxes.shtml.

61.　Urban Institute and the Brookings Institutions, Tax Policy Center, "State Alcohol Excise Tax Rates 2014," 접속은 2014년 12월 13일. http://www.taxpolicycenter.org/taxfacts/displayafact.cfm?Docid=349.

62.　Jeanette DeForge, "Ballot Question to Revoke Sales Tax on Alcohol Approved by Massachusetts Voters," 〈Republican〉, 2010년 11월 3일. 접속은 2014년 12월 13일. http://www.masslive.com/news/index.ssf/2010/11/ballot_question_to_revoke_sale.html. Dan ring, "Massachusetts Senate Approves State Sales Tax Increase to 6.25 Percent as Part of $1 Billion Tax Hike," 〈Republican〉, 2009년 5월 20일. 접속은 2014년 12월 13일. http://www.masslive.com/news/index/ssf/2009/05/massachusetts_senate_approves.html.

63.　Mothers against Drunk Driving, "History and Mission Statement," 접속은 2015년 3월 28일. http://www.madd.org.

64.　"Drunk Driving Statistics," 접속은 2014년 12월 13일. http://www.alcoholalert.com/drunkdrivingstatistics.html. 비교 기간은 1982년부터 2011년까지이다. 차량의 총 주행거리 수가 인구수에 비해 훨씬 빨리 증가한 것으로 보아 이 비교 기간 말에는 술을 마시지 않은 운전자가 더욱 많아진 것이라고 볼 수 있다. 또한 이것은 술을 마시지 않은 운전자에게 나쁘지 않은 안전 기록이라고 볼 수도 있다. 인구 통계는 대통령 경제자문위원회의 〈Economic Report of the President 2013〉, p. 365, table B34 참조. 접속은 2014년 12월 1일. http://www.whitehouse.gov/sites/default/files/docs/erp2013/full_2013_economic_report_of_the_president.pdf.

65.　미국운수부 산하 National Highway Traffic Safety Administration, "Traffic

Safety Facts, 2011: Alcohol Impaired Driving," 2012년 12월, 접속은 5월 25일. http://wwwnrd.nhsta.dot.gov/Pubs/811700.pdf.

66. MADD 공식 웹사이트에 대해서는 "Voices of Victims" 참조. 접속은 2014년 12월 13일. http://www.madd.org/drunkdriving/voicesofvictims/.

67. 미국 국립보건원, National Institute on Alcohol Abuse and Alcoholism, 〈Surveillance Report #95 Apparent Per Capita Ethanol Consumption, United States, 1850-2010〉(2012년 8월), table 1. http://pubs.niaaa.nih.gov/publications/Surveillance95/CONS10.htm.

9장 고의 파산

1. George A. Akerlof와 Paul M. Romer, "Looting: The Economic Underworld of Bankruptcy for Profit," 〈Brookings Papers on Economic Activity〉 2(1993): 36. 금융제도 개혁, 회복 및 집행을 위한 국가위원회 (National Commission on Financial Institution Reform, Recovery and Enforcement)가 추정한 비용은 본문의 비용보다 7~11퍼센트 더 높았다.

2. James H. Stock과 Mark W. Watson, "Forecasting Output and Inflation: The Role of Asset Prices," 〈Journal of Economic Literature〉 41 (2003): 797. 경기 순환 시기에 대해서는 National Bureau of Economic Research, "U.S. Business Cycle Expansions and Contractions," 접속은 2015년 1월 13일. http://www.nber.org/cycles.html.

3. Akerlof와 Romer, "Looting."

4. '자신에게 오도록 만드는(tunneling)' 개념의 사용에 대해서는 Simon Johnson, Rafael La Porta, Florencio L pez de Silanes, Andrei Shleifer, "Tunneling," 〈American Economic Review〉 90, no. 2(2000년 5월): 22-27.

5. 대통령경제자문위원회, 〈Economic Report of the President 2013〉, table B64, "YeartoYear Inflation of the Consumer Price Index," 접속은 2014년 12월 1일. http://www.whitehouse.gov/sites/default/files/docs/erp2013/full_2013_economic_report_of_the_president.pdf.

6. 위와 같음, table B73, "Bond Yields and Interest Rates, 1942-2012," column 1.

7. 미국 노동부 산하 Bureau of Labor Statistics, Tables and Calculators

by Subject; Unemployment Rates by Month. http://data.bls.gov/pdq/SurveyOutputServlet.

8. 대통령경제자문위원회, 〈Economic Report of the President 2013〉, table B73, column 9.

9. 1980년에 머니마켓펀드가 보유한 자산은 거의 0이었다. "The Future of Money Market Funds"의 그래프 참조, 2012년 9월 24일. http://www.winthropcm.com/TheFutureofMoneyMarketFunds.pdf. 해당 그래프의 숫자는 Investment Company Institute's 2014 Fact Book에 나온 자료와 일치한다. 해당 데이터에는 1980~1984년은 포함되지 않지만, 이 데이터에 따르면 1990년에 머니마켓펀드의 운용 자산은 4980억 달러까지 늘어 있었다. http://www.icifactbook.org/fb_data.html. 마지막 접속은 2014년 1월 1일.

10. Akerlof와 Romer, "Looting," p. 23.

11. 위와 같음, p. 34. 1993년에 위기 해결에 들어간 200-300억 달러의 비용을 현재의 화폐가치로 환산한 금액이다.

12. 텍사스 주 댈러스의 건설 과열과 추락에 대한 설명은 같은 논문 pp. 39-42 참조.

13. 위와 같음, pp. 23-24.

14. R. Alton Gilbert, "Requiem for Regulation Q: What It Did and Why It Passed Away," 〈Federal Reserve Bank of St. Louis Review〉(1986년 2월): 22-37. 저축대부은행의 이자율 상한은 규제로 정해진 은행 저축예금의 이자율 상한보다 조금 높았다. 1980년에 은행의 이자율 상한은 대략 5와 1/2퍼센트였다. p. 29, chart 3 참조.

15. Akerlof와 Romer, "Looting," p. 24.

16. 가안-쎙 제르맹 예금기관법으로 인한 10퍼센트 대출에 대해서는 Carl Felsenfeld와 David L. Glass의 《Banking Regulation in the United States》개정3판(뉴욕: Juris, 2011), pp. 424-25 참조. S&L이 자산의 10퍼센트를 대출해줄 수 있다는 것에 대한 자의적 해석은 "Top Ten U.S. Banking Laws of 20th Century" 참조, 접속은 2014년 12월 1일. http://www.oswego.edu/~dighe/topten.htm.

17. Akerlof와 Romer, "Looting," p. 27. 개발업자는 프로젝트를 시작한 것에 대한 대가로 '개발업자 수수료(developer's fee)'라는 꽤 괜찮은 배당도 받을 수 있었고 심지어 2.5퍼센트나 되기도 했다.

18. James E. O'Shea, 《The Daisy Chain: How Borrowed Billions Sank a Texas S&L》(뉴욕: Pocket Books, 1991), pp. 29-34. 관련된 예를 하나 들자

면, 주식 구입과는 다른 방식으로 돈이 새 나갔다.

19. O'Shea가 든 예에서, 부동산 개발자는 S&L 소유주가 가진 땅을 부풀려진 가격에 구입했다.

20. Stephen Pizzo, Mary Fricker, Paul Muolo, 《Inside Job: The Looting of America's Savings and Loans》(뉴욕: Harper Perennial, 1991), p. 108.

21. 같은 책, p. 14.

22. Akerlof와 Romer, "Looting," p. 40, table 11.2. 물론 댈러스의 건설 경기도 위축되기는 했지만, 휴스턴보다는 훨씬 느리게 그리고 훨씬 양호하게 진행되었다.

23. Steve Brown, "Office Market Outlook: Dallas," 〈National Real Estate Investor News〉, 1982년 7월, p. 46.

24. Steve Brown, "City Review: Dallas," 〈National Real Estate Investor News〉, 1983년 10월, p. 127.

25. Steve Brown, "City Review: Dallas," 〈National Real Estate Investor News〉, 1984년 10월, pp. 183과 192.

26. Steve Brown, "City Review: Dallas," 〈National Real Estate Investor News〉, 1985년 6월, pp. 98-100.

27. Pizzo, Fricker, Muolo, 《Inside Job》.

10장 정크본드를 떡밥으로 쓴 마이클 밀컨의 피싱 ─────────

1. Bryan Burrough와 John Helyar, 《Barbarians at the Gate: The Fall of RJR Nabisco》(뉴욕: Random House, 2010), 킨들 위치는 11172 중 10069-72.

2. 로스 존슨이 이 경영권 인수로 받은 금액은 알려지기로는 5천만 달러가 넘는다고 한다. Bryan Burrough, "RJR Nabisco: An Epilogue," 〈New York Times〉, 1999년 3월 12일. http://www.nytimes.com/1999/03/12/opinion/rjrnabiscoanepilogue.html.

3. Graef S. Crystal, 《In Search of Excess: The Overcompensation of American Executive》(뉴욕: W.W.Norton, 1991), pp. 46-47 참조. Jenny Chu, Jonathan Faasse, P. Raghavendra Rau, "Do Compensation Consultant Enable Higher CEO Pay? New Evidence from Recent Disclosure Rule Changes"(2014년 9월 23일)에서 세 필자는 (이사진이 꾸린 컨설턴트와 달리) 경영진이 꾸린 컨설턴트들은 경영진 보상을 상당히 끌어올

린다는 것을 보여주었다. 접속은 2015년 5월 27일. http://papers.ssrn.com/sol3/Papers.cfm?abstract_id=2500054.

4. W. Braddock Hickman, 《Corporate Bond Quality and Investor Experience》(프린스턴: National Bureau of Economic Research and Princeton University Press, 1958). Table 1은 p. 10에 있다.

5. George Anders와 Constance Mitchell, "Junk King's Legacy: Milken Sales Pitch on HighYield Bonds Is Contradicted by Data," 〈Wall Street Journal〉, 1990년 11월 20일, p. A1.

6. Lindley B. Richert, "One Man's Junk Is Another's Bonanza in the Bond Market," 〈Wall Street Journal〉, 1975년 3월 27일.

7. John Locke, 《An Essay Concerning Human Understanding》 개정30판(런던: William Tegg, 1849). "우리가 스스로에게 흔히 부여하는, 말을 곧이곧대로 받아들이는 오류로부터 나 자신을 꺼내기 위해 나는 있는 힘껏 노력한다."(p. 104).

8. Gary Smith, 《Standard Deviations: Flawed Assumptions, Tortured Data, and Other Ways to Lie with Statistics》(뉴욕: Duckworth Overlook, 2014).

9. Jesse Kornbluth, 《Highly Confident: The Crime and Punishment of Michael Milken》(뉴욕: William Morrow, 1992), p. 45.

10. Hickman, 《Corporate Bond Quality and Investor Experience》, p. 10.

11. Jeremy J. Siegel과 Richard H. Thaler, "Anomalies: The Equity Premium Puzzle," 〈Journal of Economic Perspectives〉 11, no. 1(1997년 겨울): 191.

12. 미국연방예금보험공사(FDIC) 외 v. 마이클 밀컨 외 법정 소송(1991). 뉴욕남부지법(1월 18일). Amended Complaint Class Action, Civ. No. 910433(MP), pp. 70-71.

13. James B. Stewart, 《Den of Thieves》(뉴욕: Simon and Schuster, 1992), pp. 521-22. Benjamin Stein, 《A License to Steal: The Untold Story of Michael Milken and the Conspiracy to Bilk the Nation》(뉴욕: Simon and Schuster, 1992).

14. Kornbluth, 《Highly Confident》, p. 64. 나중에 드렉셀은 RJR 나비스코 인수 과정에서 몇 시간 만에 50억 달러를 조달하기도 했다. Burrough와 Helyar, 《Barbarians at the Gate》 킨들 위치 10069-72 참조.

15. FDIC v. 밀컨 재판, pp. 146-47.

16. 위와 같음, pp. 149-50.

17.   Stein, 《A License to Steal》, pp. 89-92.

18.   키팅의 형사 재판은 그가 4년 반의 수감 생활을 마치고 다른 죄를 고백한 후 항
        소되었다. Robert D. McFadden, "Charles Keating, 90, Key Figures in '
        80s Savings and Loan Crisis, Dies," 〈New York Times〉, 2014년 4월 2일.
        접속은 2015년 5월 27일. http://www.nytimes.com/2014/04/02/business/
        charleskeatingkeyfiguresinthe1980ssavingsandloancrisisdiesat90.
        html?_r=0. 스피겔은 여러 건의 혐의로 기소되었지만 7주간의 재판이 끝난 후
        무죄로 판결이 났다. Thomas S. Mulligan, "Spiegel Found Not Guilty of
        Looting S&L," 〈Los Angeles Times〉, 1994년 12월 13일. 접속은 2015년 5
        월 1일. http://articles.latimes.com/19941213/news/mn8437_1_thomas-
        spiegel. 카도 검찰 조사를 받았지만 기소되지는 않았다. Scot J. Paltrow,
        "Executive Life Seizure: The Costly Comeuppance of Fred Carr," 〈Los
        Angeles Times〉, 1991년 4월 12일. 접속은 2015년 5월 1일. http://articles.
        latimes.com/19910412/business/fi342_1_executivelife.

19.   이 문제에 대해서는 Sanford J. Grossman과 Oliver D. Hart의 "Takeover
        Bids, the FreeRider Problem, and the Theory of the Corporation," 〈Bell
        Journal of Economics〉 11, no. 1 (1980): 42-64에 설명이 나온다.

20.   Connie Bruck, 《The Predator's Ball: The Inside Story of Drexel
        Burnham and the Rise of the Junk Bond Raiders》(뉴:, Penguin Books,
        1989), pp. 193-240. Robert J. Cole, "Pantry Pride Revlon Bid Raised by
        $1.74 a Share," 〈New York Times〉, 1985년 10월 19일. 접속은 2015년 3월 17
        일. http://www.nytimes.com/1985/10/19/business/pantrypriderevlon-
        bidraisedby1.75ashare.html.

21.   Paul Asquith, David W. Mullins Jr., Eric D. Wolff, "Original Issue High
        Yield Bonds: Aging Analyses of Defaults, Exchanges and Calls," 〈Journal
        of Finance〉 44, no. 4 (1989): 924.

22.   Bruck, 《The Predator's Ball》, p. 76.

23.   Asquith, Mullins, Wolff, "Original Issue High Yield Bonds," p. 929, table
        2: 오른쪽 열의 첫 네 개 수치에 대한 가중평균.

24.   위와 같음. 1977년부터 1980년까지 부도가 난 신규발행 채권의 성공적인 교환
        매수 건수를 1977~1980년 신규발행 건수로 나눈 수치(table 1의 155, p. 928).

25.   Bruck, 《The Predator's Ball》, p. 10.

26.   Stewart, 《Den of Thieves》, p. 243.

27.   Kurt Eichenwald, "Wages Even Wall St. Can't Stomach," 〈New York

Times〉(1989년 4월 3일)는 밀컨이 미국 역사상 최고액의 보상을 받았다고 단언했다.

28. Michael C. Jensen, "Takeovers: Their Causes and Consequences," 〈Journal of Economic Perspectives〉 2, no. 1 (1988년 겨울): 21-48.

29. 이런 동전의 이면에 대해서는 Andrei Shleifer와 Lawrence H. Summers의 《Corporate Takeovers: Causes and Consequences》의 "Breach of Trust in Hostile Takovers"에서 주장된 바 있다. Alan J. Auerbach 편집(시카고: University of Chicago Press, 1988), pp. 33-68.

30. Brian Hindo와 Moira Herbst, "Personal Best Timeline, 1986: 'Greed is Good,'" 〈Business Week〉. http://www.bloomberg.com/ss/06/08/personalbest_timeline/source/7.html.

31. Bruck, 《The Predator's Ball》, p. 320.

32. 같은 책.

33. FDIC v. 밀컨, pp. 70-71.

34. Alison Leigh Cowan, "F.D.I.C Backs Deal by Milken," 〈New York Times〉, 1992년 3월 10일.

35. Thomas Piketty, 《Capital in the TwentyFirst Century》(케임브리지, MA: Harvard University Press, 2014), p. 291, fig. 8.5와 p. 292, fig. 8.6.

36. Andrei Shleifer와 Robert W. Vishny, "The Takeover Wave of the 1980s," 〈Science〉 249, no. 4970 (1990): 745-49.

11장 저항의 영웅들

1. 2013년 수치에 대해서는 세계은행의 "Life Expectancy at Birth, Male(Years)"와 "Life Expectancy at Birth, Female(Years)" 참조. 접속은 2015년 3월 29일. http://data.worldbank.org/indicator/SP.DYN.LE00.MA.IN/countries. http://data.worldbank.org/indicator/SP.DYN.LE00.FE.IN/countries.

2. Ralph Nader, 《Unsafe at Any Speed: The DesignedIn Dangers of the American Automobile》(뉴욕: Grossman, 1965).

3. Jad Mouawad와 Christopher Drew, "Airline Industry at Its Safest since the Dawn of the Jet Age," 〈New York Times〉, 2013년 2월 11일. http://

www.nytimes.com/2013/02/12/business/2012wasthesafestyearfor-
airlinesgloballysince1945.html?pagewanted=all&_r=0.

4. 미국 식품의약청, "About FDA: Commissioner's Page. Harvey Washington
Wiley, MD," http://www.fda.gov/AboutFDA/CommissionersPage/
ucm113692.htm. 와일리는 자신의 자서전에서는 이 연구소를 임페리얼 식품연
구소가 아니라 임페리얼 건강연구소(Imperial Health Laboratory)라고 칭했
다. Harvey W. Wiley, 《An Autobiography》(인디애나폴리스: BobbsMerrill,
1930), p. 150.

5. Stuart Chase와 Frederick J. Schlink, 《Your Money's Worth: A Study of
the Waste of the Consumer's Dollar》(뉴욕: Macmillan, 1927), pp. 4-5.

6. 같은 책.

7. 미국 농무부 산하 Grain Inspection, Packing, and Stockyard
Administration, "Subpart M—United States Standards for Wheat," 접속
은 2015년 5월 1일. http://www.gipsa.usda.gov/fgis/standards/810wheat.
pdf.

8. 앤서니 굿맨(Anthony Goodeman)의 GIPSA 인터뷰, 2015년 1월. Grain
Inspection, Packing, and Stockyard Administration, "Explanatory
Notes," table 5, "Inspection and Weighing Program Overview," pp.
20-33. 접속은 2015년 5월 1일. http://www.obpa.usda.gov/exnotes/
FY2014/20gipsa2014notes.pdf. 곡물 검사량에 대해서는 표에 제시된 수치가
조금 모호한데, 수출품과 같은 일부 곡물은 검사가 두 번 행해지기도 하기 때문
이다.

9. 앤서니 굿맨의 GIPSA 인터뷰.

10. 미국 농무부 산하 Farm Service Administration, "Commodity Operations:
United States Warehouse Act," 접속은 2015년 3월 14일. http://sss.
fsa.usda.gov/FSA/webapp?area=home&subject=coop&topic=was-
ua. 〈Kansas Statutes Annotated〉(2009), chap. 34, "Grain and Forage,"
article 2, "Inspecting, Sampling, Storing, Weighing and Grading Grain;
Terminal and Local Warehouses, 34228: Warehouseman's License;
Application; Financial Statement; Waiver; Qualifications; License Fee;
Examination of Warehouse," 접속은 2015년 5월 1일. http://las.justia.com/
codes/kansas/2011/Chapter34/Article2/34228.html.

11. Underwriters Laboratories, "Our History"와 "What We Do," 접속은 2013
년 3월 3일. http://ul.com/aboutul/history. http://ul.com/aboutul/what-

wedo/.

12.   American National Standards Institute, "About ANSI"와 "ANSI: Historical Overview," 접속은 2015년 3월 14일. http://www.ansi.org/about_ansi/ overview/overview.aspx?menuid=1. http://www.ansi.org/about_ansi/ introduction/history.aspx?menuid=1.

13.   Lawrence B. Glickman, 《Buying Power: A History of Consumer Activism in America》(시카고: University of Chicago Press, 2009), p. 195.

14.   같은 책, p. 212.

15.   Gwendolyn Bounds, "Meet the Sticklers: New Demands Test Consumer Reports," 〈Wall Street Journal〉 2010년 5월 5일. 접속은 2015년 3월 14일. http://www.wsj.com/articles/SB1000142405274870386670457522409300 17379202#mod=today_us_personal_journal. 전자 구독자까지 포함해 구독 자 수는 730만이다.

16.   Consumer Federation of America, "Membership," 접속은 2015년 3월 14 일. http://www.consumerfed.org/aboutcfa/membership.

17.   Glickman, 《Buying Power》, pp. 31-32와 이어지는 내용, p. 69와 이어지는 내용.

18.   Florence Kelley, 《Notes of Sixty Years: The Autobiography of Florence Kelley》 Kathryn Kish Sklar 편집(시카고: Illinois Labor History Society, 1986).

19.   Glickman, 《Buying Power》, pp. 182-83.

20.   National Consumer League, "Our Issues: Outrage! End Child Labor in American Tobacco Fields," 2014년 11월 14일, 접속은 2015년 3월 15일. http://www.nclnet.org/outrage_end_child_labor_in_american_tobacco_ fields.

21.   〈The Guardians, or Society for the Protection of Trade against Swindlers and Sharpers〉(런던으로 추정, 1776). https://library.villanova. edu/Find/Record/1027765.

22.   David Owen, "The Pay Problem," 〈New Yorker〉, 2009년 10월 12일. 접속 은 2015년 3월 12일. http://www.newyorker.com/magazine/2009/10/12/ thepayproblem. David A. Skeel Jr., "Shaming in Corporate Law," 〈University of Pennsylvania Law Review〉 149, no. 6 (2001년 6월): 1811-68.

23.   Skeel, "Shaming in Corporate Law," p. 1812.

24. National Association of Realtors, "Code of Ethics," 접속은 2015년 3월 15
일. http://www.realtors.org/governance/governing. 16과 1/4쪽은 워드 문
서로 출력해서 나온 분량이다.

25. M. H. Hoeflich, "Laidlaw v. Organ, Gulian C. Verplanck, and the Shaping
of Early Nineteenth Century Contract Law: A Tale of a Case and a
Commentary," 〈University of Illinois Las Review〉 (1991년 겨울): 55-66.
동 사건에 대해서는 Laidlaw v. Organ, 15 U.S. 178, 4 L. Ed. 214, 1817 U.S.
LEXIS 396 (대법원 1817)도 참조.

26. 이 해석은 허플리치의 미묘한 해석을 따른 것이다. 그의 해석은 이렇다. "당시
배심원단에서 영향력이 큰 버플랭크는 마셜 재판장이 도덕성을 법에 적용하지
못한 것이 아니라, 그보다는 사실을 오해했으며 또한 사실 및 법과 관련해 은폐
가 어느 정도나 사기의 바탕이 되는지 이해하지 못한 것이라고 믿었다. 따라서
협상 수행에 반대하는 판매자가 양심이 없을 경우 은폐는 부정직하고 사기적인
행위가 되는 것이다."(Hoeflich, "Laidlaw v. Organ," p. 62). 오건의 소송에서
는 사기죄가 성립되지 않을 수도 있는 일이었다. 마셜 재판장의 판결문에서 사
기죄의 성립 여부는 "거래 쌍방은 상대에게 무언가를 강제로 부과하는 말을 하
지 않도록 주의를 기울여야 한다"는 문구에서 엿볼 수 있다(Laidlaw v. Organ).

27. Sally H. Clarke, "Unmanageable Risks: MacPherson b. Buick and the
Emergence of a Mass Consumer Market," 〈Law and History Review〉 23,
no. 1 (2005): 1.

28. 위와 같음, p. 2.

29. MacPherson v. Buick Motor Co., New York Court of Appeals. 접속
은 2015년 3월 15일. http://www.courts.state.ny.us/reporter/archives/
macpherson_buick.htm.

30. US Legal Inc., "U.S. Commercial Code," 접속은 2015년 3월 15일. http://
uniformcommercialcode.uslegal.com/.

31. 위와 같음.

32. LawInfo, "Legal Resource Library: What Is the U.C.C.?" 접속은 2015년 3월
15일. http://resources.lawinfo.com/businesslaw/uniformcommercial-
code/doesarticle2treatmerchantsthesameasno.html.

33. DealBook, "Goldman Settles with S.E.C. for $550 Million," 〈New York
Times〉, 2010년 7월 15일.

34. Knowledge@Wharton, "Goldman Sachs and Abacus 2007AC1: A Look
beyond the Numbers," 2010년 4월 28일. 접속은 2015년 3월 15일. http://

knowledge.wharton.upenn.edu/article/goldmansachsandabacus2007-ac1alookbeyondthenumbers/.

35. 위와 같음.

36. 미국 증권거래위원회, "Goldman Sachs to Pay Record $550 Million to Settle SEC Charges Related to Subprime Mortgage CDO," 2010년 7월 15 일. 접속은 2015년 3월 15일. http://www.sec.gov/news/press/2010/2010-123.htm.

37. Christine Harper, "Goldman's Tourre EMail Describes 'Frankenstein's Derivatives," Bloomberg Business, 2010년 4월 25일. 접속은 2015년 3월 15 일. http://www.bloomberg.com/news/articles/20100424/frankenstein-derivativesdescribedinemailbygoldmansfabricetourre.

38. Justin Baer, Chad Bray, Jean Eaglesham, "'Fab' Trader Liable in Fraud: Jury Finds ExGoldman Employee Tourre Misled Investors in Mortgage Security," 〈Wall Street Journal〉 2013년 8월 2일. 접속은 2015년 3월 15일. http://www.wsj.com/articles/SB10001424127887323681904578641843284450004.

39. Nate Raymond와 Jonathan Stempel, "Big Fine Imposed on ExGoldman Trader Tourre in SEC Case," Reuters, 2014년 3월 12일. 접속은 2015년 3월 15일. http://www.reuters.com/article/2014/03/12/usgoldmansachssec-tourreidUSBREA2B11220140312.

40. Karen Freifeld, "Fraud Claims Versus Goldman over Abacus CDO Are Dismissed," Reuters, 2013년 5월 14일, 접속은 2015년 3월 15일. http://www.reuters.com/article/2013/05/14/usgoldmanabacus-idUSBRE94D10120130514.

41. Joshua Bernhardt, 《Interstate Commerce Commission: Its History, Activities and Organization》(볼티모어: John Hopkins University Press, 1923).

42. Christine BauerRamazani, BU113: Critical Thinking and Communication in Business, "Major U.S. Regulatory Agencies," 접속은 2015년 3월 15일. http://academics.smcvt.edu/cbauerramazani/BU113/fed_agencies.htm.

43. Marver H. Bernstein, 《Regulating Business by Independent Commission》(프린스턴: Princeton University Press, 1955).

44. George J. Stigler, "The Theory of Economic Regulation," 〈Bell Journal of Economics and Management Science〉 2, no. 1 (1971): 3. Richard A.

Posner, "Theories of Economic Regulation," 〈Bell Journal of Economics and Management Science〉 5, no. 2 (1974): 335.

45. "대체적으로 규제는 해당 산업에 획득되며 또한 주로 해당 산업의 이익을 위해 설계되고 작동된다는 것이 이 논문의 중심 주제이다. 해당 산업에 대한 규제가 그 산업에 굉장히 부담이 되는 순효과를 발휘하는 경우가 있기는 한데, 단순한 예는 해당 산업의 제품(위스키, 도박용 카드 등)에 차별적으로 매겨지는 중과세이다. 하지만 산업에 짐을 지우는 규제는 예외적인 것이며, 또한 이것은 산업에 유리한 (우리는 그것을 '획득되는(aqcuired)'이라고 칭한다) 규제를 설명하는 이론으로도 해석이 가능하다." Stigler, "The Theory of Economic Regulation," p. 3.

46. Daniel Carpenter와 David A. Moss, "Introduction," pp. 5-8, Carpenter와 Moss가 공동으로 편집한《Preventing Regulatory Capture: Special Interest Influence and How to Limit It》(뉴욕: Cambridge University Press/The Tobin Project, 2014)에 나온 Carpenter, "Detecting and Measuring Capture," pp. 57-70도 참조.

47. Carpenter와 Moss, "Introduction," p. 9.

48. 위와 같음, p. 5. 카펜터와 모스는 이렇게 적고 있다. "결정적 문제는 존재하는 규제기관 포획을 완화하거나 방지할 수 있는지의 여부다. 우리는 나타난 증거가 그럴 수 있음을 강하게 입증한다고 믿는다." 방대한 분량의 이 논문집은 탈규제 없이도 여러 가지 방법으로 규제기관 포획을 성공적으로 피한 사례들을 보여준다. "연방정부의 통보와 경고로 이루어지는 국가 공무원의 개입, 규제기관과 연대된 소비자 역량강화 프로그램 창설, 다양하고 독립적인 전문가 양설, 규제기관 내 반대 입장 지지자들을 준비하는 것의 제도화, 감독 기관의 대응 및 '무대응'을 포함한 OIRA의 검토 확대" 등이 이런 방법에 속한다.("Conclusion," p. 453, Carpenter와 Moss, 《Preventing Regulatory Capture》) (OIRA는 미국 하원이 1980년에 창설해 대통령 직속기관으로 편입시킨 정보규제국(Office of Information and Regulatory Affairs)을 가리킨다.) 이 책에 소개된 여러 사례 중 하나는 1991년 창설된 텍사스의 공공보험자문위(Office of Public Insurance Counsel(OPIC))이다. 창립 당시 이 기관은 규제기관이 아니라 (그것은 텍사스 보험부와는 완전히 독립된 별도 기관이었다) 감독기관과 대상 기업의 협상 시 소비자를 대표하는 역할을 맡고 있었다. OPIC는 여러 번이나 규제기관 포획 방지에서 뚜렷한 성공을 거두었는데, 이를테면 제한된 사법적 검토만 가지고 보험관리인이 배상 승낙 여부를 결정할 수 있게 하는 조항의 삽입을 막기 위한 로비에서 성공한 것이나, 소비자로 하여금 구속력 있는 조정 내

용에 동의하도록 의무화하는 법안 제정을 막은 것을 들 수 있다. Carpenter와 Moss, 《Preventing Regulatory Capture》 중 Daniel Schwarcz, "Preventing Capture through Consumer Empowerment Programs: Some Evidence from Insurance Regulation," pp. 365-96도 참조.

49. Benjamin N. Cardozo, "The Altruist in Politics"(졸업식 연설, Columbia University, 1889). https://www.gutenberg.org/files/1341/1341h/1341h. htm.

결론 미국의 새로운 스토리와 그 결과

1. 〈American Journal of Psychiatry〉가 발표한 한 사설 논평에 따르면, 인터넷 중독은 정신질환의 진단 및 통계 매뉴얼에 '포함될 자격이 있는' 질환이라고 소개한다. Jerald J. Block, "Issues for DSMV: Internet Addition," 〈American Journal of Psychiatry〉 165, no. 3 (2008): 306-7. 인터넷 중독에 대한 연구가 가장 활발한 나라는 한국이다. 한국의 고등학생들은 한 주 평균 23시간 게임을 하는 것으로 알려져 있기 때문이다. 한국이 병원 및 치료 센터 등을 통해 인터넷 중독 치료 상담사를 1000여 명 넘게 훈련시켰으며, 학교에도 예방 프로그램을 도입한 것에 주목할 필요가 있다. 중국의 경우는 청소년 인터넷 사용자의 13.7퍼센트가 '인터넷 중독 진단 기준'에 부합되는 것으로 추정된다.

2. 한 예로, Richard Hofstadter, 《The Age of Reform: From Bryan to FDR》 (뉴욕: Random House, 1955) 참조. 뉴딜 기간에 대해서는 William E. Leuchtenburg, 《Franklin D. Roosevelt and the New Deal》(뉴욕: Harper and Row, 1963) 참조.

3. David E. Rosenbaum, "The Supreme Court: News Analysis; Presidents May Disagree, but Justices Are Generally Loyal to Them," 〈New York Times〉 1994년 4월 7일. 알려진 바로는, 아이젠하워는 얼 워런(Earl Warren) (그리고 윌리엄 J. 브레넌 2세(William J. Brennan Jr.) 대법관 임명을 '가장 큰 실수' 중 하나라고 말했다고 한다.

4. Social Security Perspectives, "President #6: Richard M. Nixon (1969~1974)," 2011년 5월 8일. http://socialsecurityperspectives. blogspot.com/2011/05/president6richardmnixon19691974.html.

5. 브루노 보카라(Bruno Boccara)의 매력적인 최신작은 국가 스토리를 창출하고

정책 목표를 억지하는 데 있어서 정신분석적 힘의 역할을 설명한다. Boccara, 《SocioAnalytic Dialogue: Incorporating Psychosocial Dynamics into Public Policies》(랜햄, MD: Lexington Books, 2014).

6. 1974~2001년까지의 미국 역사를 다룬 Oxford History of the United States 편에서 제임스 T. 패터슨(James T. Patterson)이 적은 내용에 따르면, 레이건 대통령은 "정부는 해결책이 아니라 문제이다"라는 말을 "거듭하고 또 거듭했다." Patterson, 《Restless Giants: The United States from Watergate to Bush v. Gore》(뉴욕: Oxford University Press, 2005), p. 162. 이 주제와 관련해 가장 즐겨 인용되는 말은 1986년 언론총회에서 나온 "가장 끔찍한 영어는 '나는 정부에 속해 있고 도움을 주러 이곳에 왔다'일 것이다"라는 말일지도 모른다. 이 말은 여러 버전으로 응용되었다. Ray Hennessey, "The 15 Ronald Reagan Quotes Every Business Leader Must Know." 접속은 2015년 1월 16일. http://www.entrepreneur.com/article/234547.

7. Elizabeth Warren과 Amelia Warren Tyagi, 《All Your Worth: The Ultimate Lifetime Money Plan》(뉴욕: Simon and Schuster, 2005), p. 26.

8. Stephen Miller, "Income Subject to FICA Payroll Tax Increases in 20150," Society for Human Resource Management, 2014년 10월 23일. 접속은 2015년 1월 16일. http://www.shrm.org/hrdisciplines/compensation/articles/pages/ficasocialsecuritytax2015.aspx.

9. 미국 인구통계국, "Historical Poverty Tables—People," table 3, "Poverty Status, by Age, Race, and Hispanic Origin: 1959 to 2013," 접속은 2014년 12월 1일. http://www.census.gov/hhes/www/poverty/data/historical/people.html.

10. Ke Bin Wu, "Sources of Income for Older Americans, 2012"(워싱턴 DC: AARP Public Policy Institute, 2013년 12월), p. 4.

11. 위와 같음, p. 1.

12. 위와 같음, chapter 4, no. 10.

13. Robert J. Shiller, "LifeCycle Personal Accounts Proposal for Social Security: An Evaluation of President Bush's Proposals," 《Journal of Policy Modeling》 28, no. 4 (2006): 428.

14. 위와 같음, pp. 428-29.

15. 위와 같음. 시뮬레이션 결과는 table 2, p. 438과 뒤에 이어지는 내용에 나온다.

16. 미국 의회예산국, "Long Term Analysis of a Budget Proposal by Chairman Ryan," 2011년 4월 5일, pp. 2-4. 접속은 2014년 12월 1일. http://www.cbo/

gov/publication/22085. 라이언 플랜은 주에 제공하는 정액 교부금으로서의 메디케이드도 제안한다. 메디케이드와 메디케어의 지출 감소를 통해 예산 균형이 이뤄질 뿐 아니라, 이유는 명기할 수 없지만 정부 세수도 증가할 것이라고 말한다. 정책 변화가 세수 증대를 불러올지는 미지수였다. 이 부분에 대해서는 Paul Krugman, "What's in the Ryan Plan?"〈New York Times〉(2012년 8월 16일)과 "The Path to Prosperity" 〈Wikipedia〉 참조. 접속은 2014년 12월 15일. http://en.wikipedia.org/wiki/The_Path_to_Prosperity.

17. 2013 회계연도의 예산은(지속 결의에 따라) 14억 1751만 4천 달러였다. 미국 증권거래위원회, 《FY 2014 Congressional Budget Justification》, p. 16. http://www.sec.gov/about/reports/secfy14congbudgjust/pdf. Budget Report Tables: "FY 2014 Budget Request by Strategic Goal and Program." 2013년 1월에 추정된 금융기관의 총운용 자산은 49조 6천억 달러였다(p. 93).

18. Halah Touryalai, "10 Wall Street Expenses That Make the SEC's Budget Look Pathetic," 〈Forbes〉, 2011년 2월 17일. 접속은 2015년 1월 16일. http://www.forbes.com/fdc/welcome_mjx.shtml. 이 기사는 시티그룹의 마케팅 및 광고비 지출이 SEC 예산보다 많다는 말도 언급한다.

19. Vanguard, "See the Difference LowCost Mutual Funds Can Make," 접속은 2015년 1월 7일. https://investor.vanguard.com/mutualfunds/lowcost.

20. Edward Wyatt, "Judge Blocks Citigroup Settlement With S.E.C.," 〈New York Times〉, 2011년 11월 28일. 접속은 2015년 6월 10일. http://www.nytimes.com/2011/11/29/business/judgerejectssecaccordwithciti.html?pagewanted=all.

21. Jed S. Rakoff, "The Financial Crisis: Why Have No HighLevel Executives Been Prosecuted?" 〈New York Review of Books〉, 2014년 1월 9일.

22. Harry Markopolos, 《No One Would Listen: A True Financial Thriller》(호보컨, NJ: Wiley, 2010), 킨들 위치는 587.

23. 이것은 (행사가격 아래로 옵션 가격이 내려가면 주식을 매도할 수 있는 권리인) 풋옵션을 구입해 손실을 보전하고, (행사가격 위로 옵션 가격이 올라가면 주식을 매입할 수 있는 권리인) 콜옵션을 매도해 풋옵션 비용을 치른다는 뜻이었다.

24. Markopolos, 《No One Would Listen》, 킨들 위치는 850-52.

25. David Kotz, 〈Investigation of Failure of the SEC to Uncover Bernard Madoff's Ponzi Scheme〉, Report of Investigation Case No. OIG509, 미국 증권거래위원회 산하 Office of Inspector General (2011), pp. 61-77, 접속

은 2015년 5월 29일. https://www.sec.gov/news/studies/2009/oig509.pdf.

26. James B. Stewart, "How They Failed to Catch Madoff," 〈Fortune〉, 2011
     년 5월 10일. 접속은 2015년 5월 2일. http://fortune.com/2011/05/10/how-
     theyfailedtocatchmadoff/.

27. Kotz, 〈Investigation of Failure of the SEC to Uncover Bernard Madoff's
     Ponzi Scheme〉, p. 249.

28. 위와 같음, p. 247.

29. 위와 같음, p. 250. 마코폴로스는 이 자리에서 나눈 대화를 자신의 관점에서 생
     생히 묘사한다. 《No One Would Listen》, 킨들 위치는 2585와 뒤에 이어지는
     부분. 이 주제에 대한 수의 증언은 Kotz, 〈Investigation of Failure of the SEC
     to Uncover Bernard Madoff's Ponzi Scheme〉 p. 251도 참조.

30. Lorena Mongelli, "The SEC Watchdog Who Missed Madoff," 〈New York
     Post〉, 2009년 1월 7일.

31. Jeffrey Toobin, "Annals of Law: Money UnLimited: How Chief Justice
     John Roberts Orchestrated the Citizens United Decision," 〈New Yorker〉
     2012년 5월 12일.

32. 코넬대학 법과대학원 산하 Legal Information Institute, "Citizens United v.
     Federal Election Commission 08205)," 접속은 2015년 1월 16일. http://
     www.law.cornell.edu/supct/cert/08205. Toobin, "Annals of Law"도 참조.

33. Toobin, "Annals of Law." Oyez, "Citizens United v. Federal Election
     Commission," 접속은 2005년 3월 18일. http://www.oyes.org/
     cases/20002009/2008/2008_08_205.

34. Citizens United v. Federal Election Comm'n, 130 S. Ct. 876, 558 US. 370,
     175 L. Ed. 2d 753 (2010).

35. 위와 같음.

36. Legal Institute, "Citizens United v. Federal Election Comm'n (No. 08-
     205)," 접속은 2015년 6월 10일. http://www.law.cornell.edu/supct/
     html/08205.ZX.html.

37. 위와 같음.

38. Lawrence Lessig, 《Republic Lost: How Money Corrupts Congress—And
     a Plan to Stop It》(뉴욕: Hachette Book Group, 2011), p. 266.

39. 같은 책, p. 268.

1. 이런 '전통적 지혜'를 받아들이지 않는 사람도 적지만 있기는 하다. 여기에 대
    한 두 권의 위대한 고전은 Thorstein Veblen, 《The Theory of the Leisure
    Class: An Economic Study of the Evolution of Institutions》(뉴욕:
    Macmillan, 1899)와 John Kenneth Galbraith, 《The Affluent Society》(보
    스턴: Houghton Mifflin, 1958)이다. 훨씬 최근에는 한 기사에서 Jon Hanson
    과 Douglas Kysar는 경제적 합리성을(특히 행동경제학에서 묘사되는) 출발
    선으로 삼는 것이 '조작'을 부르는 초대장이 될 수 있다고 적었다. 두 사람은 법
    적 함의를 설명하고, 담배 산업에서 조작의 함의를 자세히 설명한다. Hanson
    과 Kysar, "Taking Behavioralism Seriously: The Problem of Market
    Manipulation," 〈New York University Law Review〉 74, no. 3 (1999년 6
    월): 630-749 및 "Taking Behavioralism Seriously: Some Evidence of
    Market Manipulation," 〈Harvard Law Review〉 112, no. 7 (1999년 5월):
    1420-1572.

2. Dirk J. Bezemer, "'No One Saw This Coming': Understanding Financial
    Crisis through Accounting Models," 〈Munich Personal RePEc Archive
    Paper〉 15892 (2009년 6월): 9, table 1은 2008년 금융위기를 예견한 사람
    들의 목록을 보여준다. http://mpra.ub.unimuenchen.de/15892/1/MPRA_
    paper-15892.pdf. 안타깝지만 말로 하는 예견이나 부정확한 예견을 판단하기
    는 어려운 일이며, 예견의 내용 역시 이유도 천차만별로 달랐고 위기로 예상되
    는 시기도 다 달랐다. 우리 두 저자 중 하나는 2005년에 이런 글을 쓰기도 했다.
    "나쁜 결과라면, (주식시장과 주택시장의 붐이 끝나고) 불가피하게 다가올 가격
    하락으로 인해 개인 부도율이 상당히 올라가고 이것이 간접적 여파를 미쳐 금융
    기관도 부도율이 올라갈지도 모른다는 점이다. 또 다른 장기적 결과로는, 소비
    자와 기업 신뢰도의 하락과 더 나아가 세계 전체 경제의 침체가 올 수도 있다."
    (p. xiii) "게다가 시장 호황 시에는 노골적으로 대중을 기만하기 위한 활동이 벌
    어진다. 다시 말해 많은 사람이 일반 투자자의 사고 오류를 고의적으로 이용하
    려는 시도가 벌어진다. 이런 기만이 성공하려면 대개는 법을 위반해야 한다. 그
    러나 느려터진 사법 절차를 감안하면 사기 행각의 주범들은 사기를 저질러도
    몇 년 동안은 처벌을 받지 않을 수 있다. 이것이 투기성 거품의 일부 진행 과정
    이다."(p. 76). Robert J. Shiller, 《Irrational Exuberance》개정2판(프린스턴:
    Princeton University Press. 2005).

3. 현재 구글 스칼러에서는 분야별 분류가 허용되지 않는다. 그러나 우리는

'economics'나 'finance' 중 한 단어를 포함하는 기사 목록을 도표화할 수 있었다. 그 개수는 2014년 12월 15일 PM 12:22(동부표준시) 기준으로 227만 개였다. 개중에는 복사본도 상당수 포함돼 있을 것이다. 어쨌거나 이 수치는 구글 스칼러가 'economics'나 'finance' 중 한 분야를 선택하는 것을 허용했을 때 조지가 검색해서 나온 문서의 숫자라고 기억하는 것과 어느 정도 일치한다.

4.   Siddhartha Mukherjee, 《The Emperor of All Maladies: A Biography of Cancer》(뉴욕: Simon and Schuster, 2011).

5.   Richard M. Nixon 대통령의 "Remarks on Signing of the National Cancer Act of 1971"에서 가져온 인용문. 1971년 12월 23일, The American Presidency Project. 접속은 2015년 1월 17일. http://www.presidency.uscb.edu/ws/?pid=3275.

6.   Mukherjee, 《The Emperor of All Maladies》, pp. 173-77.

7.   Stefano DellaVigna와 Ulrike Malmendier, "Contract Design and Self-Control: Theory and Evidence," 〈Quarterly Journal of Economics〉 119, no. 2 (2004년 5월), p. 354.

8.   Xavier Gabaix와 David Laibson, "Shrouded Attributes, Consumer Myopia, and Information Suppression in Competitive Markets," 〈Quarterly Journal of Economics〉 121, no. 2 (May 2006): 505-40.

9.   Robert E. Hall, "The Inkjet Aftermarket: An Economic Analysis" (Nukote International을 대신해 작성, Stanford University, 1997년 8월 8일), p. 2. 본문의 수치는 신형 프린터 판매액과 잉크 카트리지 판매액를 대략적으로 비교한 비율이다.

10.   Gabaix와 Laibson, "Shrouded Attributes, Consumer Myopia, and Information Suppression in Competitive Markets," p. 506, Hall 인용.

11.   Hall, "The Inkjet Aftermarket," pp. 21-22. Gabaix와 Laibson, "Shrouded Attributes, Consumer Myopia, and Information Suppression in Competitive Markets," p. 507.

12.   Gabaix와 Laibson이 나중에 Sumit Agarwal과 John C. Driscoll과 공동으로 작성한 논문은 연령대별 재무능력의 차이를 검토한다. 젊은 세대는 경험 미숙으로 재무능력이 떨어졌고, 나이든 세대는 필요 능력 상실로 인해 재무능력이 떨어지는 것으로 나타났다. 그 사이에 '이성 세대(age of reason)'가 존재하지만, 이 세대는 당연히 이 논문의 주요 논지가 아니다. 결국 사람마다 정도의 차이가 있기는 하지만 연령대에 상관없이 우리 모두는 우리를 이용하려는 사람들의 먹이가 되기 쉽다는 것이 논문의 논지이다. 이것은 자유경쟁시장의 일반

적 문제지만, 네 필자는 특히나 노인 세대에게는 더욱 심각한 문제라고 지적한 다. Agarwal, Driscoll, Gabaix, Laibson, "The Age of Reason: Financial Decisions over the Life Cycle and Implications for Regulation," ⟨Brookings Papers on Economic Activity⟩(2009년 가을): 51-101.

13. 두 살 배기 아이의 부모라면 공감하겠지만, 라이트닝이 말을 할 수 있다면 맛에 대한 정보가 감춰지는 일도 더는 없을 것이다.

14. Robert J. Shiller, "Do Stock Prices Move Too Much to Be Justified by Subsequent Changes in Dividends?" ⟨American Economic Review⟩ 71, no. 3 (1981년 6월): 421-36. John Y. Campbell과 Robert J. Shiller, "Cointegration and Tests of Present Value Models," ⟨Journal of Political Economy⟩ 95, no. 5 (1987년 10월): 1062-88.

15. J. Bradford De Long, Andrei Shleifer, Lawrence H. Summers, Robert J. Waldmann, "Noise Trader Risk in Financial Markets," ⟨Journal of Political Economy⟩ 98, no. 4 (1990년 8월): 703-38.

16. 이 두 종류의 금융 거래자에 대한 다른 식의 해석에서는, 정보를 갖추지 못한 거래자는 가끔씩 예상 못한 긴급 유동성이 필요해 미래의 기대수익률과 상관없이 주식을 팔아야 하는 사람들로 대신해서 설명된다. 정보를 갖추지 못하고 더 심하게는 비이성적 거래자가 존재할 수 있다는 개념을 잘 받아들이지 못하는 금융 경제학자에게는 이런 해석이 문제 풀이의 한 방식이다.

17. De Long, Shleifer, Summers, Waldmann, "Noise Trader Risk in Financial Markets."

18. J. Bradford De Long, Andrei Shleifer, Lawrence H. Summers, Robert J. Waldmann, "The Size and Incidence of the Losses from Noise Trading" 의 공식 21과 25 참조, ⟨Journal of Finance⟩ 44, no. 3 (1989): 688과 690.

19. Gabaix와 Laibson, "Shrouded Attributes, Consumer Myopia, and Information Suppression in Competitive Markets," p. 514.

20. 널리 사용되는 교과서를 저술했으며 2차 대전 이후 전통경제학의 기풍을 다진 폴 새뮤얼슨(Paul Samuelson) MIT 교수는 '현시선호'가 소비 이론의 핵심에 자리한다고 여겼다. 현시선호에서 이끌어낸 공식에 대해 새뮤얼슨은 이렇게 적었다. "이 결과의 중요성은 아무리 강조해도 지나치지 않다. 이 단순한 공식에 는 순수한 소비자 선택 이론에 대한 유의미한 경험적 함의가 거의 모두 담겨 있다." Samuelson, ⟨Foundations of Economic Analysis⟩(케임브리지, MA: Harvard University Press, 1947), p. 111. 이 주장의 근간이 된 학술지 논문은 Samuelson, "Consumption Theory in Terms of Revealed Preference,"

⟨Economica⟩, n.s., 15, no. 60 (1948년 11월): 243-53 참조. 말할 필요도 없겠지만, '현시'된 것은 소비자의 어깨에 올라탄 원숭이의 선호이다.

참고문헌

"200 West Street." 〈Wikipedia〉. Accessed October 22, 2014. http://en.wikipedia.org/wiki/200_West_Street.

Abramson, John. 《Overdosed America: The Broken Promise of American Medicine》. 3rd ed. New York: Harper Perennial, 2008.

Adrian, Tobias, and Hyun Song Shin. "iquidity and Leverage." 〈Journal of Financial Intermediation〉 19, no. 3 (July 2010): 418-37.

Agarwal, Sumit, John C. Driscoll, Xavier Gabaix, and David Laibson. "The Age of Reason: Financial Decisions over the Life Cycle and Implications for Regulation." 〈Brookings Papers on Economic Activity〉 (Fall 2009): 51-101.

Akerlof, George A., and Rachel E. Kranton. "Economics and Identity." 〈Quarterly Journal of Economics〉 115, no. 3 (August 2000): 715-53.

———. 《Identity Economics: How Our Identities Shape Our Work, Wages, and WellBeing》. Princeton: Princeton University Press, 2010.

Akerlof, George A., and Paul M. Romer. "Looting: The Economic Underworld of Bankruptcy for Profit." 〈Brookings Papers on Economic Activity〉 2 (1993): 1-73.

Akerlof, George A., and Robert J. Shiller. 《Animal Spirits: How Human Psychology Drives the Economy, and Why It Matters for Global Capitalism》. Princeton: Princeton University Press, 2009.

Alessi, Christopher,, Roya Wolverson, and Mohammed Aly Sergie. "The Credit

Rating Controversy." Council on Foreign Relations, Backgrounder. Updated October 22, 2013. Accessed November 8, 2014. http://www. cfr.org/financialcrises/creditratingcontroversy/p22328.

Alexander, Raquel Meyer, Stephen W. Mazza, and Susan Scholz. "Measuring Rates of Return for Lobbying Expenditures: An Empirical Case Study of Tax Breaks for Multinational Corporations." 〈Journal of Law and Politics〉 25, no. 401 (2009): 401-57.

American National Standards Institute. "About ANSI" and "ANSI: Historical Overview." Accessed March 14, 2015. http://www.ansi.org/about_ansi/overview/overview.aspx?menuid=1 and http://www.ansi.org/about_ansi/introduction/history.aspx?menuid=1.

American Psychological Association. "Stress in America: Paying with Our Health." February 4, 2015. Last accessed March 29, 2015. http://www. apa.org/news/press/releases/stress/2014/stressreport.pdf.

Anders, George, and Constance Mitchell. "Junk King's Legacy: Milken Sales Pitch on HighYield Bonds Is Contradicted by Data." 〈Wall Street Journal〉, November 20, 1990.

Annear, Steve. "The 'Pavlov Poke' Shocks People Who Spend Too Much Time on Facebook: It's Meant to Condition Social Media 'Addicts' to Step Away from the Screen and Enjoy the Real World." 〈Boston Daily〉, August 23, 2013. Accessed November 26, 2014. http://www. bostonmagazine.com/news/blog/2013/08/23/pavlovpokeshocks-peoplewhospendtoomuchtimeonfacebook/.

Ansolabehere, Stephen, John M. de Figueiredo, and James M. Snyder. "Why Is There So Little Money in U.S. Politics?" 〈Journal of Economic Perspectives〉 17, no. 1 (Winter 2003): 105-30.

Arrow, Kenneth J., and Gerard Debreu. "Existence of an Equilibrium for a Competitive Economy." 〈Econometrica〉 22, no. 3 (July 1954): 265-90.

Arthur, Anthony. 《Radical Innocent: Upton Sinclair》. New York: Random House, 2006. Kindle.

Asquith, Paul, David W. Mullins Jr., and Eric D. Wolff. "Original Issue High Yield Bonds: Aging Analyses of Defaults, Exchanges and Calls." 〈Journal of Finance〉 44, no. 4 (1989): 923-52.

Associated Press. "Timeline of United Airlines' Bankruptcy." 〈USA Today〉

, February 1, 2006. Accessed November 9, 2014. http://usatoday30. usatoday.com/travel/flights/20060201unitedtimeline_x.htm.

Auerbach, Oscar, et al. "Changes in the Bronchial Epithelium in Relation to Smoking and Cancer of the Lung: A Report of Progress." 〈New England Journal of Medicine〉 256, no. 3 (January 17, 1957): 97-104.

Austen, Jane. 〈Pride and Prejudice〉. New York: Modern Library, 1995.

Ayres, Ian. "Fair Driving: Gender and Race Discrimination in Ratail Car Negotiations." 〈Harvard Law Review〉 104, no. 4 (February 1991): 817-72.

Ayres, Ian, and Peter Siegelman. "Race and Gender Discrimination in Bargaining for a New Car." 〈American Economic Review〉 85, no. 3 (June 1995): 304-21.

Babies "R" Us. "Baby Registry: Personal Registry Advisor." Accessed March 20, 2015. http://www.toysrus.com/shop/index.jsp?categoryId=11949069.

*Baer, Justin, Chad Bray, and Jean Eaglesham. "'Fab' Trader Liable in Fraud: Jury Finds ExGoldman Employee Tourre Misled Investors in Mortgage Security." 〈Wall Street Journal〉, August 2, 2013. Accessed March 15, 2015. http://www.wsj.com/articles/SB1000142412788732368 1904578641843284450004.

Ball, Laurence, João Tovar Jalles, and Prakash Loungani. "Do Forecasters Believe in Okun's Law? An Assessment of Unemployment and Output Forecasts." 〈IMF Working Paper〉 14/24 (February 2014).

Bardi, Jason. "Cigarette Pack Health Warning Labels in US Lag behind World: Internal Tobacco Company Documents Reveal Multinational Effort to Block Strong Warnings to Smokers." University of California at San Francisco, November 16, 2012. Accessed December 8, 2014. http:// www.ucsf.edu/news/2012/11/13151/cigarettepackhealthwarning-labelsuslagbehindworld.

Barenstein, Matias F. "Credit Cards and Consumption: An Urge to Splurge?" In "Essays on Household Consumption." PhD diss., University of California, Berkeley, 2004.

BarGill, Oren, and Elizabeth Warren. "Making Credit Safer." 〈University of Pennsylvania Law Review〉 157, no. 1 (November 2008): 1-101.

Barr, Donald R., and E. Todd Sherrill. "Mean and Variance of Truncated

Normal Distributions." 〈American Statistician〉 53, no. 4 (November 1999): 357-61.

BauerRamazani, Christine. BU113: Critical Thinking and Communication in Business, "Major U.S. Regulatory Agencies." Accessed March 15, 2015. http://academics.smcvt.edu/cbauerramazani/BU113/fed_agencies.htm.

Bekelman, Justin E., Yan Li, and Cary P. Gross. "Scope and Impact of Financial Conflicts of Interest in Biomedical Research: A Systematic Review." 〈Journal of the American Medical Association〉 289, no. 4 (January 22, 2003): 454-65.

Beral, Valerie, Emily Banks, Gillian Reeves, and Diana Bull, on behalf of the Million Women Study Collaborators. "Breast Cancer and Hormone-Replacement Therapy in the Million Women Study." Lancet 362, no. 9382 (August 9, 2003): 419-27.

Bernhardt, Joshua. 〈The Interstate Commerce Commission: Its History, Activities and Organization〉. Baltimore: Johns Hopkins University Press, 1923.

Bernheim, B. Douglas, and Antonio Rangel. "Addiction and CueTriggered Decision Processes." 〈American Economic Review〉 94, no. 5 (December 2004): 1558-90.

Bernstein, Marver H. 《Regulating Business by Independent Commission》. Princeton: Princeton University Press, 1955.

Berry, Tim. "On Average, How Much Do Stores Mark Up Products?" December 2, 2008. Accessed October 23, 2014. http://www.entrepreneur.com/answer/221767.

Bertrand, Marianne, Matilde Bombardini, and Francesco Trebbi. "Is It Whom You Know or What You Know? An Empirical Assessment of the Lobbying Process." 〈American Economic Review〉 104, no. 12 (December 2014): 3885-3920.

Bezemer, Dirk J. "'No One Saw This Coming': Understanding Financial Crisis through Accounting Models." 〈Munich Personal RePEc Archive Paper〉 15892 (June 2009). http://mpra.ub.unimuenchen.de/15892/1/MPRA_paper_15892.pdf.

Black, Duncan. "On the Rationale of Group Decisionmaking." 〈Journal of

Political Economy⟩56, no. 1 (February 1948): 23-34.

Blanes i Vidal, Jordi, Mirko Draca, and Christian FonsRosen. "Revolving Door Lobbyists." ⟨American Economic Review⟩ 102, no. 7 (December 2012): 3731-48.

Blinder, Alan S. ⟪After the Music Stopped: The Financial Crisis, the Response, and the Work Ahead⟫. New York: Penguin Press, 2013.

Block, Jerald. "Issues for DSMV: Internet Addiction." ⟨American Journal of Psychiatry⟩ 165, no. 3 (2008): 306-7.

Bloomberg News. "Cuomo Announces Reform Agreements with 3 Credit Rating Agencies." June 2, 2008. http://www.bloomberg.com/apps/ne ws?pid=newsarchive&sid=a1N1TUVbL2bQ.

———. "United Airlines Financial Plan Gains Approval From Creditors." ⟨New York Times⟩, December 31, 2005.

Board of Governors of the Federal Reserve. Current Release, Consumer Credit, table G19, for August 2014, released on October 7, 2014. Accessed November 5, 2014. http://www.federalreserve.gov/releases/ g19/current/.

Boccara, Bruno. ⟪SocioAnalytic Dialogue: Incorporating Psychosocial Dynamics into Public Policies⟫. Lanham, MD: Lexington Books, 2014.

Bokhari, Sheharyar, Walter Torous, and William Wheaton. "Why Did Household Mortgage Leverage Rise From the Mid1980s until the Great Recession?" Massachusetts Institute of Technology, Center for Real Estate, January 2013. Last accessed May 12, 2015. http:// citeseerx.ist.psu.edu/viewdoc/download?doi=10.1.1.269.5704&rep=re p1&type=pdf.

Bombardier, Claire, et al. "Comparison of Upper Gastrointestinal Toxicity of Rofecoxib and Naproxen in Patients with Rheumatoid Arthritis." ⟨New England Journal of Medicine⟩ 343, no. 21 (November 23, 2000): 1520-28.

Bosworth, Steven, Tania Singer, and Dennis J. Snower. "Cooperation, Motivation and Social Balance." Paper presented at the American Economic Association Meeting, Boston, January 3, 2015.

Bounds, Gwendolyn. "Meet the Sticklers: New Demands Test Consumer Reports." ⟨Wall Street Journal⟩, May 5, 2010. Accessed March 14, 2015.

http://www.wsj.com/articles/SB10001424052748703866704575224093
017379202#mod=todays_us_personal_journal.

Boyd, Roddy. 《Fatal Risk: A Cautionary Tale of AIG's Corporate Suicide.
Hoboken》. NJ: Wiley, 2011.

Brandt, Allan M. 《The Cigarette Century: The Rise, Fall, and Deadly
Persistence of the Product That Defined America》. New York: Basic
Books, 2007.

"BRIDES Reveals Trends of Engaged American Couples with American
Wedding Study." July 10, 2014. Accessed December 1, 2014. http://
www.marketwired.com/pressrelease/bridesrevealstrendsofengaged-
americancoupleswithamericanweddingstudy1928460.htm.

Brown, Steve. "Office Market Outlook: Dallas." 〈National Real Estate Investor
News〉, June 1982, p. 46.

———. "City Review: Dallas." 〈National Real Estate Investor News〉, October
1983, p. 127.

———. "City Review: Dallas." 〈National Real Estate Investor News〉, October
1984, pp. 183, 192.

———. "City Review: Dallas." 〈National Real Estate Investor News〉, June
1985, pp. 98–100.

Bruck, Connie. 《The Predators' Ball: The Inside Story of Drexel Burnham
and the Rise of the Junk Bond Raiders》. New York: Penguin Books,
1989.

Brunner, Jerome. 《Acts of Meaning: Four Lectures on Mind and Culture》.
Cambridge, MA: Harvard University Press, 199.

Bureau of Economic Analysis. "Mortgage Interest Paid, Ownerand Tenant-
Occupied Residential Housing." Accessed October 29, 2014. https://
www.google.com/#q=BEA+mortgage+interest+payments+2010.

———. "National Income and Product Accounts." Table 2.3.5, "Personal
Consumption Expenditures by Major Type of Product." Accessed
November 15, 2014. http://www.bea.gov/iTable/iTable.cfm?ReqID=9&
step=1#reqid=9&step=3&isuri=1&904=2010&903=65&906=a&905=201
1&910=x&911=0.

Burrough, Bryan. "RJR Nabisco: An Epilogue." 〈New York Times〉, March 12,
1999. http://www.nytimes.com/1999/03/12/opinion/rjrnabiscoan-

epilogue.html.

Burrrough, Bryan, and John Helyar. 《Barbarians at the Gate: The Fall of RJR Nabisco》. New York: Random House, 2010. Kindle.

Butler, Jeffrey Vincent. "Status and Confidence." In "Essays on Identity and Economics." PhD diss., University of California, Berkeley, 2008.

Calomiris, Charles W. "The Subprime Crisis: What's Old, What's New, and What's Next." Paper prepared for the Federal Reserve Bank of St. Louis Economic Symposium, "Maintaining Stability in a Changing Financial System," Jackson Hole, WY, August 2008.

Campbell, John Y., and Robert J. Shiller. "Cointegration and Tests of Present Value Models." 《Journal of Political Economy》 95, no. 5 (October 1987): 1062–88.

Carbone, Danielle. "The Impact of the DoddFrank Act's CreditRating Agency Reform on Public Companies." 《Corporate and Securities Law Advisor》 24, no. 9 (September 2010): 1–7. http://www.shearman. com/~/media/Files/NewsInsights/Publications/2010/09/TheImpact-oftheDoddFrankActsCreditRatingA_/Files/ViewfullarticleTheImpact-oftheDoddFrankAc_/FileAttachment/CM022211InsightsCarbone.pdf.

Cardozo, Benjamin N. "The Altruist in Politics." Commencement address, Columbia University, 189. https://www.gutenberg.org/files/1341/1341-h/1341-h.htm.

Carpenter, Daniel, and David A. Moss, eds. 《Preventing Regulatory Capture: Special Interest Influence and How to Limit It》. New York: Cambridge University Press/The Tobin Project, 2014.

Center for Responsive Politics. "Lobbying: Top Industries." Last accessed April 30, 2015. https://www.opensecrets.org/lobby/top. php?showYear=1998&indexType=i.

———. "Lobbying Database." Accessed December 1, 2014. https://www. opensecrets.org/lobby/.

———. "Sen. Chuck Grassley." Accessed November 16, 2014. http://www. opensecrets.org/politicians/summary.php?cycle=2004&type=I&cid=n 00001758&newMem=N.

Center for Science in the Public Interest. "Alcohol Policies Project Fact Sheet: Federal Alcohol Tax Basics." Accessed December 13, 2014. http://

www.cspinet.org/booze/taxguide/Excisetaxbasics.pdf.

Centers for Disease Control and Prevention. "Cigarette Smoking in the United States: Current Cigarette Smoking among U.S. Adults 18 Years and Older." Accessed March 28, 2015. http://www.cdc.gov/tobacco/campaign/tips/resources/data/cigarettesmokinginunitedstates.html.

——. "Health, United States, 2013: With Special Feature on Prescription Drugs." Accessed December 1, 2014. http://www.cdc.gov/nchs/data/hus/hus13.pdf.

——. "Smoking and Tobacco Use: Fast Facts." Accessed December 9, 2014. http://www.cdc.gov/tobacco/data_statistics/fact_sheets/fast_facts/.

——. "Smoking and Tobacco Use: TobaccoRelated Mortality." Accessed March 28, 2015. http://www.cdc.gov/tobacco/data_statistics/fact_sheets/health_effects/tabacco_related_mortality/.

——. "Trends in Current Cigarette Smoking among High School Students and Adults, United States, 1965-2011." November 14, 2013. Accessed December 9, 2014. http://www.cdc.gov/tobacco/data_statistics/tables/trends/cig_smoking/.

Chase, Stuart, and Frederick J. Schlink. 《Your Money's Worth: A Study of the Waste of the Consumer's Dollar》. New York: Macmillan, 1927.

Chen, M. Keith, Venkat Lakshminarayanan, and Laurie R. Santos. "How Basic Are Behavioral Biases? Evidence from Capuchin Monkey Trading Behavior." 《Journal of Political Economy》 114, no. 3 (June 2006): 517-37.

Chu, Jenny, Jonathan Faasse, and P. Raghavendra Rau. "Do Compensation Consultants Enable Higher CEO Pay? New Evidence from Recent Disclosure Rule Changes." September 23, 2014. Accessed May 27, 2015. http://papers.ssrn.com/sol3/Papers.cfm?abstract_id=2500054.

Cialdini, Robert B. 《Influence: The Psychology of Persuasion》. New York: HarperCollins, 2007.

"Cinnabon." 《Wikipedia》. Accessed October 22, 2014. http://en.wikipedia.org/wiki/Cinnabon.

Cinnabon, Inc. "The Cinnabon Story." Accessed October 31, 2014. http://www.cinnabon.com/aboutus.aspx.

Clarke, Sally H. "Unmanageable Risks: MacPherson v. Buick and the

Emergence of a Mass Consumer Market." 〈Law and History Review〉 23, no. 1(2005): 1-52.

Clifford, Catherine, and Chris Isidore. "The Fall of IndyMac." Cable News Network, July 13, 2008. Accessed December 1, 2014. http://money.cnn.com/2008/07/12/news/companies/indymac_fdic/.

Coen Structured Advertising Expenditure Dataset. www.galbithink.org/csad-dataset.xls.

Cohan, William D. 《Money and Power: How Goldman Sachs Came to Rule the World》. New York: Doubleday, 2011.

Cole, Robert J. "Pantry Pride Revlon Bid Raised by $1.75 a Share." 〈New York Times〉, October 19, 1985. Accessed March 17, 2015. http://www.nytimes.com/1985/10/19/business/pantrypriderevlonbidraisedby1.75-ashare.html.

Collier, Paul. "The Cultural Foundations of Economic Failure: A Conceptual Toolkit." Mimeo. Oxford University, February 2015.

Congressional Budget Office. "Long Term Analysis of a Budget Proposal by Chairman Ryan." April 5, 2011. Accessed December 1, 2014. http://www.cbo.gov/publication/22085.

Connaughton, Jeff. 《The Payoff: Why Wall Street Always Wins》. Westpost, CT: Prospecta Press, 2012. Kindle.

Consumer Federation of America. "Membership." Accessed March 14, 2015. http://www.consumerfed.org/aboutcfa/membership.

Cook, Philip J. 《Paying the Tab: The Costs and Benefits of Alcohol Control》. Princeton: Princeton University Press, 2007.

Cornell University Law School, Legal Information Institute. "Citizens United v. Federal Election Commission (08-205)." Accessed January 16, 2015. http://www.law.cornell.edu/supct/cert/08205.

Council of Economic Advisors. "Economic Report of the President 2007." Accessed December 1, 2014. http://www.gpo.gov/fdsys/pkg/ERP-2007/pdf/ERP2007.pdf.

———. "Economic Report of the President 2013." Accessed December 1, 2014. http://www.whitehouse.gov/sites/default/files/docs/erp2013/full_2013_economic_report_of_the_president.pdf.

Cowan, Alison Leigh. "F.D.I.C. Backs Deal by Milken." 〈New York Times〉,

March 10, 1992.

Crossley, Michele L. "Introducing Narrative Psychology." In 《Narrative, Memory and Life Transitions》, edited by Christine Horrocks, Kate Milnes, Brian Roberts, and Dave Robinson, pp. 1-13. Huddersfield: University of Huddersfield Press, 2002.

Cruikshank, Jeffrey K., and Arthur W. Schultz. 《The Man Who Sold America》. Boston: Harvard Business Review Press, 2010.

"A Crying Evil." 〈Los Angeles Times〉, February 24, 1899.

Crystal, Graef S. 《In Search of Excess: The Overcompensation of American Executives》. New York: W. W. Norton, 1991.

Curfman, Gregory D., Stephen Morrissey, and Jeffrey M. Drazen. "Expression of Concern: Bombardier et al., 'Comparison of Upper Gastrointestinal Toxicity of Rofecoxib and Naproxen in Patients with Rheumatoid Arthritis,' N Engl J Med 2000;343:1520-8." 〈New England Journal of Medicine〉 353, no. 26(December 29, 2005): 2813-14.

―――. "Expression of Concern Reaffirmed." 〈New England Journal of Medicine〉 354, no. 11 (March 16, 2006): 1190-93.

DealBook. "Goldman Settles with S.E.C. for $550 Million." 〈New York Times〉, July 15, 2010.

De Figueiredo. John M., and Brian S. Silverman. "Academic Earmarks and the Returns to Lobbying." 〈Journal of Law and Economics〉 49, no. 2 (2006): 597-625.

DeForge, Jeanette. "Ballot Question to Revoke Sales Tax on Alcohol Approved by Massachusetts Voters." 〈Republican〉, November 3, 2010. Accessed December 13, 2014. http://www.masslive.com/news/index. ssf/2010/11/ballot_question_to_rovoke_sale.html.

DellaVigna, Stefano. and Ulrike Malmendier. "Contract Design and Self-Control: Theory and Evidence." 〈Quarterly Journal of Economics〉 119, no. 2 (May 2004): 353-402

―――. "Paying NOt to Go to the Gym." 〈American Economic Review〉96, no. 3 (June 2006): 694-719.

De Long, J. Bradford, Andrei Shleifer, Lawrence H. Summers, and Robert J. Waldmann. "Noise Trader Risk in Financial Markets." 〈Journal of Political Economy〉 98, no. 4 (August 1990): 703-38.

————. "The Size and Incidence of the Losses from Noise Trading." 〈Journal of Finance〉 44, no. 3 (1989): 681–96.

Desmond, Matthew. "Eviction and the Reproduction of Urban Poverty." 〈American Journal of Sociology〉 118, no. 1 (July 2012): 88–133.

Doll, Richard, and A. Bradford Hill. "Smoking and Carcinoma of the Lung: Preliminary Report." 〈British Medical Journal〉 2, no. 4682 (September 30, 1950): 739–48.

Downs, Anthony. "An Economic Theory of Political Action in a Democracy." 〈Journal of Political Economy〉 65, no. 2 (April 1957): 135–50.

"Drunk Driving Statistics." Accessed December 13, 2014. http://www. alcoholalert.com/drunkdrivingstatistics.html.

Dubner, Stephen J., and Steven D. Levitt. "Keith Chen's Monkey Research." 〈New York Times〉, June 5, 2005.

Duca, John V., John Muellbauer, and Anthony Murphy. "House Prices and Credit Constraints: Making Sense of the US Experience." 〈Economic Journal〉 121 (May 2011): 533–51.

Eichenwald, Kurt. 《A Conspiracy of Fools: A True Story》. New York: Random House, 2005.

————. "Wages Even Wall St. Can't Stomach." 〈New York Times〉, April 3, 1989.

Ellis, Charles. 《The Partnership: The Making of Goldman Sachs》. New York: Penguin Press, 2008.

Emergency Economic Stabilization Act of 2008, H.R. 1424. 110th US Congress. Accessed December 1, 2014. https://www.govtrack.us/ congress/bills/110/hr1424/text.

Farrell, Greg. 《Crash of the Titans: Greed, Hubris, the Fall of Merrill Lynch, and the NearCollapse of Bank of America》. New York: Crown Business, 2010.

Farrell, Jason. "Return on Lobbying Overstated by Report." August 23, 2011. Accessed November 18, 2014. http://www.campaignfreedom. org/2011/08/23/returnonlobbyingoverstatedbyreport/.

Feinberg, Richard A. "Credit Cards as Spending Facilitating Stimuli: A Conditioning Interpretation." 〈Journal of Consumer Research〉 13, no. 3 (December 1986): 348–56.

Felsenfeld, Carl, and David L, Glass. 《Banking Regulation in the United

States⟩. 3rd ed. New York: Juris, 2011.

⟨The Financial Crisis Inquiry Report: Final Report of the National Commission on the Causes of the Financial and Economic Crisis in the United States⟩. Washington, DC: Government Printing Office, 2011. http://www.gpo.gov/fdsys/pkg/GPOFCIC/pdf/GPOFCIC.pdf.

FINRA Investor Education Foundation. ⟨Financial Capability in the United States: Report of Findings from the 2012 National Financial Capability Study⟩. May 2013. Last accessed May 14, 2015. http://www.usfinancialcapability.org/downloads/NFCS_2002_Report_Natl_Findings.pdf.

FitzGerald, Garret A. "How Super Are the 'Super Aspirins'? New COX2 Inhibitors May Elevate Cardiovascular Risk." University of Pennsylvania Health System Press Release, January 14, 1999.

Fowler, Mayhill. "Obama: No Surprise That HardPressed Pennsylvanians Turn Bitter." ⟨Huffington Post⟩, November 17, 2008, last accessed April 30, 2015, http://www.huffingtonpost.com/mayhillfowler/obamano-surprisethatha_b_96188.html.

Fox, Stephen R. ⟨The Mirror Makers: A History of American Advertising and Its Creators⟩. Urbana: University of Illinois Press, 1984.

Frank, Robert H., and Ben Bernanke. ⟨Principles of Macroeconomics⟩. New York: McGraw Hill, 2003.

Freifeld, Karen. "Fraud Claims Versus Goldman over Abacus CDO Are Dismissed." Reuters, May 14, 2013. Accessed March 15, 2015. http://www.reuters.com/article/2013/05/14/usgoldmanabacus-idUSBRE94D10120130514.

Freudenheim, Milt. "Market Place: A Windfall From Shifts to Medicare." ⟨New York Times⟩, July 18, 2006. Accessed November 4, 2014. http://www.nytimes.com/2006/07/18/business/18place.html?_r=1&pagewanted=print.

Friedman, Milton, and Rose D. Friedman. ⟨Free to Choose: A Personal Statement⟩. New York: Harcourt Brace Jovanovich, 1980.

FughBerman, Adriane. "Prescription Tracking and Public Health." ⟨Journal of General Internal Medicine⟩ 23, no. 8 (August 2008): 1277-80. Published online May 13, 2008. Accessed May 24, 2015. http://www.

ncbi.nlm.nih.gov/pmc/articles/PMC2517975/.

"The Future of Money Market Funds." September 24, 2012. http://www.winthropcm.com/TheFutrueofMoneyMarketFunds.pdf.

Gabaix, Xavier, and David Laibson. "Shrouded Attributes, Consumer Myopia, and Informations Suppression in Competitive Markets." 〈Quarterly Journal of Economics〉 121, no. 2 (May 2006): 505-40.

Galbraith, John Kenneth. 《The Affluent Society》. Boston: Houghton Mifflin, 1958.

────. 《The Great Crash》. 50th anniversary ed. New York: Houghton Mifflin, 1988. Kindle.

Gerardi, Kristopher, Andreas Lehnert, Shane M. Sherlund, and Paul Willen. "Making Sense of the Subprime Crisis." 〈Brookings Papers on Economic Activity〉 (Fall 2008): 69-139.

Gerson, Elliot. "To Make America Great Again, We Need to Leave the Country." 〈Atlantic Monthly〉, July 10, 2012. Accessed May 22, 2015. http://www.theatlantic.com/national/archive/2012/07/tomake-americagreatagainweneedtoleavethecountry/259653/.

Gilbert, R. Alton. "Requiem for Regulation Q: What It Did and Why It Passed Away." 〈Federal Reserve Bank of St. Louis Review〉 (February 1986): 22-37.

Glickman, Lawrence B. 《Buying Power: A History of Consumer Activism in America》. Chicago: University of Chicago Press, 2009.

Goldacre, Ben. 《Bad Pharma: How Drug Companies Mislead Doctors and Harm Patients》. New York: Faber and Faber/Farrar, Straus and Giroux, 2012.

Goldberger, Paul. "The Shadow Buildings: The House That Goldman Built." 〈New Yorker〉, May 17, 2010. Accessed October 22, 2014. http://www.newyorker.com/magazine/2010/05/17/shadowbuilding.

Goldman Sachs. 〈Annual Report 2005〉. Accessed December 6, 2014. http://www.goldmansachs.com/investorrelations/financials/archived/annualreports/2005annualreport.html.

────. "Who We Are," "What We Do," and "Our Thinking." All accessed December 1, 2014. http://www.goldmansachs.com/index.html.

Graham, David J. Testimony for the Senate Finance Committee,

November 18, 2004. http://www.finance.senate.gov/imo/media/doc/111804dgtest.pdf.

Graham, David J., D. Campen, R. Hui, M. Spence, and C. Cheetham. "Risk of Acute Myocardial Infarction and Sudden Cardiac Death in Patients Treated with Cyclooxygenase 2 Selective and Nonselective Non-steroidal Antiinflammatory Drugs: Nested CaseControl Study." 〈Lancet〉 365, no. 9458 (February 5-11, 2005): 475-81.

Grant, Bob. "Elsevier Published 6 Fake Journals." 〈The Scientist〉, May 7, 2009. Accessed November 24, 2014. http://classic.thescientist.com/blog/display/55679/.

Grant, Bridget F., et al. "The 12Month Prevalence and Trends in DSMIV Alcohol Abuse and Dependence: United States, 1991-1992 and 2001-2002." 〈Drug and Alcohol Dependence〉 74, no. 3 (2004): 223-34.

Griffin, Keith. "Used Car Sales Figures From 2000 to 2014." Accessed December 1, 2014. http://usedcars.about.com/od/reserach/a/Used-CarSalesFiguresFrom2000To2014.htm.

Grossman, Gene M., and Elhanan Helpman. 《Special Interest Politics》. Cambridge, MA: MIT PRess, 2001.

Grossman, Sanford J., and Oliver D. Hart. "Takeover Bids, the FreeRider Problem, and the Theory of the Corporation." 〈Bell Journal of Economics〉 11, no. 1 (1980): 42-64.

〈The Guardians, or Society for the Protection of Trade against Swindlers and Sharpers〉. London, 1776. https://library.villanova.edu/Find/Record?1027765.

Hahn, Robert W., Robert E. Litan, and Jesse Gurman. "Bringing More Competition to Real Estate Brokerage." 〈Real Estate Law Journal〉 34 (Summer 2006): 86-118.

Hall, Robert E. "The Inkjet Aftermarket: An Economic Analysis." Prepared on behalf of Nukote International. Stanford University, August 8, 1997.

Han, Song, Benjamin Keys, and Geng Li. "Credit Supply to Bankruptcy Filers: Evidence from Credit Card Mailings." U.S. Federal Reserve Board, Finance and Economics Discussion Paper Series Paper No. 201129, 2011.

Hanson, Jon D., and Douglas A. Kysar. "Taking Behavioralism Seriously:

Some Evidence of Market Manipulation." 〈Harvard Law Review〉 112, no. 7 (May 1999): 1420-1572.

―――. "Taking Behavioralism Seriously: The Problem of Market Manipulation." 〈New York University Law Review〉 74, no. 3 (June 1999): 630-749.

Harper, Christine. "Goldmans's Tourre EMail Describes 'Frankenstein' Derivatives." Bloomberg Business, April 25, 2010. Accessed March 15, 2015. http://www.bloomberg.com/news/articles/20100424/frankensteinderivativesdescribedinemailbygoldmansfabricetourre.

Harper, Sean. http://truecostofcredit.com/400926.Website now closed.

"Harry Reid." 〈Wikipedia〉. Accessed December 1, 2014. http://en.wikipedia.org/wiki/Harry_Reid.

Healey, James R. "Government sells Last of Its GM Shares." 〈USA Today〉, December 10, 2013.

Healy, David. 《Pharmageddon》. Berkeley: University of California Press, 2012.

Hennessey, Ray. "The 15 Ronald Reagan Quotes Every Business Leader Must Know." Accessed January 16, 2015. http://www.entrepreneur.com/article/234547.

Hickman, W. Braddock. 《Corporate Bond Quality and Investor Experience》. Princeton: National Bureau of Economic Research and Princeton University Press, 1958.

Hindo, Brian, and Moira Herbst. "Personal Best Timeline, 1986: 'Greed Is Good.'" 〈BusinessWeek〉. http://www.bloomberg.com/ss/06/08/personalbest_timeline/source/7.htm

Hirschman, Elizabeth C. "Differences in Consumer Purchase Behavior by Credit Card Payment System." 〈Journal of Consumer Research〉 6, no. 1 (June 1979): 58-66.

"History in Review: What Really Happened to the Shah of Iran." Accessed December 1, 2014. http://www.iransara.info/Iran%20what%20happened%20to%20Shah.htm.

Hochschild Arlie Russell. 《The Second Shift: Working Parents and the Revolution at Home》. New York: Viking, 1989.

Hoeflich, M. H. "Laidlaw v. Organ, Gulian C. Verplanck, and the Shaping of Early Nineteenth Century Contract Law: A Tale of a Case and a Commentary." 〈University of Illinois Law Review〉(Winter 1991): 55-

66.

Hofstadter, Richard. 《The Age of Reform: From Bryan to FDR》. New York: Random House, 1955.

Hopkins, Claude. 《My Life in Advertising and Scientific Advertising: Two Works by Claude C. Hopkins》. New York: McGraw Hill, 1997.

Horowitz, Joseph. 《Dvořák in America: In Search of the New World》. Chicago: Cricket Books, 2003.

Huffman, David, and Matias Barenstein. "A Monthly Struggle for Self-Control? Hyperbolic Discounting, Mental Accounting, and the Fall in Consumption between Paydays." 〈Institute for the Study of Labor (IZA) Discussion Paper〉 1430 (December 2005).

Interactive Advertising Bureau. 〈Internet Advertising Revenue Report: 2013 FullYear Results〉. Conducted by PricewaterhouseCoopers (PwC). Accessed March 7, 2015. http://www.iab.net/media/file/IAB_Internet_Advertising_Revenue_Report_FY_2013.pdf.

International Health, Racquet, and Sportsclub Association. "Industry Research." Accessed October 22, 2014. http://www.ihrsa.org/industryresearch/.

International Monetary Fund. 〈World Economic Outlook〉, April 2012. Accessed December 1, 2014. http://www.imf.org/external/pubs/ft/weo/2012/01/.

Investment Company Institute. "2014 Investment Company Fact Book: Data Tables." Accessed January 1, 2015. http://www.icifactbook.org/fb_data.html.

Investopedia. "Definition of Capital." Accessed May 25, 2015. http://www.investopedia.com/terms/c/capital.asp.

Iowa Legislature. "Legislators." Accessed December 1, 2014. https://www.legis.iowa.gov/legislators/legislator/legislatorAllYears?personID=116.

Issenberg, Sasha. 《The Victory Lab: The Secret Science of Winning Campaigns》. 1st paperback ed. New York: Crown/Random House, 2012.

Jensen, Michael C. "Takeovers: Their Causes and Consequences." 〈Journal of Economic Perspectives〉 2, no. 1 (Winter 1988): 21-48.

Johnson, Simon, Rafael La Porta, Florencio López de Silanes, and Andrei

Shleifer. "Tunneling." 〈American Economic Review〉 90, no. 2 (May 2000): 22-27.

Joint Committee on Taxation. "Estimated Budget Effects of the Conference Agreement for H.R. 1836." May 26, 2001. Accessed December 1, 2014. https://www.jct.gov/publications.html?func=startdown&id=2001.

──. "Estimated Budget Effects of the Conference Agreement for H.R. 2, the 'Jobs and Growth Tax Relief Reconciliation Act of 2003.'" May 22, 2003. Accessed December 1, 2014. https://www.jct.gov/publications. html?func=startdown&id=1746.

Kaiser, Robert G. 《So Damn Much Money: The Triumph of Lobbying and the Corrosion of American Government》. New York: Vintage Books/ Random House, 2010.

Kansas Statutes Annotated (2009), chap. 34, "Grain and Forage," article 2, "Inspecting, Sampling, Storing, Weighing and Grading Grain; Terminal and Local Warehouses, 34-228: Warehouseman's License; Application; Financial Statement; Waiver; Qualifications; License Fee; Examination of Warehouse." Accessed May 1, 2015. http://law.justia. com/codes/kansas/2011/Chapter34/Article2/34228.html.

Kaplan, Greg, Giovanni Violante, and Justin Weidner. "The Wealthy Handto-Mouth." 〈Brookings Papers on Economic Activity〉(Spring 2014): 77-138.

Kelley, Florence. 《Notes of Sixty Years: The Autobiography of Florence Kelley》. Edited by Kathryn Kish Sklar. Chicago: Illinois Labor History Society, 1986.

Kelly, Kate. 《Street Fighters: The Last 72 Hours of Bear Stearns, the Toughest Firm on Wall Street》. New York: Penguin, 2009.

Kessler, Glen. "Revisiting the Coast of the Bush Tax Cuts." 〈Washington Post〉 , May 10, 2011. http://www.washingtonpost.com/blogs/factchecker/ post/revisitingthecostofthebushtaxcuts/2011/05/09/AFxTFtbG_blog. html.

Keynes, John Maynard. "Economic Possibilities for Our Grandchildren." In 《Essays in Persuasion》, pp. 358-73. London: Macmillan, 1931.

──. 《The General Theory of Employment, Interest and Money》. New York: Harcourt Brace Jovanovich, 1964.

Knowledge@Wharton. "Goldman Sachs and Abacus 2007AC1: A Look beyond the Numbers." April 28, 2010. Accessed March 15, 2015. http://knowledge.wharton.upenn.edu/article/goldmansachsandabacus-2007ac1alookbeyondthenumbers/.

Kornbluth, Jesse. 《Highly Confident: The Crime and Punishment of Michael Milken》. New York: William Morrow, 1992.

Kotler, Philip, and Gary Armstrong. 《Principles of Marketing》. 14th ed. Upper Saddle River, NJ: Prentice Hall, 2010.

Kotz, David. 〈Investigation of Failure of the SEC to Uncover Bernard Madoff's Ponzi Scheme〉. Report of Investigation Case No. OIG-509. US Securities and Exchange Commission, Office of Inspector General. 2011. Accessed May 29, 2015. https://www.sec.gov/news/studies/2009/oig509.pdf.

Krasnova, Hanna, Helena Wenninger, Thomas Widjaja, and Peter Buxmann. "Envy on Facebook: A Hidden Threat to Users' Life Satisfactions?" 〈Wirtschaftsinformatik Proceedings〉 2013. Paper 92. http://aisel.aisnet.org/wi2013/92.

Krugman, Paul. "What's in the Ryan Plan?" 〈New York Times〉, August 16, 2012.

Krugman, Paul, and Robin Wells. 《Microeconomics》. 2nd ed. New York: Worth Publishers, 2009.

Lakshminarayanan, Venkat, M. Keith Chen, and Laurie R. Santos. "Endowment Effect in Capuchin Monkeys." 〈Philosophical Transactions of the Royal Society B: Biological Sciences〉 363, no. 1511 (December 2008): 3837-44.

Lattman, Peter. "To Perelman's Failed Revlon Deal, Add Rebuke from S.E.C." 〈New York Times Dealbook〉, June 13, 2013. Accessed December 1, 2014. http://dealbook.nytimes.com/2013/06/13/secchargesandfines-revlonformisleadingshareholders/?_php=true&_type=blogs&_r=o.

LawInfo. "Legal Resource Library: What Is the U.C.C.?" Accessed March 15, 2015. http://resources.lawinfo.com/businesslaw/uniformcommercial-code/doesarticle2treatmerchantsthesameasno.html.

Legal Institute. "Citizens United v. Federal Election Comm'n (No. 08205)." Accessed June 10, 2015. https://www.law.cornell.edu/supct/html/08-

205.ZX.html.

Lemann, Nicholas. 《The Big Test: The Secret History of the American Meritocracy》. 1st rev. paperback ed. New York: Farrar, Straus and Giroux, 2000.

Lemelson Center. "Edison Invents!" Copy in authors' files. Originally available at http://invention.smithsonian.org/centerpieces/edison/000_story_02.asp.

Lessig. Lawrence. 《Republic Lost: How Money Corrupts Congress—And a Plan to Stop It》. New York: Hachette Book Group, 2011.

Leuchtenburg, William E. 《Franklin D. Roosevelt and the New Deal》. New York: Harper and Row, 1963.

Lewis, Michael. 《The Big Short: Inside the Doomsday Machine》. New York: W. W. Norton, 2010.

————. 《Boomerang: Travels in the New Third World》. New York: W. W. Norton, 2011

Lexchin, Joel, Lisa A. Bero, Benjamin Djulbegovic, and Otavio Clark. "Pharmaceutical Industry Sponsorship and Research Outcome and Quality: Systematic Review." 〈British Medical Journal〉 326, no. 7400 (May 31, 2003): 1167-70.

Lieber, Ron, and Andrew Martin. "Overspending of Debit Cards Is a Boon for Banks." 〈New York Times〉, September 8, 2009. Accessed May 2, 2015. http://www.nytimes.com/2009/09/09/yourmoney/creditand-debitcards/09debit.html?pagewanted=all&_r=o.

Linkins, Jason. "Wall Street cash Rules Everything around the House Financial Services Committee, Apparently." 〈Huffington Post〉, July 22, 2013. Accessed May 22, 2015. http://www.huffingtonpost.com/2013/07/22/wallstreetlobbyists_n_3635759.html.

"Little, Clarence Cook, Sc.D. (CTR Scientific Director, 1954-1971)," Accessed November 28, 2014. http://tobaccodocuments.org/profiles/little_clarence_cook.html.

Locke, John. 《An Essay Concerning Human Understanding》. 30th edition. London: William Tegg, 1849.

Lupia, Arthur. "Busy Voters, Agenda Control, and the Power of Information." 〈American Political Science Review〉 86, no. 2 (June 1992): 390-403.

Lusardi, Annamaria, Danieal Schneider, and Peter Tufano. "Financially Fragile Households: Evidence and Implications." 〈Brookings Papers on Economic Activity〉 (Spring 2011): 83-150.

Maddison, Angus. "Historical Statistics of the World Economy: Per Capita GDP." Accessed November 26, 2014. http://www.google.com/url?sa=t&rct=j&q=&esrc=s&source=web&cd=6&ved=0CEIQFjAF&url=http%3A%2F%2Fwww.ggdc.net%2Fmaddison%2FHistorical_Statistics%2Fhorizontalfile_022010.xls&ei=4t11VJfsG4uZNoG9gGA&usg=AFQjCNFFKKZ1UysTOutIY4NsZF9qwdu2Hg&bvm=bv.80642063,d.eXY.

———. "US Real Per Capita GDP from 1870-2001." September 24, 2012. Accessed December 1, 2014. http://socialdemocracy21stcentury.blogspot.com/2012/09/usrealpercapitagdpfrom18702001.html.

"Making Purchases with Credit Cards—The Best Credit Cards to Use." August 26, 2014. Accessed November 14, 2014. http://www.creditinfocenter.com/cards/crcd_buy.shtml#Question6.

Malamud, Bernard. "Nevada Gaming Tax: Estimating Resident Burden and Incidence." University of Nevada, Las Vegas, April 2006. Last accessed May 5, 2015. https://faculty.unlv.edu/bmalamud/estimating.gaming.burden.incidence.doc.

Mankiw, N. Gregory. 〈Principles of Economics〉. New York: Harcourt, Brace, 1998.

Markopolos, Harry. 〈No One Would Listen: A True Financial Thriller〉. Hoboken, NJ: Wiley, 2010. Kindle.

Mateyka, Peter, and Matthew Marlay. "Residential Duration by Race and Ethnicity: 2009." Paper presented at the Annual Meeting of the American Sociological Association, Las Vegas, 2011.

Maynard, Micheline. "United Air Wins Right to Default on Its Employee Pension Plans." 〈New York Times〉, May 11, 2005.

McCubbins, Mathew D., and Arthur Lupia. 〈The Democratic Dilemma: Can Citizens Learn What They Really Need to Know?〉 New York: Cambridge University Press, 1998.

McDonald, Lawrence G., with Patrick Robinson. 〈A Colossal Failure of Common Sense: The Inside Story of the Collapse of Lehman

Brothers》. New York: Crown Business, 2009.

McFadden, Robert D. "Charles Keating, 90, Key Figure in '80s Savings and Loan Crisis, Dies." 〈New York Times〉, April 2, 2014. Accessed May 27, 2015. http://www.nytimes.com/2014/04/02/business/charleskeating-keyfigureinthe1980ssavingsandloancrisisdiesat90.html?_r=o.

McLean, Bethany, and Peter Elkind. "The Guiltiest Guys in the Room." 〈Fortune〉, July 5, 2006. Last accessed May 12, 2015. http://money.cnn.com/2006/05/29/news/enron_guiltyest/.

────. 《The Smartest Guys in the Room: The Amazing Rise and Fall of Enron》. New York: Portfolio/Penguin Books, 2003.

Mead, Rebecca. 《One Perfect Day: The Selling of the American Wedding》. New York: Penguin Books, 2007. Kindle.

Mérimée, Prosper. 《Carmen and Other Stories》. Oxford: Oxford University Press, 1989.

Milgram, Stanley. 《Obedience to Authority: An Experimental View》. New York: Harper & Row, 1974.

Miller, Jessica. "Ads Prove Grassley's Greener on His Side of the Ballot." 〈Waterloo-Cedar Falls Courier〉, October 25, 2004. Accessed November 16, 2014. http://wcfcourier.com/news/metro/article_fdd736084f6d54beaa3428f3417273e9.html.

Miller, Stephen. "Income Subject to FICA Payroll Tax Increases in 2015." Society for Human Resource Management, October 23, 2014. Accessed January 16, 2015. http://www.shrm. org/hrdisciplines/compensation/articles/pages/ficasocialsecuritytax2015.aspx.

Mitford, Jessica. 《The American Way of Death Revisited》. New York: Knopf, 1998. Kindle.

MoJo News Team. "Full Transcript of the Mitt Romney Secret Video." 〈Mother Jones〉, September 19, 2012. Accessed December 1, 2014. http://www.motherjones.com/politics/2012/09/fulltranscriptmittromney-secretvideo.

Mongelli, Lorena. "The SEC Watchdog Who Missed Madoff." 〈New York Post〉, January 7, 2009.

Moody's. "Moody's History: A Century of Market Leadership." Accessed November 9, 2014. https://www.moodys.com/Pages/atc001.aspx.

Morello, John A. 《Selling the President, 1920: Albert D. Lasker, Advertising and the Election of Warren G. Harding》. Westport. CT: Praeger, 2001. Kindle.

Morgenson. Gretchen, and Joshua A. Rosner. 《Reckless Endangerment: How Outsized Ambition, Greed, and Corruption Led to Economic Armageddon》. New York: Times Books/Henry Holt, 2011.

Morris, Sue. "Small Runs for Senate." 〈Le Mars Daily Sentinel〉, March 24, 2004.

Moss, Michael. 《Sugar, Salt and Fat》. New York: Random House, 2013. Kindle.

Mothers against Drunk Driving. "History and Mission Statement." Accessed March 28, 2015. http://www.madd.org.

———. "Voices of Victims." Accessed December 13, 2014. http://www.madd.org/drunkdriving/voicesofvictims/.

Mouswad, Jad, and Christopher Drew. "Airline Industry at Its Safest since the Dawn of the Jet Age." 〈New York Times〉, February 11, 2013. http://www.nytimes.com/2013/02/12/business/2012wasthesafestyearfor-airlinesgloballysince1945.html?pagewanted=all&_r=o.

Mozaffarian, Dariush, Tao Hao, Eric B. Rimm, Walter C. Willett, and Frank B. Hu. "Changes in Diet and Lifestyle and LongTerm Weight Gain in Women and Men." 〈New England Journal of Medicine〉 364, no. 25 (June 23, 2011): 2392-2404. Accessed October 30, 2014. http://www.nejm.org/doi/full/10.1056/NEJM0a1014296?query=TOC#t=articleTop.

Mukherjee, Siddhartha. 《The Emperor of All Maladies: A Biography of Cancer》. New York: Simon and Schuster, 2011.

Mulligan, Thomas S. "Spiegel Found Not Guilty of Looting S & L." 〈Los Angeles Times〉, December 13, 1994. Accessed May 1, 2015. http://articles.latimes.com/19941213/news/mn8437_1_thomasspiegel.

Nader, Ralph. 《Unsafe at Any Speed: The DesignedIn Dangers of the American Automobile》. New York: Grossman, 1965.

Nash, Nathaniel C. "Savings Institution Milked by Its Chief, Regulators Say." 〈New York Times〉, November 1, 1989.

National Association of Realtors. "Code of Ethics." Accessed March 15, 2015. http://www.realtor.org/governance/governing.

National Bureau of Economic Research. "U.S. Business Cycle Expansions and Contractions." Accessed January 13, 2015. http://www.nber.org/cycles.html.

National Consumers League. "Our Issues: Outrage! End Child Labor in American Tobacoo Fields." November 14, 2014. Accessed March 15, 2015. http://www.nclnet.org/outrage_end_child_labor_in_american_tobacco_fields.

National Institutes of Health, National Institute on Alcohol Abuse and Alcoholism. 〈Alcohol Use and Alcohol Use Disorders in the United States: Main Findings from the 2001-2002 National Epidemiologic Survey on Alcohol and Related Conditions (NESARC)〉. January 2006. Accessed November 12, 2014. http://pubs.niaaa.nih.gov/publications/NESARC_DRM/NESARCDRM.pdf.

────. 〈Surveillance Report #95: Apparent Per Capita Ethanol Consumption, United States, 1850-2010〉. August 2012. http://pubs.niaaa.nih.gov/publications/Surveillance95/CONS10.htm.

Nesi, Tom. 〈Poison Pills: The Untold Story of the Vioxx Scandal〉. New York: Thomas Dunne Books, 2008.

Newhouse, Dave. 〈Old Bears: The Class of 1956 Reaches Its Fiftieth Reunion, Reflecting on the Happy Days and the Unhappy Days〉. Berkeley: North Atlantic Books, 2007.

Newspaper Association of America. "The American Newspaper Media Industry Revenue Profile 2012." April 8, 2013. Accessed March 7, 2015. http://www.naa.org/trendsandnumbers/newspaperrevenue/newspaper/mediaindustryrevenueprofile2012.aspx.

"A Nickel in the Slot." 〈Washington Post〉, March 25, 1894.

"The 9 Steps to Financial Freedom." Accessed November 4, 2014. http://www.suzeorman.com?bookskits/books/the9stepstofinancial-freedom/.

Nixon, Richard M. "Remarks on Signing of the National Cancer Act of 1971." December 23, 1971. The American Presidency Project. Accessed January 17, 2015. http://www.presidency.ucsb.edu/ws/?pid=3275.

Nutt, David J., Leslie A. King, and Lawrence D. Phillips, on behalf of the Independent Scientific Committee On Drugs. "Drug Harms in the UK: A Multicriteria Decision Analysis." 〈Lancet〉 376, no. 9752

(November 6-12, 2010): 1558-65.

Ogilvy, David. 《Confessions of an Advertising Man》. New York: Atheneum, 1988.

──. 《Ogilvy on Advertising》. New York: Random House/Vintage Books, 1985.

Oldie Lyrics. "Patti Page: How Much Is That Doggy in the Window?" Accessed November 5, 2014. http://www.oldielyrics.com/lyrics/patti_page/how_much_is_that_doggy_in_the_window.html.

Oreskes, Naomi, and Erik M. Conway. 《Merchants of Doubt: How a Handful of Scientists Obscured the Truth on Issues from Tobacco Smoke to Global Warming》. New York: Bloomsbury, 2010.

Orman, Suze. 《The 9 Steps to Financial Freedom: Practical and Spiritual Steps So You Can Stop Worrying》. 2nd paperback ed. New York: Crown/Random House, 2006.

O'Shea, James E. 《The Daisy Chain: How Borrowed Billions Sank a Texas S&L》. New York: Pocket Books, 1991.

Owen, David. "The Pay Problem." 〈New Yorker〉, October 12, 2009. Accessed March 12, 2015. http://www.newyorker.com/magazine/2009/10/12/thepayproblem.

Oyez. "Citizens United v. Federal Election Commission." Accessed March 18, 2005. http://www.oyez.org/cases/20002009/2008/2008_08_205.

Packard, Vance. 《The Hidden Persuaders: What Makes Us Buy, Believe—and Even Vote-the Way We Do》. Brooklyn: 1g Publishing, 2007. Original edition, New York: McKay, 1957.

Paltrow, Scot J. "Executive Life Seizure: The Costly Comeuppance of Fred Carr." 〈Los Angeles Times〉, April 12, 1991. Accessed May 1, 2015. http://articles.latimes.com/19910412/business/fi342_1_executivelife.

Pareto, Vilfredo. 《Manual of Political Economy: A Critical and Variorum Edition》. Edited by Aldo Montesano, Alberto Zanni, Luigino Bruni, John S. Chipman, and Michael McClure. Oxford: Oxford University Press, 2014.

"The Path to Prosperity." 〈Wikipedia〉. Accessed December 15, 2014. http://en.wikipedia.org/wiki/The_Path_to_Prosperity.

Patterson, James T. 《Restless Giant: The United States from Watergate to

Bush v. Gore》. New York: Oxford University Press, 2005.

Patterson, Thom. "United Airlines Ends Coach Preboarding for Children." CNN, May 23, 2012. Accessed April 30, 2015. http://www.cnn.com/2012/05/23/travel/unitedchildrenpreboarding/.

Paulson, Henry M. 《On the Brink: Inside the Race to Stop the Collapse of the Global Financial System》. New York: Business Plus, 2010.

Pear, Robert. "Bill to Let Medicare Negotiate Drug Prices Is Blocked." 〈New York Times〉, April 18, 2007. Last Accessed April 30, 2015. http://www.nytimes.com/2007/04/18/washington/18cndmedicare.html?_r=0.

"The Personal Reminiscences of Albert Lasker." 〈American Heritage〉 6, no. 1 (December 1954). Accessed May 21, 2015. http://www.americanheritage.com/content/personalreminiscencesalbertlasker.

Piketty, Thomas. 《Capital in the TwentyFirst Century》. Cambridge, MA: Harvard University Press, 2014.

Pizzo, Stephen, Mary Fricker, and Paul Muolo. 《Inside Job: The Looting of America's Savings and Loans》. New York: Harper Perennial, 1991.

"Poor Beer vs. Pure Beer." Advertisement reproduced in 〈Current Advertising〉 12, no. 2 (August 1902): 31. Accessed June 13, 2015. https://books.google.com/books?id=X09RAAAAYAAJ&pg=RA1-PA31&lpg=RA1PA31&dq=schlitz+beer+both+cost+you+alike,+yet+one+costs+the+maker+twice+as+much+as+the+other+one+is+good+and+good+for+you&source=bl&ots=5jCKe1yFqB&sig=X5uwF5V1K6BicU41zneHyNRMmU&hl=en&sa=X&ei=1lp2VBPQEc6VyATjj0OYCA&ved=0CB4Q6AEwAA#v=onepage&q=schlitz%20beer%20both%20cost%20you%20alike%2C%20yet%20one%20costs%20the%20maker%20twice%20as%20much%20as%20the%20other%20one%20is%20good%20and%20good%20for%20you&f=false.

Posner, Richard. "Theories of Economic Regulation." 〈Bell Journal of Economics and Management Science〉 5, no. 2 (1974): 335-58.

"Predictions of the Year 2000 from 〈The Ladies Home Journal〉 of December 1900." Accessed December 1, 2014. youktownhistory.org/wpcontent/archives/homepages/1900_predictions.htm.

Prelec, Drazen, and Duncan Simester. "Always Leave Home without It: A

Further Investigation." 〈Marketing Letters〉 12, no. 1 (2001): 5-12.

"The Propaganda for Reform." 〈Journal of the American Medical Association〉 61, no. 18 (November 1, 1913): 1648.

"Public Health Cigarette Smoking Act." 〈Wikipedia〉. Accessed March 28, 2015. http://en.wikipedia.org/wiki/Public_Health_Cigarette_Smoking_Act.

Rajan, Raghuram. 《Fault Lines: How Hidden Fractures Still Threaten the World Economy》. Princeton: Princeton University Press, 2010.

Rakoff, Jed S. "The Financial Crisis: Why Have No HighLevel Executives Been Prosecuted?" 〈New York Review of Books〉, January 9, 2014.

Ramey, Garey, and Valerie A. Ramey. "The Rug Rat Race." 〈Brookings Papers on Economic Activity〉 (Spring 2010): 129-99.

Raymond, Nate, and Jonathan Stempel. "Big Fine Imposed on ExGoldman Trader Tourre in SEC Case." Reuters, March 12, 2014. Accessed March 15, 2015. http://www.reuters.com/article/2014/03/12/us-goldmansackssectourreidUSBREA2B11220140312.

Reinhardt, Carmen M., and Kenneth Rogoff. 《This Time Is Different: Eight Centuries of Financial Folly》. Princeton: Princeton University Press, 2009.

Reyes, Sonia. "Ocena Spray Rides Diet Wave." 〈Adweek〉, February 6, 2006. Accessed November 18, 2014. http://www.adweek.com/news/advertising/oceansprayridesdietwave83901.

Richert, Lindley B. "One Man's Junk Is Another's Bonanza in the Bond Market." 〈Wall Street Journal〉, March 27, 1975.

Ring, Dan. "Massachusetts Senate Approves State Sales Tax Increase to 6.25 Percent as Part of $1 Billion Tax Hike." 〈Republican〉, May 20, 2009. Accessed December 13, 2014. http://www.masslive.com/news/index.ssf/2009/05/massachusetts_senate_approves.html.

"Ripoff." 〈Wikipedia〉. Accessed November 13, 2014. http://en.wikipedia.org/wiki/Ripoff.

Robert, Steven V. "House Votes Funds Permitting Study on MX to Continue." 〈New York Times〉, December 9, 1982.

Roman, Kenneth. 《The King of Madison Avenue: David Ogilvy and the Making of Modern Advertising》. New York: Macmillan, 2009.

Rosenbaum, David E. "The Supreme Court: News Analysis; Presidents May

Disagree, but Justices Are Generally Loyal to Them." 〈New York Times〉, April 7, 1994.

Ru, Hong, and Antoinette Schoar. "Do Credit Card Companies Screen for Behavioral Biases?" Working paper, National Bureau of Economic Research, 2015.

Samuelson, Paul A. "Consumption Theory in Terms of Revealed Preference." 〈Economica〉, N.S., 15, no. 60 (November 1948): 243-53.

──. 《Foundations of Economic Analysis》. Cambridge, MA: Harvard University Press, 1947.

Schank, Roger C., and Robert P. Abelson. 《Scripts, Plans, Goals, and Understanding: An Inquiry into Human Knowledge Structures》. Hillsdale, NJ: L. Erlbaum Associates, 1977.

Schüll, Natasha Dow. 《Addiction by Design: Machine Gambling in Las Vegas》. Princeton: Princeton University Press, 2012.

SCImago Journal and Country Rank. "Journal Ranking." Accessed November 26, 2014. http://www.scimagojr.com/journalrank.php?country=US.

Seelye, Katharine Q., and Jeff Zeleny. "On the Defensive, Obama Calls His Words IllChosen." 〈New York Times〉, April 13, 2008.

Shapiro, Carl. "Consumer Information, Product Quality, and Seller Reputation." 〈Bell Journal of Economics〉 13, no. 1 (1982): 20-35.

Shiller, Robert J. "Do Stock Prices Move Too Much to be Justified by Subsequent Changes in Dividends?" 〈American Economic Review〉 71, no. 3 (June 1981): 421-36.

──. 《Irrational Exuberance》. Princeton: Princeton University Press, 2000; 2nd ed., 2005; 3rd ed., 2015.

──. "LifeCycle Personal Accounts Proposal for Social Security: An Evaluation of President Bush's Proposal." 〈Journal of Policy Modeling〉 28, no. 4 (2006): 427-44.

──. 《Subprime Solution: How Today's Global Financial Crisis Happened and What to Do about It》. Princeton: Princeton University Press, 2008.

Shleifer, Andrei, and Lawrence H. Summers. "Breach of Trust in Hostile Takeovers." In 《Corporate Takeovers: Causes and Consequence》, edited by Alan J. Auerbach, pp. 33-68. Chicago: University of

Chicago Press, 1988.

Shleifer, Andrei, and Robert W. Vishny. "The Takeover Wave of the 1980s." ⟨Science⟩ 249, no. 4970 (1990): 745-49.

Sidel, Robin. "Credit Card Issuers Are Charging Higher." ⟨Wall Street Journal⟩, October 12, 2014.

Siegel, Jeremy J., and Richard H. Thaler. "Anomalies: The Equity Premium Puzzle." ⟨Journal of Economic Perspectives⟩ 11, no. 1 (Winter 1997): 191-200.

Sinclair, Upton. ⟪The Jungle⟫. Mineola, NY: Dover Thrift Editions, 2001; originally published 1906.

———. Letters to the ⟨New York Times⟩. May 6, 1906.

Singh, Gurkirpal. "Recent Considerations in Nonsteroidal AntiInflammatory Drug Gastropathy." American Journal of Medicine 105, no. 1, supp. 2 (July 27, 1988): 31S-38S.

Skeel, David A., Jr. "Shaming in Corporate Law." ⟨University of Pennsylvania Law Review⟩ 149, no. 6 (June 2001): 1811-68.

Smith, Adam. ⟪The Wealth of Nations⟫. New York: P. F. Collier, 1909. Originally published 1766.

Smith, Gary. ⟪Standard Deviations: Flawed Assumptions, Tortured Data, and Other Ways to Lie with Statistics⟫. New York: Duckworth Overlook, 2014.

Snell, George D. "Clarence D. Little, 1888-1971: A Biographical Memoir by George D. Snell." Washington, DC: National Academy of Sciences, 1971.

Social Security Perspectives. "President #6: Richard M. Nixon (1969-1974)." May 8, 2011. http://socialsecurityperspectives.blogspot.com/2011/05/president6richardmnixon19691974.html.

Solow, Robert M. "Technical Change and the Aggregate Production Function." ⟨Review of Economics and Statistics⟩ 39, no. 3 (August 1957): 312-20.

Sorkin, Andrew Ross. ⟪Too Big to Fail: The Inside Story of How Wall Street and Washington Fought to Save the Financial System⟫. New York: Viking, 2009.

Stahre, Mandy, Jim Roeber, Dafna Kanny, Robert D. Brewer, and Xingyou

Zhang. "Contribution of Excessive Alcohol Consumption to Deaths and Years of Potential Life Lost in the United States." 〈Preventing Chronic Disease〉 11 (2014). Accessed March 28, 2014. http://www.cdc.gov/pcd/issues/2014/13_0293.htm

"Statistics of the Presidential and Congressional Election of November 2, 2004." June 7, 2005. Accessed November 16, 2014. http://clerk.house.gov/member_info/electionInfo/2004election.pdf.

Stein, Benjamin. 《A License to Steal: The Untold Story of Michael Milken and the Conspiracy to Bilk the Nation》. New York: Simon and Schuster, 1992.

Stern, Mark Joseph. "The FDA's New Cigarette Labels Go Up in Smoke." 〈Wall Street Journal〉, September 9, 2012. Accessed March 28, 2015. http://www.wsj.com/articles/SB100008723963904438194045776335800009556096.

Stewart, James B. 《Den of Thieves》. New York: Simon and Schuster, 1992.

———. "How They Failed to Catch Madoff," 〈Fortune〉, May 10, 2011. Accessed May 2, 2015. http://fortune.com/2011/05/10/howtheyfailedtocatch-madoff/.

Stigler, George J. "The Theory of Economic Regulation." 〈Bell Journal of Economics and Management Science〉 2, no. 1 (1971): 3-21.

Stock, James H., and Mark W. Watson. "Forecasting Output and Inflation: The Role of Asset Prices." 〈Journal of Economic Literature〉 41 (2003): 788-829.

Stulz, René M. "Credit Default Swaps and the Credit Crisis." 〈Journal of Economic Perspectives〉 24, no. 1 (Winter 2010): 73-92.

Sufrin, Carolyn B., and Joseph S. Ross. "Pharmaceutical Industry Marketing: Understanding Its Impact on Women's Health." 〈Obstetrical and Gynecological Survey〉 63, no. 9 (2008): 585-96.

Tabarrok. Alex. "The Real Estate Commission Puzzle." April 12, 2013. Accessed December 1, 2014. http://marginalrevolution.com/marginalrevolution/2013/04/therealestatecommissionpuzzle.html.

Tett, Gillian, 《Fool's Gold: How the Bold Dream of a Small Tribe at J. P. Morgan Was Corrupted by Wall Street Greed》. New York: Free Press, 2009.

Thomas, Michael. M. "Rated by Idiots." 〈Forbes〉, September 16, 2008.

Thorberg, Fred Arne, and Michael Lyvers. "Attachment, Fear of Intimacy and Differentiation of Self among Clients in Substance Disorder Treatment Facilities." 〈Addictive Behaviors〉 31, no. 4 (April 2006): 732-37.

Thoreau, Henry David. 《Walden: Or, Life in the Woods》. New York: Houghton Mifflin, 1910. https://books.google.com/books/about/Walden.html?id=HVIXAAAAYAAJ.

〈Time Magazine〉. "Clarence Cook Little": Cover Story, April 22, 1937.

"Tobacco Advertising." 〈Wikipedia〉. Accessed December 8, 2014. http://en.wikipedia.org/wiki/Tobacco_advertising.

Tobacco Labelling Resource Center. "Australia: Health Warnings, 2012 to Present." Accessed March 28, 2015. http://www.tobaccolabels.ca/countries/australia.

Tobias, Ronald B. 《Twenty Master Plots: And How to Build Them. 2nd paperback ed》. Blue Ash, OH: F + W Media, 1993.

"Today Is Moving Day for Goldman Sachs." 〈New York Times〉, April 1, 1957.

Toobin, Jeffrey. "Annals of Law: Money Unlimited: How Chief Justice John Roberts Orchestrated the Citizens United Decision." 〈New Yorker〉, May 21, 2012.

Topol, Eric J. "Failing th Public Health—Rofecoxib, Merck, and the FDA." 〈New England Journal of Medicine〉 351, no. 17 (October 21, 2004): 1707-9.

"Top Ten U.S. Banking Laws of the 20th Century." Accessed December 1, 2014. http://www.oswego.edu/~dighe/topten.htm.

Touryalai, Halah. "10 Wall Street Expenses That Make the SEC's Budget Look Pathetic." 〈Forbes〉, February 17, 2011. Accessed January 16, 2015. http://www.forbes.com/fdc/welcome_mjx.shtml.

Tozzi, John. "Merchants Seek Lower Credit Card Interchange Fees." 〈Businessweek Archives〉, October 6, 2009. Accessed May 2, 2015. http://www.bloomberg.com/bw/stories/20091006/merchantsseek-lowercreditcardinterchangefees.

Troise, Frank P. "The Capacity for Experiencing Intimacy in Wives of Alcoholics or Codependents." 〈Alcohol Treatment Quarterly〉 9, no. 3 (October 2008): 39-55.

Underhill, Paco. 《Why We Buy: The Science of Shopping》. New York: Simon and Schuster, 1999.

Underwriters Laboratories. "Our History" and "What We Do." Accessed March 3, 2015. http://ul.com/aboutul/history/ and http://ul.com/aboutul/whatwedo.

United Airlines. "Arriving at a Single Boarding Process." April 22, 2013. Accessed November 26, 2014. https://hub.united.com/enus/news/companyoperations/pages/arrivingatasingleboardingprocess.aspx.

Urban Institute and the Brookings Institution, Tax Policy Center. "State Alcohol Excise Tax Rates 2014." Accessed December 13, 2014. http://www.taxpolicycenter.org/taxfacts/displayafact.cfm?Docid=349.

US Bureau of Financial Protection. "Loan Originator Compensation Requirements under the Truth in Lending Act" (Regulation Z), 12 CFR Part 1026, Docket No. CFPB20120037, RIN 3170AA132. Accessed November 11, 2014. http://files.consumerfinance.gov/f/201301_cfpb_finalrule_loanoriginatorcompensation.pdf.

US Census Bureau. "America's Families and Living Arrangements: 2013." Accessed December 1, 2014. https://www.census.gov/hhes/families/data/cps2013.html.

———. "Census Bureau Reports National Mover Rate Increases after a Record Low in 2011." December 10, 2012. Accessed December 1, 2014. https://www.census.gov/newsroom/releases/archives/mobility_of_the_population/cb12240.html.

US Census Bureau. "Historical Census of Housing Tables." October 31, 2011. Accessed December 1, 2014. https://www.census.gov/hhes/www/housing/census/historic/units.html.

———. "Historical Poverty Tables — People." Table 3, "Poverty Status, by Age, Race, and Hispanic Origin: 1959 to 2013." Accessed December 1, 2014. https://www.census.gov/hhes/www/poverty/data/historical/people.html.

———. "Housing Vacancies and Homeownership, 2005." Accessed December 1, 2014. http://www.census.gov/housing/hvs/data/ann05ind.html.

———. 《Statistical Abstracts of the United States, 2012》. Accessed December 1, 2014. https://www.census.gov/prod/www/statistical_abstract.html.

————. "World Population by Age and Sex." Accessed December 1, 2014. http://www.census.gov/cgibin/broker.

US Congress, Representative Henry A. Waxman. Memorandum to Democratic Members of the Government Reform Committee Re: The Marketing of Vioxx to Physicians, May 5, 2005, with accompanying documents. http://oversightarchive.waxman.house.gov/documents/20050505114932441272.pdf.

US Department of Agriculture, Farm Service Administration. "Commodity Operations: United States Warehouse Act." Accessed March 14, 2015. http://www.fsa.usda.gov/FSA/webapp?area=home&subject=coop&topic=wasua.

US Department of Agriculture, Grain Inspection, Packing, and Stockyard Administration. "Explanatory Notes," table 5, "Inspection and Weighing Program Overview." Accessed May 1, 2015. http://www.obpa.usda.gov/exnotes/FY2014/20gipsa2014notes.pdf.

————. "Subpart M — United States Standards for Wheat." Accessed May 1, 2015. http://www.gipsa.usda.gov/fgis/standards/810wheat.pdf.

US Department of Transportation, National Highway Traffic Safety Administration. "Traffic Safety Facts, 2011: Alcohol Impaired Driving." December 2012. Accessed May 25, 2015. http://wwwnrd.nhtsa.dot.gov/Pubs/811700.pdf.

US Department of the Treasury, Alcohol and Tobacco Tax and Trade Bureau. "Tax and Fee Rates." Accessed April 30, 2015. www.ttb.govtax_audit/atftaxes.shtml.

US Department of the Treasury. "Investment in AIG." Accessed March 11, 2015. http://www.treasury.gov/initiatives/financialstability/TARP-Programs/aig/Pages/status.aspx.

US Food and Drug Administration. "About FDA: Commissioner's Page. Harvey Washington Wiley, MD." http://www.fda.gov/AboutFDA/CommissionersPage/ucm113692.htm.

————. "Tobacco Products: Final Rule 'Required Warnings for Cigarette Packages and Advertisements.'" Accessed March 28, 2015. http://www.fda.gov/TobaccoProducts/Labeling/Labeling/CigaretteWarningLabels/ucm259953.htm.

US Food and Drug Administration, Center for Drug Evaluation and Research(CDER). ⟨Guidance for Industry Providing Clinical Evidence of Effectiveness for Human Drugs and Biological Products⟩. May 1998. Accessed December 1, 2014. http://www.fda.gov/downloads/ Drugs/.../Guidances/ucm078749.pdf.

US Internal Revenue Service. "Tax Gap for Tax Year 2006: Overview." January 6, 2012. Accessed November 18, 2014. http://www.irs.gov/pub/irs-soi/06rastg12overvw.pdf.

US Legal Inc. "U.S. Commercial Code." Accessed March 15, 2015. http:// uniformcommercailcode.uslegal.com/.

⟨US News and World Report⟩. "U.S. News College Rankings." http://colleges. usnews.rankingsandreviews.com/bestcolleges.

US Securities and Exchange Commission. ⟨FY 2014 Congressional Budget Justification⟩. http://www.sec.gov/about/reports/ secfy14congbudgjust.pdf.

────. "Goldman Sachs to Pay Record $550 Million to Settle SEC Charges Related to Subprime Mortgage CDO." July15, 2010. Accessed March 15, 2015. http://www.sec.gov/news/press/2010/2010123.htm.

US Senate, Committee on Homeland Security and Government Affairs, Permanent Subcommittee on Investigations. ⟨Wall Street and the Financial Crisis: Anatomy of a Financial Collapse⟩. Majority and Minority Staff Report. April 13, 2011. http://www.hsgac.senate.gov// imo/media/doc/Financial_Crisis/FinancialCrisisReport.pdf?attempt=2.

US Surgeon General. ⟨The Health Consequences of Smoking—50 Years of Progress⟩. 2014. Accessed March 6, 2015. http://www.surgeongeneral. gov/library/reprots/50yearsofprogress/fullreport.pdf.

────. ⟨Smoking and Health: Report of the Advisory Committee to the Surgeon General of the Public Health Service. 1964. Accessed November 28, 2014. http://www.surgeongeneral.gov/library/reports/.

────. ⟨Smoking and Health: A Report of the Surgeon General⟩. 1979. Accessed November 28, 2014. http://www.surgeongeneral.gov/ library/reports/.

Vaillant, George E. ⟨Triumphs of Experience: The Men of the Harvard Grant Study⟩. Cambridge, MA: Harvard University Press, 2012.

van Amsterdam, Jan, A. Opperhuizen, M. Koeter, and Willem van den Brink. "Ranking the Harm of Alcohol, Tobacco and Illicit Drugs for the Individual and the Population." European Addiction Research 16 (2010): 202-7. DOI:10.1159/000317249.

Vanguard. "See the Difference LowCost Mutual Funds Can Make." Accessed January 7, 2015. https://investor.vanguard.com/mutualfunds/lowcost.

Veblen, Thorstein. 《The Theory of the Leisure Class: An Economic Study of the Evolution of Institutions》. New York: Macmillan, 1899.

Velotta, Richard N. "Gaming Commission Rejects Slot Machines at Cash Registers." 〈Las Vegas Sun〉, March 18, 2010. Last accessed May 12, 2015. http://lasvegassun.com/news/2010/mar/18/gamingcommission-rejectsslotmachinescashregis/?utm_source=twitterfeed&utm_medium=twitter.

Virtanen, Michael. "NY Attorney General Looks at Ratings Agencies." Associated Press, February 8, 2013. Accessed March 21, 2014. http://bigstory.ap.org/article/nyattorneygenerallooksratingsagencieso.

Visser, Susanna N., Melissa L. Danielson, Rebecca H. Bitsko, Joseph R. Holbrook, Michael D. Kogan, Reem M. Ghandour, Ruth Perou. and Stephen J. Blumberg. "Trends in the ParentReport of Health Care Provider-Diagnosed and Medicated AttentionDeficit/Hyperactivity Disorder: United States, 2003-2011." 〈Journal of the American Academy of Child and Adolescent Psychiatry〉 53, no. 1 (January 2014): 34-46.

Warren, Carolyn. 《Mortgage Ripoffs and Money Savers: An Industry Insider Explains How to Save Thousands on Your Mortgage and ReFinance》. Hoboken, NJ: Wiley, 2007.

Warren, Elizabeth, and Amelia Warren Tyagi. 《All Your Worth: The Ultimate Lifetime Money Plan》. New York: Simon and Schuster, 2005.

Watkins, John Elfreth, Jr. "What May Happen in the Next Hundred Years." 〈Ladies Home Journal〉, December 1900. https://secure.flickr.com/photos/jonbrown17/2571144135/sizes/o/in/photostream/.

Watkins, Julian Lewis. 《The 100 Greatest Advertisements, 1852-1958: Who Wrote Them and What They Did》. Chelmsford, MA: Courier, 2012.

Wessel, David. 《In Fed We Trust: Ben Bernanke's War on the Great Panic》.

New York: Crown Business, 2009.

White, Michelle J. "Bankruptcy Reform and Credit Cards." 〈Journal of Economic Perspectives〉 21, no. 4 (Fall 2007): 175-200.

Wiley, Harvey W. 《An Autobiography》. Indianapolis: BobbsMerrill, 1930.

Woodward, Susan E. 〈A Study of Closing Costs for FHA Mortgages〉. Prepared for US Department of Housing and Urban Development, Office of Policy Development and Research, May 2008. http://www. urban.org/UploadedPDF/411682_fha_mortgages.pdf.

Woodward, Susan E., and Robert E. Hall. "Consumer Confusion in the Mortgage Market: Evidence of Less Than a Perfectly Transparent and Competitive Market." 〈American Economic Review〉 100, no 2 (May 2010): 511-15.

World Bank. "GDP Per Capita (Current US$)." Accessed November 26, 2014. http://data.worldbank.org/indicator/NY.GDP.PCAP.CD.

———. "Life Expectancy at Birth, Female(Years)." Accessed March 29, 2015. http://data.worldbank.org/indicator/SP.DYN.LE00.FE.IN/countries.

———. "Life Expectancy at Birth, Male (Years)." Accessed March 29, 2015. http://data.worldbank.org/indicator/SP.DYN.LE00.MA.IN?countries.

Wu, Ke Bin. "Sources of Income for Older Americans, 2012." Washington, DC: AARP Public Policy Institute, December 2013.

Wyatt, Edward. "Judge Blocks Citigroup Settlement With S.E.C." 〈New York Times〉, November 28, 2011. Accessed June 10, 2015. http://www. nytimes.com/2011/11/29/business/judgerejectssecaccordwithciti. html?pagewanted=all.

Wynder, Ernst L., and Evarts A. Graham. "Tobacco Smoking as a possible Etiologic Factor in Bronchogenic Carcinoma Study of Six Hundred and EightyFour Proved Cases." 〈Journal of the American Medical Association〉 143, no 4 (May 27, 1950): 329-36.

Wynder, Ernst L., Evarts A. Graham, and Adele B. Croninger. "Experimental Production of Carcinoma with Cigarette Tar." 〈Cancer Research〉 13, no. 12 (1953): 855-64.

Young, James Harvey. 《The Toadstool Millionaires: A Social History of Patent Medicines in America before Federal Regulation》. Princeton: Princeton University Press, 1961.

Zacks Equity Research. "Strong U.S. Auto Sales for 2013." January 6, 2014. Accessed December 1, 2014. http://www.zacks.com/stock/news/118754/strongusautosalesfor2013.

옮긴이 조성숙

회계학과를 졸업하고 현재 10년 넘게 경제경영과 심리학 분야의 서적을 전문으로 번역하고 있다. 세상의 흐름과 사람들의 움직임을 추적하고 탐구하고 예측하는 이 분야의 책들은 언제나 설렘과 동시에 스스로를 돌아보게끔 만드는 계기가 되어주기에, 앞으로도 이 분야에 대한 애정은 끊이지 않을 것 같다. 《머니》《피터 드러커의 매니지먼트》《모닝스타 성공투자 5원칙》《핫스팟》《이성의 동물》《투자자의 뇌》《일의 미래》《이콘드》 등 수십 권의 책을 우리말로 옮겼다.

피싱의 경제학

1판 1쇄 발행 2016년 4월 11일
1판 2쇄 발행 2016년 5월 12일

지은이 조지 애커로프, 로버트 쉴러
옮긴이 조성숙

발행인 양원석
본부장 김순미
편집장 송상미
책임편집 엄영희
디자인 RHK 디자인연구소 조윤주, 김미선
해외저작권 황지현
제작 문태일
영업마케팅 이영인, 양근모, 박민범, 이주형, 김민수, 장현기, 김선영

펴낸 곳 ㈜알에이치코리아
주소 서울시 금천구 가산디지털2로 53, 20층 (가산동, 한라시그마밸리)
편집문의 02-6443-8841   **구입문의** 02-6443-8838
홈페이지 http://rhk.co.kr
등록 2004년 1월 15일 제2-3726호

ISBN 978-89-255-5883-7 (03320)

※ 이 책은 ㈜알에이치코리아가 저작권자와의 계약에 따라 발행한 것이므로
   본사의 서면 허락 없이는 어떠한 형태나 수단으로도 이 책의 내용을 이용하지 못합니다.

※ 잘못된 책은 구입하신 서점에서 바꾸어 드립니다.

※ 책값은 뒤표지에 있습니다.